1948

JILIN AGRICULTURAL UNIVERSITY

【校训】

明德崇智　厚朴笃行

【校风】

艰苦建校　严谨治学　求实创新　锐意进取

我们是骄傲的大地之子

吉林农业大学校歌

张冠宇 词曲

1=D 2/4

热烈 奔放 进行曲风

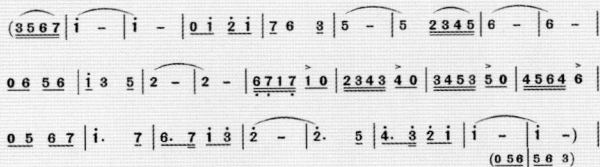

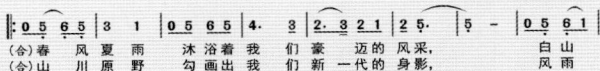

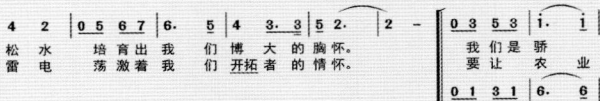

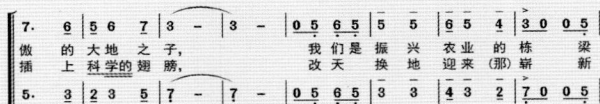

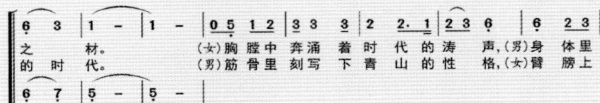

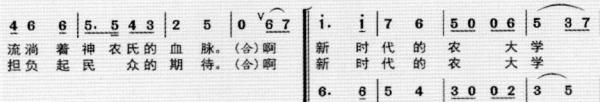

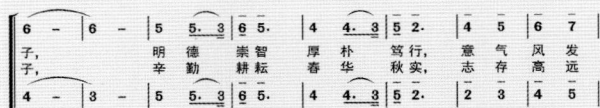

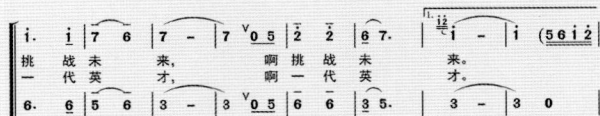

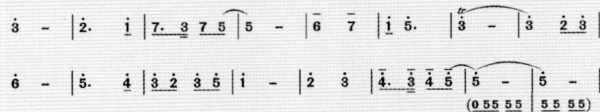

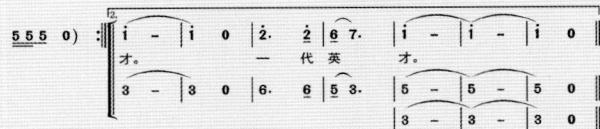

(合)春 风 夏 雨 沐浴着我 们 豪 迈的 风采，　白 山
(合)山 川 原 野 勾画出我们新一代的身影，　风 雨

松 水 培育出我 们博 大 的 胸怀。
雷 电 荡激着我 们 开拓 者 的 情怀。

我 们 是 骄
要 让 农 业

傲 的 大 地 之 子， 我们是 振 兴 农业 的 栋 梁
插 上 科 学 的 翅膀， 改 天 换 地 迎 来 (那) 崭 新

之 材。 (女)胸 膛中 奔涌着 时 代 的 涛 声，(男)身 体 里
的 时 代。 (男)筋 骨里 刻 写 下 青山 的 性 格，(女)臂 膀 上

流 淌 着 神 农 氏 的 血脉，(合)啊 新 时 代 的 农 大 学
担 负 起 民 众 的 期 待。(合)啊 新 时 代 的 农 大 学

子， 明 德 崇 智 厚 朴 笃 行， 意 气 风 发
子， 辛 勤 耕 耘 春 华 秋 实， 志 存 高 远

挑 战 未 来， 啊 挑 战 未 来。
一 代 英 才， 啊 一 代 英 才。

才。　　　　一 代 英 才。

長春农学院

1958年5月，周恩来总理为学校的前身——长春农学院题写校名

黑龙江省农业干部学校（1948年）

1952年8月，黑龙江农业专科学校第一期毕业生全体留影

北安农学院校门（1956年）

1958年4月，长春农学院成立

20世纪60年代，学生们埋头学习（1963年6月摄）

白城农学院旧址
（1970年，吉林农业大学被迫搬迁到白城市办学。1976年，学校被"一分为三"，分为白城农学院、哲理木盟农牧学院和通化农学院）

1978年，恢复吉林农业大学时的庆祝场面

1978年，学校恢复研究生教育，植保专业周宗璜教授为研究生讲课

1983年，学校举办首届干部专修科开学典礼

2005年，学校被评为"全国优秀博士后科研流动站"

1999年，学校教务处被评为"全国普通高等学校优秀教务处"

2008年1月，学校为获得国家自然科学奖二等奖的李玉教授及科研团队颁奖

2011年，张连学教授主持的科研成果荣获国家科学技术进步奖二等奖

2011年6月17日，学校承建的中国援助赞比亚农业技术示范中心项目竣工

2011年，学校获批"小麦玉米深加工国家工程实验室"

2012年3月30日，学校隆重召开"科技创新与社会服务年"活动启动仪式暨2011年科研重大突破项目表彰会

2015年1月20日，学校农业资源与环境实验教学中心获批国家级实验教学示范中心

2007年11月，学校在教育部开展的本科教学工作水平评估中获得优秀

2013年10月31日，学校召开本科专业评估总结大会

2016年4月22日，教育部本科教学工作审核评估专家组反馈评估意见

2016年6月28日，学校党委被授予"吉林省先进基层党组织标兵"荣誉称号

2016年7月，学校被评为首批"全国创新创业典型经验高校"

2017年1月，学校被评为国家首批"深化创新创业教育改革示范高校"

2017年3月6日，中国共产党吉林农业大学第十二次代表大会胜利召开

2017年6月，学校成立吉林省首个"双聘院士"工作室暨朱蓓薇院士吉林农业大学工作室

2017年6月，学校与意大利卡麦利诺大学举行合作办学项目首届学生毕业典礼

2017年9月，学校获批"菌类作物优质高产抗病种质资源挖掘创制及应用"学科创新引智基地

2017年9月，学校开展"学术·生活·人生"女教授专题学术活动

2017年12月，学校承担中非农业科研机构"10+10"合作机制项目

2018年1月，学校成立习近平新时代中国特色社会主义思想研究中心

姜岩教授荣获2006年度第四届
"感动吉林"人物称号

张连学教授及其科研团
队荣获2015年度第十三届
"感动吉林"人物称号

胡文河教授荣获2016年
度第十四届"感动吉林"
人物称号

精准扶贫驻村工作队荣获2017年度第十五届"感动吉林"特别致敬人物称号

20世纪50年代校门

20世纪80年代校门

1998年建设的校门

2018年建设的校门

吉林农业大学校史

（1948—2018）

吉林农业大学校史编委会　编

中国农业出版社

北京

图书在版编目（CIP）数据

吉林农业大学校史：1948—2018 / 吉林农业大学校
史编委会编 . —北京：中国农业出版社，2018.8（2024.5重印）
ISBN 978 - 7 - 109 - 24480 - 1

Ⅰ.①吉…　Ⅱ.①吉…　Ⅲ.①吉林农业大学-校史-
1948 - 2018　Ⅳ.①G649.283.41

中国版本图书馆 CIP 数据核字（2018）第 186294 号

中国农业出版社出版
（北京市朝阳区麦子店街 18 号楼）
（邮政编码 100125）
责任编辑　刘　伟　冀　刚

北京通州皇家印刷厂印刷　　新华书店北京发行所发行
2018 年 8 月第 1 版　　2024 年 5 月北京第 2 次印刷

开本：787mm×1092mm　1/16　印张：23　插页：8
字数：400 千字
定价：90.00 元
（凡本版图书出现印刷、装订错误，请向出版社发行部调换）

编　委　会

序

　　70 年前，为了改变落后的农业生产局面，更好地支援解放战争，中共中央东北局在位于小兴安岭南麓与松嫩平原过渡地带的克山县，创建了黑龙江省农业干部学校，培养农业科技人才和管理干部。这是吉林农业大学建校办学的开端。

　　1950 年，学校变更为黑龙江农业专科学校，开始了正规化办学。1956 年，学校更名为北安农学院，开始四年制本科教育。1958 年，由于高等教育发展需要，北安农学院迁到长春，与长春畜牧兽医大学、长春农学院筹备处合并成立长春农学院，周恩来总理亲笔题写校名。1959 年，学校更名为吉林农业大学，掀开了蓬勃发展的新篇章。

　　吉林农业大学在薪火相传的办学历程中，形成了优良的传统和深厚的底蕴。学校在 70 年的奋斗中秉承"明德崇智、厚朴笃行"的校训，形成了"艰苦建校、严谨治学、求实创新、锐意进取"的校风，铸就了艰苦创业的拼搏精神、开拓进取的创新精神、扎根基层的奉献精神、兼收并蓄的包容精神、忠诚笃行的担当精神，成为吉农人宝贵的精神财富。

　　矢志不渝辛勤耕耘育桃李，初心未改励精图治写春秋。学校坚持社会主义办学方向，履行立德树人职责，服务经济和社会发展，在几代吉农人的努力下，走出了一条"把论文写在大地上"的特色办学之路，培养和造就了包括省属单位首位院士在内的 10 余万优秀学子，为中国特色社会主义现代化建设做出了重要贡献。

　　如今的吉林农业大学已经发展成为农、理、工、医、文、管、法、经、艺多学科协调发展的省属重点大学，吉林省人民政府与农业农村部合作共建大学，中西部高校基础能力建设工程高校。首批教育部、国家外国专家局"高等学校学科创新引智计划"（"111"计划）省属高校。首批50所"全国创新创业典型经验高校"，国家首批"深化创新创业教育改革示范高校"。2016年，学校党委被评为"吉林省高校系统先进基层党组织标兵"，并作为全省高校系统唯一代表被评为"吉林省先进基层党组织标兵"。

中国工程院院士、国务院学位委员会学科评议组成员、国家突出贡献专家、国家级教学名师、"长江学者"特聘教授、"千人计划""万人计划"、教育部"长江学者创新团队"、国家级优秀教学团队、首批全国高校"黄大年式教师团队"等大师名家和优秀团队汇聚吉农，成为学校改革发展的引擎。

63个本科专业、7个国家级特色专业、13个省级特色专业、9个省级品牌专业、373个各类实践教学基地，构成了高质量人才培养的基础。2001年和2007年，在两次教育部本科教学工作水平评估中均获得"优秀"，2016年顺利通过教育部本科教学工作审核评估。多年来，学校毕业生就业率始终处于全省高校前列，获得"全国毕业生就业典型经验高校"称号。

吉林农业大学是我国首批具有学士、硕士学位授予权的高校，省属院校中最早获得博士学位授予权的高校。9个一级博士学位授权学科、43个二级博士学位授权学科、18个一级硕士学位授权学科、81个二级硕士学位授权学科，21个专业硕士学位授权领域，7个博士后科研流动站，以及小麦和玉米深加工国家工程实验室、人参新品种选育与开发国家地方联合工程研究中心、科学技术部食用菌新种质资源创制国际联合研究中心等15个国家级和部委级科研平台，56个省级科研平台，彰显了学校的优势特色和办学实力。"十二五"以来，学校共承担各级各类科研项目2 415项，科研经费达到10.08亿元。获国家级和省部级以上科技奖励184项，省科学技术奖获奖数量和质量连续多年位居吉林省省属高校首位。

学校充分发挥学科专业优势，把服务经济和社会发展作为己任，在长期的办学实践中形成了以校地合作的"安图模式"、校村合作的"民乐模式"、校企合作的"博瑞模式"和国际合作的"赞比亚模式"为标志的科技服务体系，累计创造技术增收200余亿元。学校响应号召，大力开展精准扶贫工作，顺利完成了贫困村摘帽脱贫任务。

学校坚持开放办学，走国际化发展道路，先后与10多个国家的79所院校、机构建立了校际关系。与意大利卡麦利诺大学联合办学，是中国政府和吉林省政府奖学金来华留学生院校。学校积极响应"一带一路"倡议，代表国家援助的赞比亚农业技术示范中心被誉为"南南合作典范"。作为中方实施主体，大力开展中国政府、赞比亚政府、美国盖茨基金会三方合作，是首批承建农业部中非农业科研机构"10＋10"合作项目中方单位。在赞比亚大学建立"中赞学院"，开展境外办学，是吉林省第一所开展国家级援外培训的省属高校和第一个开展国家"走出去"境外人力资源培训单位。

中国特色社会主义进入了新的时代，中国共产党在这关键时期召开的第十九次全国代表大会，为我国高等教育事业发展开辟了新境界，提出了新的要求。国家"双一流"建设的战略部署、吉林省"双特色"的建设要求，对省属农业高校来讲，既是机遇，也是挑战。70年的奋斗历程，培养造就了吉农人不畏艰难、自强不息、顽强拼搏、敢为人先的坚毅品质。学校第十二次党员代表大会提出了建设高水平农业大学的奋斗目标。为此，学校牢固树立内涵发展、特色发展、创新发展、开放发展、协调发展的理念，大力推进综合改革，不断加强综合治理。在吉林省率先实施跨专业门类大类招生培养改革，开启了人才培养的新模式。推进机构改革，实施定岗、定编、定责，进一步激发办学活力。建立健全高层次人才引进培养管理办法、不同系列专业技术人员职称评聘条件，以及科研工作绩效管理办法、教学工作奖励办法等一系列规章制度，完善了增强办学实力的保障机制。学校在建设高水平农业大学的征程中迈出了坚实的步伐。

七十年栉风沐雨，七十载春华秋实，从无到有，由弱到强，吉林农业大学在党和政府的关怀下，在全体师生员工的共同努力下，不断发展壮大。固本开新，砥砺前行。站在新的历史起点上，我们要以习近平新时代中国特色社会主义思想为指引，进一步增强历史使命感、责任感和紧迫感，主动适应高等教育发展新形势，解放思想、深化改革、凝心聚力、抢抓机遇，全面增强综合办学实力和核心竞争力，奋力谱写中华民族伟大复兴中国梦的吉农新篇章！

党委书记：席岫峰

校长：冯江

2018 年 7 月

目 录

第一章　建校初期　艰苦创业
（1948—1958）

吉林农业大学创建于 1948 年。学校前身包括黑龙江省农业干部学校、黑龙江农业专科学校、北安农学院、长春畜牧兽医大学、长春农学院筹备处。长春农业机械化专科学校和吉林特产学院相继并入。

第一节　黑龙江省农业干部学校

1948 年，东北地区即将全部解放，早期完成土地改革的黑龙江省和嫩江省，面临着积极支援解放战争、尽快改变农业生产落后、技术力量薄弱的局面。针对这种情况，中共中央东北局从提高农业科技水平、增强抗害救灾能力的战略指导思想出发，在黑、嫩两省创办了农业干部学校，培养农业科技人才和管理干部。

中共黑龙江省委指派建设厅第一厅长刘显一、厅长杜雷为筹建农业干部学校负责人，由杜雷兼任黑龙江省农业干部学校校长，姜岩为教务主任。校址定在克山县。

1948 年 7 月中旬，建设厅派技术科的姜岩、田大成、于海奎、苏纯志 4 名干部带领各县推荐上来的 17 名学员，先行来到克山县，借用克山亚麻厂的一个库房开学。7 月下旬，省政府又调派周简等到校工作，委任周简为农业干部学校的校务主任。他们在省委、省政府的大力支持下，积极规划征选校舍，努力挖掘社会人才潜力，筹集教学仪器设备，抽调干部，招聘教师，并派人分赴绥化、望奎、克山、瑷珲等地招收 40 多名学员入学。第一批应聘到校任教的教师有王盛环、蔡启运、尚昌如、高柏青等。9 月中旬，东北行政委员会派科技干部史秀山、肖步扬、徐占仁、魏延田等到克山参加学校筹建工作。10 月下旬，省委派黑龙江省黑河行政公署主任李冷斋任校长并兼任克山农业试验场、克山种马场场长。这些同志发扬艰苦创业精神，积极开展工作，加快了筹建工作的速度。

嫩江省农业干部学校于 1948 年 9 月筹建。校长由金树原兼任，校址选在齐齐哈尔市嫩江支流黄沙滩的原天主教堂旧址。并于 1949 年 2 月正式开学，当时有学员 51 人，教员有赵克俭、卢文良、李文华、刘昆等，行政干部有孙玉恩、袁林等。

1949 年春，黑龙江省与嫩江省合并，经省政府批准，原嫩江省农业干部学校全体教职员工 15 人、学员 42 人，并入黑龙江省农业干部学校。李冷斋任校长、周简任教育长、孙玉恩任教务主任。相继调入的教师有刘庆秀、王鹤亭、徐正平、关衡芳、张树德、阎英、聂连增、吕俊福、王福民等，专业教员已达 15 人，学员总数 113 人。

1949 年 3～4 月，学校又从刚刚解放的沈阳市招收学员 119 人；接收流亡天津学生 151 人；为内蒙古代培学员 44 人；还在农业试验场开办了一个拖拉机手训练班，培训机务人员 114 人。至 7 月，全校各层次学员达 571人。1949 年 8 月，对前段结业学生进行文化课甄别考试，一部分分配到社会工作，一部分分配到专科班继续学习，仍然享受原来的供给制，重新分科编班。对当时没有达到高中以上文化程度的学生，编入高职部（中专）。专科班分为农艺科、森林科、兽医科、水利科。高职部分为农艺科、森林科和畜牧兽医科。在校生达 550 人，学制均为 3 年制。

1949 年末，黑龙江省政府将坐落在北安北岗的原中共黑龙江省委、省军区等房舍共 3 万余平方米，拨给学校做作校址。1950 年 1 月，在全校师生员工的共同努力下，用 1 周的时间，顺利地完成了从克山到北安的搬迁工作。

学校迁到北安后，形成了 3 个层次办学，即以专科为主，增加了高职部招生名额，还设立一个初职部。高职学员招收 129 人，初职学员招收 165人。专科部分，报请上级批准参加全东北统一招生。

1950 年初，学校在省委、省政府的领导下，以马克思列宁主义、毛泽东思想为指导，以老解放区的教育经验为基础，借助苏联的教育经验，重新制订了教育计划，健全了组织机构，开始了向正规化的专科学校迈进。

1950 年 4～8 月，学校从辽宁、吉林、黑龙江及华北、华东、西南等新解放区招聘和接收分配来校的教师有杨熊权、管尧阶、西道尔秋客、卢天恩、印永民、王子权、刘宗昭、薛爱增、赵翰文、赵心斋、何立宗、阎壮志、李耀瑄、关日森、黄希贤、胡启文、左文彬、宋代元、聂景芳、林兆荣、郑经农、薛恒、李延生等。1950 年 9 月，全校教职员工总数为 134 人。

第二节　黑龙江农业专科学校

1950 年 4 月 8 日，黑龙江省政府决定在原有基础上成立省立农业专科

学校。1950 年 8 月 22 日，东北人民政府根据黑龙江省政府的呈报，同意黑龙江省在省立农业干部学校的基础上，成立省立农业专科学校。1951 年 5 月 15 日，中央人民政府教育部批准黑龙江省成立农业专科学校的立案，改校名为黑龙江农业专科学校，列为全国高等学校之一。同年 10 月 24 日，黑龙江省政府派王秉纶到校任副校长，并撤销了教育长建制。

1950 年秋，抗美援朝开始，中国医科大学从沈阳迁来北安，黑龙江农业专科学校又迁回克山。1951 年秋，中国医科大学迁回沈阳，黑龙江农业专科学校又迁回北安。1952 年 8 月，黑龙江农业专科学校培养出农学、森林、畜牧兽医 3 个专业的首批毕业生。

1953 年末，中共黑龙江农业专科学校总支委员会成立，李冷斋任书记、王秉纶任副书记。

1955 年秋，经农业部批准成立了土壤专修科，学制 2 年。此时全校教员人数已达 56 人，在校学生农学专业 101 人、土壤专修科 150 人，图书馆藏书 6.1 万余册、期刊 2 万多册。经过全校教职员工的共同努力，教学科研工作有了很大发展，各项工作走上了正规化轨道。

1956 年 3 月，黑龙江省呈报国务院"请求批准将黑龙江农业专科学校改为黑龙江农学院"。

第三节　北安农学院

1956 年 5 月 11 日，根据国务院按学校所在地命名之规定，高等教育部（以下简称高教部）正式通知学校："为了更好地完成为国家培养高级建设人才的任务，经报请国务院批准，同意将你校改为北安农学院。你校原有农学专修科自本年招收新生起改招本科四年制学生，并自本年起增设四年制本科土壤农业化学专业"。学校设农学和土壤农业化学 2 个系。

北安农学院诞生后，国务院任命李冷斋为副院长，中共黑龙江省委任命王秉纶为党委书记，健全了组织机构，充实了中层干部，加强了对教学和科研工作的领导。并制订了《北安农学院十二年全面规划纲要》，使全院发展有了统一的计划和目标。

为了贯彻全面发展的教育方针，学院从 1956 年 9 月 2 日开学初，向全院师生传达了高教部部长杨秀峰在高等学校校院长座谈会上的讲话精神，组织教师及中层以上干部进行认真地学习和讨论，使大家对办学方向有了统一的认识。全体教师热情高涨，积极投入教学和科研活动，修订和制订了全院各专业的教学大纲、教学计划和教学日历。

1956—1957 年，学院承担科学研究课题共 59 项，其中 21 项是与当地生产有紧密联系的。在贯彻"百花齐放、百家争鸣"的方针以后，学院的学术氛围越来越浓，各系以教研组为单位开展了不定期的学术讨论会和科研报告会，对推动科学研究工作、提高教学质量起到了良好的作用。

1957 年 4 月，学院领导向中共黑龙江省委、省人民委员会（以下简称省人委）和农业部提出了将北安农学院调整给吉林省的请示。

1957 年 10 月 28 日，高教部和农业部联合报请国务院批准将北安农学院调整给吉林省，与长春畜牧兽医大学合并成立吉林农学院，并争取于 1958 年暑期迁校。同年 11 月 11 日，国务院批复："北安农学院与长春畜牧兽医大学合并，成立吉林省农学院"。高教部和农业部又于 12 月 3 日共同批复："北安农学院与长春畜牧兽医大学合并，成立吉林省农学院"。1958 年 4 月，在李冷斋、王秉纶主持下，北安农学院顺利完成了从北安到长春的迁校任务。

第四节　长春畜牧兽医大学

长春畜牧兽医大学最早可以追溯到清政府于 1904 年在河北保定建立的马医学堂。1949 年解放后，学校改组为中国人民解放军西南军区兽医学校。1951 年，学校改名为中国人民解放军第二兽医学校。1952 年 1 月，学校迁至长春，合并于中国人民解放军兽医大学。为了更好地支援国家经济建设，国务院、中央军委于 1956 年 7 月决定中国人民解放军兽医大学全体教职员工集体转业到地方，改校名为长春畜牧兽医大学，党的关系在吉林省委，行政由农垦部领导。学校转为地方后，设畜牧、兽医和军事兽医 3 个系。畜牧和兽医两专业学制为 4 年，从 1956 年开始，在吉林省内招生；军事兽医系学制为 5 年，由部队保送。

学校转业后，何济林继续担任长春畜牧兽医大学校长兼党委书记，曹荫槐担任党委副书记、萨音担任副校长。校址在长春市同光路。

当时全校有教职员工 486 人，其中教学人员 161 人（教授 7 人、副教授 15 人、讲师 49 人、助教 68 人、教员 22 人）、教辅人员 104 人、行政人员 142 人、工勤人员 79 人。在校学生 810 人，其中地方本科生 413 人。全校房舍建筑面积为 6.78 万平方米，图书馆藏书 12 万册。实验室设施已初具规模，可基本满足教学和科研需要。

1957年9月，经国务院批准，长春畜牧兽医大学的领导关系由农垦部转为农业部和吉林省共管。同年末，按吉林省人委指示，长春农学院筹备处部分教师职工先并入畜牧兽医大学。并根据高教部和农业部"关于将北安农学院和长春畜牧兽医大学合并成立吉林省农学院"的联合通知精神，一方面，做好合校的各项准备工作；另一方面，与长春农学院筹备处的领导同志一道积极进行合校后新校舍筹建工作，并根据吉林省十二年农业生产规划的要求，在原长春畜牧兽医大学和北安农学院的畜牧、兽医、农学、土壤4个系的基础上，逐步发展并分期增设专业。1958—1962年，计划增设园艺、农经、水利、造林等专业，每年招生总数为560人，在校生保持在2 400～2 500人（不包括研究生、夜大及函授生）。

1958年4月，长春畜牧兽医大学的教师、职工和学生，在校党委领导下，发扬团结战斗、艰苦建校、多快好省、力争上游的精神和解放军令行禁止的优良作风，纷纷让出住宅、宿舍和生活用房。仅用一个月的时间在一间新房未建的情况下，从北安农学院迁来的200多户教职工和616名学生得到安置，并很快地恢复了正常的教学秩序，提前3个月完成了合校任务。

第五节　长春农学院筹备处

经过1952年的院系调整和教学改革之后，东北地区高等农林院校有沈阳农学院、东北农学院、东北林学院、黑龙江农业专科学校和延边大学附设二年制农业专修科。从布局上看，黑龙江3所，辽宁1所，吉林只有1个专修科，还是以招收朝鲜族学生为主，显然不能适应吉林省农牧业发展对人才的需要。在这种情况下，中共吉林省委于1955年末决定筹建农学院。省人委责成省文化教育办公室负责向高教部和农业部报请批准，并迅速抽调干部，成立"农学院筹备处"。1956年3月，省委调通化专署专员张树仁任筹备处主任，开始农学院的筹建工作。

为了加快建院的准备工作，在高教部的指导下，中共吉林省委于1956年4月组建了"长春农学院筹备委员会"，上报国务院并得到批准。筹备委员会的日常工作，由农学院筹备处负责。吉林省人委于7月27日正式批准筹备处的人员编制为47人，内部机构暂定为办公室、人事处、总务处，办公地点暂设在省人委三楼。

1956年6月，农学院筹备委员会召开了第一次会议，按照高教部的"吉林农学院成立方案"，讨论了农学院的专业设置、发展规划、校址及组织机构等问题。会议认为，根据吉林省农牧业发展规划和对人才的需求情况，农学院的专业设置为农学、农业经济、畜牧、植物保护、农业生产机械化、园艺、森林、兽医、土壤等12个专业，专业课师资请高教部和东北农学院、沈阳农学院支援解决，校址以设在长春市为宜。鉴于校址确定在长春，因此校名拟称为长春农学院。从而筹备处的名称也正式定为"长春农学院筹备处"。会后，派出5位同志，分头去沈阳、北京等地高等农业院校参观学习、收集资料。

1956年8月，召开了筹备委员会第二次会议，讨论了筹备处1957年工作安排意见；解决了部分急需的专业课和基础课师资及资金问题；初步选定院址设在长春市西南郊会计专科学校西侧（南湖西南岸）连接市苗圃的600公顷土地上。拟先建立农学系和畜牧兽医系，设置农学专业和畜牧专业。

1956年12月11日，筹备委员会召开了第三次全体委员会议，重点研究了农学院1957年招生工作，通过了"长春农学院筹备处1957年工作计划"。

1957年1月，筹备处已调配行政干部51人、教学人员53人（包括已商定调入的教师）。筹备处主任张树仁，副主任徐方略。设办公室（负责人李大洲）、人事处（负责人刘钊）、教务处（负责人宁绍荣）、总务处（负责人李绍宪）、图书馆（负责人金永勋）。讲师以上教学人员有赵仁蓉、张继先、宁绍荣、许耀奎、谷安根等。

1957年，因经费关系，学院的筹备工作速度放慢，对"长春农学院筹备处1957年工作计划"也做了相应的调整。暂借省经费20万元，采购图书2.6万册，预订了部分中外文期刊，采购和订购了部分教学设备仪器和实验药品。与此同时，对院址的土质、地形进行勘测，对学院的总体规划和各主要建筑物的设计方案，做好施工委托准备。

1957年8月，农垦部将长春畜牧兽医大学移交给吉林省领导。在此期间，黑龙江省和吉林省也在酝酿将北安农学院调整给吉林省。基于这种情况，吉林省人委决定农学院筹备处1957年暂不招生，并向中央报告，请求将北安农学院调给吉林省与长春畜牧兽医大学合并，成立长春农学院。

1958年4月，长春畜牧兽医大学、北安农学院、长春农学院筹备处完成合并，建立长春农学院。

第二章　合校壮大　快速成长
（1958—1966）

从 1958 年 4 月成立长春农学院到 1966 年"文化大革命"开始，这 8 年间，学校经历了"大跃进"、人民公社化运动和"三年困难时期"。在此期间，学校经过调整、合并与建设并获得一定发展。

第一节　组建长春农学院

一、长春农学院的组建

经中共吉林省委批准，于 1958 年 3 月 10 日组成长春畜牧兽医大学、北安农学院、长春农学院筹备处合并工作委员会（以下简称工委）。由何济林、李冷斋、张树仁、曹荫槐、萨音、王秉纶、刘明 7 人组成，何济林任工委书记，李冷斋任工委副书记。

1958 年 3 月 13～14 日，在何济林主持下，召开了第一次工委会议，研究了北安农学院搬迁工作，并就两校合并后学校的增产节约工作交换了意见。

1958 年初，当时中央分管意识形态和教育工作的康生多次发表讲话，鼓吹创办所谓接触农民实际的模范学校，要大办工厂、大办农场。3 月初，他来到正在进行并校工作的长春畜牧兽医大学，在视察各系之后，给处系以上干部讲了话，批评长春各大学的风气不好，竞相盖高楼大厦。他认为已筹备两年多的新校舍离城太近、太洋气，不符合毛主席的指示精神。因而，虽然已投资数万元，也不得不中途停下来，另到郊区选择接近农村的地点作为新校址。

1958 年 4 月 4 日，北安农学院全体师生职工及仪器、设备、图书等顺利地迁到长春市同光路，完成了与长春畜牧兽医大学、长春农学院筹备处的合并任务。4 月 23 日，高教部发来长春农学院院印，并同时启用。5 月上旬，周恩来总理亲笔为"长春农学院"题写了校名。

1958 年 4 月 19 日，中共吉林省委决定何济林任长春农学院院长兼党委书记；李冷斋、张树仁、萨音任副院长；曹荫槐、王秉纶任党委副书记。中共长春市委于 4 月 30 日批准由何济林、李冷斋、张树仁、曹荫槐、萨音、王秉纶、张功甫、王洪松、禹㠜 9 人组成新的中共长春农学院委员会。

1958 年 5 月 4 日，全院师生代表集会，热烈庆祝长春农学院成立。时任吉林省副省长徐元泉、徐寿轩及省人委有关领导同志出席了庆祝大会。副省长徐寿轩代表省人委讲话。大会确定 5 月 4 日为长春农学院校庆日。

新成立的长春农学院设有 5 个系，即农学系、土壤农化系、兽医系、畜牧系和军事兽医系。有教授 8 人、副教授 16 人、讲师 98 人、助教 187 人、教员 67 人；有行政干部 206 人、教学辅助人员 98 人、工勤人员 80 人。全院本专科学生共 1 484 人、研究生 14 人。

二、掀起“大跃进”、人民公社化与“三勤”运动热潮

1958 年 3 月 17 日，农业部召开了全国农业高校校院长会议，讨论了如何打破常规、实现学校“大跃进”。会议提出，高等农业学校要认真开展“三勤”活动（即勤工俭学、勤俭办学、勤俭生产），做到多快好省地办学。每年安排 3～4 个月为学生参加生产劳动的时间。随之而来的是，全国高等农业院校把生产劳动正式纳入教学计划，增加了劳动时间，减少了理论课教学的时数，出现了学生参加社会政治活动过多、参加劳动过多的现象。特别是中共八大二次会议之后，“大跃进”和人民公社化运动在全国形成高潮，长春农学院也出现了“大跃进”和大抓师生思想改造的势头。

广大师生在总路线、“大跃进”、人民公社“三面红旗”指引下，深入地开展教育革命，党内整风运动也进行到整改阶段，各项工作都争上游、“大跃进”。学校领导班子在“左”的思想冲击下，盲目地追求高指标、高速度，搞突击下放、大炼钢铁，广大师生到农场“深翻改土”，实现“亩产万斤”等。打乱了正常教学秩序，一度使学校的教学、科研和人才培养工作蒙受挫折和损失。

1958 年 5 月，学校动员知识分子，以“四大”（大鸣、大放、大字报、大讨论）的形式，进行“红与专”问题大讨论。党内继续开展以“反右倾”为内容的思想整顿，挫伤了一些同志致力教育事业的热情和积极性，也使一部分中青年教师和学生对真正“又红又专”的方向认识不清。

为了更好地贯彻“三勤”方针，1958 年 5 月下旬成立了长春农学院“三勤”领导委员会。制订了《长春农学院 1958 年“三勤”工作规划》，提出“勤俭办学，厉行节约；勤俭生产，苦战三年，争取实现经费自给自足；

勤工俭学，培养又红又专、具有一定科学知识的社会主义劳动者"。在"三勤"委员会领导下，全校掀起大办工厂、农场的热潮。

1958年6月23日，吉林省人委批准将国营长春畜牧农场拨给学校作教学实验基地。同年8月26日，吉林省农业厅正式将该场移交给学校，改名为长春农学院实验农牧场。该场土地面积1140公顷，是一个以畜牧业生产为主的中型农牧场。

1958年8月，中央作出了《关于改进农林大专院校教育的指示》，要求"所有在大、中等城市创办的农林大专院校一律迁往农村或林区创办，使教育与生产劳动密切结合"。同年9月，农业部在南京农学院召开全国高等农业院校教育结合生产劳动经验交流现场会。会议认为，农业院校下放农村，是全国农业院校教学制度的重大改革，是培养工人阶级"又红又专"的农业科技人才的重要措施。会议期间，进行打擂式的大搞科研、大办工厂和农场的经验介绍。

与此同时，校内的"大跃进"运动也出现了新的局面。院党委向全院师生职工提出"大干100天""苦战100天""向元旦献厚礼"等口号，以实验农牧场为中心，进一步掀起了"大搞科研""猛攻尖端""大办工厂""大炼钢铁""大搞秋翻地"等突击性群众运动。由于劳动安排得过多，甚至以劳动代替课堂教学，打乱了教学的科学性和系统性，冲击了正常的教学秩序，在很大程度上影响了教学质量与科研水平的提高，造成了很大的浪费和损失，违背了实事求是的科学精神。

在人民公社化运动高潮推动下，长春农学院于1958年11月1日撤销了原有教学与行政机构建制，成立了"长春农学院人民公社"。并按公社建制，建立了人民公社管理委员会，制订并通过了《长春农学院人民公社试行章程》。原院长、副院长改称为社长、副社长。下设公社办公室、生产供应部、福利部、教育科学部。各部主要负责人由社长、副社长分别兼任。

三、学校召开第一次党员代表大会

1958年12月4日，召开了中共长春农学院人民公社首届党员代表大会，会议历时6天。出席会议的正式代表109人，列席代表45人。大会明确提出"要更好地完成明年的下放、农牧业生产、教学改革三项重要任务"；通过了《长春农学院人民公社跃进规划》；选举产生了由13人组成的党委会。何济林当选为党委书记，曹荫槐、王秉纶当选为副书记。

1958年12月13日，召开共青团长春农学院人民公社第一次团员代表大会。选举了新的团委会，由 15 人组成，禹虦当选为团委书记。

1959 年 1 月 12 日，党委召开第一届第四次全会。会议通过了《关于贯彻首届党员代表大会决议和 1959 年第一季度工作的决议》，强调学好中共八届六中全会决议精神，对全院人员进行社会主义和共产主义教育，认真总结 1958 年"大跃进"以来的经验，澄清混乱思想，提高全院人员的马列主义水平。同时，也进一步谈了贯彻政治挂帅和插"红旗"、拔"白旗"的问题，对贯彻《中共中央关于农林院校下放的指示》精神，决议要求积极做好准备，各教学单位要随学生一起下到农村进行教学。

1959 年 3～8 月，师生继续下放劳动，部分师生下放到德惠县和白城地区。下放期间以参加生产劳动锻炼为主，结合生产进行教学为辅。同年，全校共有 2 000 余名师生下放到人民公社、国营农牧场和校办工厂、农场参加 3～6 个月的生产劳动。

四、长春农业机械化专科学校的并入

1959 年 1 月，中共吉林省委决定将长春农业机械化专科学校并入长春农学院。

长春农业机械化专科学校的前身是长春农业机械化学校，创建于 1956 年 5 月。1956 年 7 月，省农业厅任命邓长春为副校长，主持工作。学校设农业生产机械化、农业会计和农业统计 3 个专业。

在吉林省农业厅的直接领导下，在省各有关厅局和单位的大力支持下，学校的各项筹建工作进展得很快。

用 50 万元买下了汽车厂留苏预备校的校舍"七联"、小白楼等处 1 万余平方米房舍作校舍，并征用了西安大路路南侧从西安广场到春城大街一段共 20 公顷土地作为学校校园和发展用地。

通过调入干部、接收部队转业干部，组建学校行政领导班子和组织机构。全校行政职能部门设有办公室、教务科、总务科、会计科、伙食科和图书馆。

从黑龙江省农业机械化学校、吉林省农业学校、省内有关中学聘任教师 20 余人；接收东北农学院、东北师范大学、北京农业机械化学院等院校的毕业生 20 余人来校任教。并建起了十几个学科委员会，安排了 3 个专业的学科负责人。

学校边筹建、边准备招生。7 月，派教师到吉林省各地招收新生。第一批新生 3 个专业共招收 538 人，1956 年 9 月 10 日开学。

创办农机实习工厂。学校从筹建时起，就十分重视实验实习基地建设。在建校条件较差的情况下，学校一方面积极争取省农业厅给予支持，解决部分房舍设备；另一方面，发动有关学科委员会的教师和职工自己动手，以自力更生、艰苦奋斗的精神，把农机实习工厂创办起来。至 1957 年秋，工厂不仅可以基本满足校内学生进行实习、实验的需要，而且还可以对外开展拖拉机和一些小型农业机具修理业务。同年末，经省农业厅批准，将工厂正式定名为吉林省拖拉机大修厂。

1956 年 12 月，省农业厅任命戴安为副校长。1956 年末，全校已有教师 58 人、行政干部 44 人、工勤人员 25 人，总计 127 人。

学校仅用半年多时间，为建立正常的教学秩序、提高教学质量，制订了教学大纲和教学计划、编写各学科教材，并购置各种图书、仪器和设备。此外，还努力改善和加强课堂教学及实习、实验环节，拟定学校管理方面的一些规章制度，加快了学校发展的步伐。

1956 年 7 月，成立长春农业机械化学校党支部，邓长春任书记。在党支部领导下，学校建立了共青团组织和学生会组织，在教职工中成立了工会委员会。

1957 年春，学校将工作重点放在提高教育质量，特别是加强实践教学环节上来。

1957 年 6 月，按照上级要求，学校开展了整风运动，成立了整风领导小组，发动师生给学校领导提意见。7 月转入了"反右运动"，在"左"的思想影响下，使两位同志被打成"右派"，一些人受到批判。这一年，因"反右运动"的影响，学校停止招生。

1958 年 4 月，省农业厅派王化民到校任党总支书记。同年 7 月，省农业厅派陈松森到校任校长。

在此期间，由于"左"的思想影响，吉林省农业厅和中共长春市朝阳区委员会对长春农业机械化学校领导班子不团结问题进行调查，并错误地作出了以邓长春为首的"反党集团"的处理决定，邓长春被撤了职，一些与邓长春工作关系较密切的同志也受到牵连（1978 年省农业厅、朝阳区委给予平反）。

1958 年 9 月，吉林省农业厅和教育厅决定并报经省人委批准，将长春农业机械化学校升格为长春农业机械化专科学校，设农业生产机械化 1 个专业，学制为 3 年，从 1958 年 9 月开始招收新生。保留中专部，同时招收中专部第二期学员 560 人。

1958 年 10 月，经省农业厅和长春市商定，将原长春畜牧兽医大学交还的大西农场划归农业机械化专科学校。

为了保证教育方针的贯彻，加强对学校的领导，提高教学质量，1959 年 1 月，经省农业厅报请省委批准，将长春农业机械化专科学校并入长春农学院，改为长春农学院农业生产机械化系，学制 5 年，并附设农业机械化学校。原吉林省农林水干部学校恢复原有建制，并将大西农场交还长春市。

长春农业机械化专科学校改建为农机系后，从 1959 年 9 月起招收第一期本科生。1960 年 3 月，经省委批准，又将农机系从吉林农业大学（1959 年 6 月更名）分出去，交由省农业机械厅主管，改为长春农业机械学院。党政负责人为陈松森、王化民、戴安。

此后，学校搞两部制办学（本科与中专），制造专业与运用管理专业相结合。本科设拖拉机、农业机械、农机经营管理 3 个专业，在校生 180 人。

1961 年 3 月，省委根据中央提出的"调整、巩固、充实、提高"的方针，对吉林省教育事业进行调整，决定将长春农业机械学院再度并入吉林农业大学，改为吉林农业大学农业机械化学院。王洪松任分党委书记，史秀山任副院长。

此时，学院设有五年制本科农业机械化专业。原 1958 年入校的三年制专科生改为四年制本科生，中专部学生保留到 1964 年最后一届毕业生。

第二节　更名为吉林农业大学

一、在调整中学校更名

1959 年，吉林省人委根据中共中央和国务院下达的《关于整顿 1958 年新建的全日制和半日制高等学校的通知》精神，决定将长春农学院改名为吉林农业大学。

1959 年 6 月 15 日，长春农学院正式改名为吉林农业大学。原院长、副院长改任为校长、副校长。设 6 个系，共 8 个专业，即：农学系设农学、果树蔬菜、植物保护专业，土壤化学系（以下简称土化系）设土壤农化专业，畜牧系设畜牧专业，兽医系设兽医专业，农业机械化系设农业生产机械化专业，军事兽医系设军事兽医专业。全校共有教职工 1 625 人（含工厂、农场等劳动基地编制 776 人），其中教师 302 人，教学辅助人员 92 人。全校共有本科学生 1 490 人。根据专业课性质设有教研室 36 个、各种实验室 50 余个，

并有教学实验农场 1 个。1958 年 8 月，中央作出《关于改进农林大专院校教育的指示》，"所有现在大、中等城市举办的农林大专院校，一律迁往农村或林区举办"。据此，经报请中共吉林省委批准，于 1959 年 7 月，在校属实验农牧场场区北侧开始兴建新校舍。当年开工的有学生宿舍、食堂、农学系、土化系、校部楼及兽医院。第二年破土兴建的有 3 栋家属宿舍。1959 年 8 月，学校决定结束学生集体下放生产第一线的做法，改为以回校上课为主，按专业分别安排参加农业生产劳动和建校劳动。并对 1958 年以来的各项工作进行初步总结，针对问题发动师生进行讨论与研究，除对成绩作了充分肯定外，也认真地查找了存在的问题。在这些问题尚未得到解决的时候，党内"反右倾"运动开始了，又搞起了"三勤""三放"（党政干部下放系班，教师下放农村，学生下放农场劳动），出现了新的"跃进"。

开展了吉林省第一次土壤普查工作。在"大跃进"运动中，有的专业也做了一些有益的工作。1959 年，土化系在姜岩的带领下，组织 150 余名师生，参加了吉林省第一次土壤普查工作，为吉林省各县绘制了土壤分布图件，并写出《土壤志》。在此基础上，姜岩主编了《吉林省土壤志》。土化系被评为全国先进单位，姜岩出席全国文教群英会，并受到周恩来总理的接见。

1959 年完成的科研项目共 224 项，其中以教师为主完成的 108 项，以学生为主完成的 116 项。这些项目中的一部分是学校原有的正式课题，在主持教师及工作人员的辛勤努力下大多数取得了颇有意义的成果。例如，胡萝卜素提取研究在我国属于首创，一些成果达到了国内先进水平。但有些科技成果特别是以学生为主搞的一些"成果"，带有较大的浮夸成分，经不起科学的检验，没有实际意义。

在这一年里，学校的文化体育活动开展得也很活跃，全校 1 730 名学生中，"劳卫制"（"准备劳动与保卫祖国体育制度"）一级合格者占 57%、二级合格者占 39%；还出现了一大批等级运动员和等级裁判员。1958—1959 年，学校体育代表队参加长春市各类比赛活动，获得冠军 7 项、亚军 5 项、季军 4 项。业余职工篮球队代表长春市参加吉林省甲级联赛获得亚军。另外，学校还组成了校业余文工团，仅 1959 年就演出 186 场，观众达 7 万余人次，其中获得市优秀节目奖 3 个。

"大跃进"的两年，师生员工进行了大量的劳动。1959 年，学生劳动总工日数达 11 万个，其中在校属工厂、农场的劳动工日近 4 万个，迫使理论教学的课时被大大压缩，一些教师、干部发表了不同意见。这些同志在"反右倾"运动中，均受到了不应有的批判。

二、开展"反右倾"斗争

早在 1958 年末和 1959 年初，校党委就曾开展以"反右倾"思想为内容的拔"白旗"运动。根据对总路线、"大跃进"、人民公社化运动的态度，特别是对大办工厂、大办农场、大炼钢铁、大搞深翻以及师生下放劳动等群众运动的态度来选定"右倾典型"，列为"白旗"对象。一些学有专长、严谨求实、反对浮夸的中老年教师和部分干部，被拔"白旗"，并下放劳动锻炼。

学校党委按照省委、市委的部署，于 1959 年 9 月 18 日向全校师生作了认真学习中共八届八中全会文件精神的动员报告。并从 9 月下旬开始，17级以上党员干部以每周两个整天的时间学习文件，联系思想和工作实际进行检查，向党交心。接着在全体党员干部中开展了以"反右倾，鼓干劲，保卫总路线"为中心的党内整风运动。运用边学习、边检查的方法，人人都过一次关。在这个基础上，重点地揭发批判了张树仁、关东生等 15 位同志的所谓右倾机会主义的思想言行"。这些同志在大小会上遭到多次批判。有的同志被定为右倾机会主义、反党反社会主义"分子"而受到处分；有的经多次检查才勉强过关。这次"反右倾"运动，伤害了一些同志，破坏了党的正常的民主生活。

三、学校召开第二次党员代表大会

1960 年 2 月 20～23 日，中共吉林农业大学第二次党员代表大会召开。出席大会的正式代表 94 人、列席代表 35 人。曹荫槐代表前届党委在大会上作了《高举党的教育方针红旗，为加速建设共产主义农业大学而奋斗》的报告。由于受到当时急于过渡到共产主义的超越阶段的"左"的思想影响，提出建成"共产主义农业大学"的口号。

大会一致通过了这个报告，并在决议中提出："为争取学校在二三年内达到国内先进的水平和加速建设共产主义的农业大学，我们必须在总路线的光辉照耀下，争取 1960 年学校工作的继续全面的大跃进"。

大会选出了 13 名党委委员。何济林当选为第一书记，曹荫槐为第二书记，李冷斋为副书记（兼）。

1960 年是吉林农业大学在"大跃进"中"大发展"的一年。在校党员代表大会之后，首先抓了教学、科研和生产劳动三者关系的调整，继续深入地贯彻落实党的教育方针和"一主二从三结合"的原则。按照 1.5－2.5－8

制（即在一个学年中，放假一个半月、劳动两个半月、学习八个月），修订了现行教学计划。在教学内容上增添了"农业八字宪法"（土、肥、水、种、密、保、管、工）和现代农业科学的新成就，努力把教学、科学研究和生产劳动三者有机地结合起来。

挖掘学校潜力，多为国家培养人才。1960 年暑期，增设了农业生物物理专业、农业经济专业、农业气象专业，全校招收全日制本科生 660 人。并开办畜牧兽医和农学两个函授专业，学制 4 年，招收首批函授生 349 人。与此同时，开办一个由苏联专家主讲的家畜病理生理讲习班，为全国兄弟院校培养师资。为了充实马列主义教师队伍，学校从三、四年级学生中选基础比较好的、有培养前途的学生 20 人，开办马列主义师资培训班，专攻马列主义理论。这批学员于 1962 年毕业后，绝大多数留校任马列主义理论课教师。

这段时间内，虽然学生劳动时间减少了，但在课堂教学中又提出以"农业八字宪法"为顺序进行讲授，结果使一些课程的科学体系被打乱了，教学工作仍处于混乱状态。

1960 年 3 月 11～13 日，共青团吉林农业大学第二次团员代表大会召开。禹虩代表上届团委作了《高举毛泽东思想旗帜，团结全校青年，为加速建设共产主义的吉林农业大学而奋斗》的报告。会议选举了新的委员会，禹虩当选为团委书记。

这一年，学校外事活动也较为频繁。保加利亚驻华大使、匈牙利教育考察团、几内亚农业参观团等先后来校访问和考察。

四、落实中央教育工作会议精神，加强教学工作

在中共中央"调整、巩固、充实、提高"的八字方针指引下，为保证教学质量，除了强化教学计划管理、建立与健全教学规章制度外，学校按照"缩短战线、集中兵力"的原则，于 1961 年 1 月 26 日报请省人委批准对现有专业进行调整。即：将 1960 年新增设的 8 个专业中的农业经济专业停办，学生转入农学专业；将农业超声专业停办，学生转入农业生物物理专业；将动物生理生化、农业微生物、畜产品贮藏加工和植物生理生化 4 个专业停办，学生分别转入畜牧、兽医和土化专业学习。这样，校本部共保留农学、果树蔬菜、植物保护、土壤农化、畜牧、兽医、军事兽医、农业气象、农业生物物理 9 个专业。

五、学校召开第三次党员代表大会

中共吉林农业大学第三次代表大会于 1961 年 5 月 3 日召开，本届大会正式代表 141 人、列席代表 43 人。曹荫槐代表前届党委向大会作了《高举教育方针的红旗，贯彻执行调整、巩固、充实、提高的方针，为提高教育质量，进一步适应农业经济不断发展的需要而奋斗》的报告。这次会议，检查和总结了学校 3 年来贯彻执行党的教育方针的经验和教训，肯定了成绩，指出了缺点，开展了批评和自我批评。根据中央和东北地区文教会议精神，确定了学校 1961 年和今后一个阶段的工作任务。大会选出 15 人组成的新党委，何济林当选为党委第一书记，曹荫槐当选为党委第二书记，李冷斋和王秉纶当选为党委副书记。

1961 年 5 月 19 日，学校为了进一步提高教学质量，针对存在的问题，作出关于教学工作的几项规定。强调必须坚持以教学为主，保证教学计划的完成，不准任意停课。对全年教学、劳动和假期时间作出了较为详细的规定。对各专业的学习、教材的使用、教学制度和教学方法作出了较为具体的说明。

1961 年 7 月 1 日，共青团吉林农业大学第三次团员代表大会召开。全校 1 917 名团员选出 337 名正式代表。冯浩然代表上届团委向大会作了《高举毛泽东思想和党的教育方针红旗，坚持兴无灭资的政治思想工作，组织教育团员青年奋发读书、刻苦钻研，为加强我们伟大祖国的社会主义建设而奋斗》的报告。大会选出由 17 人组成的团委会，冯浩然任团委副书记。

1961 年 10 月，吉林省委根据"高教六十条"精神，确定学校为第一批试行"高教六十条"的学校之一。根据"高教六十条"精神，学校恢复和建立了必要的规章制度，使教学秩序进一步稳定，全面检查了基础课的教学情况，进一步采取了提高教学质量的措施，改善了教学与学习的环境，制定了培养提高师资规划和具体落实措施，修订了各专业的教学方案和教学计划。通过"高教六十条"的试行，学校初步形成了上下齐心协力、为提高教学质量而努力奋斗的局面。

六、吉林特产学院的并入

1961 年春，教育部针对 1958 年以来教育战线出现的"大跃进"情况，根据"调整、巩固、充实、提高"的方针，对全国高等农业院校进行了全面

整顿。中共吉林省委对吉林省高等农业院校从 1961 年春开始整顿。1961 年 4 月，省委决定将坐落在吉林市左家镇的吉林特产学院并入吉林农业大学，改为吉林农业大学特产学院，设经济动物、药用植物和果树园林 3 个专业。王秉纶兼任院长和分党委书记、孙邦达任副院长、梁明福任分党委副书记。至此，吉林农业大学发展成为具有 2 个院（农机、特产）、5 个系（农学、土化、畜牧、兽医、军事兽医）共 14 个专业的多科性农业大学。

吉林特产学院创建于 1958 年。1958 年，吉林省在中共八大二次会议提出"鼓足干劲、力争上游、多快好省地建设社会主义总路线"的推动下，工农业生产全面"跃进"，教育战线呈现出"大发展"的局面。

吉林省特产驰名全国，资源丰富，在吉林省经济发展中占有极为重要的地位。为了加速发展特产事业，迅速培养特产人才，吉林省农业厅于 1958 年 8 月向省人委提出创建特产学院的建议。省人委于 1958 年 9 月召开了第二次省长办公会议，研究了创办特产学院的有关事宜。10 月 7 日，省人委作出"关于作好吉林特产学院建校工作的决定"。校名定为吉林特产学院，校址设在左家镇，与吉林特产研究所为邻；规模定为 1 200 人（含短训班 300 人），设经济动物、药用植物、果树园林 3 个专业，学制 4 年。校舍建筑面积定为 2.6 万平方米，投资 260 万元，要求 1958 年内开始施工。1959 年完成投资 150 万元，竣工 1.2 万平方米交付使用。要立即聘调教师，组织科研人员和教师着手进行开课准备。成立以副省长徐元泉为首的特产学院筹建工作委员会，并委任省农业厅副厅长兼特产研究所所长徐国良负责特产学院的具体筹建工作。

1958 年 10 月下旬，筹建工作全面铺开。首先，抽调干部、教师，制订学校筹建工作计划，并选定了院址，征用了农社土地 70 公顷作为校园用地。其次，省农业厅为了加快学校筹建工作速度，于 1958 年 11 月初，决定将吉林省农业学校三年级在校生中成绩优良者共 369 人，拨给吉林特产学院，作为一年级新生。其中，药用植物专业编为 7 个班共 299 人，经济动物编为 2 个班共 70 人。鉴于校舍尚未建成，暂定在吉林省农业学校上课。由于学校初建，人员、机构尚不健全，为了进行日常教务工作，根据在吉林省农业学校上课的特点，成立了特产教学生产委员会。由吉林省农业学校校长肖天任主任委员，吉林特产学院教务工作负责人吴钟秀任副主任委员，其余委员 5 人由教师担任。日常教学和生活管理工作在吉林省农业学校党委领导下进行。1958 年 11 月，成立共青团吉林特产学院总支部委员会。

在筹委会领导下，参照农学院和药学院的教学计划、课程设置，制订了临时性教学计划，聘任教师，安排授课。第一学期共安排 7 周（1958 年 12 月 8 日至 1959 年 1 月 28 日）。筹建工作基本就绪后，于 1958 年 12 月 8 日，在吉林省农业学校举行首届学员开学典礼。1959 年 4 月，中共吉林省委派王秉纶到校任院党委书记。

随着筹建工作的进展，教员与行政干部逐渐增加，至 1959 年 9 月末，已有教学人员 28 人。其中，教授 1 人、副教授 1 人、讲师 2 人、助教 21 人、教员 2 人、实验员 1 人、行政干部 21 人、工勤人员 10 人，共计 59 人。教师多数来自各高等农业院校和吉林省农业科学院。他们除在吉林省农业学校担任首批学员的基础课教学任务外，还在吉林特产研究所担任科研任务。行政干部基本上集中全力在左家镇进行基建工作，并领导部分班级学生参加建校劳动。

1959 年 6 月 24 日，吉林省农业厅发出《启用吉林特产学院印章通知》。1959 年 7 月末，校舍基建工程正式开工。并将校舍附近吴家店的民房 90 余间全部买下，作为进行基建职工和劳动班学员的临时宿舍用房。1959 年因校舍未建成，未能招生。

为了加强领导，中共吉林市委于 1959 年 8 月 31 日批准成立中共吉林特产学院工作委员会。王秉纶、徐国良、梁明福为委员，由王秉纶任工委书记。

1959 年 9 月，吉林省人委任命王秉纶兼任吉林特产学院院长。徐国良兼任特产学院副院长。1959 年 10 月，在院工委领导下，学校建立了党支部的基层组织。

学院创建初期，教学工作难度很大。一是任课教师不足，当时的教师大多数是 1958 年的高校毕业生，未经锻炼，直接走上教学第一线。二是缺少教材和必要的参考书。在这种情况下，派教师到兄弟院校选择与本校专业相近的基础课和专业课教材作主要课本，结合本专业特点，加以删减、补充和修改。三是没有校舍和实验条件，暂借吉林省农业学校的教室、实验室上课和进行一般性实验。但在全体教师的努力下，这些困难被逐步克服。教学秩序和教学质量逐步加强和提高。

学校从创建开始，就十分重视思想政治工作。由于新校舍建在山沟里，远离城市，不仅学习生活条件差，而且政治信息不灵。教师大多是刚毕业的青年，缺乏教学经验和克服困难的思想准备；学生是从吉林省农业学校三年级在校生中选优转入的，有的因家庭困难或其他原因而要求退学，有的不满意学校现状而情绪低落等，这给思想政治工作提出了严峻的课题。

　　针对学生中存在的思想问题，院领导和工委决定进一步加强学生思想教育工作，配备 6 名专职班主任和学生同吃同住同劳动。通过多种形式的工作，端正学习态度和巩固专业思想，使大多数同学安定下来；对确有实际困难的 43 名同学，除少数退学外，大多转回吉林省农业学校毕业处理。

　　1959 年 11 月，按照上级指示，在教职员工中开展审查干部工作。与此同时，结合建校，还对教职工进行思想整顿和共产主义人生观教育。因新校舍建在距车站 3 公里的山沟里，施工单位不愿意接受任务。当时，公路未通，运输十分困难。三大材料及砖瓦、沙石、白灰等，用火车运到左家火车站，然后转运到工地。卸车和搬运任务全由师生承担。在教学楼的施工中，运砖任务也是由师生担任的。在工地工作的干部、教师住在吴家店民房里，吃在露天。学校领导也和大家一样，坚持同吃同劳动。艰苦建校的生活，锻炼了广大师生的意志，提高了政治觉悟和工作效率。

　　新校舍从 1959 年 7 月正式开工，到 1960 年 8 月的一年里，共完成学生食堂 980 平方米、教职工家属宿舍 1 020 平方米。教学楼完成主体，实验楼打好基础。

　　1960 年，学校建立了一些必要的规章制度，加强了组织机构建设。配备了科处级干部。暑期招收了新生 96 人。老生仍在吉林省农业学校上课，直到 1961 年暑期才进入左家镇新校舍上课。

　　吉林特产学院从创建时起，就强调把培养提高师资作为重点工作之一。专业课教师多数由自己培养。学院采用送到科研单位参加实践管理操作、返回教学第一线进行系统理论提高的办法，先后分 3 批到吉林特产研究所的养兽场、药草场和园林场，带着教学中的问题去参加生产管理实践，进行专题科学研究，向科研人员学习专业知识，积累和丰富了教学资料，再回到课堂教学。并通过修改、补充和编写教材，提高教师的专业知识水平。到 1960 年末，已培养出胜任专业课的教师 28 人、胜任专业基础课的教师 6 人，编写出 17 门专业课的讲义和教材，全院 30 余门专业课全部由自己的教师担任，保证了教学计划的完成。对此，《人民日报》《光明日报》等 3 家报纸和电台专门作了报道，对全校教师鼓舞很大。

　　在科研方面，1960 年全院承担国家、省和学校的科研课题共 27 项，年末有 16 项写出论文，有的转化为生产力。例如，对延边苹果梨的梨大食心虫和桃小食心虫防治研究，一年内就查清了危害规律和害虫的生活史，制定出切实可行的防治办法，使危害率从原来的 40％～60％降到 5％左右。又如，用中药驱除狐狸绦虫也获得了良好的效果，给中药治疗毛皮兽类的疾病提供了新的例证。

学院按照省委和吉林市委指示，于 1960 年秋，开展了"小整风"运动。同年 11 月，成立了院"肃反"工作五人领导小组，全面开展"肃反"工作，于 1961 年 5 月末结束。

至 1960 年末，学院已有专任教师 94 人、行政干部和教学辅助人员 52 人、工勤人员 20 人，共有学员 408 人。其中，三年级学生 312 人、一年级学生 96 人。购进图书 2 万余册，添置了数万元的仪器设备。食堂和宿舍交付使用。师生的教学科研和生活条件得到了一定程度的改善。但因教学楼刚开始内部装修，实验楼只打了一个基础。所以，建校任务仍相当艰巨。

吉林特产学院并入学校的第二年，也就是 1962 年 8 月，按照吉林省农业厅、教育厅的通知，吉林农业大学特产学院改为吉林农业大学特产系。孙邦达任系主任，吴钟秀、刘继勋任副主任。

1966 年初，中共吉林省委决定特产系从吉林农业大学分出，恢复吉林特产学院建制，与吉林特产研究所合建党委。学院刚从吉林农业大学分出，院级领导班子还未任职，"文化大革命"即开始，全院师生在左家镇参加"文化大革命"，并蒙受动乱迫害之苦。直到 1978 年吉林农业大学恢复，才从左家镇迁回校部，并获较大的发展。

七、与兽医大学分校

1961 年 11 月 26 日，国务院通知吉林省人委和解放军总后勤部："为了适应军队培养训练兽医，国务院同意将原中国人民解放军兽医大学（当时为吉林农业大学军事兽医系）交还给军队"。校党委于 12 月 9 日、16 日召开了两次全体会议，传达了国务院文件和总后勤部及中共吉林省委的指示，本着团结互助、充分协商的原则，在人员、物质、设备及房产等方面向省委提出移交工作的具体意见。

1961 年 12 月 28 日，中共吉林省委批复：基本上同意校党委对于原中国人民解放军兽医大学归还军事系统的移交工作意见。1962 年 1 月 1 日，中国人民解放军总后勤部正式接管了兽医大学。

1962 年 1 月 8 日，校党委作出了《关于人员交接问题的决定》。将军事兽医系全体教师及马列、外文、基础课教师 106 人（其中正副教授 14 人，讲师 45 人，助教 47 人），校直单位党政干部及职员等 84 人交还兽医大学。同时移交的还有技术工人和普通工人 85 人。原校长兼党委第一书记何济林、

党委第二书记曹荫槐回兽医大学任职。交接工作于 1962 年 3 月末全部结束。

与兽医大学分校后，校级领导除副校长李冷斋、张树仁，党委副书记王秉纶外，中共吉林省委于 1962 年 2 月 22 日派张竹亭到校任副校长；3 月，任命刘钊为校党委副书记。

为了加强团员和青年的思想政治工作，校党委决定于 1962 年 3 月 16~17 日召开共青团吉林农业大学第四次团员代表大会。出席这次大会的代表共 187 人。贾忠诚代表前届团委作了《高举毛泽东思想红旗、加强阶级教育、坚持又红又专方向，为把青年一代培养成为共产主义接班人而奋斗》的报告。大会选出新的团委会，由 19 名委员组成，贾忠诚当选为团委书记。

这时，学校各方面的工作困难很大，出现了许多新的问题。但全校广大师生员工体谅国家和学校的困难，以更大的干劲、更高的热情从事工作和学习。在分校搬家最紧张的阶段，仍正常地进行教学工作。学校工作的重点是继续贯彻党的教育方针，进一步贯彻"高教六十条"。加强党的思想政治工作，调动广大师生的积极性，为提高教育质量服务。

1962 年 4 月，根据《全国保留高等学校专业设置初步意见》的精神，学校再次进行专业设置调整，停办了农业气象、农业机械零件修配与制造和果树园林专业，将果树与蔬菜专业合并为园艺专业，将畜牧与兽医专业合并为畜牧兽医专业。调整后，保留的专业有农学、园艺、植保、土化、畜牧兽医、经济动物、药用植物、农业生物物理、农业生产机械化 9 个专业。

1962 年 7 月，学校各专业共毕业学生 691 人，其中农学 87 人，园艺 49 人，土化 55 人，农业生物物理 29 人，兽医 95 人，畜牧 47 人，农机化 27 人，药用植物 150 人，经济动物 63 人，果树园艺 89 人。

1962 年 8 月 16 日，吉林省教育厅和农业厅就"吉林农业大学建校规模和专业设置"的问题通知学校："吉林农业大学今后建校规模为在校生保持 1 600 人""设农学、土化、畜牧兽医、农机、特产 5 个系"。据此，学校于 9 月撤销了农机学院与特产学院建制，改为农机系和特产系。

第三节　新校址办学

一、学校迁入新校址

1962 年 7 月，坐落在长春市东环路南的新校舍（原地名为净月乡何家屯）已有 2.3 万平方米竣工交付使用，其中包括校部楼、农学楼、土化楼、学生宿舍、食堂及两栋家属楼。

1962 年 8 月末，学校将农学、土化、畜牧兽医 3 个系的一、二年级学生及校部各单位全部迁到新校舍。全校教职工克服了房舍不足、生活条件差等困难，边建校边坚持正常授课与工作。至 1963 年 8 月，农学、土化和畜牧兽医 3 个系的师生全部迁到新校舍。

二、学校召开第四次党员代表大会

1963 年 3 月 11～13 日，召开了中共吉林农业大学第四次党员代表大会。出席会议的正式代表 102 人、列席代表 28 人。王秉纶向大会作了工作报告。报告总结了一年来（1961 年 10 月至 1962 年 10 月）的工作，其中还重点谈了甄别平反的问题。指出："甄别平反是全面贯彻党的政策、健全党的生活的一项极其重要的措施。校党委根据中央和省委、市委指示，认真地进行这一工作。"全校"共甄别党内外干部、教师 94 人，其中党员干部教师 44 人，非党员干部教师 50 人；学生 206 人，工人 15 人"。大会选出第四届党委会，由 15 人组成，李冷斋、王秉纶当选为党委副书记（党委书记暂缺）。

三、教学科研工作初步走向正轨

这次会议后，加强了教学工作，进一步稳定了教学科研工作秩序。健全了教学工作中的各种规章制度，有组织有计划地加强了师资培养，使教育质量有了提高。1963 年，全校有教师 422 人，其中讲师以上的教学人员 107 人，青年教师占相当大的比重。在这种情况下，学校制订了师资培训制度和教研室培养计划，进一步修订了个人"红专"计划，使师资培训工作真正落到实处，实行了校内培养和校外培养同时并举，抽调 20 名教师送往校外进修。

科研工作贯彻了"双百方针"，活跃了学术氛围，取得了一定成绩。1963 年，全校共有 49 项科研课题，其中纳入国家计划的 40 项，纳入省、市科研计划的 9 项。在这些项目中，当年即取得成果和取得初步成果的有 29 项，写出论文和科研总结 53 篇。加速了科研基地建设，对农牧场的农业、畜牧、园艺等站在人力和物力上给予加强，相应地扩大了规模。1962 年夏，在前郭尔罗斯蒙古族自治县（以下简称前郭县）东三家子乡办起了一个有 700 公顷草原和 200 余匹良种马的种畜场。

全校的函授教育工作得到了进一步发展。1963 年，在原设有农学、畜牧兽医专业的基础上，增设了植物保护专业和农业会计、统计专业，学员增

至 890 人。

为了更好地发挥知识分子的作用，党委加强了统战工作。在 55 名中级以上无党派和民主党派人士当中，安排担任教研室副主任以上职务者 29 人，被选为全国政协委员 1 人、省政协委员 7 人、市政协委员 8 人。

1963 年 10 月 17 日，中共吉林省委调派吉林省计划委员会（以下简称计委）副主任夏伯康到校任校长，代理党委书记。

为解决教职工子女入学问题，于 1959 年在农场创建了一所小学。1963 年，正式申报长春市教育局批准列为公立小学；1964 年 5 月，小学增设初中部，发展成为 9 年制的吉林农业大学子弟学校。

1958 年成立公社时撤销了工会组织。1963 年 3 月，根据事业的发展和学校加强教职工思想政治工作的需要，经党委研究决定，重建校工会组织。同年 7 月 3 日，隆重召开了全校工会会员代表大会，成立了中国教育工会吉林农业大学委员会。张竹亭当选为校工会主席（兼），郑万军任副主席。

按照省委、市委指示，学校于 1963 年上半年开展增产节约和"五反"（反对贪污、反对投机倒把、反对铺张浪费、反对分散主义、反对官僚主义）运动。在整个运动中，本着边整边改的精神和先易后难的原则，认真地进行整改，建立健全了一些规章制度，改进了工作作风，使广大教师干部受到了深刻的思想教育。

1964 年 9 月，中共中央和国务院发出通知，要求各高等学校文科师生参加农村社会主义教育运动，学校从 1964 年冬开始分期派出教师和干部，参加城镇和双阳、梨树等县的农村社会主义教育运动试点。1965 年 8 月，农学系、畜牧兽医系、农机系的四、五年级学生和部分教职员工共 340 人，在校长夏伯康的率领下，参加了榆树县的农村社会主义教育运动，即"四清"运动。

至 1965 年末，学校建成校舍 6 万平方米。教学仪器、设备和图书等已初具规模，可以基本上满足教学、科研和生活需要。

1961—1965 年，学校工作虽然按照"高教六十条"的精神进行了一些调整和理顺，但各项工作仍在"左"的思潮指引下进行。全校师生经受了一个又一个斗争的考验，经历了一次又一次运动的伤害，付出了沉重的代价。随之而来的是"文化大革命"的冲击，使吉林农业大学也同全国兄弟院校一样，遭受严重的破坏。

第三章 "动乱"期间 遭受挫折
（1966—1976）

1966年5月至1976年10月，"文化大革命"运动开始。这场运动使我们的党、国家和我国各族人民遭受到严重的挫折和损失。在这场长达10年之久的日子里，吉林农业大学也遭受到严重的摧残和破坏。

第一节 艰难办学

一、停课闹革命与造反派夺权

1966年5月7日，毛泽东同志在《五七指示》中说："学生也要批判资产阶级，学制要缩短，教育要革命，资产阶级知识分子统治我们学校的现象再也不能继续下去了。"同年5月16日，中共中央发表了《关于开展无产阶级文化大革命运动的通知》，即《五一六通知》。在此之前，学术界开始批判《海瑞罢官》和"三家村"。学校也根据上级指示，出现了批判"三家村"的小字报和黑板报。

1966年6月1日，中央人民广播电台播发了北京大学聂元梓等人的大字报，《人民日报》也发表了题为《横扫一切牛鬼蛇神》的社论，全国大有山雨欲来风满楼之势。全校师生反响强烈，随即校部出现了批判《学生守则》、批判"高教六十条"和"三问李副校长"等大字报。当时，学校领导对来势迅猛的"文化大革命"没有思想准备，陷于被动。一方面，尽力维持正常教学及其他各项工作；另一方面，不得不紧跟形势，按照《五一六通知》精神，成立校"文化大革命"工作办公室，组织全校人员学习文件及有关材料，召开群众大会，主动进行检查，投身"文化大革命"运动。这时，校内的大字报增多了，一些是以揭发党委资产阶级反动路线为内容的，也有一些是持有不同意见和要求省委派工作组的大字报。整个学校的形势日益紧张恶化，对学校领导的指责和攻击的言辞越加激烈，校内教职工之间、学生相互间的观点冲突日甚一日。

1966年6月27日，省委驻吉林农业大学"文革运动联络组"10余人来到学校，指导学校全面开展"文化大革命"运动。联络组提名夏伯康为校

"文化大革命"运动领导委员会负责人。一部分学生不同意任何校级干部参加领校"文化大革命"运动。由于联络组坚持并强制进行选举激怒了部分造反派学生，7月18日，反对夏伯康参加领导"文化大革命"运动的学生约400人，在畜牧兽医系学生金昭植等人的带领下，列队从学校出发，高呼口号，找省委领导辩论。省委秘书长出面，听取了学生的揭发内容和要求意见，并劝说学生回校"闹革命"。后来，造反派把这次冲击省委叫做"7·18红色革命风暴"。

1966年6～7月，在一些人的策划下，以揭批副校长李冷斋的所谓"反革命修正主义罪行"为前奏拉开了批斗干部的序幕。

接着，校内造反派学生成立了"吉林农业大学革命造反大军总部"，并加入了长春市红卫兵第二总部。反对"7·18"行动的学生，组成了毛泽东思想红卫兵吉林农大纵队。农机系学生成立了红色造反团。教职工中也出现了造反兵团、毛泽东思想赤卫队及一些小的战斗队。农场工人还成立了自发造反大军等造反组织。

1966年8月27日，以尹嘉英为首的造反大军总部，在校部主楼大台阶召开了批斗学校主要领导人大会。被揪上台批斗的有夏伯康、李冷斋、王秉纶、张竹亭等20多名校、系、处干部。造反派逼他们下跪、戴高帽，而且实行武斗。被揪的20余人受到了人格污辱和肉体折磨。

这次大会之后，校长兼代理党委书记夏伯康、副书记王秉纶、副校长李冷斋、张树仁全被勒令停职反省。学校的行政工作临时确定由副校长张竹亭全面负责。

1966年9月3日，省委工作组全部撤出了学校。校内两派组织大辩论越来越激烈，互相指责攻击，并抢夺中层干部争取批斗当权派的主动权。

1966年8月中下旬，全国规模的"大串联"开始，大部分学生及教职工纷纷进京或到外省市"串联"。

1966年10月下旬至11月初，"大串联"的师生陆续返校。校内再度掀起批判"资产阶级反动路线"的高潮。造反派开始武斗。此后，学校的命运落到了学生尹嘉英、刘致国及少数支持追随和参加造反的教师干部手里。一时间形成的"红色恐怖""狠批""打倒""斗垮"等口号响彻校园上空。许多干部、教师被诬蔑为"走资本主义道路的当权派""反革命修正主义分子""叛徒""特务""反动学术权威""阶级异己分子"等。他们被批斗、抄家、关押、毒打，横遭迫害。校长兼代理党委书记夏伯康被打成"三反分子"；副校长李冷斋、张树仁被打成"走资本主义道路的当权派""叛徒""反革命修正主义分子"，遭到批斗和关押；党委副书记王秉纶、副校长张竹亭也是天天出场陪斗。各系处的主要领导人和一些思想政治工作人员，都被打成"反革命修正主义分子"，受到揪斗和残酷折磨。在此期间，全校遭到批斗抄家的干部、教师及学生达数百人。

1967年1月，所谓的"一月风暴"扫荡了全国各地。在这阵"夺权"的喧嚣声中，吉林农业大学造反大军于2月2日，将全校被斗的百余名各级党员干部集中起来进行游斗，还将中共吉林省委农村工作部部长史琳琪揪来带队。游斗结束后，宣布校造反大军正式夺取了吉林农业大学党、政、财、文全部权力。

经过"一月风暴"的冲击，学校的主要领导全部被赶下台，进行批斗或关押反省，有的屡遭毒打。造反大军在校内成立了一个"劳改队"，对一些中层干部进行监督改造。

1967年1月30日，校长兼代理党委书记夏伯康被迫害致死。畜牧兽医系主任、二级教授崔步青因运动影响，患病得不到及时治疗而去世。

1967年3月，解放军进校支"左"，在师生中进行军政训练。5月，开展了所谓的"复课闹革命"。结果复课未成，"革命"闹得更加激烈了。

1967年7月18日，在到处一片"革命委员会好"的口号声中，学校成立了"吉林农业大学革命委员会"，由尹嘉英任主任，刘致国、赵玉文任副主任。"革命委员会"下设政治部、宣传部、军体部和斗批改办公室。随后，校内各系、实验场站也相继成立了"革命委员会"。至此，学校的权力集中把持在"革命委员会"头头们的手里。

校造反大军组织不仅以武斗统治学校，而且影响社会。被他们控制的省委、市委各部领导，不少人被关押在吉林农业大学，接受审查或保护；造反大军抓来的对立面组织的一些成员，被关在校部五楼大厅，接受审查。从1967年6月到年底，学校造反派先后多次参加了校内外一些重大武斗事件。

1968年2月，"吉林省革命委员会"成立，尹嘉英被任命为"省革命委员会"常委。3月22日，经"吉林省革命委员会"批准同意，"吉林农业大学革命委员会"进行调整和充实，调整后的"革命委员会"由35名委员组成，刘有芳任第一副主任，王绍武、尹嘉英、刘致国、赵玉文任副主任，主任暂缺。"革命委员会"下设办公室、政治组、教改组、行政组。各系设"革命领导小组"。全校在"革命委员会"的统一领导下继续开展"文化大革命"。

1968年3月，在全国范围内开展了波及面极广、破坏性极大，给党内外同志造成深重灾难的"清理阶级队伍"运动。对此，"学校革命委员会"表现了异乎寻常的积极，组织学生教师进行学习讨论。1968年5月29～31日，"校革命委员会"为此专门召开了全体会议，并成立了"彻底清查领导小组"，由"革命委员会"第一副主任刘有芳、副主任尹嘉英、赵玉文等人组成，下设清查办公室，负责清理阶级队伍工作。这场所谓"纯洁和巩固阶级队伍""深批深挖"的斗争，在工、军宣传队（即工人毛泽东思想宣传队和解放军毛泽东思想宣传队）进驻之后，还搞了相当长一段时间才告一段落，使学校许多干部、教师、职工和学生被无辜地列入了清查对象之中，以种种莫须有的罪名受到批斗。

二、工军宣传队进校，大搞"斗、批、改"

1968年8月25日，中共中央发出了《关于派工宣队进驻学校的通知》。9月3日，由长春市柴油机厂职工组成的工人毛泽东思想宣传队和由驻军组成的解放军毛泽东思想宣传队同时进驻吉林农业大学。学校举行了欢迎大会，当天即成立了吉林农业大学工人、解放军毛泽东思想宣传队总指挥部。副总指挥、工宣队代表张有在全校欢迎大会上宣布："从即日起，工人、解放军毛泽东思想宣传队接管学校的党、政、财、文等一切权力，全校人员都必须接受工人、解放军毛泽东思想宣传队的领导，'校革命委员会'在宣传队领导下进行工作。"从此，掀起了一股"校革命委员会"与工、军宣传队之间权力之争的浪潮。工、军宣传队进驻后拆除了武斗工事，清理武斗事件，进行武器收缴工作。将一般党员干部和一些较早回到"革命路线"的中层干部解放出来，并安排一定工作。这在当时学校处于混乱的情况下，为结束派仗和武斗、稳定学校局势起到了一定的作用。但由于他们推行的路线越来越"左"，不仅继续频繁地对仍没有被"解放"出来的干部和教师进行揭发、批判和斗争，而且运用行政手段和职权把其中的一大批人打成"死不改悔的走资派""牛鬼蛇神的保护伞""右倾翻案的总后台""黑线专政的代表"等，使这些同志受到进一步的摧残。

工、军宣传队从进校时起，就接着大抓所谓的"清理阶级队伍"工作，连续举办各种形式的"清队学习班"，口号是"层层清，人人清"。一些人被打成"特务""叛徒""历史反革命分子""极右分子""反动学术权威""大同党嫌疑分子"等，进行关押看管。在这场"清理阶级队伍"运动中，全校被揪斗的共300余人，其中被正式立案审查的有82人。

1969年，《人民日报》元旦社论提出："在'斗、批、改'阶段，要认真注意政策，多做教育工作，及时解放干部"，1月又转发了清华大学"斗、批、改"经验。于是，校"革命委员会"办起了"帮干"学习班，对中层以上领导干部进行"帮助"。在4～5月间，先后召开了3次解放干部大会。对经过多次批判、检查、交代已无新"问题"的53名干部，宣布"解放"；一些被关押的干部和教师也陆续放到群众中进行审查和揭发批判，或编入各种学习班，继续交代问题。

1969年1月16日，为了充实"吉林农业大学革命委员会"的力量，"省革命委员会"决定派胡书太（军代表）来校任"革命委员会"主任，另外增补宋延章（工宣队）、王洪庆（军宣队）为副主任。校造反派头头尹嘉英因私设电台事发被撤销了"省革命委员会"常委和"校革命委员会"副主任职务。1969年1月30日，"校革命委员会"对成员分工和机构设置进行局部调整。"革命委员会"下设办公室、政治组、斗批改组、行政组、生产办公室、红代会。1969年3月初，驻校工、军宣传队和"校革命委员会"对学校下一步"清队"工作做了安排。提出"清队"工作要以"斗私、批修"为纲，以革命大批判为动力，狠批反动的资产阶级"多中心论"，狠反右倾、狠反资产阶级派性、狠斗私心杂念，掀起对敌斗争的新高潮。"清队"的中心是清查学校两条路线斗争史，分清阶级阵线，彻底查清学校两个阶级、两条道路、两条路线斗争的大案例，深挖一小撮阶级敌人。

1969年7月间，"校革命委员会"决定开展整建党工作，成立了以胡书太为组长、高志仁（工宣队）、王洪庆（军宣队）为副组长的校整建党的领导小组。各系、场、站和校直机关也成立了由7～11人组成的整建党领导小组，其成员为工、军宣传队代表、党员群众代表、非党群众代表和革命干部代表。整建党工作主要抓三件事：摸清"吐故纳新"对象；建立好整建党的领导班子；认真搞好"吐故纳新"工作。

通过这次整建党"纳新"了一批党员。虽然大多数是合格的和基本合格的，但也确有极少数犯有严重错误的造反派头头借机混进党内来。

第二节　被迫搬迁

一、干部教师下放，分散办学

在林彪"第一个号令"的影响下，工、军宣传队和当时掌握学校大权的人，认为学校的一些干部、教师是"复辟势力的基础""应从干部和教师队

伍中淘汰出去"。所以，省里一下达插队落户的指令，他们就"立竿见影"地行动起来。在 1969 年冬，将吉林农业大学占全校教职工总数 70% 以上的干部教师，以"四带"（带户口、带粮食关系、带工资、带家属）的方式，以"丢掉坛坛罐罐的革命精神"，顶风冒雪，拖儿带女，扶老携幼，下放到浑江、东丰、镇赉、抚松、前郭等市县的偏远山区和农村。因农村没有任何准备，所以大多数无房可住，有的只好住老乡家的北炕。特别是下到山区的教职工困难更大，老年教师上山砍柴，下河沟挑水，走几十里路买粮米油盐，生活十分艰苦。

二、搬迁到前郭县办学

1970 年 2 月 8 日，"吉林省革命委员会"根据"农业大学办在城里不是见鬼吗！要统统搬到农村去"的指示，决定："吉林农业大学搬迁到前郭县，教职工的家属也同时搬迁下去。校址定在七家子，将红旗、双丰农场划归吉林农业大学作为校办农场。"2 月 12 日，学校举办了落实"省革命委员会""二·八"决定毛泽东思想学习班，以明确这次搬迁的"伟大"意义，并向全校教职工提出："学校迁往农村是继续革命的需要，是战略的需要，是教育革命的需要，是农业生产大跃进的需要。"学校随即成立了搬迁领导小组，由胡书太、宋延章、刘有芳、王洪庆、赵兴（工宣队）5 人组成，胡书太任组长。小组下设搬迁办公室、物资组、运输组和安置组。2 月 13 日，召开全校搬迁动员大会，"校革命委员会"副主任王洪庆作了搬迁动员报告。2 月 23 日，学校搬迁开始。当时正处在春节前夕，校工、军宣传队和"革命委员会"强行组成了一个先遣队，用几辆大卡车开到七家子农场。农场给腾出一所实验用房，勉强住下。春节过后，农学、畜牧兽医两系下迁人员被安排到位于七家子农场 5 公里外的双丰农场。又在七家子农场场部挤出一个房间，暂作吉林农业大学办事处用房，开始计划搬迁仪器设备、物资材料及家属。当时虽只搬去一小部分，但已无处容身了。这种情况校内有人反映给"省革命委员会"，要求校部仍留在净月。在此期间，也有人建议将吉林农业大学迁到白城去。3 月中旬，"省革命委员会"和驻校工、军宣传队派人到七家子农场，将已迁去的部分师生又招回长春校部，参加"一打三反"运动。

1970 年 3 月，开展"一打三反"（打击现行反革命分子，反贪污、反盗窃、反投机倒把）运动。3 月 24 日，"校革命委员会"主任胡书太向全校师生员工作了开展"一打三反"的动员报告，成立了"一打三反"办公室。由王洪庆任主任，宋延章、陈明章（原农学系总支书记）任副主任，办公室下设宣传组和核实定案组。各系各单位也分别设立了"一打三反"办公室。首先组织师生员工学习有关文件，提高思想队识，加强对敌斗争观念，克服"右倾"麻痹思想。重点打击"现行反革命分子"，把运动逐渐引向深入。

三、搬迁到白城办学与"反搬迁"斗争

1970年5月18日，"省革命委员会"又以所谓"战略疏散"为名，决定吉林农业大学迁到白城市办学。把白城市区的原吉林省林业机械技术学校、白城师范学校、白城专区农业机械鉴定站拨给学校作校舍。吉林农业大学在长春市郊的全部房舍和建筑物及其附属设备，移交给吉林省委党训班，后经党训班再转交给1382部队改作炮兵营房。1976年炮师改编，省里决定将吉林农业大学校舍移交给吉林省干部疗养院并开始进行大面积的改建。在这几经转手的过程中，给学校校舍造成极大破坏。

为了尽快完成吉林农业大学迁往白城市的任务，学校于5月14日成立了由胡书太、宋延章、刘有芳组成的3人领导小组，负责领导全校的搬迁工作。小组下设搬迁办公室、政治组和行政组。各系、各单位成立相应的办公室，负责搬迁过程中的具体工作。5月15日，召开了全校搬迁动员大会。会后举办全校性的搬迁学习班，提高认识，明确任务，做到层层动员，人人行动，并宣布，凡不利于搬迁的言行都要坚决予以批判。紧接着，"省革命委员会"指示："不管条件如何困难，都要想方设法将吉林农业大学尽快搬离长春市。"对此，"校革命委员会"雷厉风行地进行落实，提出：搬迁任务压倒一切，不管条件和要求如何，只要能把学校从长春市郊搬到白城市就算完成任务。所以，学校的一切活动都围绕着这个中心进行。5月24日，学校的一些干部和教师对这种强行命令搬迁的办法表示不满，并向来校督促搬迁的"省革命委员会"和省教育局负责人提出一些意见和看法，当即受到训斥和批判。

1970年7月，原驻校工、军宣传队奉命撤出吉林农业大学。白城铁路分局派出的工宣队进驻吉林农业大学。进校后，他们首先联系搬迁，大批"反搬迁"思想，大搞"两条路线"斗争，抓"反搬迁"典型，更增加了对学校干部教师的压力。他们提出的口号是："以最快的速度、最短的时间、最好的质量，把吉林农业大学全部搬到白城市。"至12月初，学校基本上迁到白城市。

在短短不到一年的时间里，吉林农业大学经历了从长春市郊到前郭县七家子农场、双丰农场的往返搬迁和从长春市到白城市的搬迁。多次搬迁，白白地耗费了国家大量资财，损失了许多贵重物品设备。学校仅有的一个用进口精密仪器装备起来的中心实验室和各系实验室，搬迁到白城市后，大部分仪器因无处安放，经过风吹雨淋和摔打碰撞，机件生锈失灵或破损不能使用。几十万册图书也因无房存放而被装进麻袋，堆放在距学校几十里外的部队仓库里，迭遭水泡雨浸，有些比较珍贵的图书资料也被老鼠咬碎破损，有的被周围群众拿去当作废纸用。搬迁中的损失之惨重，实在令人痛心疾首。这是吉林农业大学在精神上蒙受严重创伤之后，又在物质上遭到的一次大破坏。

1971 年 4 月 15 日至 7 月 31 日，国务院召开了全国教育工作会议。这次会议在张春桥、姚文元等人的把持下，炮制了一个《会议纪要》，抛出了所谓"两个基本估计"，其核心就是：建国以来的十七年，"一小撮叛徒、特务、走资派把持了教育部门的领导权"，无产阶级的教育路线"基本上没有得到贯彻执行"。教育战线是"资产阶级专了无产阶级的政"，是"黑线专政"；我国教师队伍中的大多数和解放后十七年培养的学生中大多数"世界观基本上是资产阶级的""是资产阶级知识分子"。这"两个基本估计"，完全混淆了 17 年教育战线上的是非，全盘否定了 17 年教育事业所取得的伟大成绩，成为强加在广大知识分子身上的精神枷锁。这引起了学校广大教职工的强烈不满，对"两个基本估计"一直进行抵制和斗争。

1971 年春，"省革命委员会"派原中共德惠地委副书记、榆树县委书记李明德到校任党委副书记、"革命委员会"第一副主任。

1971 年 8 月 9 日和 15 日，"省革命委员会"主要负责人两次就学校深入开展"两条路线"斗争，狠抓路线教育等问题作了指示。随即在全校迅速掀起了以"批修整风"为纲，以"搬迁"为中心的"思想和政治路线"教育运动。先后于 8 月 12 日、16 日举办了两级领导班子（"革命委员会"成员、党支部成员）党员骨干学习班。8 月 24 日，召开了全校动员大会，发动群众对反搬迁言论和个人进行揭发批判。

1972 年 4 月，"省革命委员会"派段沛然来校任"革命委员会"副主任。

四、特殊时期的办学

1971 年 3 月，学校举办了一个农业技工班，招收学员 120 人。这批学员于 1972 年 10 月毕业。

1972 年 4 月 15～17 日，召开了中共吉林农业大学第五次党员代表大会，选举出 21 人组成的党委会，军宣队负责人邵林为书记，李明德为副书记。

1972 年，全国高等院校相继招生。在吉林省教育工作会议上决定吉林农业大学从 1972 年开始招收学制为三年的工农兵学员。9 月，学校在农学、农机、畜牧兽医 3 个专业中共招收了 296 名工农兵学员。

1973 年 7 月，省委任命段沛然为中共吉林农业大学委员会副书记。1973 年 9 月，学校继续招收工农兵学员，在农学、果树、土壤农化、畜牧兽医、农业机械化 5 个专业招收学生 350 人。为保证教学工作能够顺利开展，学校将下放到农村插队落户的教师陆续调回，充实教师队伍。学校和各系主管教学工作的干部，特别是承担教学任务的教师，在非常困难的条件下，认真制订教学规划，编写教材，为教学做好准备，努力教好课。图书馆和后勤人员也都在各自的岗位上，努力为教学做好服务工作。

教育战线出现的这种重视文化知识学习、重视基础知识教育的好势头，却被江青集团视为"修正主义教育路线回潮"。1973 年 7 月，在全国教育战线掀起了"学朝农"的黑浪，刮起了一股"反回潮"的歪风。这股歪风在吉林农业大学吹得尤为强烈。在这股歪风的影响下，在"工人阶级必须彻底改造学校"，工农兵学员要"上大学、管大学、改造大学"的一片口号和蛊惑声中，"校革命委员会"对原订的培养目标、教学计划、教学方法及管理工作方法等全部予以否定、打乱和批判。对一些坚持教学工作和对所谓"反回潮"提出异议的人，一律扣上"抱着十七年不放""否定两个基本估计"的帽子。教师欲教不能，欲罢不忍；学生热衷于"上大学、管大学、改造大学"，学校处于一片混乱状态。

1974 年 1 月，"省革命委员会"派李铁心到校任党委副书记。1974 年 2 月，江青集团发动了"批林批孔"运动。为配合这个运动，学校在全校掀起了轰轰烈烈的"批林批孔"热潮。以批判"继绝世、举逸民"为幌子，企图把刚刚出来工作的各级领导干部再次打倒；大肆批判所谓"资产阶级复辟势力""右倾回潮"等。把学校里许多干部和教师，尤其是对搬迁持不同意见者，当作"修正主义教育路线回潮"的复辟势力进行点名批判和审查，有的被撤职下放劳动改造。

1970 年 8 月 24 日，"省革命委员会"副主任郑季翘同省教育局军代表陈泽来吉林农业大学了解搬迁情况。学校部分干部针对白城市土质、气候等

自然条件不适合办农业大学，以及学校的现有条件等实际情况，提出"在白城地区办农业大学，教学上没有科学性，生产上没有代表性，科学研究上没有典型性"。当即受到了严厉的申斥，并威胁说这是"自我暴露，要自食其果"。他们返回省里后，便同驻校工、军宣传队一起蓄意捏造了一个所谓的"8·24围攻省革委会领导的黑会"，把那些对搬迁提出反对意见的干部诬为"黑会"的策划者和执行者，多次调查、追究和批判。

1973年10月2日，原吉林农业大学党委副书记、副校长李冷斋受左家镇"五七"干校委托，带领一批省干校学员到白城参观学习，受到吉林农业大学部分干部和教师的热情接待。省教育局个别人、驻校工宣队和一些"左派"对此大做文章，指使一些人制造假证，并向省委王淮湘等人作了报告，制造了一个震惊全校的所谓"宗派的、反搬迁的、篡党夺权的、复辟的29人宴会"冤案，在全校大肆进行揭发调查，搞逼供信。李冷斋被省工作组负责人陈泽在全校大会上点名批判，定为吉林农业大学反搬迁的"黑后台"，伸向吉林农业大学的"黑手""魔爪"；参加就餐的同志被诬为"反搬迁分子""黑干将"；把农学系当成"黑据点"，全校共有70余人分别受到不同程度的株连和迫害。

1973年11月，学校向省委提出一份《吉林农业大学长远规划的初步意见》，提到"农学系各专业现在地址（即白城市）在全省没有代表性""白城的土壤条件、气候条件很不适宜农学系各专业的发展，不利于建立教学、科研、生产三结合的新体制"，主张迁回长春办分校，并组织部分学生参观原吉林农业大学校舍及建设情况，在学生中兴起了"回迁"思想。12月29日，学校15名学生联合到省委上访，要求将吉林农业大学迁回长春原校址办学。

1974年5月9日，100名工农兵学员到省委进行第二次上访，并在省委院内静坐示威，要求将吉林农业大学迁回原校址办学。6月，校党委副书记李铁心、段沛然去省里汇报情况提出："吉林农业大学迁回净月，原有房舍设备、教学基地都可以利用，不需新建，可给国家节约投资；或者把吉林农业大学迁至左家镇的省'五七'干校，省'五七'干校迁至原吉林农业大学校址"，未能得到同意。8月初，由省计委、省农业林业办公室、省文化教育办公室联合组成了一个调查组进校了解情况，听取学校领导对办学的意见。他们虽然了解一些实际情况，同情吉林农业大学的遭遇，但在当时的形势下没有起到任何作用。

1975年初，校工宣队、"革命委员会"针对学校一些反搬迁言论，开展了"搬迁与反搬迁"斗争运动，在全校进行广泛的追查，搞了长达七八个月之久的批判。以省教育局负责人为首的省地委工作组再次进校，以"批邓"为中心，抓"反搬迁后台"和"右派言论"的代表人物，把学校教育组定为"资产阶级土围子"；把农学系定为"黑典型"，肆意侮辱和攻击，轮番进行批斗，以"否定基本路线教育""怂恿学员上访""围攻省地委工作组"等罪名，大揪"上访学生骨干"和所谓的"幕后支持者""黑后台"，对许多同志进行种种打击和迫害，使之背上沉重的包袱。

第三节　分散办学

一、学校被肢解在三地办学

1975 年初，由江青集团直接炮制的"朝农经验"出笼，并将其树为"社会主义新型大学"的典型。学校在省委工作组主持下，同驻校工宣队一起，立即组织全校人员学习"朝农经验"，批判由他们捏造出来的反对"学朝农"的言论"黄、散、下"和"四个人，八个题"。有人还投书《人民日报》，表示要把吉林农业大学办成"朝农式"的大学。在此基础上，学校提出"把吉林农业大学办成'朝农式'的无产阶级的政治大学、劳动大学，把学校办成无产阶级专政的工具"。省教育局负责人根据"朝农经验"，提出对吉林农业大学动大手术，实行"分散办学""吉林农业大学越办越向下"的方案，企图对困扰他们多年的"反搬迁势力"分而治之。

1976 年 1 月 8 日，敬爱的周恩来总理逝世。广大师生员工悲痛万分，他们冲破重重阻挠，自己动手，佩白花，戴黑纱，开展各种悼念活动，沉痛悼念人民的好总理。

1976 年 5 月 31 日，中共吉林省委决定将吉林农业大学教师以及其他人员和物资、设备的 50% 分配给白城地区，30% 分配给哲里木盟，20% 分配给通化地区，分别和地区、盟的农校合并，建成地区、盟的学院。至此，一所具有多年历史的农业大学被割裂得支离破碎，仪器设备损失殆尽，给全校教职员工和家属带来深重的灾难。

分散办学后，3 个农学院都处于瘫痪状态，教学、生活条件极端困难。3 个农学院的师资力量、仪器设备、经费和房舍等都不具备办高等学校的条件，尤其哲里木盟农牧学院、通化农学院根本无法进行正常教学工作，教职工都被安排在原来的劳改农场里，长时间地搞所谓建校劳动。白城农学院条件稍好一些，坚持了一些教学工作，当时设有农学、畜牧兽医、农机、农田

水利和林业园艺 5 个系，有工农兵学员、"社来社去"学员 1 300 人。

二、"文化大革命"期间，学校遭受严重破坏

在"文化大革命"期间，吉林农业大学遭到了惨重的破坏，受到了巨大的损失。大批干部、教师遭到不同程度的打击和迫害，有的致伤、致残，甚至被害致死。学校由于一次次搬迁，原校舍先后被几个单位占用、改修，已不成样子；研究室和实验室被拆毁，实验场站的科研用地均改为生产用地，整个校园被破坏得七零八落、千疮百孔。在多次搬迁过程中，大批图书资料、仪器设备、各种生活用品丢失损坏殆尽，这些都是看得到的有形的损失。尤为严重的是，搬迁中多项科研课题被迫停止，广大教师、科研人员浪费了 10 年的宝贵时光，业务荒废了，队伍削弱了；学校长时间中断招生，教学质量、科研水平直线下降等，这些无形的损失更是难以估量和弥补的。

"文化大革命"期间，学校的广大教职工同全国各地一样，在极端困难的情况下，对林彪集团、江青集团的倒行逆施仍然进行不同形式的抵制和斗争。看到"文化大革命"给党、国家和人民造成的严重灾难，许多人焦虑不安，对强令学校一次次搬迁、肆意搞垮吉林农业大学的行径表示气愤，利用各种方式进行抵制和斗争。在极其艰苦的境遇中，广大教职工仍是尽自己之所能，千方百计地克服困难、坚持工作，有的在困难和压抑中取得了一些成就。

第四章　拨乱反正　全面恢复
（1976—1988）

　　1978 年 3 月，吉林省决定恢复吉林农业大学。1978 年 6 月，学校开始回迁。至 1980 年末，基本上完成了学校恢复工作，并把学校的工作重点转移到教学和科研上来。从 1981 年开始，学校进入了全面建设和改革发展新时期，并不断取得新的进步。

第一节　拨乱反正，恢复办学

　　1976 年 10 月，中共中央英明果断地粉碎了江青集团，结束了"文化大革命"。这是全党、全国各族人民长期斗争取得的伟大胜利。挽救了人民，挽救了党，挽救了国家，也挽救了濒临危亡的教育事业。吉林农业大学的广大师生员工以极其喜悦和激动的心情，热烈庆祝这场伟大的胜利。

　　由于"两个凡是"思想的影响，加上江青集团炮制的《全教会纪要》未能及时撤销，"极左"思潮仍很盛行。因而，吉林农业大学被"一分为三"的错误做法没有得到及时纠正，学校得不到及时恢复，分散到各地办学的广大教职工不得不采取各种形式进行呼吁和斗争，但还是有一些干部、教师继续被分配到哲里木盟、通化两个农学院去安家落户。

一、白城农学院恢复招生

　　1977 年冬，全国高等院校恢复统考招生。根据教育部和吉林省《关于1977 年高等学校招生工作意见》，分校后白城农学院的农学、农业机械、畜牧、兽医 4 个专业参加招生。经过统一考试，择优录取 315 名学生，后又依照吉林省《关于高等学校招收走读生和增加招生名额的意见》，学院在人力、物力、房舍、设备十分困难的情况下，充分挖掘潜力，于 1978 年 3 月又有 3个专业增招了学生 105 人。为了保证教学质量，在新生入学前，学校组织有关人员制订了教学计划，以保证新生教学正常进行。

二、恢复吉林农业大学

1978 年 3 月 31 日，"吉林省革命委员会"决定：在长春原校址恢复吉林农业大学；并决定成立吉林农业大学筹建领导小组，由李冷斋任组长，吴梅、刘有芳、吴文滔任副组长，张竹亭、张树仁为小组成员。1978 年 4 月 11 日，"吉林省革命委员会"向国务院提出恢复吉林农业大学的报告。5 月 14 日，又正式通知学校："恢复吉林农业大学，撤销白城、哲里木盟、通化 3 所农学院""原农大农场、马场以及分散到各地区的原农大的人员、设备、图书资料收归农大""领导体制以省为主，在'省革命委员会'统一领导下，由省农林办、农业局主管，省委宣传部、省教育局统管"。同时要求吉林省"各有关地区、各有关单位要积极支持农大的恢复工作，创造条件，使农大尽快迁回长春，以促进农大为实现农业现代化多做贡献"。

按照"省革命委员会"要求，校筹建领导小组立即着手进行学校的各项恢复筹建工作。首先建立了各级恢复领导小组，收回了被省干部疗养院和 1382 部队占驻的校部主楼和部分生活用房舍。在白城、通化、哲里木盟三地分别成立了搬迁领导机构。筹划三地的物资、设备、人员等回迁工作。恢复吉林农业大学，迁回原校址办学，这是全校广大教职员工盼望已久的事情，是人心所向。省委对学校恢复工作十分关心和重视，各有关部门、单位和兄弟学校给予了大力支持，使学校的恢复工作进行得较为顺利，回迁速度很快。77 级学生积极参加了学校搬迁工作。至 6 月 5 日止，全部迁回长春市原校址。对白城农学院招收的"社来社去"学员也作了适当安排。

1978 年 6 月 8 日，吉林农业大学在长春市原校址隆重地举行了"庆祝吉林农业大学恢复"大会，省市有关部门的领导和兄弟院校的负责同志出席了大会。

学校于 1978 年 6 月迁回时，校舍破坏严重，教室、实验室已不能使用，到处是碎砖烂瓦、断壁残垣，整个庭院满目疮痍；家属宿舍也全被外单位职工占住着，不仅维修、恢复重建任务重，而且接收房产的任务、催促占房单位倒房的任务，都是相当繁重的。因没有现成可用的房舍，所以师生员工的教学、工作和住宿都存在着很大困难。分散到白城、哲里木盟、通化三地的一些教师和家属也不能迁回，因而在三地分别设立了留守处。1978 年 6 月 10 日，复校后的吉林农业大学学生在临时抢修出来的几个大教室里正式开课。

三、逐步恢复各项工作

1978 年 3 月 18～31 日，中共中央在北京召开了全国科学大会。李冷斋、蔡启运、郝瑞等出席了大会。园艺系教授郝瑞研究的"苹果抗寒矮化砧 63-2-19 的选育"，在科学大会上获得技术改进重大成果奖。会后，出席会议的代表向全校师生传达了全国科学大会精神。学校各级领导和全体教师认真学习贯彻大会精神，加深了对高等院校在科研战线所发挥的重要作用的认识。1978 年 4 月，吉林省召开科学技术大会。学校派代表参加了这次大会。

1978 年 4 月 22 日至 5 月 6 日，教育部在北京召开了全国教育工作会议。这是粉碎江青集团以后召开的第一次加强和全面规划教育工作的重要会议。学校认真传达和贯彻了这次大会精神，澄清了多年被江青集团搞乱了的理论是非、思想是非和路线是非，提出整顿教学工作，认真全面地执行党的教育方针和"高教六十条"，在教学中充分发挥教师的主导作用，坚持以教学为主。整顿的重点是恢复课堂教学秩序，制定规章制度，抓好教学内容的拨乱反正和教材建设。

1978 年 6 月 3～20 日，中共吉林省委召开了吉林省教育工作会议。会后，校领导结合北京全国教育工作会议精神，根据学校实际情况，对学校的下一步工作作了安排。首先，本着德、智、体全面发展的培养目标，综合各方面情况，修正和制订了各专业的教学计划，确定了公共课、基础课、专业课和选修课。1978 年 6 月，校筹建领导小组决定，在全校范围内开展揭批江青集团，清查打砸抢分子，落实知识分子政策的工作，并成立了校"揭、批、查"运动办公室。

1978 年 7 月 7 日，学校召开了由全校教职员工参加的"深入揭批江青集团，清查与江青集团有牵连的人和事，清理打砸抢分子，落实知识分子政策动员大会"。校筹建领导小组副组长吴梅在会上作了动员报告，号召全校教职工积极动员起来，开展"揭、批、查"运动。大会后，学校"揭、批、查"办公室派有关人员到白城、哲里木盟、通化三地，组织留守和等待搬迁人员进行"揭、批、查"工作。

1978 年 8 月 16 日，学校召开了第一次"落实知识分子政策暨平反昭雪大会"。参加大会的有在校的全体师生员工、实验农牧场和中小学的代表，白城、哲里木盟、通化三地留守处的代表，一些受迫害同志家属也参加了大会。吴梅在大会上代表校筹建领导小组宣布了《吉林农业大学筹建领导小组关于为夏伯康等 47 名同志平反昭雪的决定》。学校的一批干部、教师在"文

化大革命"中所蒙受的不白之冤得到了平反昭雪，恢复了名誉。

8月18日，学校在省政协礼堂为在"文化大革命"中被迫害致死的校长兼代理党委书记夏伯康举行骨灰安放仪式。省委有关领导和学校负责同志分别在仪式上讲话。

1978年12月13日，学校召开了第二次平反昭雪大会，为李冷斋等95名同志平反昭雪，恢复了名誉。

1979年4月2日，中共吉林省委农村工作部在省宾馆礼堂召开平反昭雪大会，为学校中层以上蒙受迫害的干部、教师23人平反，落实政策。学校按照省委组织部〔1979〕13号文件精神，对个人历史档案进行彻底清理，剔除销毁一切诬蔑不实的材料；对强迫本人所写的检查交代、认罪、自传等一类不实材料，一律退还本人，消除影响。通过"揭、批、查"，进一步搞清了学校与江青集团有牵连的人和事。

在进行"揭、批、查"工作的同时，学校还大力抓了教学工作。1978年7月，为了加强师资力量，提高教学水平，学校举办了师资培训班，对1975—1977年毕业留校任教的大专毕业生进行回读培训。为了解决学校专业外语师资不足的困难，9月，举办了教师日语学习班；10月，又从一年级在校生中选调14名学员，举办了一个学制四年的农业科技英语师资班。

1978年10月，"文化大革命"后第二次全国统一招生开始。学校分别在农学、植物保护、果树栽培、蔬菜栽培、农业生产机械化、畜牧、兽医、土壤农业化学、农业生物物理9个专业共招收新生401人，于12月入学。同时，根据教育部7月下发的《关于高等学校1978年研究生招生工作的安排意见》，学校开始恢复研究生教育。在植物保护专业招收了6名研究生，由周宗璜教授担任导师。这是粉碎江青集团后恢复研究生培养工作的第一次统一招生。1981年11月，批准学校为首批授予硕士学位的高等学校之一。从此，学校研究生教育有了一个新的起点。1978—1988年学校共招收硕士研究生178人。

1978年11月，经吉林省政府批准，学校将吉林特产学院收回并迁来长春，改为吉林农业大学特产系，设有药用植物栽培和经济动物两个专业。于12月招收了44名学生入学。

至1978年末，农学系、畜牧兽医系、特产系、土化系、农机系5个系全部恢复，共设有农学、植物保护、畜牧、兽医、果树栽培、蔬菜栽培、药用植物栽培与分析、经济动物、土壤农业化学、农业生物物理、农业生产机械化11个专业和1个英语师资班。在校生843人，其中农机专业的191名学生在西安桥外原农机系校舍上课。

1978年底，根据国务院和教育部关于提升和确定教师职称的规定，经上级有关部门审核批准，晋升和确定了教授2人、副教授24人、讲师133人。1980年12月，学校又进行第二次职称评定工作，全校有30人晋升为副教授、1人晋升为教授，还有41人分别晋升为农艺师、兽医师、会计师和馆员等。通过职称评定和晋升工作，改变了学校教师队伍的结构，大大激发和调动了广大教师和各类技术人员的积极性。

第二节　贯彻三中全会精神，把工作重心转到教学科研上来

1978年12月，中共中央召开了具有伟大历史意义的十一届三中全会，重新确立了马克思主义的思想路线、政治路线和组织路线，果断地废除"以阶级斗争为纲"的口号；全面纠正了"文化大革命"中及其以前的"左倾"错误；坚决批判了"两个凡是"的严重影响，高度评价了关于真理标准的讨论；确定了"解放思想、开动脑筋、实事求是、团结一致向前看"的指导方针；作出了把工作着重点转移到社会主义现代化建设上来的伟大战略决策，使党的事业走上健康发展的轨道。

中共十一届三中全会公报发表后，全校师生员工受到极大振奋和鼓舞，热烈拥护全会所作出的决策。

1979年2月初，学校召开了副科级以上干部工作会议，传达和学习中共十一届三中全会和中央工作会议文件，研究学校工作重点转移问题。通过学习和讨论，加深了对党的工作重点转移的认识和理解。结合学校十几年来的动荡不安的实践，与会同志充分认识到：学校的工作着重点，必须转移到集中力量搞好教学和科研工作的总目标上来。

1979年3月7日，学校召开了教职员工大会。李冷斋在大会上作了《关于学校工作着重点转移》的讲话，总结了学校前一段恢复工作和"揭、批、查"运动的成绩。指出：学校的清查、清理和落实知识分子政策工作开展得比较深入。清理了"文化大革命"期间打砸抢案件20多起；为遭受林彪集团、江青集团迫害的同志平反昭雪，恢复了名誉；经过3个多月的工作，为在1957年"反右倾"斗争中错划为右派的54名同志进行复查改正工作，取得了圆满的结果。20多年的精神束缚解除了，他们的积极性和工作热情得到了充分的调动和发挥。还为20多名同志进行了历史问题的复查，

改正了错误结论。校筹建领导小组决定：自 1979 年 3 月 10 日起，结束
"揭、批、查"运动，撤销运动办公室，一些遗留问题交由有关的职能部门
纳入日常工作，予以处理；学校工作的着重点开始转移到以教学和科研为中
心上面来，学校的各项工作都要为教学、科研这两个重点服务。校筹建领导
小组根据学校恢复工作已取得明显进展的实际，提出了"学校两年充实调
整，五年发展提高"的设想，即从 1979 年起，用 2 年时间达到并在某些方
面超过"文化大革命"前的水平，用 5 年的时间跨入国内同类学校的先进
行列。

　　1979 年春，学校正式收回了学校实验农牧场和前郭县种畜场（马场）。
同时撤销了白城、哲里木盟、通化三地的留守处，基本完成了学校的回迁、
后勤维修、人员集中、稳定教学秩序和生活秩序等各项恢复工作任务。

　　在 1979 年 9 月至 1980 年 9 月的一年时间里，学校工作着重点的转移是
以提高教育质量为中心。积极组织建立正常的教学秩序和一套科学的组织管
理制度，实现教学秩序上的拨乱反正。经师生反复讨论，相继制定了《学生
守则》《系主任工作职责》《教研室主任工作职责》《教职工考勤请假制度》
《学生学籍管理办法》《关于考试考查的规定》等 12 项规章制度。全校陆续
建立了 46 个教研室，民主选举产生了 88 名教研室正、副主任，恢复了 53
个实验室和研究室，健全了教学基础组织，保证了全校教学工作能够有计
划、有组织地进行，教学秩序基本稳定，逐步走向正规。组织制订了各专业
的教育计划和新开课程的教学大纲，编制了教学工作日历，使教学工作有所
遵循。

　　在稳定教学秩序的基础上，倡导以老带新，安排老教师、有经验的中年
骨干教师上教学第一线讲大课，让他们充分发挥"把关"和"带路"的作
用。并通过开展校系两级的检查性听课和观摩教学活动，交流教学经验，提
高课堂教学水平。

　　1980 年 4 月 19 日，学校召开了"1979 年'双先'表彰大会"。对涌现
出的一大批在教学、科研、生产实践中工作突出、成绩优秀、深受广大群众
赞扬的先进集体、先进个人进行表彰。受到表彰的有 13 个先进集体和 72 名
先进个人。

　　1980 年 4 月 30 日，学校隆重举行了"教师三十年教龄庆祝会"，对 31
名从事教育工作 30 年以上的老教师进行祝贺和慰问。校领导在会上发表讲
话，高度赞扬了这些老教师 30 年如一日的勤勤恳恳、兢兢业业、呕心沥血、
埋头工作的园丁精神。老教师代表也在会上讲话，感谢党对知识分子的尊重

和给予的荣誉，表示要一辈子忠诚于党的教育事业，鞠躬尽瘁，死而后已。

1980年5月5日，校党委根据药用植物栽培及分析专业、经济动物专业的特点，现有师资、设备条件以及学校总体规划需要等情况，决定将特产、园艺两系合并，成立特产园艺系，辖药用植物栽培及分析专业、经济动物专业、果树栽培专业、蔬菜栽培专业。1984年7月，经校长办公会议决定，将原属特产园艺系的经济动物专业并入畜牧兽医系。

1980年11月，李冷斋校长主持召开了全校教学工作会议。参加会议的有各系、处负责人及有关领导和教师代表共40余人。会议就学校恢复以来教学工作中的一些问题作了详细的研究和讨论。确定每学期要举行3次教学工作研讨会。确定了正、副系主任管理教学和科研工作，设行政副系主任或系办公室主任，分管行政事务工作，严明了职责。部署了1980—1981学年第二学期的教学任务。明确提出教学是各项工作的中心，无论何时何地都要把教学工作摆在首位，要正确处理好教学与科研、进修及其他事务的关系，要扭转评定职称时遗留下来的"重科研、轻教学"的倾向，保证教学时间在任何情况下不得侵占。在人们的意识上，树立起教学计划带有法规性质的观念。会议决定今后骨干教师必须上教学第一线，保证教学质量。确定了期中3周的教学检查制度，研究制定了教学检查的内容、方法和步骤，对不胜任现职的教师调换工作或进修提高。这次教学工作会议对提高学校的教学质量、活跃教学氛围起到了重要作用，同时也澄清了一些模糊认识。

1980年12月23日，吉林省政府批准："将吉林农业大学的业务和行政工作改由省农业委员会（以下简称农委）主管，财务工作由省财政厅直接管理，党的工作仍由所在市委领导"。

1981年秋，教育部报经国务院批准，将吉林省农机局主管的于1978年春在公主岭成立的吉林农业机械化学院撤销。吉林省农委于1980年10月决定将该院农机专业1978年级学生101人、农机专业1979年级学生43人、农业机械化经济管理专业1979年级学生40人交由吉林农业大学接收，培养到毕业。为办好交接工作，省农机局和吉林农业大学经过协商，签订了《关于吉林农业大学接收吉林农业机械化学院学生的协议书》。省农委1981年10月20日正式批准了这个协议书。学校于1982年3月1日，按照协议条款，将吉林农业机械化学院184名学生和4名教师接收来校。农机专业并入农机系，将农业机械化经济管理专业改为农业经济专业，并对这两个专业的教学计划做了局部调整和补充。

第三节　深化教育改革，学校各项工作取得新成绩

一、坚持教学改革，提高教学质量

（一）实行定向招生

由于农业科技现状落后，对农业科技人才的政策落实得不好，造成人们轻视农业，一些青年学生不愿意报考农业院校。部分在校生学习热情不高，纪律松弛，闹专业思想，不安心学习。毕业生不能全部树立学农、爱农和为发展农业现代化服务的思想。针对这种情况，1982 年暑期，在省教育厅和省招生办公室的支持下，学校扩大了从县镇以下农村招生的比例。具体做法是按规定录取线降低 1～3 分，从农村考生中录取第一志愿者 112 人，使全校从农村招生的比例达到 71.9％。半年后，对他们的学习成绩进行调查，并用他们的平均分和全年级学生平均分进行对比。结果表明，这部分学生虽然录取时分数稍低，但由于他们专业思想牢固，学习安心刻苦，因而在较短的时间内缩小了高考时与城镇考生的分数差距，有的还有所超过。从此，学校的学习风气逐渐浓厚起来。

（二）改造老专业，有计划地发展新专业

在专业设置上，多年来存在的问题是：照搬苏联农业教育的模式，多年来没有多大变化；受"以粮为纲"的影响，在教学科研工作中单打一，忽视多种经营；注意经济管理作用不够。学校恢复后，根据吉林省农业科学技术发展的需要，从 1979 年开始，有计划、有步骤地调整老专业的方向，加强了基础课，减少了必修课，增加了选修课，注重了实践环节，拓宽了专业面，增强了适应性。

为了适应四化建设的需要，在不断调整改造老专业的同时，还积极创造条件，增设国家急需的新专业。

1979 年 5 月 24 日，全国供销合作总社来函："希望吉林农业大学增设化肥农药专业为供销社系统培养农业生产资料部门的业务技术骨干、中等供销专业学校师资及有关科学研究人员"。学校农学系和土化系这方面师资潜力很大。为了充分调动教师的积极性，为了给学校建设筹集资金，加速培养一批当前急需的掌握化肥农药专业知识的人才，学校决定承担了这个任务。1979 年 7 月 17 日，全国供销合作总社生产资料局与吉林农业大学达成了《设置化肥农药专业的协议书》，并经全国供销合作总社和吉林省教育厅批准。协议规定：自 1979 年起开设此专业，该专业学制 4 年。从 1979 年起招

生 40 人，以后每年招生 80 人，到 1983 年该专业在校学生规模大体稳定在 320 人左右，专业面向全国，并在全国招生。培养的学生主要为供销社农业生产资料部门输送业务技术骨干、中等供销专业学校师资及科研人员。考虑到增设专业的需要，全国供销合作总社给吉林农业大学基建和教学设备等一次性投资 70 万元。该专业招生纳入全国统一招生计划。

全国供销合作总社为了加快培养野生植物利用专门人才，积极开发我国野生植物资源，支持国家经济建设，活跃出口贸易，改善人民生活，同学校协商，并征得吉林省教育厅同意，报教育部批准，于 1982 年暑期，在学校增设野生植物利用专业（专门化），学制 4 年。面向全国，统一招生，统一分配，教学计划主要面向北方各省。1982 年招收 30 人，以后每年根据需要招收 50～60 人。

省农委于 1981 年 12 月 31 日批复："经与省计委、省文委研究，同意在你校农业经济管理专业基础上，成立农业经济系"。1982 年 1 月 1 日，农经系正式成立。

为适应吉林省农业发展对各类人才的需要，经报省政府批准，学校于 1984 年增设农畜产品贮藏和加工专业、农业教育专业、淡水渔业专业，学制为 3 年。1985 年，又增设中兽医专业，学制 3 年。分别于当年暑期招生。

根据专业的增多和深化教育改革的需要，于 1985 年 4 月 5 日经校长办公会议决定，将畜牧兽医系改为动物科学系，将农业生产机械化系改为农业工程系。

1988 年 2 月，经省教育委员会（以下简称教委）批准，在农业工程系增设 3 年制的农村能源开发与利用专业，在动物科学系增设 3 年制的兽医公共卫生专业，于暑期开始招生。

（三）设立专科，发展函授教育，实行多层次办学

1983 年 5 日 7～19 日，全国高等教育工作会议在武汉召开。会议贯彻中共十二大精神，认真学习了中共中央和国务院关于发展高等教育的目标和措施，研究了如何改革高等学校领导体制和学校内部管理制度的问题。学校校长兼党委书记王殿仕出席了这次会议，在会上以《实行多层次办学，打开人才通往农村的渠道》为题介绍了学校教育改革的经验。

为了适应农村经济"两个转化"的要求，学校从 1980 年以来，充分挖掘教师和设备潜力，在不断地提高教育质量，积极扩大研究生、本科生招生数量的同时，迅速地增设 2 年制干部专修科和 3 年制的普通专科，恢复和发展正规函授教育及短期培训工作。

1983 年 4 月 14 日，吉林省政府批准学校可以接受有关部门委托，举办各类的干部专修科。1983 年暑期开始，省农委委托学校举办的专修科有农学、畜牧、特产 3 个专业，学制 2 年，每期招生 100 人，学员为副县级以上农业干部及其后备干部。受商业部委托，将原来的 1 年制化肥农药技术进修班改为 2 年制干部专修科，从 1983 年秋开始招生，每隔一年招生 1 次，每次招生 60 人，在校人数大体稳定在 60 人左右。招收的学员纳入当年国家招生计划，但不参加全国高等学校统一招生考试。招生对象为农业生产资料部门县级或相当于县级企事业单位高中毕业或具有同等学力、身体健康的负责干部和后备中青干部及在职中专教师。

为了加速吉林省地（市）、县两级党政领导干部的革命化、年轻化、知识化、专业化，适应农业现代化发展的需要，经请示省政府批准，学校于 1984 年暑期举办党政领导干部专修科。招生纳入国家计划，但不参加全国统考，由省委组织部和学校通过文化考试择优录取。招生对象是地（市）、县党政主要负责人或拟提拔的党政领导干部，年龄在 47 岁以内，具有高中或相当于高中文化程度、身体健康者，共招 50 人，学制 2 年。至 1987 年暑期止，先后有农学、特产、畜牧、农机、农业经济和农药化肥 6 个专修科专业招生，共毕业 380 人，他们均成为吉林省农业战线和国家供销系统的各级领导和技术管理骨干。1987 年暑期，省内各专修科专业停止招生。

从 1984 年起，经吉林省教育厅批准，学校先后与吉林省农安、德惠、九台、前郭及长白、靖宇、抚松、集安、珲春、安图、镇赉、长岭、通榆、汪清等偏远县签订了委托代培合同。即学校增加招生数，从各县参加高考的考生中，降分录取学员（包括本科和专科），委托代培费由各县向学校支付，毕业后分配回本县工作。他们回县后，均成为有关部门的农业技术工作骨干力量。与此同时，还举办了两期两个农民自费专科班，共 3 个专业（农学、农经和畜牧兽医），至 1987 年暑期共毕业 52 名学员。

1980 年 2 月，经吉林省教育厅批准，学校正式恢复函授教育。9 月，经过统一考试，分别在农学、农经、畜牧、兽医 4 个专业中择优录取了 371 名"文化大革命"后的首批本科函授学生，10 月 20 日正式开学。学校专门组织有关人员制订了函授生教学计划和教学进程表；制定了每学年的自学、面授、辅导以及测验作业和考试制度，保证毕业时能够达到或相当于全日制高等学校相同专业毕业生水平。为使函授学员树立自觉学习的思想，掌握函授学习的特点，学校与学员所在单位建立了紧密联系。同时，还在各地区建立起函授辅导站，印发自学指导书，为学校函授教育的进一步发展奠定了基础。

为了加强函授教育工作，学校于 1982 年 5 月 13 日批准有函授教学任务的各系成立函授教研室，选出一名教学经验比较丰富的教师担任该教研室主任，负责领导和组织本系担负函授教学任务的教师，研究函授教育的特点、任务和方法，努力提高函授教育质量。

至 1987 年暑期，函授设置有农学、农经、畜牧、兽医、土化、农机、植保、蔬菜 8 个本科函授专业，学制均为 5 年。还有药用植物和农畜产品加工 2 个专科函授专业，学制为 4 年。恢复函授教育 8 年来，各专业共招收函授生 2 252 人，已毕业 4 期，共 1 054 人。

学校从 1979 年开始就积极举办各类培训班，培训不同层次的学员。时间从 1 个月到 1 年半，长短不一；科类和培训目标也各不相同。因而，对不同层次的学员，贯彻因材施教的原则，在培养目标、教学方式和侧重点等方面，都提出了不同的要求。至 1987 年末，为全国供销合作总社及吉林省各部门共培训学员 3 238 人。

（四）加强重点专业和重点学科建设

1983 年学校提出，老专业要在改造中力争上游。对全国紧缺，又有自己特色的经济动物、药用植物、农药化肥（后改为农业化学）、野生植物资源、应用物理（农业）这 5 个专业进行重点建设。同时，根据教学、科研和生产的急需建立起 60 个主要学科。在师资力量、仪器设备等方面，学校给予重点扶持。着重从 4 个方面把重点专业、重点学科建设好，即每个专业、学科都要有学术带头人，形成梯队；具有较高的教学质量，具有较高水平的科研成果，具有较先进的仪器设备。至 1987 年末，这些重点专业和学科的建设，已取得显著进展。

（五）进行教学管理体制改革

为了使学校的教育工作适应新时期总任务和总目标的需要，从 1983 年开始，有步骤地进行教学管理体制改革。先后在教师和实验技术人员中设立了优秀教学质量奖、优秀实验室工作奖。每学年评 1 次，按等级发给奖金和证书。并规定：助教连续 3 年被评为一等奖或连续 4 年被评为二等奖者，可无条件地晋升为讲师；讲师在 5～6 年内，获 4 次优秀教学质量奖，其中一等奖在 2 项以上者，可优先晋升为副教授。

从 1984 年开始，实行系主任负责制。把各教研室、实验室主任的任免权、学生奖惩权、本系教职工奖金评定权、接受进修教师和决定对外咨询服

务权、教学经费审批使用权下放到系，由系主任决定。在教师中实行工作量制和学术休假制。学术休假制规定：讲师以上教师每工作 3 年，可在工作允许的前提下，有半年的学术休假。在学术休假期间，可以著书立说，搞社会调查或进行科学研究等。根据学校现状和将来发展的实际需要，逐步由超编向合理编制方向过渡，经校务委员会研究决定从 1988 年开始，改教学工作量制为"教师全员定额，分流承包，缺额补贴"的办法，由学校进行宏观控制。

从 1985 级本科生开始，试行学年学分制。压缩了总学时，从过去的 2 800 学时减到 2 600 学时；增加了选修课，从过去的 5％～10％增加到 15％～20％；还面向全校开设了 17 门公共选修课，如汉语写作、科技写作、科技摄影、形式逻辑、普通地理、市场学、食用菌栽培、核技术应用、艺术体操、气功、音乐等课程，选课人数较多。实践证明，这样做对逐步做到理农结合、文理渗透、开阔学生知识面、提高学生适应能力、调动学生学习积极性起到了一定的推动作用。

从 1986 年开始，在教学管理人员中实行了岗位责任制。制定了系、处、科、室各级教学管理人员的岗位责任和职责范围，并建立了严格的考核制度。

为了进一步贯彻因材施教的原则，调动学生学习的积极性和主动性，经报请省教委批准，从 1986—1987 学年第二学期末开始试行本专科浮动制。本专科学生均在入学两年后，根据学习成绩、政治表现及身体状况决定升降。每学年末进行一次，浮动面上下控制在 5％以内。

从 1988 年开始，在教学人员中实行目标管理，重点放在提高教学质量和教学水平上面。

这些改革措施，收到显著效果。1981—1987 年，已有基本适应生产发展和社会需要的各层次毕业生 4 234 人，为缓和吉林省农业战线和国家商业、医药部门对各类农业建设人才的需求做出了新的贡献。

（六）改革教学内容和教学方法

提高教学质量的关键在于转变传统的教育思想，改革教学内容与教学方法。学校由于多年来受传统的教育思想束缚，存在着不同程度的片面性。例如，重视知识传授，忽视能力培养；强调发挥教师主导作用，忽视调动学生学习的主动性和积极性；强调理论重要性，放松了实践的探索；重视课内教学，忽视课外教学等弊端。对教学计划限制过多，教学内容陈旧，教学方法呆板。针对这种情况，学校按照教育必须为社会主义建设服务的思想，全面修订各专业的教学计划，在压缩总学时数的同时增加了基础课学时，各专业普遍地开设了文献检索利用、电子计算机等课程；减少了必修课，增加了选修课，加强了实践教学环节。对部分课程进行教学内容和教学方法的改革。在课堂教学改革上，重点解决了教学内容脱离生产实际、教学方法"满堂灌"的问题。通过采取教师启发、学生自学、教师总结的"三段教学法"，加强学生自学能力的培养；通过采用"案例教学法"提高学生动手和解决实际问题的能力；通过采用"现场教学法""直观教学法""电化教学法"，增强学生的感性认识和理解能力；通过采用"启发式教学法""讨论式教学法""问题教学法""论证教学法""研究式教学法"，增强学生分析问题和解决问题的能力。这些教学方法的运用，普遍改善了教学效果，提高了教学质量。

（七）加强实践环节，坚持教学、科研与社会实践三结合的正确方向

针对学生动手能力和分析问题、解决问题能力较差的情况，学校从1983年开始，注意了教育与实践的结合，加强了实践教学环节。把各项实践性教学环节纳入教学计划，不断丰富实践教学的内容。

建立了相对稳定的校内外实习基地。校内教学实验场、参场、农业科学试验站和兽医院等，为学生实习创造了十分有利的条件。有些专业还自己经营实验基地，如果园、药用植物园、实验圃和良种繁育区等。还先后建成了校外实习基地36个，从当地生产实际需要出发，紧密结合当地生产任务安排生产实习，不仅使学习动手能力得到锻炼和提高，而且使他们利用所学到的知识向农民传播农业技术，收到了较为理想的效果。

面向社会，积极开展教学、科研和社会实践三结合工作。自1982年开始，学校集中力量在农安县进行农业现代化综合科学实验基点的建设。在此基础上，先后与吉林省23个市、县、乡开展了横向联合，建立起不同形式的教学、科研、生产三结合的联合体，取得了较好的经济效益和社会效益。对下基点的教师做到工作上有要求、生活上有照顾、经济上有效益、晋升上算条件。

自1983年以来，学校还广泛地组织学生利用寒暑假期，开展以"学习、实践、服务"为主题的社会调查和科技咨询活动。仅在1987年寒假，全校就有1 100余名学生参加了各种形式的社会实践活动，撰写调查报告和参加社会实践活动体会文章500多篇；组织科技服务小组49个；举办或担任讲课任务的农业技术培训班36个。咨询内容有作物栽培技术、蔬菜育苗、果树栽培、人参栽培、庭院经济、家禽饲养、畜禽疾病防治等60余种农业技术。直接听众达2万余人；赠送给农村青年实用农业技术教材近万册。整个

活动遍及吉林省 18 个县近百个乡。这次活动得到省委、市委、团省委、团市委的大力支持和肯定。中央电视台、吉林电视台、《中国教育报》《中国青年报》《吉林日报》、吉林人民广播电台都专题或从不同侧面地做了报道。实践证明，社会实践活动加深了学生对党的方针政策的理解，加深了对社会的了解，丰富了知识，开阔了视野，有利于他们走知识分子与工农相结合的道路。

（八）加强体育教育，增强师生体质

发展体育运动，是建设社会主义精神文明和物质文明不可缺少的组成部分，是贯彻德、智、体全面发展的一个重要方面。在学校刚恢复时，原来的体育场已被开荒种地，外单位还在体育场中间修了一个大墙；体育器材等也因"文化大革命"期间的多次搬迁而被损坏殆尽。为了保证完成体育教学计划，提高师生身体素质，学校一方面抓全校的体育锻炼标准，抓早操和课间锻炼活动；另一方面，自己动手，并发动青年学生义务劳动，赶修运动场地，挖排水沟，建篮、排球场，安装部分设备，改善上课和体育活动条件。至 1979 年夏，全部体育场地基本上恢复到"文化大革命"前的水平。各年级体育课的教学水平逐年提高，群众性体育活动也取得了比较显著的成效。1980 年末，全校学生通过国家体育锻炼标准的人数为 50.9%，1981 年为 61.2%，1982 年上升到 94.5%。这个成绩在全国高等农业院校中名列前茅，在吉林省高校中更是比较突出的院校之一。

1979 年 5 月，学校召开了恢复后的第一次（即第 12 届）校田径运动会，各项成绩平平。1980 年秋季，参加吉林省大学生运动会，团体成绩仅居第 14 名；1981 年，参加长春市大学生运动会，仅为第九名。这样的成绩是与学校体育工作历史地位不相称的。对此，校党委十分重视，于 1982 年 6 月 8 日召开学校体育工作会议，总结了体育比赛成绩不高的原因。提出在抓好群众性体育活动的基础上，加强尖子运动员的选拔和培训工作，并在招生时，注意招收有体育专长的学生入学，争取在二三年内打好翻身仗。由于校党委的重视，经过全校师生共同努力，特别是体育教研部同志们的辛勤工作，学生运动员的竞技成绩提高很快。1983 年，学校代表队参加东北区农口大专院校学生田径运动会，男女均取得第一名；参加长春市大学生田径运动会，取得团体第四名；1985 年暑期，学校承办了全国高等农业院校大学生田径运动会，不仅组织工作赢得兄弟院校的称赞，而且成绩也很突出，男女团体第一名均为学校获得；1987 年，参加长春市大学生田径运动会，男女均获得第三名。1983—1987 年，参加长春市"三八"节及"五四"青年

节环城接力赛，均列在大专组的前三名之中。在各种球类及滑冰比赛中，也都取得了前几名的好成绩。由于体育工作抓得比较好，学校先后被评为1981—1982 年长春市群众性体育活动先进单位；1983 年，获得长春市积极推行体育锻炼标准的先进单位；1984 年，获得长春市大专院校群体工作成绩显著奖；1985 年，参加全国农口大学生身体素质通讯赛，男子获第五名，女子获第二名；1986 年，获东北农口高校达标赛总分第一名。

二、科学研究与技术推广工作

高等学校不仅要成为教学中心，还要成为科学研究中心。学校从 1978 年恢复时起，就十分重视科学研究工作，注意教学与科研之间的内在辩证关系，成立了科研工作的管理机构——科研处，积极鼓励教师并抽调一定力量进行科学研究活动。

截至 1987 年末，全校通过鉴定的科研成果共 117 项。其中，有 10 项达到国际先进水平，有 107 项达到国内先进水平，获得国家科学技术委员会（以下简称科委）和省市厅局不同等级科技奖励的有 59 项。

这些成果，不仅具有重要的科研价值，而且其中的大多数已在农业生产上发挥了作用，转化为生产力，取得了一定的经济效益和社会效益。如全国著名真菌学家周宗璜教授，毕生从事真菌学和植物病理学的研究。在真菌学研究方面，发现一些菌类新属、新种，撰写了《黏菌分类资料》及有关著述；在植物病理学领域，尤其在经济作物和特用作物病害研究上，取得了显著成果，做出了重要贡献，在国内微生物界有较大影响。吉林省政协副主席、特产园艺系蔡启运教授，多年来从事蔬菜栽培和育苗生理的教学和研究，在国内最早利用生长点培养无病毒植株的方法，解决马铃薯退化问题；对温室大棚的结构性能理论做出了重要贡献。动物科学系韩有库教授，从事兽医微生物教学和研究几十年，对马鼻疽、马传染性贫血、牛布鲁氏菌病、牛副结核、仔猪羔羊大肠杆菌病、禽霍乱等专项研究均取得重要成果，并在生产中得到应用。其中，"牛副结核变态诊断方法"被列入农业部主编的《动物检疫操作规程》，作为国家海关检疫牛副结核的主要方法。特产园艺系李向高教授，在人参成分分析研究方面，取得重大成果。他主持的"人参与西洋参有效成分的比较研究"，为我国引种西洋参提供了科学依据，为进行人参研究和人参品质评价提供了标准品；他主持的"人参不去芦的研究"及"红参加工技术及其品质评价"成果，结束了我国 2 000 多年的人参"去芦"习惯，提高了红参在国际市场上的地位，在经济上纠正了历史性的浪费；在

他参加指导下完成的"人参地上部位开发的研究""人参茎叶皂苷提取新工艺中间试验研究""新开河红参加工工艺及其质量评价研究"均获得突破性成果。由于科技成果显著，李向高教授先后被评为吉林省科技先进工作者、省中青年有突出贡献的科技专家、省优秀教师。全国七届人大代表、动物科学系马宁教授，从1958年以来，一直担任东北细毛羊育种委员会委员；从1975年起，担任中国细毛羊育种技术小组成员。1978年，培育出新中国第二个细毛羊新品种。从1968年开始，继续推广和改良了18年，1985年12月被正式命名为中国美利奴羊，在吉林省称为吉林系美利奴羊。新品种育成为国家增加经济效益3亿元。她参加研制的3个品种的标准（包括名词术语、鉴定符号标准等）均经国家标准局审批执行。土化系研究员姜岩，从1973年开始，在前郭县碱巴拉村进行草原复壮、改土培肥、治沙治碱以及改善生态环境的试验，收到良好的生态效益、经济效益和社会效益。该村1987年末，已造林7 000余亩*，粮食产量由原产960吨增至4 300吨，人均收入由80元增至700元。他经过多年实验，还对土壤有机培肥提出新的理论。即：非腐解态有机物的培肥理论，突破了农业科学界历来认为有机物必须腐熟才能施用的传统观念；同时提出玉米根茬培肥作用超过大豆根茬的论点，在农业科学界引起较大反响。农学系许耀奎教授，从事植物遗传学研究多年。他在小麦远缘杂交的细胞遗传学方面，当时处于国内外领先地位；在植物诱变遗传的研究工作中，获得"六五"期间全国植物辐射遗传育种协作组小麦专项三等奖和中国农业科学院1986年科学成果奖三等奖。1988年，被国家自然科学基金委员会聘请为第二届学科评审组成员。土化系周祖澄教授，多年来一直从事植物营养与施肥研究，取得成果的项目达15个，其中2项获部级、省级科技进步奖二等奖。特产园艺系谷培元教授，对长白山散孔材树种的保留原因及其分布规律、对开蕨属导管等均有新的发现，在吉林省农业区划工作中也取得了显著成绩，荣获国家农业区划委员会二等奖。农学系何立宗教授培育的小麦新品种"吉麦二号"，于1986年3月通过省级鉴定，已在白城地区大面积推广。动物科学系教授关中湘主持研制的水貂阿留申病对流免疫电泳用诊断抗原的制备与试用，在大安县外贸水貂场应用，第一年便使该场获利10万元。

学校先后在榆树、德惠、农安、集安、辉南、抚松等市县建立了单项科研基点，进行长期的协作试验。并于1986年9月与敦化市建立了科研、生

---

* 亩为非法定计量单位。1亩＝1/15公顷。

产和教学横向联合体；1988 年 3 月，与大庆牧工商联合公司建立了教学、科研和生产横向联合体。随着农业经济体制改革的深入和商品经济的发展，学校科技竞争力及其对现代农业发展的作用越来越明显。

按照吉林省政府的统一部署，1982 年春，学校与农安县结成科技实验协作对子，共同在农安县进行农业现代化综合科学实验。1984 年，全面实施实验工作，农安县政府所属各局、委、办和吉林农业大学所属各系、处密切配合，积极开展工作，先后选建了 1 个综合点和 4 个专业点。专业点是根据农安县农业区划的分区，以及当地农牧业生产中的问题和潜力设置的。水稻专业点设在小城子乡，主要研究地棚育苗新技术。盐碱土调酸育苗种植水稻已获得成功，使农安县水稻生产从 1983 年的 9 000 亩猛增至 1987 年的 10 万亩。测土施肥设在巴吉垒乡莫波村，经过几年的试验推广，使该乡的群众基本掌握了测土施肥技术，使化肥肥效得到充分发挥，达到逐年增产增收。土壤诊断施肥法已在吉林省推广，每亩比当地习惯施肥法增加产量 10% 左右。农机点设在刘家乡，1984 年春开展工作，除进行农机耕作、农机节油试点外，还搞了农机设计、新沼气池建设、风力发电等方面的试验工作。畜牧专业点设在三盛玉乡，进行塑料薄膜热水袋孵鸡试验、育肥鹅试验以及填饲机械、饲料配方、育肥方法推广工作，均取得显著成果。学校在农安县农业现代化综合科学实验研究取得成果的基础上，于 1985 年接受了省招标项目"吉林省中部农区畜牧业发展技术研究"。经过近 3 年的攻关取得了比较理想的成果。1987 年 12 月 22 日通过省级鉴定。

至 1987 年底，学校先后建立了 4 个研究所和 10 个研究室，即囊虫病研究所、生物技术研究所、长白山资源开发研究所、农业现代化综合技术开发研究所和兽医微生物、人参栽培、真菌、遥感技术应用、作物遗传育种、土壤培肥改良、农业生物物理、农业环保、有机合成应用、山楂研究室。

为了推广科研成果，活跃学术气氛，扩大对外交流，提高教学质量，学校于 1979 年 3 月，经报请吉林省委宣传部批准，将停办多年的学术期刊《吉林农业大学学报》复刊公开发行。截至 1988 年，已出版 10 卷 35 期。并创办内部发行的《国外农业译丛》。与此同时，学校与中国畜产品进出口总公司达成协议，共同创办全国发行的动物科技季刊《毛皮动物饲养》杂志。这个刊物自创办后几年时间，发行量已达 2 万份。

1979 年，姜岩作为吉林省土壤普查办公室兼职副主任和科技顾问组组长，主持了吉林省第二次土壤普查工作，土壤普查成果达到国内先进水平。秸秆和根茬还田的理论研究成果，达到了国际先进水平。在此基础上，姜岩

主编了《吉林土壤》专著。姜岩被评为全国土壤普查工作先进工作者。

1985年，学校成立了高教研究室，并出版内部发行的刊物《高教研究》和《信息资料》，重点进行农业高等教育的改革与发展研究工作。

三、外事工作与学术交流

1980年9月，吉林省政府和教育部、外交部批准学校同美国明尼苏达大学农学院建立校际间学术交流和合作关系。

1980年9月21～27日，以台曼院长为首的美国明尼苏达大学农学院代表团一行9人应邀来学校访问，同学校有关教师进行广泛的学术交流，同时在学校举办了专题学术报告，使学校对相关学科在美国的进展情况有了初步地了解。经过反复协商，就有关学术交流等问题签订了《吉林农业大学和明尼苏达大学农学院之间进行合作的备忘录》，决定自1981年开始进行交流。还原则上提出科研项目协作、教师交流、教授短期讲学等交流项目。通过明尼苏达大学农学院代表团来校访问，增强了两校的交流与合作。

1981年11月15～25日，吉林农业大学代表团一行6人，对美国明尼苏达大学农学院进行了回访和考察。李冷斋校长任团长，王殿仕副校长任副团长。代表团在美期间考察了明尼苏达大学农学院的教学、科研及推广体制、各专业的课程设置和教学实验设施，并与该院院长进行会谈。回顾了两校间学术交流计划的执行情况，进一步商定了两校1982年之后学术交流、互派学者和接受进修生等具体项目。

1985年1月12日，吉林省政府批准以农牧厅名义，以学校为主组成的西洋参栽培技术考察小组前往加拿大进行考察，与加方宏健贸易有限公司洽谈合资栽培经营西洋参事宜。由学校党委副书记齐文焕任组长。1985年2月7～20日，考察组在加拿大进行了为期14天的考察和访问，签署了一项合同、两份意向书。一项合同是学校本着互惠互利共同发展的原则与加拿大金星贸易发展公司诚富人参场签署中加合资生产经营西洋参合同。这一合资企业，以吉林农业大学教学实验场的土地、人工及参棚材料作为投资来引进外资、设备、人参栽培技术、西洋参种子。产品由加方负责，在国际市场包销。双方投资及利润，按合同在7年内从产品中分成可全部提完。从而打破美国对我国引进西洋参种子及栽培技术的封锁。按照合同，1985年秋播种了30.35亩，1986年春大面积播种。1985年5月上旬，加方代表诚富人参场董事长李成思先生等一行3人来长春考察参地，并成立了"中加人参发展企业有限公司"。董事会由8人组成，齐文焕任董事长，李成思任副董事长。

1985 年 8 月 5～25 日（共 20 天），以王殿仕为团长、李超为副团长的学校赴日农业教育考察团一行 6 人，在日本进行了有关高等农业教育管理工作与专业建设、日本北方作物的低温冷害问题、酪农的技术及经营、农作物病害防治、日本农业经济管理等内容的考察。

这次访问是应岩手大学农学部部长吉田稔、京都大学农学部部长川岛良治的邀请而赴日本的。在日本期间，参观访问了东京大学农学部、京都大学农学部、北海道大学农学部、东京农工大学、带广畜产大学、岩手大学 6 所高等学校及东京日本农业综合经济研究所、东北农业试验场、北海道农业试验场和两家酪农专业户。听取了教学、科研与管理情况的介绍；考察了教学、科研、生产的管理及设施；进行了学术交流。并与日本岩手大学达成了建立姊妹校的意向书。与其余 5 所大学也建立了交换学术刊物的联系。代表团还带回 300 多种图书资料和一批蔬菜及农作物品种。

1986 年 9 月 10～14 日，以日本岩手大学校长高桥八郎、岩手大学农学部部长船越沼治为团长的访华代表团来学校参观访问并进行学术交流。13 日，双方正式签署了《中华人民共和国吉林农业大学与日本国岩手大学关于建立学术交流及友好协作关系协议书》。协议规定双方"就教职员及学生的交流协作以及有关科研、教育情报交流等进行相互协作""对共同关心的某些科研、教育事项进行相互协作""根据需要可以派送学生（包括研究生）到对方留学""在实施本协议过程中，应本着友好平等相互谅解的精神进行充分协商，尊重对方的制度"。在协议上签字的是吉林农业大学校长李超，日本岩手大学校长高桥八郎、岩手大学农学部部长船越沼治。

1980 年以来，学校邀请长短期讲学的外籍专家及教师共 29 人次，举办多期讲习班；先后派出进修讲学的各级教学人员共 43 人次。有的进修教师在国外获得了博士学位。通过学者互访和学术交流，增进了国际交往和友谊，提高了师资水平，开阔了眼界，促进了科研和教学工作的发展。

四、后勤工作

从 1978 年恢复建校以来，学校后勤部门为教学科研服务、为师生生活服务的工作基本实现了服务周到、方便的目的。

在伙食管理方面，学校拓宽副食来源渠道，增设 3 个新食堂和一些炊事机械设备，扩大服务项目，改善服务态度。从 1982 年开始，推行了半企业

化管理的经济承包责任制，将伙食工作所需的人财物划归总务处集中统一经营管理，实行独立核算，自主经营服务，对炊管人员实行人定岗、岗定责、责定分、分定值（酬）。使伙食管理工作出现了生机和活力，伙食质量不断提高。学校伙食科多次被评为省、市高校的先进单位。1985 年 11 月，在国家教委、共青团中央和全国教育工会联合召开的全国高校先进食堂、先进个人表彰大会上学校受到奖励。

在基本建设方面，学校刚恢复时，校舍被外单位占住，而且数量也不足，给学校的教学、科研和生活带来极大困难。在省市领导、部门的大力支持下，基本建设取得很大成绩。先后建成了近 8 万平方米的房舍，大大改善了教学、科研和师生生活条件。截至 1987 年末，全校房屋建筑面积计 14.3 万平方米。

学校农机系在长春市西安桥外、和平大路以东办学多年。由于"文化大革命"，学校下迁到白城市，该校舍被 208 医院、长春大灯厂、烟酒公司、水果公司等单位占住。学校在 1978 年恢复后，将 208 医院占住的房屋收回。其余部分，因占用单位倒不出来，影响办学和教育事业发展。1981 年 5 月，经省农委和市政府等有关部门协调，学校与省粮食厅达成《交换使用校舍协议书》，即省粮食厅将坐落在净月胡家店的吉林省粮食学校全部房屋 6 972 平方米及 6.5 万平方米土地交换给吉林农业大学；吉林农业大学农机系全部房屋 1.37 万平方米（含外单位占住的），土地约 10 万平方米（含外单位占用的）交换给省粮食厅。省粮食厅补给吉林农业大学建筑面积差数 6 000 平方米的基建指标（包括建材）、基建投资和搬迁费等计 180 万元。后因省粮食厅少补 42 万元，学校七联家属宿舍中的三联、五联的产权和使用权也未移交。学校用换建经费建成农机教学楼和部分家属宿舍，于 1982 年暑期农机系师生全部迁到校部办学。

1983 年，学校用位于净月道班东侧的校舍 7 000 平方米和 6.5 公顷校园与长春市第二轻工业学校交换建筑指标 7 000 平方米及基建经费 284 万元，在校部建成两栋家属宿舍及一栋教学楼、一个农机工厂，使农业经济系和农机工厂于 1984 年迁到校部集中办学。

1986 年 4 月，学校将原废弃的农药厂旧厂房及其四周 18 公顷土地，提供给省永安电动工具厂作厂房及建筑用地。永安电动工具厂支付给学校补偿费 234 万元，并给学校提供了 760 平方米住宅的建筑指标及 60 万元的基建费。1986 年末，两栋换建住宅交工并投入使用。

在生活服务设施建设方面，学校先后恢复和兴建了综合商店、饭店、旅店、浴池、理发室等服务设施。还为有关部门开办粮店、派出所、银行、邮局提供了房舍等方便条件。

为解决住市内职工上下班以及教职工去市内办事，进行教学、科研的交通问题，学校设了一个相当于科级单位的车队。备有大客车 7 台、各种小汽车 16 台、卡车 5 台。此外，附属单位还备有救护车、电测车以及生产用大、中型运输车等。

校服务公司从 1982 年成立以来，先后安排了 357 名教职工子女就业。从无到有，从小到大，兴办了饭店、旅店及印刷、织布等工厂。至 1987 年末，已有固定资产 92 万余元。

1982 年，改建了校电话总机室，增设了一个 600 门的自动电话交换机。1983 年投资 25 万元，架设了从华春禽业联合公司到校部的高压专用线，较好地解决了教学、科研和生产生活用电问题。1985 年，学校兴建了液化气站，基本解决了全校教师职工的生活用液化气的供应问题。同年建成了生活用水净化池，教职工及家属开始饮用净水。1987 年末，全校实现集中取暖后，不仅保证了教学、科研和生活需要，也解决了原来 1～3 号锅炉房的污染问题，为学校进一步规范化管理创造了条件。

10 年来，兴建数万平方米新住宅，并于 1986 年对桥外"五联"和"七联"家属住宅进行改建工作，改善了住桥外的几十户教职工的居住条件。

"文化大革命"前，全校只有主楼前一条柏油路。几年来，全校所有主要干道均铺上了柏油路。绿化、美化和净化工作也取得了显著成绩。1984—1986 年，连续被评为吉林省和长春市的文明单位、绿化模范单位和"花园学校"。

五、党建思想政治工作，工青妇和民主党派工作

（一）党的组织建设和思想建设

学校恢复筹建工作领导小组，从抓学校回迁工作时起，就十分重视加强党的思想建设和组织建设，努力恢复党的光辉形象，增强党组织的战斗力。首先是建立了各级党的组织，指派了总支和支部的负责人，恢复了正常的组织生活。1978 年 12 月，全校有党员 431 人。

1979 年 3 月 22 日，中共吉林省委批准吴梅为吉林农业大学党委书记，李冷斋、鲍廷干为副书记。至 1980 年 1 月校第六次党员代表大会召开时发展新党员 52 人，全校党员总数达到 483 人，占全校教职工总数的 14.55%。

在党员中，中华人民共和国成立以前入党的占 7.66％，中华人民共和国成立后至"文化大革命"前入党的占 40.58％，"文化大革命"后至 1979 年末入党的占 51.76％。当时，党内思想情况比较复杂，应该说，绝大多数党员是好的和比较好的。但是，由于林彪、江青集团的破坏，给党组织造成了严重的"内伤"。特别是"文化大革命"的遗毒还没有完全肃清，党的光荣传统还没有完全恢复。因而，在少数党员中，还存在派性纠纷，不团结，自由主义严重；有的对党的现行方针、政策不理解；有的徇私舞弊，腐化堕落。针对这些问题，学校各级党的组织，从 1979 年 3 月开始，恢复了党课教育，强化了组织生活制度。为进一步深入学习和贯彻中共十一届三中全会精神，学校于 1979 年 4 月召开了全校思想政治工作座谈会，用半个月的时间组织处级以上党员干部和团总支书记集中学习文件、领会精神，还就保证党的工作着重点转移问题进行安排。1979 年 4 月 14 日，省委批准吉林农业大学恢复党委，设立党委常委，隶属于长春市委。6 月，省委批准由吴梅、李冷斋、鲍廷干、张树仁、吴文滔、张竹亭、王殿仕、史秀山、田青组成常委班子。在此期间，党委从实践是检验真理的唯一标准、共产主义理想和新时期的形势任务、党的优良传统和作风 3 个方面联系实践，加强了对党员的思想教育，提高了党员的思想水平，增强了党组织的战斗力。

1980 年 1 月 25～26 日，召开了中共吉林农业大学第六次党员代表大会。吴梅代表上届党委作了《加强党的领导，努力搞好学校工作着重点的转移，为多出人才、多出成果而努力奋斗》的报告。报告全面总结了学校恢复以来在教学、科研及党的建设等方面取得的成绩、经验和教训，并就学校今后工作重点转移，党的思想建设、组织建设和作风建设作了具体的阐述，指出了努力方向。大会选举产生了由 21 名委员组成的中共吉林农业大学第六届委员会和纪律检查委员会。吴梅当选为党委书记，李冷斋、鲍廷干当选为副书记；鲍廷干当选为纪检委书记。这次大会加强了校领导班子建设，明确了学校的工作重点和方向。1981 年 6 月，省委决定田青任党委副书记。12 月 8 日，省委决定齐文焕为党委副书记（列李冷斋后），谢嵘峥为党委副书记。校六次党员代表大会之后至 1983 年 10 月第七次党员代表大会的召开，学校党委按照中共十一届三中全会精神，坚决清理"左"的错误思想，基本上形成了安定团结、生动活泼的政治局面。先后组织党员和教职员工学习了 1980 年 12 月中央工作会议文件和 1981 年 8 月中央召开的思想战线座谈会精神；深入学习了《关于建国以来党的若干历史问题的决议》；认真贯彻《关于党内政治生活的若干准则》，制订下发了《关于党委常委贯彻执行准则的几项规定》，作为转变党风的依据。与此同时，大力进行新时期党的统一战线性质、任务、方针、政策的理论教育、形势任务教育、共产主义道德教育、法制教育、爱国主义教育。党的思想状况有了明显地好转，党的优良传统作风得到了一定的恢复，党在师生员工中的威信得到逐步提高。

1983 年 10 月 27～29 日，召开了中共吉林农业大学第七次党员代表大会。省委副书记赵南起以及省农委、省教育厅的领导到会指导并讲了话。王殿仕代表上届党委作了《坚决贯彻党的十二大精神，全面开创学校各项工作的新局面》的报告。对学校 3 年来的工作进行回顾和总结，并提出力争在 3～5 年内把学校建设成为吉林省培养人才的一个中心，进行生产示范和推广的一个重要基地，发展科学研究的一个重要方面军的任务和目标。大会号召各级党组织和全体党员，团结和带领全校广大师生员工进一步解放思想，振奋精神，艰苦奋斗，大胆改革，开拓前进。大会选出由 19 人组成的中共吉林农业大学第七届委员会和由 11 人组成的纪律检查委员会。选出王殿仕、齐文焕、吴文滔、李超、谢嵘峥、张福全 6 名党委常委。王殿仕当选为党委书记，齐文焕当选为党委副书记。校纪律检查委员会选举齐文焕为书记。在校第七次党员代表大会后，为了加强党风建设，新组建的党委班子于 1983 年 10 月 31 日召开了第一次全体会议，着重研究讨论了加强党委的自身建设问题，并作出 8 项决议。

1985 年初，校党委成立了理论学习中心组。校党委常委、校领导、各党总支、直属党支部书记及党委部门主要领导同志参加了学习。每周集中半天学习，贯彻理论同实际结合的原则，把学习与总结工作、开展调查研究、推动各项改革有机地结合起来。几年来，通过理论学习中心组的学习，已收到较好的效果。

按照省委、市委的部署，学校从 1985 年 8 月开始进行全面整党工作。在整党期间，全校党员认真参加学习、对照检查、积极开展批评与自我批评。经整党，增强了党员在政治上与中央保持一致的自觉性；校系两级班子初步树立了"领导就是服务"的思想，明确了服务就是出主意、想办法、提信息、解决实际问题；在坚定共产主义信念，发扬全心全意为人民服务精神方面，从认识到实践都有所提高；对端正党风，纯洁党的组织，加强纪律性、端正改革的态度方面，都有明显作用；进一步坚定了实现党的总任务总目标的信心，增强了党组织的凝聚力，党员的先锋模范作用有了显著的增强。

1985 年 12 月 27～28 日，校党委召开了全校党员代表会议，研究贯彻

了全国党员代表会议及中共十二届四中、五中全会精神，加强党的建设，端正党风。会议还专门研究讨论了"加强精神文明建设，搞好思想政治工作"的问题。会议通过了《关于加强教职工思想政治工作的意见》《关于加强学生思想政治工作的意见》《关于政治理论课教学改革的意见》《学生政治辅导员工作条例》《学生班主任工作条例》《关于党风责任制的规定》《关于党内生活制度的几项规定》等文件和制度，把思想政治工作纳入党的重要议事日程。几年来，在思想政治工作实践中，这7个文件起到了重要作用，并在实践中得到进一步的充实和完善。

1986年初，学校举办了学生业余党校，系统学习了《共产党宣言》。还利用寒暑假举办学生党员和入党积极分子培训班，以《中国共产党章程》为基本教材，联系学生思想实际，进行党的基本知识教育，为在大学生中培养一批有共产主义觉悟的先进分子奠定了思想和组织基础。

从1983年起到1986年12月的4年中，全校共发展党员452人。其中学生党员323人，教职工党员129人。在组织发展上基本解决了知识分子入党难的问题。

1986年12月19～20日，召开了中共吉林农业大学第八次党员代表大会。市委副书记范业本、市委高教部部长沈玉文、省委组织部副部长温毓吉、省教委副主任陈谟开等到会指导并讲了话。会上通过了王殿仕代表上届党委所作的《坚持改革，勇于开拓，为多出人才、出好人才而奋斗》的报告；通过了校纪律检查委员会的工作报告；听取和审议了校党委关于学校"七五"期间发展规划的建议；选举产生了由17人组成的中国共产党吉林农业大学第八届委员会和由11人组成的中国共产党吉林农业大学纪律检查委员会。当选的校党委常委有王殿仕、李超、张福全、谢嵘峥、高文仲、马双才、李玉。王殿仕当选为党委书记，张福全当选为党委副书记。马双才当选为纪检委书记。校第八次党员代表大会后，党委把主要精力放在党的建设和思想政治工作上面，带领广大党员和教职工，认真学习和贯彻党的方针路线，不断端正办学指导思想，提高了培养人才的质量，加强了行政部门的职能作用，为实行校长负责制做准备。从1987年开始，在干部管理工作上除党委对党务干部考察和任免外，其他干部的使用均由校长办公会或校长提出意见，组织部协同人事处进行考察，并由行政任免。在干部任免和组织发展上，试行放权，分级管理。一是决定教学实验场和服务公司的科级干部，由他们自行管理任免；二是学生党员的审批权，在农学系试行下放到系总支委员会办理。

1987年初，校党委在全体党员中开展了"坚持四项基本原则，反对资产阶级自由化和坚持改革开放两个基本点"的教育。举办了近500名党员参加的"两本书"学习班，系统地学习了中共十一届三中全会以来党的路线、方针和政策，进一步解决了思想上和认识上的一些问题，提高对加强和改进学校思想政治工作重要性的认识。1987年11月，为了认真学习中共十三大文件，举办了中层以上党员干部学习班，集中进行社会主义初级阶段和党的基本路线，即"一个中心，两个基本点"的教育，参观了四平市红嘴子农工商联合公司，从理论和实践结合上加强了对深入改革的理解，增强了改革意识。与此同时，在学生党员中，举办了以科学社会主义基本理论和四项基本原则为主要内容的业余党校学习活动，近200名新党员和积极分子参加了学习。这些有的放矢的正面教育，使广大党员的政治素质不断提高，思想观念和精神面貌发生了新的变化。在"创先争优"活动中，有9个党支部和86名党员被评为先进党支部和优秀党员。在全校获得校级及其以上各类奖励的教职工共74人次中，有党员38人次，占51%。

从1986年初结束整党工作之后，全校普遍加强了"三会一课"制度（支部会、支委会、小组会和党课）。1987年发展党员132人，其中教职工26人，学生106人。1987年9月，校党委召开了组织发展工作座谈会，交流了经验，总结了工作，明确了要求，并做出了《党支部对预备党员的教育和考察》和《对预备党员的要求》两项规定。并对全校1300名入党积极分子进行党的基础知识教育。先后派100余名代表参加了省市组织的党的基础知识竞赛活动，均取得了较好的成绩。学校党委于1986年被评为长春市先进党委，是吉林省1987年度组织工作先进单位。

1987年7月，学校发生药品库失火事件。在这之前，教学实验场奶站发生一起因工作不负责任而造成牛奶变质事件。为了加强党风、党纪教育，校党委对以上两件事中失职的党员干部做了严肃处理，有1名违纪党员受到警告处分。对学校整党结束时遗留下来的3名核查对象在"文化大革命"中所犯错误事实，已全部查清，做了结论，进行处理。其中2人被开除党籍，1人受留党察看处分。

从校第八次党员代表大会后，学校党委进一步加强了思想政治工作，提高了认识，统一了思想，明确了工作方向。党委于1987年7月13~18日组织全校处级以上干部、马列主义教师、政治辅导员100多人，集中学习了中共中央《关于改进和加强高等学校思想政治工作的决定》，并结合学校实际提出了改进和加强思想政治工作的措施，重新调整和充实了学生专职政工队

伍和班主任队伍。在研究生中建立了导师全面负责制，成立了研究生处党支部，配备了专职政工人员。学校成立了学生政治思想教育研究室，给专职学生政工干部评定了教师职务任职资格。成立了政治思想工作研究会，于1987年11月12日召开了第一届年会，出版了思想政治工作论文专辑。

在中共十三大召开前后，校党委以理论学习中心组和政治理论辅导员为重点，开展了社会主义初级阶段理论和党的基本路线教育。对学生进行懂法、守法教育，是思想政治工作的重要内容之一。校党委从1985年开始在全校开展普法教育，至1986年末完成4个法的普及教育任务。从1987年级新生开始，增设了法律基础课。由于普法教育工作做的有成绩，学校被评为1987年省和市的普法先进单位与标兵单位。

由于党的组织建设和思想建设工作坚持了民主和开放精神，不断取得新的成绩，在全校师生中形成一个比较和谐与民主的气氛。一个团结、求实、严谨、创新的良好校风正在形成，使全校各项工作出现了开拓进取的新局面。

（二）工会组织的恢复和发展

中国教育工会吉林农业大学委员会，在"文化大革命"期间被取消。邓小平同志1978年在全国总工会召开的中华全国总工会九大的祝词中说："工会工作的春天来到了。"为了贯彻全国总工会九大精神，使工会组织成为党联系群众的桥梁和纽带，校筹建领导小组于1978年10月，决定恢复学校工会组织，并成立了吉林农业大学工会恢复工作筹备小组，由张竹亭同志分管，刘志忠同志具体负责。

1979年3月20日，工会恢复工作筹备小组向校筹建工作领导小组提出《关于恢复吉林农业大学工会组织工作的报告》。校筹建领导小组于3月31日批准并向全校转发了这份报告，要求全校各级组织支持和做好工会组织的恢复与筹建工作。从1979年3月21日开始，在全校教职工中，对"文化大革命"前加入工会的老会员进行恢复会员资格登记工作，至3月末，恢复登记的会员796人。按所在单位组建了10个部门工会和69个工会小组，指定了临时负责人，建立了工会组织活动制度，并按规定开始收缴会费和进行发展新会员工作。

1979年4月10日，召开了吉林农业大学第三次工会代表大会。校筹建工作领导小组成员张竹亭代表筹备恢复工会领导小组向大会作了工作报告，大会选举产生由21人组成的吉林农业大学第三届工会委员会。张竹亭当选为工会主席，邢国军（专职）、刘庆秀、王子权、关衡芳当选为副主席。

1981年12月，校党委决定由党委副书记谢嵘峥兼任校工会主席。1987年4月9日，校党委常委分工决定由党委副书记张福全兼任工会主席。

1980—1988年，先后担任专职工会副主席的有邢国军、邓长庆、陶国玺、王常业、谭忠诚。

工会围绕各个时期校党委和学校的中心任务，协助校党委和行政有关部门，对全校教职工及家属进行思想政治教育和法制宣传工作。积极开展了以"五讲、四美、三热爱"为主要内容的文明礼貌教育活动，组织开展教职工的文体活动。每年利用暑假，组织教工到外地旅游参观，并邀请省、市文艺团体来校演出，组织教工参加各项体育比赛活动。除此之外，还举办了舞会、游艺比赛、书法绘画展览、科普知识、健康知识讲座，兴办职工文化夜校等，丰富了教职工的业余文化生活。

组织救灾捐助工作。1985年，吉林省部分县乡遭到严重水灾。工会发动广大教职工捐助衣物5 846件，现金1 700元，粮票4.8万千克。

组织教职工参加管理学校，充分发挥职工代表民主监督、民主管理学校的作用。教职工代表大会审议和通过了学校教职工分房方案，讨论了学校重大改革事项。

认真抓好计划生育工作，取得了出生率逐年下降的优异成绩。

加强了工会干部和会员的自身建设，号召会员学理论、学改革、学业务，不断提高和改进工作作风；号召女教职工树立自强、自立、自尊、自爱的进取精神，积极参加改革，努力做好本职工作。1984—1985年，学校有19名兼职工会干部被评选为吉林省和长春市的先进工作者，有一位兼职干部被评为全国工会先进工作者。1986—1987年，学校工会被评为长春市的先进工会、先进职工之家、先进俱乐部，还被评为吉林省文化活动先进单位。

（三）民主党派工作

民盟吉林农业大学支部自1979年10月恢复组织生活后，在校党委和民盟省委、市委的领导下，积极开展了工作，发展壮大组织，盟员数从1979年的15人发展到1987年末的30人。先后多次选派盟员出席省市民盟组织代表会议，积极向学校党政领导提出改进工作的意见和建议。1980年和1982年两次被民盟长春市委评为先进支部，1983年出席了东北三省召开的民盟工作经验交流会，并作了经验交流。

九三学社吉林农业大学支社于1982年4月成立。支社成立后，在校党委和九三学社长春市委的直接领导下，积极开展了工作，取得了较突出的成

绩。首先，巩固组织，发展社员，壮大力量，到 1987 年底，已有社员 34 人；其次，组织社员参加省市经验交流会，1985—1987 年连续 3 年派代表出席了九三学社东北三省社务工作经验交流会，并在大会上作了经验交流发言，1986 年 1 月，派代表出席吉林省各界人士为"四化"服务经验交流会，被选为先进集体，受到表彰；再次，积极参与学校民主议政，参加学校举行的各种座谈会，支社代表认真地对学校各项工作提出自己的建设性意见。并抓好社员的组织生活，结合形势、任务和中心工作，进行学习研究，认真贯彻执行党的各项方针、政策。最后，组织社员做好对台宣传工作，开展科技咨询工作。为活跃社员生活，积极开展了社员的文化娱乐和参观旅游活动。

1984—1986 年，连续 3 年被九三学社长春市委评为先进支社，1984 年被九三学社吉林省委评为先进集体。先后有社员 13 人次受到九三学社省委、市委的表彰。1987 年 4 月，王松心代表吉林省出席九三学社中央为办好《红专》召开的研讨会，并经推举在大会上发言。

此外，学校还有台盟成员 2 人、民革成员 1 人，因人数所限，校内没有建立基层组织，但他们都按时参加组织生活会。

（四）共青团组织建设和活动

随着吉林农业大学的恢复，蒙受"文化大革命"严重摧残的共青团组织开始了新生。刚刚组建起来的吉林农业大学筹建领导小组，在学校其他各部门还没有正式建立的情况下，于 1978 年 7 月 20 日决定成立共青团吉林农业大学筹委会，王树梅任团委书记，着手进行组织恢复工作。首先，在学生中组建了团支部，开展以优秀团员、优秀团干部、优秀学生干部和先进团支部为内容的"三优一先"竞赛活动。到 1979 年 5 月 4 日，全校表彰了 109 名优秀个人和 7 个先进集体。

1979 年 7 月 1 日，召开了共青团吉林农业大学第六次团员代表大会。王树梅代表校共青团筹备委员会向大会作了《坚持四项基本原则，为实现四个现代化，培养德、智、体全面发展的人才而奋斗》的工作报告，号召全体团员青年树雄心、立壮志，努力学习，为实现四化贡献力量。大会选出由 17 人组成的校第六届团委会，王树梅当选为书记，张福全当选为副书记。

校第六次团员代表大会之后，校团委加强了团组织的党课教育，利用寒暑假组织学生进行社会调查，从理论与实践上对学生进行共产主义理想教育。特别是通过学习中共十二大精神，增强了抵制精神污染、识别真善美与假恶丑的能力，使他们懂得了"人生的价值在于贡献，而不是索取"，从而树立了为共产主义而奋斗的信念。

　　从 1981 年开始，校团委在学生中坚持开展"五讲、四美、三热爱""三文明达标赛"等活动。1982—1984 年的"学雷锋，树新风，尊师送暖"文明礼貌月活动，有力地促进了学风校风的好转和社会主义精神文明建设。

　　为了解决学生学农不爱农、学农不想务农的思想，校团委配合各系，对学生进行专业思想教育。每年新生入学，校团委都聘请农业专家给学生作报告，介绍国内外农业科技发展的现状和前景。还邀请毕业生代表回校作报告，介绍农业生产第一线需要科技人才的情况。

　　共青团吉林农业大学第七次团员代表大会于 1984 年 6 月 16～17 日召开。陆桂云代表上届团委作了《以改革精神开创学校团的工作新局面，为培养合格人才而奋斗》的报告。共青团长春市委书记张枝林和校党委副书记齐文焕到会讲了话。大会选出由 19 人组成的校第七届团委会。陆桂云当选为团委书记，刘洪章任团委副书记。

　　校第七次团员代表大会后，团的工作重点放在基层团组织建设上面，强调突出团支部在班级中的核心主导作用。先后开展了"团干部百分考核""最佳团日活动评选"等活动，并在农学系试行团组织向党组织推荐优秀团员入党工作。校团委在工作中，注意了在继承的基础上求创新，在发展的过程中求突破，把培养"四有"新人作为团的工作的出发点和落脚点。提出并实施了对团员青年进行分层次、有重点、多样化的思想教育方案，取得实效。1987 年，团中央书记张宝顺来校检查工作，对学校团的工作给予较高评价。校团委从 1985 年开始，广泛深入地在大学生中开展了社会实践活动，进行社会调查、智力扶贫、科技咨询，培训农村青年实用技术，加强农村普法和精神文明建设。中央电视台、《中国青年报》《光明日报》等新闻单位多次报道学校学生社会实践情况。学校团委从 1985 年开始，连续 3 年被团省委、团市委评为先进单位；1987 年又被团中央命名为社会实践活动先进学校。有 1 名青年教师被团中央命名为新长征突击手；4 名团员被团省委、市委评为优秀团员；2 名专职团干部被评为优秀团干部；3 个基层团组织受到了表彰。校团委还在青年和学生中广泛地开展了丰富多彩的文体活动，在校内外举办多次大型文体比赛。在 1987 年"五四"期间，举办以"理想、青春、生活"为主题的青年艺术节，在吉林省大学生文娱汇演和长春市大学生歌咏比赛中都获得了较好的成绩。

　　1987 年 12 月 23 日，召开了共青团吉林农业大学第八次团员代表大会。江冰代表第七届团委作了《在培养农业合格人才的进程中，不断改进和加强共青团的工作》的报告。共青团长春市委副书记龙华代表团市委讲了话，校

党委副书记张福全代表校党委讲了话。大会选出由 21 人组成的校第八届团委会。江冰当选为团委书记，沈强当选为团委副书记。

第四节　隆重举行建校 40 周年庆祝活动

1988 年 9 月 2 日，在全国上下深入贯彻中共十三大精神、加快和深化改革之际，学校隆重举行建校 40 周年庆祝活动，这是学校自成立以来举行的第一次规模宏大的校庆活动，吉林省教委、共青团吉林省委等 47 个单位和个人发来贺电及贺信庆贺。来自全国各地的 1 500 多名校友和全校师生员工济济一堂。校党委书记王殿仕宣布庆祝大会胜利召开，校长李超作了《积极开展学术交流活动，努力加快深化改革步伐》的讲话。吉林省农业厅厅长周继昌同志到会祝贺，中国人民解放军兽医大学校长吴乐群代表来宾讲话。

学校校友、吉林省委常委、长春市市委书记吴亦侠同志代表全体参加大会的校友发表了讲话。他在讲话中充分表达了参加学校 40 年校庆的喜悦心情，感谢学校为所有学子创造的学习和欢聚的机会。

庆祝活动期间，为了使来宾和校友们的活动丰富多彩，更多地了解学校各方面情况，学校印发了《校友通讯录》《吉林农业大学校史资料》《大地之子》《吉林农业大学学报》和《吉林农业大学校报》专刊。播放了学校自己制作的反映学校发展变化的录像片《碧野上的明珠》，并为校友发放了纪念章及校景明信片。同时展出了书法绘画作品，校史展览馆展示了学校取得的各项成果。

第五章　改革开放　蓬勃进取
（1988—1998）

学校遵循"三个面向"的指导思想，主动适应社会主义市场经济体制需要，立足吉林实际，服务于吉林农业发展，坚持为农业、农村、农民服务的办学方向，以深化改革为动力，以教学、科研为中心，以推动农业产业化为目标，全面推进学校各项工作。学校整体效益和办学水平逐步提高，各项事业蓬勃发展。

第一节　结合学校实际，推行内部改革

一、校内管理体制改革

1989年4月20日，学校全面实行系主任负责制。10月26日，召开了第二届教职工代表大会，进一步审议了学校今后校内管理体制改革的任务，出台了《搞好机构调整，进一步落实定编定员》《加强目标管理，完善考核评审程序和办法》《建立干部的提职晋级的考核评审制度》《搞好专业技术职务评聘工作》《紧缩经费开支，加强财务管理》《主讲教师聘任制，定编定员分流承包缺额补贴制》等措施及办法，为深化改革奠定了基础。

1992年7月，高远志任校党委书记，李玉任校长。1992年，学校被省教委确定为综合改革试点单位，在机构调整中，调整充实了校系（处）两级领导班子。9月26日，召开了深化改革动员大会，会上校长李玉就教学、科研、校办产业、内部管理四方面谈了改革的初步设想及具体措施。在校内部体制改革上，确立"123"三个工程。人事工作：一改，改人事分配制度为竞争激励机制；二减，减缩机构，减缩编制；三双轨制，专业技术职称评聘双轨制，事业编与企业编双轨制，固定工资与校内工资双轨制。后勤工作：一变，变管理服务型为经营服务型；二化，使后勤工作产业化、社会化；三实体，使后勤部门成为管理实体、经营实体和服务实体。财务工作：一建，建立校内银行；二式，实行两种类型资金的两种管理方式；三功能，财务部门要具有管理、融资、信贷3个功能。学校按照上述设想和措施，进行统筹规划，分步实施。首先制订了《吉林农业大学综合改革总体方案》，

形成校内管理体制改革与主体改革结合进行、协调发展、相互促进的格局，加快了学校内部管理体制改革的步伐。

1993 年 1 月，学校作出"关于机构调整的决定"，除总务处设基建房产科、校园管理科和伙食科外，其他部、处级单位一律不设科。被撤销科的科长、副科长也同时免职，校直机关实行两级管理体制，处级机构由原来的22 个精减到 18 个。并制订出《吉林农业大学定编工作暂行办法》等一系列改革文件。

1995 年 5 月，学校对财务工作进行了改革。成立了财务科、计划管理科、资金结算科，实现了宏观控制、微观搞活，保证了资金的合理运筹与平衡，增强了自我发展、自我调节的能力，在一定程度上缓解了学校资金紧张的状况。

"八五"期间，学校通过改革，精简了机构，压缩了编制，职工总数控制在 1 450 人以内，各类人员与校学生数比例：教职工为 1：2.3，教师为1：5.8，实验技术与图书资料人员为 1：16.7，工勤人员为 1：13。人事分配制度改革取得阶段成果。强化了师资队伍建设，促进了优秀人才成长，具有硕士学位和在职攻读硕士学位的 154 人，具有博士学位的 22 人，在职攻读博士学位的 27 人。派出国留学、研修等教师 143 人。校办产业初具规模，自身发展实力不断增强，创收产值逐年增加，弥补了教育经费的不足。转变了福利住房观念，形成了集资建房的新机制，缓解了住房建设资金短缺的局面。

1997 年，学校按照"体制改革是关键，教学改革是核心，教育思想、教育观念改革是先导"的思路，稳步推进学校的综合改革，成立了综合改革办公室，加大了内部管理体制改革力度。在校内外调研的基础上，形成了学校人事制度改革的基本框架，为全面深入推进人事分配制度改革做了必要的准备工作。

二、学校办学体制改革

1990 年 3 月 18 日，学校同东丰县政府开展合作办学，副校长李玉、东丰县县长闫宝泰分别代表双方在协议书上签字。1990—1992 年末，双方共同完成 9 个协议项目，通过开展校、县协作，使"农、科、教"得到共同发展和提高。

1992 年 2 月 8～16 日，由校领导带队及各院、系、处负责人组成的 4 个社会调研组分赴白城等 8 个地市，就联合办学、委托办学进行调研，拟定联合办学、委托办学意向，一改过去按计划经济办学的模式，从封闭型办学走向开放型办学。

1994年，学校在吉林市设立了函授站，在四平市梨树农林成人高等专科学校设立了联合办学点。这是学校首批在校外设立的成人教育基地，学校成人教育发展迈出了可喜的一步。

1997年5月28日，吉林农业大学食品工程学院成立并建立了学院董事会。由省内11家企业组成的食品工程学院董事会，是学院面向社会、面向企业、面向农业产业化办学的实际行动，实现了学校办学体制改革的新突破，更好地为建设"三大一强"省服务。同年，学校与四平人事局、水利局实行了联合办学，面向农村培养实用型人才，为学校走出校门联合办学探索出一条新途径。

学校通过办学体制改革，增强了面向社会自主办学的能力，拓宽了办学渠道，扩大了办学规模，增强了办学活力，为学校的发展带来了勃勃生机。形成了政府、地方、企业、社会参与办学的新的办学模式，完善巩固了教学、科研、生产三结合的体制；加强了依托农业、服务农业、服务农村的办学能力，促进了学校办学水平和办学效益的进一步提高。

三、拓宽办学经费筹措渠道

学校努力探索多渠道筹资办学的新路子，通过招收委托培养生、自费生、实践生，举办自考助学班、专业证书班等多种形式，依靠学校教育和科技优势，服务社会，增加收入，缓解了办学经费紧张的状况。1991年，吉林正大责任有限公司在学校设立了吉林正大奖学金。1992年5月，香港喜安皮革有限公司知名人士曾锦堂先生向学校经济动物专业赠款助学1万元港币，设立了曾锦堂奖学金。这些捐赠、赞助，为学校办学提供了新的资金来源。

第二节　加强教学改革，努力提高人才培养质量

一、本专科教育

（一）调整专业结构，加强专业建设

学校为了主动适应社会主义市场经济体制需要，培养大量的各类不同规格的合格人才，在专业设置上向工、商、文、管、理、师等方面进行适当延伸，初步建立起覆盖农业产前、产中、产后各生产环节，种、养、

加、管相结合，农工、农商、农文、农管、农理、农师相互渗透的专业体系。加强了对老专业的改造，拓宽了专业口径，增设了农村和社会急需的新专业。

1988年12月13日，为了适应吉林省水产事业的发展，加快专业建设，推动水产学科的教学和科研工作，学校将淡水渔业专业从动物科学系调出，成立了水产系，归食品科学系领导；同年12月15日，学校又成立了吉林农业大学农村职业师范系。

1992年，学校增设了机电、乡企会计统计和产品检验分析3个新专业，农村职业师范系的农艺教育、园艺教育和畜禽生产教育3个专科专业经国家教委批准升为本科专业。同时，学校成立了基础科学系；在农经系基础上，调入农业化学、野生植物资源2个专业成立了农商学院；撤销特产系，在药用植物、经济动物专业基础上成立了中药材学院，与全国供销合作总社、国家中医药管理局开展行业联合办学。

1993年2月，为了适应提高农村人口素质需要，加强和发展农村职业技术师范教育，学校在农村职业师范系基础上了成立了吉林农业大学农村职业技术师范学院。该院共招生1 437人，已毕业897人，分布在吉林省农村职业中学任教，成为教学骨干力量，直接向农民传授文化知识和农业科学技术。同年，学校增设了计算机应用、食品加工机械、特用作物教育、特用动物教育等新专业；停办了动物营养与饲料加工、淡水渔业2个本科专业。

1994年7月，为进一步推进学校综合改革步伐，提高整体办学水平和综合实力，使学校更快地成为以农科为主、文理兼备的综合性农业大学，学校在原马列教研部、思想政治教育教研室基础上，合并成立了人文科学系。9月，在农业工程系基础上又成立了吉林农业大学工程技术学院。学校新增了土地管理、水土保持、市场营销、贸易经济、园林花卉、特用植物6个新专业。

1995年2月，经省教委批准农产品贮运与加工、淡水渔业、农村能源开发与利用3个专科专业升为本科专业；撤销了兽医公共卫生、化学分析、食品加工3个专科专业。

1996年2月，学校在过去专业结构调整的基础上，又增设了行政管理学（乡镇）和动物制药2个新专业，并于同年开始招生。行政管理学专业的建立，结束了学校多年没有文科学生和人文科学系没有专业的局面，对学校分层次综合办学起到了极大的推动作用。同年，学校撤销了特用作物教育和特用植物教育 2 个专科专业。

1997 年，学校新增设了农村会计教育、汽车拖拉机修理教育和农产品贮运与加工教育 3 个新的本科专业。5 月 30 日，为深化学校办学体制的改革，加强学科建设，增强办学活力，适应建设加工业大省的需求，积极探索校企联合办学的新路子，学校成立了吉林农业大学食品工程学院，建立了学院董事会。

到 1998 年，学校已发展为 6 个学院（农业商贸学院、中药材学院、农村职业技术师范学院、工程技术学院、食品工程学院、成人教育学院）、7 个系（农学系、土壤农化系、园艺系、动物科学系、水产系、基础科学系、人文科学系）、2 个部（研究生部、军事体育教育部），专业由 20 个发展为 45 个。专业数量的扩展标志着学校人才培养不断适应社会主义市场经济和科学技术发展的需求，人文科学系的成立标志着学校以农为主、文理相结合的办学体制初步形成，食品工程学院暨学院董事会的建立标志着学校实现了办学管理体制改革的新突破。

（二）深化教学改革，全面提高教育质量

1991 年 7 月，学校为了深化教学改革，积极开展教改研究工作，全面提高教学质量，在全校开展了自上而下的教改研讨活动。就教学内容与方法、教材与课程建设以及教学、科研、生产三结合等内容进行广泛地研讨与交流。12 月 13 日，召开了全校教改工作研讨会，全校广大教师、教学管理干部参加了研讨会。副校长李玉在研讨会上作了《开展教育研究、深化教学改革，努力提高教育质量》的总结报告，在报告中，回顾了学校"七五"期间的教学改革成绩，并对"八五"期间的教学改革提出了方向性的意见，号召广大教师、管理干部要深入研究、深入改革，提高办学水平。这次研讨会把 4 个月的教学改革研讨活动推向了高潮，极大地促进了学校教学改革的深入发展。

1993 年，为全面贯彻落实《中国教育改革和发展纲要》和全国普通高等教育工作会议精神，根据省教委的要求和部署，学校制订了《吉林农业大学综合改革总体方案》，明确提出要破除过去封闭式、半封闭式的办学模式，拓宽办学渠道，扩大办学规模，提高办学效益，加大改革力度。

1997 年 10 月 22 日，学校为了进一步贯彻落实中共十五大精神，实现江泽民总书记"两个重要转变"的总要求，进一步推动学校的教育改革和发展，在全校范围内开展了"高等教育思想大讨论"活动。通过讨论，全校教职员工转变了教育思想，更新了教育观念，为学校进一步深化改革营造了思

想先行的舆论氛围；通过讨论，在全校范围内统一了认识，取得了教学工作是学校的中心工作，教学改革是学校综合改革的核心，努力提高教育质量和办学效益，是学校主要工作目标的共识。进而促进了教学内容、教学方法、课程体系和教学管理等方面的改革。

全面修订了教学计划，改革人才培养模式。1988年，对全校24个专业的教学计划进行全面修订。进一步明确了人才培养目标和基本规格，突出了"适应社会主义建设需要""德、智、体全面发展"和"生产技术型"3个方面的目标要求。突出特点是：加强了公共课和基础理论课教学，把过去按专业开设基础课改为按四大专业类统一开设基础课和专业基础课，为学生打下较为宽厚的基础知识；拓宽了专业面，保持灵活的专业方向，以增强适应性；强化了实践教学环节，一些专业做到实践环节不断线；专科的教学计划体现了实用性、针对性的特点，基础课按需设置，突出专业技能的培养。1992年，学校组织制订了新设专业的教学计划，修订了调整后的专业教学计划。新计划体现了整体优化原则，注重了适应性和科学性。1993年，根据中共十四大精神和国家《关于加快改革和积极发展普通高等教育的意见》，又一次组织全校广大教师全面修订现有35个专业的教学计划。这次修订后的教学计划，突出强调了以建设有中国特色的社会主义理论为指导、以人才市场需求为导向、以人才质量为目标的指导思想，突出了计算机操作能力、外语应用能力、写作能力、市场营销能力的培养，进一步强化技能训练，提高学生实际操作能力。1995年，根据国家教委制定的农科院校本专科的培养目标和培养规格，结合学校实际，按照"加强基础、淡化专业、强化实践、增加适应性"的原则和"基础适度、拓宽专业、强化实践、提高能力"的原则，再次全面修订了本专科教学计划，压缩了总学时：本科2 500～2 600学时，三年制专科1 700学时，二年制专科1 200学时。把计算机操作能力、外语应用能力、写作能力、市场营销能力、实践动手能力作为本专科生5个基本能力来加强培养。外语课本专科学时数分别增加到360学时和180学时，从1991年起，学校先后制订了《提高学生外语水平的暂行办法》《外语三、四级统考成绩达标实施方案》，实行了本科生外语A、B班制，规定外语教学实行教师承包责任制，执行了外语单科统考成绩的毕业线和学位线，大大提高了学生的外语水平。1995年，在吉林省大学生英语竞赛中学校获得优异成绩，在参赛的7 447名学生中，张鹏飞同学排第15名，获一等奖，赵贵玉同学获三等奖，王春凤同学获优胜奖。加强了计算机基础教育，学生独立上机时间由 50 学时增到 100 学时。1994 年，计算机教学由初级向高级实行了转变，并组织参加了吉林省计算机统一等级考试，合格率达 60％，使学校计算机教学迈上了新台阶。

学校十分重视实践教学及学生实践动手能力的培养，1990 年制定学生劳动课实施意见以来，学校坚持教学、科研、生产实践三结合的方向，强化实践教学环节，建立了校内外"三结合"基地。同时，各院（系）通过各种形式把学生实习、劳动、社会实践和生产、科研、科教兴农结合起来，把长知识与做贡献结合起来，通过实践教学不仅增强了学生的实践动手能力，而且使他们了解了民情、国情，增长了才干。以培养适应社会需要的多规格、复合型人才为目标，积极探索新时期人才培养模式。学校为了办好农职师范教育，在校内建立了农职学生实习示范基地，实行了"3＋1"或"2＋1"培养模式（本科生在校 4 年时间，利用 3 年时间学习基础知识，学习农业生产技术和教学实习时间不少于 1 年；专科生在校 3 年时间，利用 2 年时间学习基础知识，学习农业生产技术和教学实习时间不少于 1 年），并从新生入学开始，把实践教学贯穿于整个教学环节之中。在校外，学校与 30 多个市县建立农职教育网。同时，在全校试行了主辅修制，增大了课程小、内容新、知识面广的选修课比例，增强了学生适应性，提高了人才培养质量。

在教学方法改革方面，大力提倡启发式教学法、专题式教学法、比较式教学法、趣味式教学法、讨论式教学法、案例教学法、问题教学法、直观形象教学法等，在实验课教学中变验证性实验为设计性实验、变单项实验为综合性实验等，以培养学生掌握实验的基本方法与技术，提高动手操作能力、分析问题和解决问题能力以及创造能力。在传统的图表、符号、标本、幻灯、录像等教学手段在教学中应用的基础上，多媒体、CAI 等现代化教学手段已开始在教学上崭露头角，对提高教学效果起到了极为显著的作用。多种现代教学方法和教学手段的结合与运用，优化了教学过程，提高了教学效果。

在高等教育即将步入 21 世纪的新形势下，国家教委于 1995 年 6 月发出了关于组织实施《高等农业教育面向 21 世纪教学内容和课程体系改革计划》的通知，学校组织各学科的骨干教师踊跃申报。经过激烈的竞争和角逐，由范玉琳、安希忠两位教授分别申报的《关于动物生产类人才培养方案》和《高等数学课程改革》两项课题，于 1996 年 4 月被国家教委批准立项。

加强课程建设，开展评估工作。课程建设是基础，课程评估是手段。10 年来，通过开展课程建设和评估工作，明确了课程建设的方向和标准，促进

了课程的全面建设。1988 年，学校根据省教委的有关文件精神，结合本校实际，全面开展了课程建设和评估工作。截至 1997 年末，学校修订和制订了 307 门课程的教学大纲，建立了 75 门课程的试题库，学校共完成 168 门课程的评估，其中被评为省级优秀课程 10 门、校级优秀课程 15 门。以参加全国统编教材的编写为龙头，带动学校自编教材的编写。学校自"七五"计划以来，承担全国统编教材主编、副主编任务的教师 40 余人，教材 21 种，参编的全国统编教材 26 种，公开出版的自编教材、专著 167 种，校内自编教材、讲义 249 种。1991 年、1994 年、1997 年学校先后开展了 3 次优秀教材的评选活动，评出校级优秀自编教材 31 种，优秀电教、幻灯教学片 9 种。1995 年，在农业部主办的"神农杯"评奖会上，学校制作的电视推广片《西洋参农田栽培技术》获铜奖。1996 年，杨继祥教授主编的《药用植物栽培学》被评为农业部优秀教材奖二等奖。1997 年，学校制作的专题电视片《翰海绿洲》获第五届全国优秀科技音像科技报道类作品三等奖。

加强教学管理，提高教学质量。经过调查研究和论证，对全校院（系）、部、教研室结构及某些专业作了大幅度调整，进一步理顺了院（系）、部、教研室和学科、专业及各类课程的关系，通过调整，强化了教学管理，优化了教师、实验技术队伍，促进了重点学科、专业的建设，提高了教学质量。

1988 年起，在教师职务聘任的基础上，实行了主讲教师聘任制，把竞争机制引入了教学领域，调动了教师走上教学第一线的积极性，确保了教学质量的提高。1991 年起，开展了青年教师讲课比赛活动，为青年教师创造了脱颖而出、公平竞争的机会，有力推动了学校教学水平的提高。1992 年，学校组成了教学质量督导组，开展教学质量检查督导工作。1993 年起，实行《教师课时酬金和奖金分配办法》《优秀青年教师奖励基金制度》。1994年起，学校实行了校党政领导检查性听课制度，建立了《教研室工作条例》《教学工作状态报告制度》，开始使用计算机排课，使教学管理工作走向科学化。同年，还制订了《外语分数统考成绩和毕业、学位挂钩制度》。1995 年起，试行了"双证书制度"。进一步完善了学生管理制度，如"主辅修制""本、专科浮动制"等。强化了考前教育、命题、监考、评卷、补考、违纪处理等各个环节的全过程管理，并向考教分离过渡。通过深化改革和严格管理，明显地调动了广大师生的积极性，出现了教风、学风和考风明显好转的新局面，使教学管理工作步入制度化、规范化、科学化的轨道。

改革招生分配制度，不断扩大招生规模。农业院校在招生和分配上，长期存在的"招不来、下不去、留不住"的矛盾，随着市场经济的发展，不仅没有缓解，而且有所加剧。自 1990 年以来在上级的支持下，从吉林省、学校的实际出发，进行了积极的改革，出台了招生优惠政策，加大了招生宣传力度，使学校招生规模不断扩大。改革计划体制，按需培养，定向招生，根据社会需求确定招生计划，把统招统分和定向招生、分配相结合，以定向招生为主；改革统考体制，在农村职业师范系试点，实行对口招生、单独考试、择优录取办法，为把培养的人才输送到农村迈出了新步伐；改革生源结构，招收有实践经验的农村青年入学。1992 年，学校招生工作又出台了 2 项改革措施，招收了农村有 2 年实践经验的青年入学，开办了作物、畜牧 2 个专科班，共招收学生 50 人。为乡镇企业培养人才，开办 4 个二年制专科专业，招收自费生 70 人。1993 年，学校在完善定向招生、对口招生、招收实践生、自费生等招生办法的基础上，又招收了委培生。1995 年，学校在生源差、农业院校录取竞争力低的不利条件下，广泛宣传学校的专业情况，宣传学校在吉林省的重要地位，进一步挖掘生源潜力，采取多次多批录取等办法，完成了 890 名学生的招生计划。1996 年，按上级要求，学校全部本科实行了"并轨"制。在"并轨"对农业院校不利情况下，学校加大宣传力度，出台了招生优惠政策。"并轨"后，学校允许报考定向志愿的毕业生按国家当年毕业生就业政策择业。1996 年，报考学校第一志愿考生线上人数达到 2 500 多人，圆满完成了 910 名学生的招生计划。1997 年，在生源足、质量好的基础上，又圆满完成了 970 名学生的招生计划。通过采取多种措施，使学校 1995—1997 年连续 3 年招生工作出现了历史最好局面。1997 年，学校全日制本专科在校生人数达到了 3 213 人，取得了良好的社会效益和规模效益。

10 年来，学校在教育改革、教学管理、教学研究和教学活动中取得了突出成绩。1993 年，被评为省先进院校。1994 年，被国家教委评为优秀教学成果奖励工作先进单位，教务处被省教委评为省普通高校优秀教务处。1989 年、1993 年、1997 年先后 3 次荣获优秀教学成果奖国家级 2 项、省级 16 项、校级 52 项。

二、研究生和成人教育

培养高层次、高水平的农业科技人才是学校的重要任务。学校遵循"以质量求生存，以特色求发展"的原则，深化研究生教育管理体制改革，初步建立了学位研究教育体系，全面提高了研究生培养质量。10 年来，共培养硕士研究生 344 人，博士研究生 2 人。

　　1990 年，在国务院学位委员会第四批学位授权审核工作中，李向高教授被批准为博士生导师，这是学校第一位博士生导师。1991—1994 年，经国家批准，学校与沈阳农业大学联合招收了三届博士研究生共 8 人，均已获得博士学位，学校研究生培养工作跨上了一个新台阶。1992 年，孙立城教授被东北农学院聘为博士生副导师。1993 年，在国务院学位委员会第五批学位授权审核工作中，学校被批准为博士学位授权单位，翻开了学校学位与研究生教育崭新的一页，使学校办学层次迈上了一个更高的台阶，跻身于吉林省省属院校博士授权单位行列。1995 年，李玉教授被批准为博士生导师，姜岩教授被沈阳农业大学、山东农业大学、中国科学院长春应用化学研究所聘为博士生副导师。同时，学校正式招收 3 名博士研究生，1998 年已完成一个培养过程，顺利毕业并被学校首批授予博士学位。1996 年，经导师遴选领导小组研究，校学位委员会批准，又增列郑毅男教授为博士生导师。1997 年，窦森教授被沈阳农业大学聘为博士生副导师。

　　1990 年，经国务院学位委员会第四批学位授权审核批准，学校增加了植物病理学、农业经济及管理 2 个硕士点。1992 年，为了进一步加强硕士学位授权专业的学科梯队建设，培养后继人才，提高研究生培养质量，学校实行了助导师制度。到 1994 年，共有 48 人被遴选为助导师。1993 年，经国务院学位委员会第五批学位授权审核批准，学校又增加了动物食品科学 1 个硕士点。1989—1995 年，学校共有 42 名教师被批准为硕士生导师。1995 年 1 月，学科梯队建设已趋于完善，学校首次召开了导师遴选会，经遴选，16 名教师取得了硕士生导师资格。1996 年 5 月，又增加了 19 名硕士生导师。1997 年，学校再次修改了硕士生导师条例，又增加了 9 名硕士生导师。同时，经国务院学位委员会第五批学位授权审核批准，学校增加了中药学、社会学、农业昆虫与害虫防治 3 个硕士点。1998 年，又增加了 13 名硕士生导师。同时，对新批的 3 个硕士点列入 1999 年招生计划的导师进行资格认定。

　　研究生招生形式也进行了大胆改革，通过采取计划内定向、计划外委培、自筹经费招生及与省内外科研单位和高等院校建立联合培养和委托、定向培养关系等措施，拓宽生源渠道，招生计划指标逐年上升。至 1998 年，学校有博士研究生 9 人，硕士研究生 123 人，有 1 个博士点，3 名博士生导师，3 名博士生副导师，80 名硕士生导师，15 名学科带头人，18 个硕士点，分布在农学、工学、理学、医学、法学、管理学 6 个学科门类中。

　　1994—1997 年，学校根据省教委和国家教委有关文件精神，为确保学位授予质量，先后两次对学校现有的硕士学位授权点进行自检评估与合格评估，均全部合格。1997年，在全国硕士研究生培养与学位授予质量评估工作中，学校进入本次评估的14个硕士学位授权点均达到100％合格。1995年，学校积极开展博士后流动站建设工作，经全国博士后管理委员会批准，允许以项目为依托，招收2名韩国博士后进站工作，并于1996年2月圆满完成学业，出站回国，为学校正式成立博士后流动站奠定了良好基础。1997年，李玉教授被聘任为国务院学位委员会学科评议组成员，这标志着学校的专家教授已步入国家级专家行列。1998年，李玉、王恒、赵兰坡、杨志超、郭庆海、张盛文6位教授被聘任为吉林省学位委员会第一届学科评议组成员，直接参与学位授权的审核与评估工作。

1996年6月26日，国务院学位委员会正式批准吉林农业大学有权开展"在职人员以研究生毕业同等学力申请硕士学位"工作。1996年9月20日，校学位委员会讨论通过了《吉林农业大学关于在职人员以研究生毕业同等学力申请硕士学位工作实施细则（试行）》，从而为此项工作的开展提供了依据。1996年12月10日，为了更广泛深入地开展在职人员申请硕士学位工作，校学位委员会讨论制订了《吉林农业大学关于在职人员申请硕士学位工作章程简介》。1997年3月，学校正式开展以研究生毕业同等学力申请硕士学位工作，学校选派了指导教师，制订了培养计划。1998年5月25日，学校通过农业经济及管理专业试题库的验收，为农业经济及管理专业申请学位工作的开展打下了良好基础。

1988年起，学校执行农业部高等院校统一制订的硕士研究生培养方案。1994年，学校修改完善了《吉林农业大学研究生培养方案》，调整了硕士研究生培养目标，贯彻了多样化原则，加大了应用型、推广型、开发型人才培养力度，重视计算机应用能力、仪器操作能力、外语能力和实践能力的培养。在教学环节、内容、方法和手段上加以改革，进行跨专业选修研究生课程的计划安排，采取了减少和不开设与大学本科重复或类似的课程，实行"选修课淘汰制"。采用"四位一体"的教学方法，把自学为主、课堂讨论、专题讲座等方法集于一体。1992年末，在兽医微生物与免疫学和动物病毒学课上采用，之后在全校进行观摩和推广。1995年，试行了弹性学分制，博士研究生和硕士研究生分别以按一级学科、二级学科培养为方向，严格管理，改进和加强研究生的思想政治工作，全面提高研究生的培养质量。

学校的成人教育走上了健康发展的轨道，有着广阔的发展前景。1991年，学校成人教育工作开展了多层次、多形式办学，为专业技术人员举办了

继续教育培训班 12 期，共培训 582 人。1992 年，受各厅局委托，举办了种子纯度检验、种子检验员、农艺师、农经师、会计师、植物医生、卫生检疫、囊虫病检验、农业实用技术和蔬菜实用技术 10 个培训班，共培训学员 1 500 多人。1993 年，成人教育有了很大发展，增加了 2 个本科专业，首批招生 27 人，对作物、农经等专业 3 个年级共 800 人次进行面授和考试。同时，在全国率先创办了家政专业，1996 年，首批招收的 30 名学生已毕业。他们作为我国首批家政学毕业生，在工作实际中，深入普及家政教育，努力提高农村人口素质及现代意识，进而推动了社会的进步和文明的发展。1994 年，学校在吉林市设立了函授站，在四平市梨树农村成人高等专科学校设立了联合办学点，这是学校首次在校外设立成人教育基地。1996 年，学校出台了《吉林农业大学自考助学班管理细则》《吉林农业大学函授站管理细则》，使学校成人教育进一步规范化，当年共招收函授生 400 人，创历史最高纪录。学校为省人事厅、省妇女联合会（以下简称妇联）等单位委托培养 707 人，同时在通化、四平、长春又建 3 个教学基地。1997 年 1 月 20 日，学校召开了全校成人教育大会，这是学校建校以来第一次成人教育会议。省委组织部、省教委、省农业厅、省畜牧局、省自学考试办公室、省招生办公室领导参加了本次大会。大会通过了《吉林农业大学关于成人教育工作的几点意见》，明确了成人教育的根本目的，强调了教育质量和教育效益的突出地位，提出要不断改革教学思想、教学内容和教学方法。1997 年，共招收函授生 451 人，成人教育在籍学员又一次突破千人大关。同时，与长春工程学校、四平市人事局、水利局实行了联合办学，进一步加强了对 4 个函授站的领导和规范管理工作，使其逐渐向教学-科研-技术推广型教学基地的方向发展。学校面对下岗职工再就业问题，发挥学科优势，建立培训机构，开展与市场要求相适应的再就业强化培训。至此，学校设有农学、农经、畜牧、兽医、农业生产机械化、土壤农化、蔬菜、植保 8 个本科函授专业，学制 5 年；有农学、会计电算化、家政、土地管理、农经、园林、畜牧兽医、药用植物、农畜产品加工、机械工程 10 个专科函授专业，学制 3 年。成人教育共培养了本、专科毕业生近 5 000 人，分布在黑龙江、吉林、辽宁、内蒙古等省、自治区。其中不少学员已成为科技、教育等岗位的骨干，不少人担任了省、市、县各级机关的领导。干部专修科、岗位培训和各类培训班共培养 3 140 名学员。到 1998 年，共有在籍函授本、专科学员 1 160 人，参加培训的学员 420 人。1991 年，学校被评为吉林省成人教育先进单位；1992 年，被评为吉林省普通高等学校函授夜大先进单位；1993 年，被评为长春市办

学成绩显著单位；1995 年，被吉林省教委评为修订大学专科教学计划先进单位、办学较好单位、社会力量办学合格单位、收费合理单位。

三、教学基础条件建设

学校十分重视实验室、图书资料和实习基地建设。1990 年，学校测试中心、计算机中心竣工投入使用。1993 年，学校争取计算机专项经费 25 万元，添置计算机 17 台。同年，农药实验室、微生物实验室被评为省一级实验室，有力地推动了实验室建设。1995 年，学校投入 30 万元建立了第二计算机室，至 1998 年，学校用于教学计算机共 210 余台。1996 年，学校初步建成了 2 000 米的校园计算机网络，并于 1998 年 8 月进入因特网。

1997 年，学校出台了《吉林农业大学校系二级实验室改革的实施方案》。实验室由三级管理改革为二级管理，由原来 97 个实验室改革合并为 35 个，从而提高了设备利用率、实验课开出率，扩大了实验室的对外开放。同时，学校投资 20 万元装备了化学实验室、建立了多媒体实验室。1988—1998 年，学校用于实验室建设的经费为 517.7 万元，学校各种实验设备总值为 1 418.7 万元。图书馆藏书 51.07 万册，比 1988 年增加 5 万册，并建成各种类型农业文献检索系统及中国学术期刊光盘农业检索站。学校有不同规格的校内外实习基地 100 多个，承担全校 3 000 余名学生的教学、实习任务。

四、学科建设

1988 年，学校在调整组合全校各学科的基础上，根据每个学科的研究方向、学科梯队构成、现有条件、水平及在吉林省农业现代化建设中的地位等情况，从中评选出药用植物等 10 个学科为校级重点学科，又从校级重点学科中评选出 5 个学科申报省级重点学科。1993 年 12 月，作物栽培与耕作学被批准为博士学位授权点，标志着学校的办学水平上升到一个更高的层次。同时，加大了学科建设力度，对博士点和硕士点的学科梯队作了调整，一批跨世纪的青年教师成为学科带头人，对在较短时间就能跻身于博士点和硕士点的学科给予重点扶持。1994 年，在全校中青年教师中开展了"争当90 年代学科带头人的活动"，同时结合农林高校会议精神，明确了新形势下学校办学的总体思路，根据《吉林省普通高校重点学科（专业）建设和管理办法》，学校成立了学科建设委员会，制订了《吉林农业大学重点学科（专业）建设和管理暂行办法》，对学科进行全面规划分类。在原确定 53 个学科的基础上，进一步对学科结构、学科研究方向、学科带头人、学科梯队等进

行调整，并在全校范围内开展了重点学科申报工作。评出作物栽培和耕作学、植物病理学、土壤学、兽医微生物及免疫学、农业化学、作物遗传育种学、动物生产学、果树学、农牧业经济管理学、动物营养学 10 个学科为校级重点学科。其中，作物栽培与耕作学、植物病理学、土壤学被评为省级首批重点学科，兽医微生物及免疫学、动物生产学 2 个学科被确定为省级重点建设学科。同时制订了《重点培养优秀青年骨干教师的暂行规定》，有 12 名青年教师被评为省级重点培养的优秀青年骨干教师。学校在制订重点学科建设五年规划及年度计划的基础上，采取多项措施，加大了重点学科建设力度，对每个省级重点学科由省教委、省农业厅资助及学校自筹建设费 20 余万元，添置了急需的仪器设备。在职称评定上向重点学科倾斜，重点学科人员编制适当宽松，对青年骨干教师实行一系列优惠政策，使每个重点学科在梯队建设、仪器设备条件、教学质量和科研成果等方面有了长足的进步。学校狠抓学科配套建设，拓宽专业口径，扩大服务面和增设新专业，学科布局逐渐趋向合理，分布较为广泛，相互依托和配套，形成了以农为主的农工、农商、农文、农理、农管、农师相互结合的格局。

五、师资队伍建设

学校"八五"规划提出，"八五"期间，教师数稳定在 600 人左右，"高、中、初"的职称结构比例稳定在 3：4：3；年龄结构趋向年轻化，培养中青年骨干教师 40～50 人，成为学校的学科带头人，部分教师进入本学科国内前沿水平，教师队伍的整体素质要有较大的提高。

1989 年，学校成立了"青年科技工作者研究会"。促进了青年教师学习与交流，为他们迅速成长、成才，创造了一个良好的条件。

1991 年，肖振铎、胡希荣 2 位教授被评为吉林省第三批有突出贡献中青年专业技术人才，至此学校已有省级以上拔尖人才 7 人。同年，蔡启运、李向高 2 位教授获政府津贴。

1992 年，王树志教授被评为国家级有突出贡献的中青年科技专家。同年，有 27 人获政府津贴。至 1992 年 9 月，学校有教师 589 人，具有高级职称的 191 人，占教师总数的 32.4%；具有博士学位的 2 人，正在攻读博士学位的 23 人，共 25 人，占教师总数的 4.2%；具有硕士学位的 125 人，占教师总数的 21.22%，正在攻读硕士学位的 42 人，占教师总数的 7.13%。"八五"到"九五"期间，是学校教师队伍新老交替的关键时期。学校注重了新一代学科带头人的培养工作，延聘了一批事业心强的教授，充分发挥老教授的"传帮带"作用，学校及时地将师资培养重点转移到青年教师的选拔和中青年教师的培养上，培养了一批中青年硕士和学科骨干教师，初步形成了一批年轻的学科带头人，绝大部分学科能顺利完成新老交替的工作。在教师队伍的补充上，在适当选留优秀本科毕业生、加大研究生留校比例的同时，逐渐增加引进外校青年教师的比例，扩大学术思想的广泛程度，消除"近亲繁殖"带来的不利影响；对新教师进行岗前培训，使其尽快掌握教育教学规律，获得上岗资格；鼓励青年教师在职攻读学位，对在职攻读博士、硕士学位的青年教师，连续计算工龄，为他们提供学习的方便条件，保证教学、攻读学位两不误。几年来，学校独立和联合培养了 68 名在职硕士研究生、9 名在职博士研究生，为稳定青年教师特别是基础课教师，学校制定了职称评定倾斜政策，对业绩突出的青年教师优先晋升职称。1992 年至今，学校已有 48 名优秀青年教师破格或优先晋升为副教授职称，其中基础课教师 6 人，有 13 名教师破格晋升为教授。1997 年，学校优先推荐基础科学系 1 名青年教师申报"霍英东教育奖"，并获得了三等奖的殊荣；拓宽青年教师的继续教育渠道，通过组织青年教师参加国内培训、进修、学术会议，选派青年教师出国留学、考察，聘请国内外专家来校讲学等多种途径，使绝大多数青年教师获得了学习、提高的机会，同时妥善做好出国留学人员回校后的安置工作，98% 的出国留学人员学成后回校工作。1988—1997 年，学校共派出留学、合作研究、讲学、研修、考察访问的教师 143 人次；支持青年教师参加社会实践，在科教兴农、科技扶贫中，学校有组织、有计划地选派青年教师参加社会实践锻炼，在深入农业生产第一线，为建设"三大一强"省服务过程中，青年教师提高了政治思想素质和业务素质，实现了理论与实践的结合，丰富了课堂教学内容；在中青年教师的使用上，敢压担子，大胆启用，对有培养前途、表现突出的教师，提前承担主要课程的主讲或部分课程的主讲任务，经推荐，任命担当系主任、副主任、教研室主任等职务；支持、扶持优秀中青年教师的成长。1994 年学校制订了《重点培养优秀青年骨干教师的暂行规定》，开展了优秀青年骨干教师的申报、评选工作。有 25 名青年教师被确定为学校优秀青年教师重点培养对象，其中窦森、赵兰坡、富力、顾万钧、李亚东、黄耀阁、秦贵信、乔春贵、胡东良、范志先、郭庆海、王丕武 12 名青年骨干教师被评为省级重点培养的优秀青年骨干教师，学校采取配套措施，将他们作为跨世纪的学科带头人后备人选来培养。目前，12 名省级重点培养的优秀青年骨干教师中已有 5 人成为学科带头人，7 人晋升为教授，11 人成为硕士研究生导师，7 人走上处级以上领导岗位。通过采取

各种有效措施，使学校青年教师快速成长起来，逐步培养和造就一支适应21世纪高等农业教育发展要求的高素质的青年教师队伍。

　　1994年，李玉教授被评为国家级有突出贡献中青年专家。至此，学校共有3名国家级有突出贡献中青年专家。同年，共有23人获国务院政府特殊津贴。

　　1995—1996年度，窦森教授入选国家"百千万人才工程"第一、二层次人选。1996年，学校制订了《吉林农业大学"九五"师资队伍建设规划》，总的指导思想是以全面提高教师的政治素质和业务水平为基本目标，坚持抓好教师（特别是青年教师）的思想政治工作，坚持与学科建设、教学科研任务紧密结合，坚持以培养跨世纪学科带头人、学术带头人和建设一支学科骨干队伍为重点。逐步实现教师队伍高进低出、相对稳定，具有良性循环的师资管理模式。建设一支面向21世纪，政治业务素质优良、结构合理、人员精干、高水平的师资队伍。出现一批学术思想活跃，学术造诣较深，治学严谨，热爱农业，在国内外具有一定知名度的专家学者。同年，郭庆海、徐克章、于莉、顾德峰、赵兰坡、窦森、刘洪章、郑毅男、宋述尧、任爱胜、胡耀辉、顾万钧、王恒、栾立明14人被省农业厅评为首批跨世纪学术、技术带头人；逯忠斌、陈双林、宋凤斌、孙长占、栾雨时、周米平、李亚东、黄耀阁、秦贵信、韩星焕、陈杰、钱爱东、王全凯13人被省农业厅评为首批跨世纪学术、技术后备带头人；窦森教授、张帆副研究员被评为长春市首批有突出贡献专家。

　　1997年，崔秋华、王恒、顾德峰、杨信东4人被评为省级有突出贡献中青年专家。

　　经过多年的探索与实践，学校已形成了一系列比较完善的师资培养管理制度，先后制订和完善了《青年教师进修学习的有关规定》《关于对青年教师实行导师制的规定》《青年教师岗前培训的规定》《重点培养优秀青年骨干教师的暂行规定》等，经常开展优秀教学质量奖的评选、青年教师讲课大赛等活动，定期开展优秀教学成果奖的评审工作等。

　　1991年，蔡启运、李向高2位教授首先获国务院政府特殊津贴，至1998年，学校共有44人获得国务院政府特殊津贴。

　　至1998年，学校确定李玉、李向高、徐克章、王玉兰、刘洪章、宋述尧、窦森、赵兰坡、王春荣、郭庆海、张盛文、王恒、秦贵信、何昭阳、胡耀辉为植物病理学、作物栽培与耕作学等15个学科的学术带头人。

　　学校师资队伍水平不断提高，结构渐趋合理，整个师资队伍向着高水平、高学历、高职称、低年龄的方向发展。至 1997 年末，学校共有教师 622 人（专任教师 564 人），占教职工总数的 41％。教师中具有高级职称的 158 人，占专任教师总数的 28％，其中 45 岁以下的 87 人，占高级职称的 55％。具有硕士学位和在职攻读硕士学位的共有 154 人，占专任教师总数的 27.3％；具有博士学位和在职攻读博士学位的共有 27 人，占专任教师总数的 4.7％；硕士、博士以上学历人员已占专任教师总数的 31.9％。

第三节　加强科学研究，发展科技产业

学校认真总结多年来面向农村、深入基层开展科学研究、支农扶贫的经验，积极响应中共中央、国务院关于科技工作的指示精神，按照省委、省政府的要求，组织全校科教人员认真学习文件，提高认识，明确农业高等院校的社会责任和历史任务。在提倡奉献精神的同时，学校制定了有吸引力的政策，深入开展科技攻关和省政府下达的科教兴农任务，在教学、科研、科技推广三结合的实践中，学校为振兴吉林省农村经济做出了重大贡献。学校 1990—1997 年连年被省委、省政府评为科教兴农先进集体。

一、科研工作取得新进展

10 年间，全校共承担纵、横科技项目 400 多项，通过各种技术鉴定成果 116 项，获奖 74 项，累计获得经费 1 400 多万元。

1989 年，学校召开了全校科研工作会议，明确了各系、各专业研究方向和研究优势，围绕对全局性有影响的项目，开展科研工作。学校针对吉林省农村经济发展中的重大难题，运用多学科交叉渗透的智力优势，组织协同攻关，提高了在省内外"中标立题"的竞争能力；同时，摆脱了单纯依靠国家计划拨款的局面，开辟了科研任务和有偿服务的广泛来源；学校的专职科研机构（所、室）以多种形式进入科技领域，科技与经济结合的机制逐步形成。当年，学校以各种渠道争取的科研经费超过百万元，比多年平均数高 35％。

1990 年，学校制订了"八五"科技发展规划和年度计划，明确了科技进步的目标领域，确立多层次的科研项目，多渠道争取经费，使全校在基础、攻关、应用、开发、推广、支农等方面构成一个比较合理的纵深配置；实行政策倾斜，扶持、鼓励青年科技人员积极参加科技攻关，主持重点项目。同年，姜岩研究员主持的"非腐解有机物培肥效果及机理研究"获国家

教委（应用基础类）二等奖，韩宇教授主持的"猪囊虫病早期诊断与治疗"获农业部科技进步奖三等奖，学校在吉林省省属高校科研工作评估中荣获第一名。

自1991年，学校凭借自身学科齐全的优势，不断拓宽科学研究领域，先后在生物技术育种、生物防治、特种经济动物生产及疫病防治、牛的繁殖与生产技术、人参西洋参栽培、人畜囊虫病防治、盐碱洼地水稻床土调酸、蔬菜保护地栽培及陆地蔬菜杂交种产业化专营化技术、新农作制、长白山动植物有效成分分离及提取技术、饲料开发等方面开展了大量科学研究工作，取得了重大成果，部分研究在国内外居领先地位。同年，学校对外继续开拓经费渠道，除纵向课题外，争取的横向课题明显增加。当年吉林省唯一的科技进步奖一等奖由学校王树志教授主持的"鹿结核病综合防治研究"项目获得。

1992年，学校认真落实国家科委"稳住一头，放活一片"的科技方针，把主要科研力量投入吉林省农村经济和农业生产第一线，保持一支精干队伍稳定持续地开展基础研究，巩固人参、经济动物研究、长白山资源综合开发、农业现代综合技术研究等7个优势领域的科研成果，并取得突破性进展。同时，激励广大科教人员积极开展为地方经济建设发展急需的应用技术、开发研究和软科学研究，加强成果转化工作，学校科学研究的整体水平和规模又有新的发展，结构更加合理。

1993年，学校科研工作充分利用在特产、水稻、烟草、向日葵、畜牧业等方面的优势，发展具有学校特色的科研项目。姜岩研究员主持的"作物（玉米）根茬对土壤培肥作用及机理的研究"获省科委科技进步奖二等奖；范玉琳教授主持完成的"鹿茸有效成分及药理试验"获农业部科技进步奖三等奖。

1993年5月5日，学校隆重举行首届青年科技奖颁奖表彰大会。表彰自1986年以来学校在科学研究工作中涌现出的一批青年科技优秀人才，会上授予窦森同志"青年科技优秀特等奖"、杨学明等25名同志"青年科技优秀奖"，校党委书记高远志、校长李玉等校领导出席了表彰大会并颁奖。

1993年9月，校长李玉教授作为中国唯一受邀代表，参加了第一届黏菌分类学与黏菌生态学国际会议。

1994年，学校科研工作围绕学校改革，进一步改革科研两级管理体制，给予院、系、所更多的自主权，进一步放宽、放活科研人员和科研经费的自主权，并制订了《关于科研立项与成果转化奖励办法的暂行规定》。由杨信东副教授主持的"吉林省稻瘟病预测技术研究"、王恒副教授主持的"牛冷冻胚胎移植技术研究与应用"、于万利高级农艺师主持的"玉米新品种本玉9引种栽培技术研究及推广"获吉林省科学技术进步奖二等奖。

据 1994 年《中国科技论文统计与分析》，吉林农业大学发表科技论文数列全国农林类高校第六位。

1995 年，在加大基础研究力度的同时，学校注意引导广大教师就农业生产亟待解决的问题，进行应用研究、开发研究和软科学研究。其中，"吉农大 3 号"水稻新品种在吉林省首届水稻优质米鉴评会上被评为第一名，并在全省范围内大面积推广，一改学校过去主要农作物在吉林省内没有主推品种的局面。

1996 年，学校召开全校科技工作会议，组织全校科教人员寻找差距、总结原因、提高认识，形成了学校科学研究要"扭住经济发展的主线，盯住国内外先进水平"的共识。一方面，加强自身基础理论研究优势，盯住国际国内科技先进水平发展趋势，跟踪和赶超世界先进科技发展步伐，储备科研后劲，其中重点加强生物工程各领域的研究；另一方面，深化科技体制和选题机制改革，扭住农村经济发展的主线不放，着重以大宗粮食作物、畜牧业、农产品加工为主攻方向，组织协调多学科科研力量，着力解决吉林省农业生产及农村经济建设中亟待解决的重大科技问题，加快产业化步伐；再者，培植新的科研生长点，立足于传统学科改造，结合吉林省丰富农业资源开发与利用，对各学科进行交叉、移植、渗透，开辟新的科研领域。当年全校到位科研经费首次突破 200 万元。孙酉石研究员主持的"松嫩平原低洼易涝盐碱地农业综合发展研究"被财政部、国家科委、国家计委评为"八五"重大科技成果奖。

1996 年 8 月 12 日，测试中心顺利通过农业部授权认可和国家计量认证。同时，农业部参茸质量检验测试中心在学校建立。

1996 年，国家科委"猪囊虫病诊断与治疗研究中心"在学校挂牌成立，成为国家级猪囊虫病防治中心。

1997 年，学校积极适应吉林省地方经济建设的需要，遵循农业产业化方向，在科研立项、新技术、新产品的开发、推广、科教兴农和科技扶贫等方面都有长足进步。同年《吉林农业大学学报》被评为吉林省一级期刊，全国优秀科技期刊，全国农口、农学类优秀期刊，中国农业综合类期刊。

二、科教兴农工作取得新成果

自 1990 年省委、省政府发出科教兴农号召以后，学校积极行动起来，通过建立健全科教兴农领导机构、制定奖励条例来强化运行机制，从而调动了广大科教人员长期深入农业生产第一线的积极性。1990 年 3 月 24 日，学校隆重召开科教兴农动员大会。会上公布了科教兴农管理办法和科教兴农下乡人员奖励条例。省委农村政策研究室主任冯国刚代表省市领导到会祝贺。科教兴农动员大会拉开了学校广大科教人员深入开展科教兴农的序幕。

（一）科教兴农硕果累累

1990 年，学校共承担科教兴农项目 29 项。精心组织了 19 个层次不同的科技承包集团和科技服务小分队，动员了 309 名教师（占教师总数的 35％）、268 名学生（占学生总数的 11％）参加科教兴农活动。在科教兴农活动中，推广了 15 项综合技术和 85 项单项农业科技成果，为各地农村培训不同层次人才 18 万人次，技术覆盖吉林省 8 个市（州）30 个县，累计技术覆盖面积 1 103.2 万亩，技术增产粮食概算 3.489 亿千克，技术增收概算 5.013 3 亿元，取得了明显的经济效益和社会效益。在省科委组织的吉林省科教兴农示范区评选中，学校在农安县前岗乡"以粮为主，中产变高产，农村牧业综合开发技术"，洮南市德顺乡"洮南市中低产田综合治理技术"，浑江市临江区"长白山立体农业开发技术"，前郭县套浩太乡"前扶米稻糖开发技术"4 个示范区，分别获二、三、四、六名。

1991 年，学校科教兴农工作继续向纵深发展，进一步贯彻各项规章制度，加强管理，鼓励科教人员坚持下乡蹲点、科技扶贫、支教，全年共承担科教兴农项目 34 项，到位经费 50 万元。

1991 年 3 月 22 日，学校举行全校科教兴农总结表彰大会，党委书记王殿仕、副校长李玉等校领导参加了大会。省科委副主任王峰、省农业厅副厅长徐适到会祝贺。会上，对在科教兴农中做出成绩的农业现代化研究所等 5 个先进集体和王福荣等 22 名先进个人进行表彰奖励。

1991 年 4 月 3 日，为落实省委、省政府关于吉林省实施财政发展规划双向承包、帮助财政补贴县脱贫致富的精神，学校专家一行 8 人由副校长高文仲带队与伊通县政府进行技术、财政对接，并确定了肉牛饲养技术、黄烟栽培技术、水稻栽培技术、淀粉深加工等项目。经过学校科技人员与当地政府的努力，伊通县完成了当年 2 500 万元的规划目标，获得省政府先进单位奖。

1991 年 4 月 24 日，副校长李玉带领 13 名专家，乘坐 "科教兴农服务大篷车" 开赴伊通县新兴乡进行科教兴农现场咨询服务，深受当地农民群众的欢迎。科教兴农服务大篷车是将农工系电测车加以改进，增装了测土施肥、水稻调酸、农机修理等设备，它灵活、方便，为学校科教兴农工作增加了新的特色。

1992 年 3 月，根据省委、省政府关于在农村经济发展过程中开展 "科技效益年" 活动的部署，学校推出 "科教兴农 735 计划"。"7" 即投入科教力量 7 个系（所），"3" 即抽派约占全校 1/3 的科教人员深入到基点工作，"5" 即每年推广农业技术 50 项。

1992 年 7 月，为实现学校 "巩固大路，占领两厢" 的科技开发战略，李玉校长带领 9 名专家前往浑江市（临江区）了解长白山立体农业开发技术项目进展情况并进一步商讨协作问题。

1992 年，省科委、省农业厅组织验收，学校 4 个示范区均超额完成任务，受到普遍好评，农安县和临江县 2 个科技示范区获省、市嘉奖。

1993 年，学校有 5 个农业科技示范区即洮南市德顺乡、临江市、前郭县套浩太乡、农安县前岗乡及敦化市官地镇，参加了省科教兴农竞赛活动，扩大了学校创建的科技示范区辐射范围，发挥了农业科技的先导作用。

1994 年，学校在继续做好 3 个基点科教兴农工作的基础上，又开辟了四平市铁东区、敦化市额穆镇两个基点，在省科委支持下，开辟了洮南市黑水镇、敦化市官地镇、临江市临城乡 3 个高效农业园区。

1995 年，学校科教兴农工作通过加强领导、强化管理、健全组织机构、完善奖励制度、密切与地方政府联系等措施，鼓励广大科教人员走出校门，面向农业生产、面向农村、面向农民，积极参与地方经济建设。在原有科技示范区、高效科技园区的基础上，又承担了农业厅 "3818" 及 "333" 竞赛等 14 个项目，科技示范基地由原来的 8 个发展到 11 个，科学技术辐射到 30 多个市、县。

1995 年，学校被评为全国科普先进集体；同年，马宁教授在 "猛龙威" 杯全国十大扶贫状元评选中荣获 "扶贫状元" 称号。

1995 年 10 月，学校受农业部委托，成功地为西藏自治区举办了藏区绒山羊项目高级管理人员培训班，又与西藏自治区科委进行科研项目对接，达成了 8 项科研协议，为吉林省优质种源入藏做出了贡献。

1996 年，学校调整和拓宽了科教兴农工作思路，打破原有小而全、分而散的科教兴农模式，力求缩短战线，综合投放，集中显示，把科教兴农基

点建设成为学校对外开展科研攻关、开发、推广、培训工作集中展示的窗口。经过调整，学校科教兴农工作稳步发展，承担了省直部门下达的 12 个科技示范基地建设项目，先后组织 132 名科技人员，充分依靠科教优势，围绕科技攻关、科技扶贫、农业综合立体开发、农村区域经济产业化等开展工作，技术覆盖吉林省中、东、西部 28 个市（县）。

1995 年 12 月，学校承办了由省委农工办、省科委主办的吉林省百村支部书记（村主任）科技培训班。由学校 10 位专家授课，利用 5 天 40 学时的时间较全面地讲授农学、土化、特产园艺等方面实用知识。这次培训班的举办，不仅开创了吉林省科技培训村干部的先河，而且对农民科技素质的提高具有深远影响。

1996 年 12 月 18～23 日，学校参加了"吉林省星火计划暨农业科技成果展览会"，参展 22 个项目，受到省委书记张德江、省长王云坤等省领导的高度评价。

1997 年，学校进一步健全了科教兴农领导机构，成立了科教兴农领导小组和科教兴农办公室，实行了以院（系）为领导，技术人员总负责，校内机关部、处支持的科教兴农运行模式，完善了科教兴农奖励政策，掀起了全校科教人员科教兴农高潮，全年开展送科技下乡、扶贫活动近 20 次，辐射吉林省 8 个县、25 个乡（镇），累计下乡蹲点 218 人次共 4 528 天，推广实用技术 87 项，攻克技术难关 22 项，培训当地科技人员及农民 2.38 万人次，开发新产品 20 个，技术覆盖吉林省 7 个市（州）。

1997 年 3 月 21～27 日，学校承办了由吉林省委组织部、省科委主办的第二期百村支部书记（村主任）科技培训班。

1997 年 4 月 25 日，学校组织召开科教兴农誓师大会。党委书记高远志、副校长王彤、孙立城及省科委副主任李广臣、长春市南关区区长王福才出席了表彰大会。会上对土壤培肥研究所等 2 个先进集体、胡全德等 5 名有突出贡献的先进个人、马宁等 37 名先进个人给予表彰和奖励。

1997 年 7 月 25～27 日，以党委书记高远志、校长李玉为代表的吉林农业大学扶贫组一行 13 人到大安市乐胜乡、洮南市向阳乡进行扶贫。期间，学校向乐胜乡捐赠 3 万元、向向阳乡捐赠 4 万元，并在两乡建立科技扶贫点，提供跟踪技术服务。

1997 年 11 月 1 日，为响应中央十部委关于开展"三下乡"活动的号召，在校党委书记高远志、校长李玉、副校长孙立城的带领下，由各学科专家、校医组成的科技卫生扶贫专家团一行 26 人，带着科技成果、图书资料、药品、物资、扶贫资金，先后到前郭县长龙乡、洮南市向阳乡金光村、大安市乐胜乡永安村，进行科技咨询、科普宣传、现场义诊、扶贫捐赠等活动，受到当地政府和农民群众的热烈欢迎。

1997年，吉林电视台、吉林人民广播电台、《吉林日报》等新闻单位对学校科教兴农工作进行百余次的全方位报道，在省内产生强烈反响。继孙酉石、皇甫淳、孙长占之后，胡全德又荣获"振华科技扶贫奖励基金服务奖"。

1998年4月27日，上任不久的党委书记薛玉山带领学校有关部（处）负责人及专家一行12人赴洮南市向阳乡金光村捐赠扶贫款，并与当地详细研究了金光村今后发展的工作路线及技术路线，还就关键性问题交换了意见，达成共识。

1998年7月，在吉林省科委、省农业综合开发办公室组织的吉林省高效农业科技示范区春季联合检查评比中，以学校为科技依托单位的临江市、敦化市官地镇、榆树市弓棚镇科技示范区分别获得第一、二、三名。

（二）强化科研管理

1990年，学校强化了校系两级管理，明确职责，充分发挥系（所）科研管理人员的作用，全校科研管理质量与工作效率都有明显提高。为加强对科教兴农工作的领导，成立了校、系科教兴农领导小组和办事机构。同时，为了鼓励先进，增强科教兴农工作后劲，学校制定了科教兴农"三励政策"，即政治上鼓励、经济上奖励、专业技术职务晋升激励。同年，在吉林省高校科技工作会议上，学校荣获"科技进步先进单位称号"。

1991年，学校对内狠抓了校系两级管理，调整了各系科研秘书，落实了工作职责，进一步贯彻各项规章制度，调动广大科技人员开展科研和科教兴农工作的积极性。

1992年，学校在科研管理工作中出台了科研工作10项综合改革措施。1996年4月，配合学校"管理效益年"的总体部署，出台了《吉林农业大学纵向科研项目管理暂行规定》等6项管理办法。这些管理办法的制订，妥善解决了校、院（系、所）、课题组及科研人员的责、权、利等问题，成为全校管理效益年中的一个重要举措。

1996年和1997年，学校科研处连续被省教委评为优秀科研处。1997年，学校科研处荣获吉林省技术市场金桥奖集体奖。

三、强化校办产业的服务功能

20世纪80年代后期，在邓小平同志"科学技术是第一生产力"的科学

论断和中共中央"经济建设必须依靠科学技术，科学技术工作必须面向经济建设"的战略方针指引下，在科技体制和经济体制改革大潮的推动下，学校首先兴办了西洋参场和饲料添加剂厂两个科技型企业。其后以技术转让、技术咨询、技术培训、技术服务为主要内容的知识型第三产业随之兴起。进入"八五"期间，特别是在邓小平同志南方谈话精神的推动下，学校校办产业进入了以发展科技产业为主体的新时期。

1992 年，学校设立了校办产业管理委员会，组建了产业管理处，加强了对校办产业的宏观控制和组织协调工作。制订了《关于发展校办产业与科技服务的暂行规定》，保证了发展校办产业有章可循、有法可依。加强对内联合，扩大对外联系，1992—1995 年，先后接待来自加拿大、瑞士、日本、韩国以及我国香港、澳门、台湾等地客商数十批。新办合资企业有：深圳邦大生物制品有限公司、中美合资爱心宠物公司、中菲合资玉龙保健品公司。此间，经长春市政府批准，长春市高新技术产业开发区农业高科技园在学校宣告成立，省委副书记王金山，长春市委书记王云坤，省委常委、宣传部长许中田等省市领导出席了成立大会。农业部常务副部长吴亦侠来电表示热烈祝贺。农业高科技园的成立，使学校校办产业享受了一切优惠政策，为招商引资提供了良好条件。

"八五"期间，学校校办企业规模稳步扩展，销售额和利税连年都有较大增长。全校校系两级在工商注册的企业数发展到 20 个（不包括农场、实验站、劳动服务公司，其中校直属企业 15 个，它们多数是紧紧依靠学校专业特点的科技型企业）。据统计，"八五"期间，全校分流进入开发系统的科教人员总数 70 人，工人 50 人，安排社会再就业人员 30 人；全校创收累计 1 500 多万元，固定资产总值达 800 多万元。一批经济效益突出、社会影响较大的科技企业逐渐发展成为学校支柱产业。校西洋参场紧紧依托人参专业优势，加强管理，开拓经营，在市场滑坡疲软背景下，始终保持较好的经济效益；囊虫病防治医院不断调整诊断和治疗方法，开发新药源，始终保持全国囊虫病诊治中心地位，治疗有效率达 100%，治愈率达 95% 以上；农业现代化研究所积极推广生物防治技术，小小赤眼蜂闯出大天地，5 年减少粮食损失数十亿斤，受到农业部和省市有关部门重视。

1996 年 12 月 17 日，学校召开"八五"期间科技开发和校办产业工作总结表彰大会。会上，对参场等 5 个优秀企业、刘德惠等 10 名先进个人进行表彰，这次会议开创了学校校办产业工作的新局面。

针对市场状况，学校采取稳中求进的发展方针，经济效益也稳中有升，并步入了正规化、科学化的管理轨道。1996—1998年三年来，校直属产业年产值一直稳定在1 000多万元，年利润达300多万元。同时，修订了《吉林农业大学校办产业与科技服务管理条例》，加大了校办产业管理力度。完成了校办产业固定资产登记和评估，并获得省国有资产管理局的认可。对几个企业完全实行了企业化管理，工资全额上缴学校，既增加了学校财务收入，又增强了这些单位职工的使命感和责任感。根据市场需要，成立了开发开放实验室，对一些短、平、快项目进行开发，增强了开发后劲。新上项目玉米种子包衣剂、甜菜壮苗剂等获得较好的经济效益和社会效益。

学校校办产业从起步到具备一定规模，不仅为吉林省的社会经济发展做出了贡献，而且弥补了学校教学经费的不足，对改善办学条件和师生员工的工作与生活条件，以及促进学校的学科建设和发展，都发挥了一定作用。

第四节　加强党建和思想政治工作

学校党委在上级党组织的正确领导下，坚持四项基本原则，坚持社会主义办学方向，全面贯彻党的教育方针，带领全校师生员工团结拼搏、深化改革，学校各项事业得到了全面发展，整体实力迈上新台阶。

一、加强和改进党的建设

学校党委以贯彻1988年全国高教工作会议和中共十三届三中全会精神为契机，围绕教育改革和发展，从思想、理论、组织、作风等方面，全面加强党的建设，提高了党员的思想政治素质，增强了党组织的战斗力，促进了学校的安定团结，保证了教学、科研、改革等各项工作任务的完成。

（一）党建工作取得可喜成绩

在思想建设上，学校党委十分注重党的思想理论建设，长期坚持理论学习中心组学习制度、党校培训制度，不断提高党委一班人坚持党的基本路线的自觉性，把在政治上与中共中央保持一致，作为思想建设的最高准则。1989年省委考核高校班子时，学校领导班子被评为一类班子，校理论学习中心组连续3年被评为长春市理论学习先进单位。

在组织建设上，党委一班人严格执行民主集中制的原则，坚持集体领导，维护党的团结和统一。校党委还通过"校长信箱""发通报""对话"等渠道，增加重大事项的工作透明度，自觉接受群众监督。1991年、1992年，

学校党委连续被长春市高教系统评为先进党委；1993 年，被评为省高等学校先进党委。在选拔任用干部上，学校党委坚持按"四化"的方针和德才兼备的原则选拔干部，选拔了一大批跨世纪的中青年干部充实到各级领导班子。在基层党的组织建设上，校党委重视发挥党支部的战斗堡垒作用和党员的先锋模范作用。开展了"创建先进支部、建立标准化支部、整顿后进支部"的"创、建、整"活动，提高了党组织的凝聚力、号召力和战斗力。1993—1997 年，有 4 个基层党组织被省、市高教系统评为先进党总支和党支部，有 11 名同志被省、市高教系统评为优秀共产党员和优秀党务工作者。1991 年 9 月 20 日，学校党委副书记张福全同志荣获全国优秀教育工作者称号。

1989 年底，开展了党员重新登记工作和党员民主评议活动。1990 年 3 月 19 日，学校党员重新登记工作全面展开，首先成立了党员重新登记工作领导小组和办公室，并就负责重新登记人员进行集中培训。同年 9 月 19～20 日，省委检查验收组对学校的党员重新登记工作进行检查验收，颁发了验收合格证。

在作风建设上，学校党委始终牢记全心全意为人民服务的宗旨，注意加强党的作风建设。组织全体党员干部认真学习了《中国共产党章程》《中国共产党纪律处分条例》等，深入开展了宗旨教育、党风廉政教育、法律法规教育和艰苦奋斗教育，密切了党和群众的关系。先后制定和修改了《关于加强党委自身建设的几项决定》《关于处级以上领导干部廉洁自律的五项规定》《关于公务接待活动的若干规定》等规章制度。通过开展党员领导干部廉洁自律检查、查处案件、专项清理等反腐败工作，促进了党风廉政建设。定期召开党委常委和处级领导干部民主生活会，要求干部做到"干净、干事"。1993—1998 年，共接待和处理群众来信来访 145 件（次），对 3 起违纪案件、3 名违纪人员进行及时处理。

1989 年 4 月，《人民日报》社论《必须旗帜鲜明地反对动乱》发表后，学校党委当即组织全校师生员工学习。校党委以高度的政治责任感认识到，要坚决维护安定团结的政治局面，旗帜鲜明地反对动乱。学校党委先后专门发了 6 个通告，要求学生停止游行声援张贴大小字报等活动。学校 17 名教授专家联名发表了致学生的公开信，呼吁学生按民主与法制的轨道行事，停止游行示威活动，立即复课。同时，校党委还向离校回家的学生家长发出公开信，请家长协助做工作。通过一系列有效措施，那些搞"空校"的学生基本上按规定时间返回了学校，学校恢复了安定的局面。

（二）学校召开第九次党员代表大会

1993 年 4 月 8～9 日，中共吉林农业大学第九次代表大会召开。高远志代表上届党委在大会上作了题为《抓住机遇，加快发展，为把学校建成全国先进农业大学而奋斗》的报告。报告提出，今后 4 年是学校综合改革全面深入展开的时期，也是为在 20 世纪末使学校进入"211"工程奠定基础的时期，为此提出学校综合改革的总体目标是：以提高教育质量和办学效益为中心，建立起与社会主义市场经济体制相适应的新的教育体制、办学模式和有效的运行机制，使学校成为具有"教学、科研、经济、技术"全功能，"农、工、商、贸、特"多学科、多专业的综合性农业大学，为我国农业现代化建设培养出更多全面发展的复合型人才。到 20 世纪末，学校整体办学水平要跨入全国同类高校的先进行列，部分学科要达到世界先进水平。高远志任党委书记，陆桂云任副书记，梁勤任纪委书记。校党委常委由高远志、陆桂云、孙立城、李玉、李向亭、高文仲、梁勤 7 人组成。

同年 4 月 16 日，校党委召开了第九届二次全体委员会议，就本届党委如何开展当前和今后工作等问题进行研究。这一年，学校被省委、省政府评为普通高等教育先进学校；被长春市委、市政府评为办学成绩显著单位；学校党委被评为省高等学校先进党委。

1996 年，着重加强了全校各级干部队伍建设。在干部的选拔工作中坚持群众路线，通过开展"民主测评""民主推荐""组织考核"等工作，先后对处科级领导干部进行调整和充实。全年调整科级以上干部累计达 144 人次，其中提拔 81 人次，交流 41 人次，免职 21 人次，使学校各级领导班子逐步成为团结、精干、高效的领导集体。

1997 年，学校党委深入贯彻全国、吉林省高校党建工作会议精神，认真贯彻执行《中国共产党普通高等学校基层组织工作条例》，努力把党建工作落到实处。在全校掀起了"学理论、学党章"的热潮。利用寒暑假举办干部培训班和入党积极分子培训班，暑期培训科级以上干部 167 人，培训入党积极分子 170 人。学校党委还制订了《吉林农业大学标准化党支部建设方案》和《标准化党支部考核验收细则》，共检查党支部 70 个，其中 25 个党支部进入优秀档次，35 个党支部为达标支部，8 个党支部为合格，2 个党支部为整改支部，标志着全校党组织的凝聚力和战斗力有了显著提高。有 4 名党员被评为长春市高校系统优秀共产党员，1 名党务工作者被评为市高校系统优秀党务工作者，1 个党总支被评为长春市先进党总支，1 名同志被评为市优秀共产党员。

二、精神文明建设

加强校园文化建设，搞好精神文明创建活动。1988—1998 年 10 年来，学校党委坚持"两手抓，两手都要硬"的方针，以校园文化建设为核心，全面推进社会主义精神文明建设。制订了《吉林农业大学党委关于贯彻落实党的十四届六中全会精神，加强社会主义精神文明建设的实施意见》，广泛开展社会主义精神文明创建活动，开展了丰富多彩的学术、科技、文化、艺术等活动。1990 年 3 月 4 日，学校 40 名校学生会成员组成学雷锋宣传服务队，走上街头进行宣传和咨询活动，受到群众的欢迎。在学生中成立了"农工系义务修车队"等上百个学雷锋小组，常年坚持活动，有力地促进了学雷锋活动的深入开展。

根据国家教委、团中央下达的关于搞好暑期大学生社会实践的通知，学校加强了对大学生社会实践活动的组织和领导，广泛开展了主题鲜明、形式多样、突出学校专业特点的社会实践活动。1994 年，学校大学生科技兴农服务队被共青团中央、中华全国学生联合会（以下简称全国学联）、全国青年志愿者服务总队接纳为首批会员单位。至 1997 年，学校连续 9 次被中宣部、国家教委、团中央评为"全国大学生社会实践先进单位"，取得了良好的社会效益和人才效益。

1991 年 12 月 19 日，学校被司法部、中宣部、国家教委评为"一五"普法先进单位，"九五"期间学校被评为吉林省和长春市文明单位。

1994 年 4 月，学校举行了首届校园文化节，由 16 项大型活动组成，历时 1 个月，2 万余人次参加了活动，充分显示了当代大学生的精神风貌。

群众性体育活动和竞技体育取得好成绩。1994 年，在长春市"五四"红旗接力赛上荣获大学组第一名。在第三届全国高等农业院校田径运动会上，学校体育代表团获男女团体总分第二名。在第十二届吉林省运动会上，学校体育代表团获大学甲级男女团体总分第二名。1995 年，在长春市"五四"红旗接力赛上荣获了第三名，在长春市大学生运动会上荣获了团体总分第四名。1996 年，在长春市大学生"五四"红旗接力赛上荣获第二名，在长春市大学生运动会上荣获男团第二名，男女团体总分第四名。同年，在陕西西安举行的全国大学生运动会上荣获了"校长杯"，这是学校自 1988 年在第三届全国大学生运动会上首次获得"校长杯"以来，时隔 8 年再一次荣获"校长杯"，是我国高校竞技体育方面的最高荣誉。1997 年，在长春市大学生田径运动会上，学校获得男子团体、女子团体、男女团体 3 项并列第一名。群众性体育活动广泛持久地开展起来，1988—1997 年，学校每年都举行一届运动会，学生每天都坚持上早操，一些群众性体育活动也积极开展，广大师生员工身体素质不断提高，学生体育达标率一直保持在 100%。1996 年，学校被国家教委授予贯彻《学校体育工作条例》优秀学校。1997 年，学校被评为群体先进单位。

1995 年，学校开展了"周末文化巡礼"系列活动，丰富了学生双休日生活，营造了良好的文化氛围。还在全校范围内开展了"争文明寝室、创文明班级、建文明食堂、做文明学生"四文明活动，进一步提高了全校师生员工的政治素质和思想道德水平。同年，学校建成有线电视系统，传输了 26 个频道电视节目，极大地改善了校区电视收视效果，丰富了教职工业余文化生活。

1997 年，先后开展了"迎香港回归庆祝七一"健身秧歌舞比赛、环校接力赛、歌咏比赛、报告会等系列活动，积极参加长春市高校文明杯竞赛活动，连续 3 次被评为优秀组织单位。

学校党委一直把抓精神文明建设与育人工作紧密结合起来，采取有重点、分层次、多样化的思想教育方式，在学生中广泛进行有中国特色社会主义理论教育、基本路线、基本国情系列教育和爱国主义、集体主义、社会主义教育，坚持不懈地开展"学雷锋、树新风、创三好"活动。1991 年 5 月，建立了青年教师思想政治工作专门机构青年工作委员会，并对振兴农大青年标兵、优秀青年进行表彰。开展了"教书育人、管理育人、服务育人"的"三育人"活动。多次召开思想政治工作理论研讨会、"三育人"经验交流会。1993 年教师节，首次表彰了"三育人"先进个人，有力地推动了全校"三育人"工作深入开展。

1993 年 12 月 26 日，学校举行了系列活动纪念毛泽东同志 100 周年诞辰。这些活动由读书报告会、专题讲座、演讲比赛、书法绘画展览、摄影展览、文艺汇演等组成，增强了广大师生的集体主义观念和荣誉感。在干部中开展了"学习孔繁森、争做好公仆"活动，在青年教师中开展了"争当跨世纪学术带头人"活动，在后勤系统开展了"岗位练兵、争做十佳勤务员"活动，收到了较好的效果。涌现出一大批先进典型，如全国十大扶贫状元马宁，全国农业系统劳动模范孙西石，长春市劳动模范李玉，长春市优秀共产党员、劳动模范胡全德，全国三好学生付立忠等先进个人，弘扬了正气，发挥了先进典型的示范作用。

学校社会治安综合治理工作也取得了令人满意的成绩。1993 年、1995

年被长春市委、市政府授予"社会治安综合治理先进单位"称号。1994年，学校保卫处被长春市公安局评为甲级先进单位，维护了学校安全稳定。

第五节 不断开辟对外交流合作渠道

1988—1998年的10年来，学校积极创造条件，开辟对外交流渠道，逐步建立了稳定的国际间交流与合作关系，合作交流的规模越来越大，形式日趋多样，内容也向深、新和急需的学科与研究领域发展，学习和引进了国外先进的科学技术和管理经验，对提高学校教学、科研水平起到了重要作用。

一、国际间校际交流

随着对外交流的不断深入发展，按照"对等互惠，相互尊重，多渠道交流，重点领域合作"的原则，学校分别与日本的岩手大学、一关市农业协同组合、全国农业协同组合中央会野家、宫城县短期农业大学、千叶县干泻町农业协同组合（以下简称农协）、杉野女子大学、岩手县净法寺町农协、国立科学博物馆植物研究所、兵库县立农业高等学校，美国的明尼苏达大学农学院，加拿大的卡尔敦大学、萨斯喀彻温大学，韩国的全南大学校农科大学、建国大学校农科大学、忠南大学校农科大学，英国的皇家植物园5个国家的10余所农业教育和科研机构建立了合作交流关系。

二、聘请外国专家，引进国外智力

学校以聘用效益为中心，通过多渠道积极扩大对外联系，通过智力引进，聘请外国文教专家来校讲学、学术交流和开展合作研究，对提高学校的教学和科研水平发挥了重要作用。

1988—1997年，学校共聘请外籍教师37人，国外专家学者来校进行学术交流76人次，交流的领域涉及学校大部分学科专业。通过聘请国外专家，对学校中青年教师、研究生、本科生的英国、日语水平的提高起到了十分积极的作用；同时，在外国专家的直接参与下，学校新建了水土保持和家政2个专业。

1992年，日本岩手大学农学部石川武男教授建议设置并给予大力支持的水土保持专业，经省教委批准成立。1992—1995年，岩手大学连续3年派6位教授为学生上课，向学校教师介绍教学经验，进行学术交流，为吉林省培养专门从事土壤侵蚀地区勘测、规划、设计、开发与管理工作的人才做出了积极贡献。

1993年，学校成立家政专业，日本全国农业协同组合中央会下属家之光协会也给予了大力支持，不仅派5位专家教授来校讲学，而且赠给学校一批录像带和图书。

1988—1998年，学校共接受外国专家赠书2 500余册，价值超过100万日元。引进了越桔、水稻等一些农作物的优良品种。此外，学校已在国外聘请名誉教授1人（日本），客座教授8人（日本5人、加拿大1人、英国2人）。

三、招收和派遣留学生

学校是经国家教委批准的具有招收留学生资格的大学之一。自1990年开始，共接收5个国家（日本、韩国、加拿大、美国、法国）和我国台湾省的留学生115人（博士后2人，硕士研究生1人，高级进修生1人，本科生4人，短期研修生107人）。学校的药用植物专业和中兽医专业一直是吸引国外留学生的特色专业。

自1993年起，学校先后与日本的3个农协建立了双边友好交流关系，并卓有成效地实施了互派研修生的交流项目。1993—1998年，以研修生身份共向3个农协派遣在校本、专科学生38人。通过友好省的双边交流项目，学校开始向日本宫城县短期农业大学以留学生身份派遣在校学生，1993—1997年，共派出5名留学生。

通过招收和派遣留学生工作，不仅收到了很好的社会效益，同时为学校增加收入超过50万元，此项收入纳入学校的"国际交流基金"，极大促进了学校外事工作的开展。

四、出国留学

学校坚持以"严格选拔，按需派遣，注重回归，讲究效益"为留学工作的指导思想，1988—1997年，学校共派往25个国家143名留学人员，回归率达98％。大多数留学人员和访问学者，在国外留学、研究期间勤奋刻苦、成绩优异、硕果累累，掌握了世界农业科技、教育的最新成果和动态。

学校十分重视回国教师的合理安排，成立了由外事办、教务处、科研处联合组成的协调小组，专门负责和解决回国教师的教学、科研立项、职称评定等实际问题。在留学回归人员中，有15名晋升为教授、20名晋升为副教授，有22名担任校、系（处）级领导工作。在这些人当中，有许多人已成

为学校各学科专业的学术骨干和跨世纪学科带头人，共主持和参加国家级研究课题 12 项，省（部）级 48 项，厅局级 8 项，共获研究经费 300 余万元，科研成果 20 多项。他们在学校教学、科研、产业开发及农业技术推广等领域发挥越来越显著的作用。

五、国际合作研究

在对外学术交流活动不断深入开展的基础上，学校自 1988 年引进国际合作项目，开展国际合作研究。10 年来，学校共开展了"优良越桔品种的引进及栽培研究""吉林省苏打盐碱土资源及其开发和改良的研究"等 19 项合作研究项目。利用这些引进的援助和贷款项目，学校添置了大量国外先进的教学、科研仪器设备，极大地改善了科研、实验手段和条件，加快了学科建设和科研进程。通过与日本专家合作开展"人参非皂苷水溶性成分的研究"，学校药用植物成分分析实验室被列为吉林省重点实验室，药用植物学科被列为省重点学科。

第六节　后勤服务工作取得进展

10 年来，后勤工作本着"深化改革、强化服务、多办实事、提高效益""三服务""两育人"的指导思想，开展争创"十佳"勤务员活动。在完善经济承包制基础上，扩大有偿服务范围和项目，增强创收能力，逐步由管理服务向经营服务转变。在保证为学校各项事业和教职员工提供优质服务的同时，积极发展社会化服务，减轻学校负担，自力更生，艰苦创业，走出了一条具有自身特色的后勤发展之路。

一、积极推进后勤系统机构改革

1989 年，后勤系统设有 5 个处级单位（总务处、基建房产处、计财处、校医院、服务公司），下设 17 个科。1992 年，基建房产处合并到总务处，成立了生活服务公司、房屋开发维修公司等经营实体。1993 年 1 月 12 日，学校对科级单位进行精简，除总务处设基建房产科、校园管理科和伙食科外，其他科级单位全部撤销。根据工作需要，同年 3 月 16 日，成立房屋维修科。1994 年 3 月 25 日，为加强水、电、暖工作的管理，增设总务处动力科。1995 年 5 月 18 日，总务处设基建办公室，原基建房产科变为房产科。

1996 年 4 月 1 日，总务处增设校园绿化科、产业管理办公室。同年 5 月

9 日，学校撤销总务处生活服务公司，其所属的液化气站、浴池、开水房划归总务处产业管理办公室管理。原电话室更名为吉林农业大学电讯通讯站，归总务处直接管理。

1997 年 3 月 24 日，学校决定成立基建处，下设房产科、基建科、动力科、房屋开发维修中心、财务室。

后勤机构几经调整，不断充实和完善，形成了一整套有效的后勤管理机制，有力地推动了后勤改革。

1997 年，为进一步加强校内车辆管理，学校成立了车辆管理科，建立了各项规章制度，改变了车辆管理混乱局面。

二、加强基础设施建设，改善办学条件

为改善办学条件，学校加大了基建工作力度，使学校的基建规模逐年增加，10 年来，全校房屋建筑面积增加了 5.39 万平方米。特别是 1996 年，是新增建筑面积最多的一年，动工 1.28 万平方米，交工 1 万平方米，做到了时间短、速度快、质量好，均达到"五检五优"，受到省财政厅、省教委嘉奖。34 栋住宅楼成为学校近 10 多年来第一栋"百日优质住宅楼"。在维修费紧张情况下，相继完成了学生食堂、浴池、主楼、家属宿舍等几十处的维修、接层项目，修建学生公寓 80 间，改造第二、三学生宿舍的水房、厕所、上下水管道，改善了学生住宿条件。1990 年，学校印发了《关于房屋维修管理规定》的通知；1994 年 10 月 6 日，制订了《吉林农业大学收缴费用的暂行规定》；1995 年，制订了《吉林农业大学用电管理暂行规定》；1997 年，制订了《关于加强用水管理的暂行办法》。这些制度的出台，使全校的房屋、水、电、煤、采暖等项管理得到了加强。1992 年，房产科被长春市评为房产管理先进科。

学校为解决长期存在的吃水难、水质差的问题，在省市领导的关怀支持下，于 1994 年 12 月 8 日，隆重举行净月潭引水工程奠基仪式。工程于 1996 年 11 月 22 日竣工剪彩，结束了学校多年来吃水困难的历史，使全校教职员工喝上了标准的水。1997 年，水厂实行了目标管理、自负盈亏管理，制订了《关于加强用水管理的暂行办法》，节省用水的支出费用，取得了良好的社会效益和经济效益。变电室和车队实行全员风险抵押承包，通过运行，节支效果良好。仅 1997 年，变电室就为学校节支 70 万元，车队为学校节支 33 万元。学校自从 1988 年集中供热以来，不断改善供热条件。先后对锅炉进行 3 次改造，保证了供热时间，并实行合同制的管理办法，为学校节省了开

支。1991年，把双阳天然气引入校园，方便了职工，节省了费用，为职工办了一件大好事，并且实行企业化管理，建立承包责任制，每年为学校节支3万～5万元。

为解决青年教职工的后顾之忧，学校投资重建了幼儿园。1996年，搬进新楼以后，制定了各项规章制度和各类人员岗位责任制及职业道德规范，不断提高幼儿教育质量和管理水平，为幼儿健康成长创造了良好的环境。1996年，校幼儿园由二类一级晋升为一类二级幼儿园。伙食科在管理上采取承包的办法，先后改革了用工制度和分配制度，实行工资总额包干，工资奖金与服务态度、服务质量、主副食销售额挂钩；实行一个食堂两种体制，由个体户和食堂共同做主、副食，互相促进，相互竞争，精打细算，严格管理，微笑服务，给食堂伙食工作带来了生机和活力，饭菜质量、花色品种、卫生状况、服务态度都得到明显改善。为了学生就餐方便，各食堂实行钱、粮票通用。在物价上涨情况下，基本做到经济实惠，并为学生开设夜宵、方便食堂、小卖店，提供学习、生活上的方便。1995年，伙食科安装了微机售饭系统，并上了电子屏幕，结束了几十年钱票交易的历史，不仅提高了工作效率，也取得了良好的经济效益，使伙食工作向科学现代化管理迈进了一步。1996年，伙食科被评为吉林省高校后勤伙食管理先进集体。电讯工程处成立后，自力更生，3年投资55万元更换了电话通信设备，保证了通信顺畅。学校改造浴池，更换了锅炉，在洗浴方面为教职工和学生提供了方便条件。完成天然气改径调压工程，改善了校区居民天然气供应不足状况。

在绿化美化校园上，学校投入了一定的人力、物力、财力，加大了管理的力度。制订了《吉林农业大学校园管理规定》和《吉林农业大学校园管理规定的补充意见》等规章制度。10年累计植树10万棵，铺草坪4.74万平方米，种花3.6万平方米，引植了长白山珍稀植物，种花60多个品种。修建了湖面约8 915平方米的人工湖，1998年6月末完工，进一步美化了校园环境。1991年，学校被长春市绿化委员会评为绿化先进单位；1995年，顺利通过市绿化委员会办公室组织的高校"花园学校"的评估，受到专家好评，再次获得了"花园学校"的称号。

学校对校医院增加了投入，购置了新仪器，改建了一个无菌手术室，改善了医疗条件。积极引进人才，调入青年骨干医生，使医院的医疗水平有了较大的提高，为全校师生员工、家属及社区内厂矿、农村群众的医疗服务提供了保障。开展了"十抓、十整顿、十提高"活动，开设了家庭门诊、老干部巡诊、传染病房，做到了"预防为主，教育先行，软件先上"，小病不出校，大病能控制住。加强了公费医疗管理，减少了超支，面向社会服务，增加收入，以外收补内超。1996年，校医院进入吉林省高校医院"十佳"行列。1997年，校医院晋升为一级甲等医院。1998年，学校被省教委评为贯彻卫生工作条例优秀学校。

在教育经费的管理上，坚持开源节流、量入为出的原则，强化预算管理。每年年初根据各单位的工作任务，确定各单位的计划经费数，在经费执行过程中，对各单位实行"超支不补、节余留用"的制度，节约了有限的资金。在创收经费的管理上，实行学校统一管理、分级使用，明确了责、权、利，做到既严格财务管理，防止形成小金库，又方便了各基层单位。通过加强资金管理，梳理各种关系，活化了奖金。1995年以来的5年中，为教学设备购置和基础设施建设解决资金2 320万元，且偿还历年陈欠款约150万元。在很大程度上缓解了学校资金的供需矛盾，保证了学校各项工作的正常运行，获得经济效益和社会效益双丰收。校内银行充分发挥融资作用，1996年，无偿为企业到社会银行贷款和其他短期借款约150万元，发放有偿周转金341万元。1997年，为学校企业无偿借款980万元，发放有偿周转金420万元。并率先推出挂牌服务，制定了18条服务用语和23条服务禁语公约及文明用语，使文明服务落到实处。

劳动服务公司积极兴办第三产业，安置、培训待业青年。紧紧围绕经济效益这个中心，抓好现有企业，积极开展经贸活动，取得良好的效益。

1991年，在吉林省高校后勤系统的医院、幼儿园、车队、房屋维修、水电管理、采暖、伙食、绿化、环境卫生、学生宿舍10项评估检查中，学校每个单项都在90分以上，名列40所院校第四名，被吉林省教委授予后勤工作先进校的称号。

第七节　发挥群团组织和民主党派作用

一、工会工作

工会积极维护教职工合法权益，搞好学校民主管理。学校定期召开教职工代表大会，制订代表大会实施细则，成立了工会常设机构和委员会，并于1990年起实行二级民主管理制度，建设了19个基层分会、200个工会小组。根据工作需要，增设了青年工作部，加强了对青年教职工的管理。

1989年10月26日，吉林农业大学第二次教职工代表大会召开。李超同志代表学校作了题为《总结经验，提高质量，努力探索学校整体和配套改

革途径》的工作报告，王常业同志受吉林农业大学第四届工会委员会的委托，向第二届教职工代表大会作了题为《在党的十三届四中全会精神指引下，为全面履行工会的职能而奋斗》的工会工作报告。大会号召全体教职员工齐心协力，在中共十三届四中全会和江泽民、邓小平讲话精神指引下，为全面完成新的工作任务而努力奋斗。1991 年，在全校工会干部中开展了"一、二、三"活动（即每月为职工办一件好事、两次家访、三次促膝谈心），受到国家教育工会负责同志的高度评价。

在教职工中开展"三热爱""四职""三育人"等系列教育活动。组织教职工开展丰富多彩的文化娱乐活动，先后组织了环校接力赛、运动会、健身操、交谊舞、演讲、球类棋类比赛，每年组织春游、文艺演出、书画摄影、编织刺绣等活动。工会在全校开展活动数百项，陶冶了教职工的情操，丰富了教职工的文化生活。

1993 年 12 月 8 日，吉林农业大学第三次教职工代表大会召开。李玉同志代表学校作了题为《团结奋斗，扎实工作，为全面完成学校综合改革任务而奋斗》的工作报告。李洪霞同志受吉林农业大学第五届工会委员会的委托，向第三次教职工代表大会作了题为《抓住机遇，励精图治，团结全校教职工为学校各项工作上新台阶做出更大的贡献》的工会工作报告。大会提出了今后 4 年的工作方针和主要任务，号召全校教职工团结奋进，扎实工作，为全面完成学校综合改革任务而奋斗。

1996—1997 年，工会组织全校教职工为贫困、受灾地区捐款近 11 万元，衣物 4 938 件。

认真抓好计划生育，做好女工工作。多年来，学校人口增长率一直控制在 7‰左右，没有计划外怀孕和超生现象发生。学校连年被上级评为计划生育工作先进集体，女工工作走在全市高校系统的前列。校工会多次被省、市工会评为"先进职工之家""先进工会"。

二、共青团工作

1990 年 6 月，学校举办了第一期业余团校，培训团干部、团员 160 人，举办团干部培训班 20 余次，提高了广大团员的政治理论水平。开展丰富多彩的校园文化活动，活跃了学生的校园文化生活。在共青团长春市委组织的大学生科技百花园活动中，学校被团市委评为组织工作先进单位。在"向亚运会捐款"活动中，学校捐款数额在吉林省高校中名列前茅。10 年来，利用业余团校、团干部培训班培训团员、团干部 2 350 人次，共有 450 余名团干部受到团省委、团市委及学校的表彰和奖励。

1992年12月11日，共青团吉林农业大学第九次代表大会召开。武福君同志代表上届委员会作了题为《在党的十四大精神指引下，锐意改革，开拓进取，为培养跨世纪合格农业人才而奋斗》的工作报告，选举产生了由23人组成的共青团吉林农业大学第九届委员会，武福君当选为团委书记，韩子轩任副书记。

坚持做好"推优"工作，团组织的政治优势得以充分体现，"推优"工作取得可喜成绩，受到团省委、团市委的高度评价。1992年，在全国共青团工作会议上进行"推优"经验交流。

1995年，成功地组织了第三届校园文化艺术节和首次大学生体育节，组织实施了大学生"491"志愿服务活动，为农民进行科技文化服务。坚持开展精神文明建设和青年志愿者"一助一"活动，收到了较好的效果。

1996年，是学校"四文明"教育年，以校学生会为纽带，全面深入地开展了"四文明"教育活动，促进了团风、学风、校风的根本性好转。

1996年12月19～20日，共青团吉林农业大学第十次代表大会召开，韩子轩同志代表上届团委作了题为《全面推进团的工作，为培养跨世纪合格农业人才做贡献》的工作报告，选举产生了由21人组成的第十届委员会，韩子轩任团委书记，董立峰任团委副书记。

大力推进青年志愿者活动，做好共青团济困助学工作，推动精神文明建设的发展。1996年，成立了"共青团济困助学基金会"，通过义演、募捐等形式获得了5 000元的首批基金，对14名品学兼优的特困生进行资助。

1997年，举办"三观"教育系列讲座，作专题报告40余场，直接听课学生达6 000多人次，收到了很好的教育效果。

三、民主党派工作

学校党委十分重视统战工作和知识分子工作。根据新时期统战工作的政策和任务，加强同民主党派和无党派人士的广泛联系，定期召开座谈会听取意见和建议，对于重大决策和活动征求他们的看法，吸收民主党派成员、人大代表、政协委员参与学校管理，积极为他们在分调房、职称评定、参与社会活动等方面创造方便条件。认真落实知识分子政策，努力为他们办好事、办实事，建立了校领导联系专家制度。学校民主党派成员、无党派人士和知识分子在学校内外发挥着日益重要的作用。校民盟委员会不仅被长春市民盟评为优秀盟委，而且获特殊贡献奖。校九三学社获九三学社中央优秀提

案奖。

学校九三学社从 1990 年 3 月开始对吉林省伊通满族自治县进行科教兴农服务工作，先后组织、选派数十名教师，对 10 个项目进行试验研究和推广应用，取得明显的经济效益和社会效益，受到当地干部、群众的欢迎。

1993 年 7 月 7 日，学校九三学社社员李向高教授出任中国三北地区黄芪、甘草集团理事会理事长。

1993 年，民盟盟员姜岩研究员开创的"新农作制"得到省领导和有关部门的肯定，王国发副省长亲赴套浩太乡视察，并决定在吉林省推广"新农作制"。

1995 年，民盟盟员马宁教授获全国民族进步先进个人称号并获省民族团结通令嘉奖。

1996 年，校统战部被评为长春市民主党派工作先进单位；校民盟、九三学社两个基层组织分别被长春市民盟、长春市九三学社评为先进单位；校政协小组被长春市政协评为先进政协活动小组；郝瑞、杨志超两位委员被评为先进政协委员。

1997 年，学校统战部被评为长春市党外知识分子工作先进单位；校民盟、九三学社两个基层组织分别被长春市民盟、长春市九三学社评为先进单位，其中校民盟还被评为"有特殊贡献单位"，校政协小组被长春市政协评为先进政协活动小组，郝瑞、郭庆海被评为先进政协委员。

在校民盟换届中，康学耕当选为主任委员，周米平、宋述尧当选为副主任委员。

在各级人大、政协换届中，学校共当选 22 人。其中，马宁当选为全国人大代表，李向高当选为全国政协委员；马宁、李玉、李景思、郑毅男当选为省人大代表，高远志、肖振铎当选为省政协委员；孙立城当选为市人大代表，郭庆海、付兴魁、张帆、顾万钧、窦森、黄耀阁、孙长占、郎仲武、图力古尔当选为市政协委员；于莉当选为南关区人大代表，张广臣、伊伯仁、韩星焕当选为南关区政协委员。马宁为省人大常委，肖振铎为省政协常委，张广臣为南关区政协常委。

第八节　隆重举行建校 50 周年庆祝活动

1998 年 9 月 12 日，学校隆重举行建校 50 周年庆典。时任全国人大常委会委员长李鹏为学校题词："办好农业大学，为农业现代化服务"。教育部和吉林省委书记王云坤等发来贺信表示祝贺。全国政协常委、省人大常委会主任何竹康，原省人大常委会主任霍明光，原省政协主席刘云昭，省人大常委会副主任阿古拉，副省长杨庆才，省政协副主席伍龙章等领导莅临大会。相关单位的领导、兄弟院校的领导、校友、来宾、新闻单位的记者、全校师生员工共 8 000 余人参加了庆祝活动。

会议由党委书记薛玉山主持，党委副书记卓越宣读了领导题词及贺电、贺信。校长李玉致辞，他在致辞中回顾了吉林农业大学 50 载艰苦创业、不断发展壮大的辉煌历程。副省长杨庆才在大会上讲话。他代表吉林省委、省政府，向全体师生员工表示热烈的祝贺和亲切的慰问，并向吉林农大人提出了希望和祝愿。

大会期间，学校举办了改革与发展学术报告会、文艺晚会、校史展览、绘画展、科技成果及产品展等丰富多彩的活动，印发了《吉林农业大学五十年》《吉林农业大学学报》《吉林农大报》《吉林农业大学画册》等刊物，播放吉林农业大学 50 周年校庆电视专题片等，从不同角度全方位向校友们展示了吉林农业大学的光辉历程。

第六章 世纪跨越 科学发展
(1998—2008)

1998—2008 年，是我国高等教育事业快速发展的 10 年。学校紧紧抓住高校扩招时机，推进各项事业蓬勃发展。实现了办学规模、办学质量、办学水平和办学效益协调、持续发展。

第一节 抓住发展时机，全面推进教育教学工作

学校一贯重视教学工作，始终把教学工作放在中心地位，形成了教书育人、管理育人、服务育人、环境育人的良好氛围。

一、承担评估试点任务，取得优秀院校前列佳绩

（一）本科教学随机性水平评估试点工作

2001 年，学校作为吉林省高校唯一试点单位，代表吉林省参加了教育部本科教学随机性水平评估试点工作，全国 25 个省、自治区、直辖市的 25 所普通高校参加了此项评估。

2001 年 12 月 15~21 日，以西南农业大学校长王小佳教授为组长的教育部本科教学工作随机性水平评估专家组一行 15 人，对学校本科教学工作进行实地考察。期间，专家组听取了校长李玉教授做的本科教学工作评建报告。专家组全面考察了学校办学指导思想、师资队伍、教学条件与利用、教学建设与改革、教学管理、学风和教学效果等。专家组对学校整体办学水平和本科教学工作水平给予了高度评价，认为吉林农业大学建校 53 年以来，坚持走产学研之路，培养了一大批艰苦创业、德智体全面发展的人才，对我国重要粮食基地吉林省的建设和发展做出了卓越贡献。学校办学指导思想明确，定位恰当，符合经济建设与社会发展的实际。教学改革进展顺利，师资队伍建设得到高度重视，重视教学管理、制度建设，质量监控和管理队伍建设成绩显著，教学质量意识得到强化，实践教学在人才培养中发挥了重要优势，素质教育和社会实践成效显著。在办学特色方面，学校形成了走产学研结合之路，创建多元化实践教学基地，为地方经济建设培养高素质人才的鲜

明的办学特色。

2002 年 9 月 13 日，教育部公布了评估结论，学校随机性水平评估结论为"优秀"。学校在 8 所获得优秀的学校中名列前茅，在国内高校中产生了广泛影响，实现了学校创建本科教学工作先进学校的目标。

（二）本科教学工作水平评估工作

2006 年 9 月 1 日，教育部确定学校于 2007 年 11 月参加教育部本科教学工作水平评估工作。学校成立了以校党委书记、校长姚秋杰为组长、副校长秦贵信为副组长的评估工作领导小组，开始全面启动评估工作，并制订了《吉林农业大学本科教学工作水平评估总体工作方案》。

2007 年 11 月 12～16 日，以内蒙古农业大学副校长侯先志教授为组长的教育部本科教学工作水平评估专家组一行 13 人，对学校开展为期 5 天的本科教学工作水平评估工作。评估专家以听取汇报、考察、听课、座谈、走访、调阅资料等方式，从办学指导思想、师资队伍、教学条件与利用、专业建设与教学改革、教学管理、学风、教学效果和办学特色等方面，对学校进行全面的评估检查和指导。

评估专家组一致认为，吉林农业大学在近 60 年的办学历程中，秉承"明德崇智，厚朴笃行"的校训，弘扬"艰苦建校，严谨治学，求实创新，锐意进取"的校风，在人才培养、学科建设、科学研究、社会服务等方面都取得了巨大成绩。学校发展成一所办学指导思想明确、办学实力雄厚、学科特色鲜明的多科性教学研究型大学，培养了一大批德智体美全面发展的应用型人才，对我国的重要产粮基地吉林省的经济建设和社会发展做出了突出贡献。特别是 2001 年接受教育部本科教学工作随机性水平评估以来，学校积极开展整改工作，各项工作取得长足发展。

评估专家组认为，学校办学指导思想明确，定位准确，办学思路清晰；学校突出本科教学工作的中心地位，形成了"领导重视教学，政策倾斜教学，经费优先教学，科研促进教学，管理服务教学，舆论导向教学"的工作格局；学校高度重视师资队伍建设，形成了一支教学水平高、科研能力强、结构合理、充满活力的师资队伍；学校高度重视实践教学，加大投入力度；学校专业建设和教学改革成效明显，依托优势学科，形成了一批有影响的优势和特色专业，发展了一批适合地方经济社会发展需求的新专业；学校重视教学管理，建立健全了多元化教学质量监控体系；学校校风端正，学风优良；教师爱岗敬业，治学严谨，为人师表，教书育人；实施学风建设工程，促进学生基本理论和基本技能培养，成效显著。

评估专家组充分肯定了学校坚持走产学研相结合的办学之路，培养"厚朴笃行"的优秀人才的办学特色，以及在区域经济社会发展中发挥的重要作用，并对学校今后的发展提出了希望与建议。同时，希望吉林省委、省政府给予更多的投入和支持，促进学校更好更快发展。

2007年12月7日，学校隆重召开本科教学评建工作总结表彰大会。

二、抓住高校扩招时机，办学规模不断扩大

从1999年开始，学校抓住高校扩招的有利时机，采取多种途径和方式，积极扩大招生规模，打破了长期困扰学校发展的低效益办学状况。

1999年，共招本、专科生2 091人，比1998年增加921人。在籍各类学生6 400人。其中，研究生153人，在职申请硕士学位人员165人。

2000年，新制二级学院——吉林农业大学发展学院进行首次招生。同长春市农业学校、吉林省牧业学校、白城市农业机械化学校、吉林市机电工业学校及双辽市职业中专5所学校联合开展了"3+2"五年制培养高等职业技术人才的合作。对市场营销、食品科学与工程、园林3个专业进行"专升本"改革试点工作。调整了函授站点布局，白山市农村成人中等专业学校函授站点正式挂牌建站。学校本部共招本、专科生2 500人，发展学院招生470人。招收硕士研究生75人、博士研究生6人，在职申请硕士学位19人，在校各类学生已达9 520人。

2001年，校本部共招收本、专科生2 751人，发展学院共招生491人，共录取研究生228人。学校各类在校学生总数已有1.3万余人。

2002年，扩大了省外招生数量，成功举办吉林农业大学教育展，首次进行艺术类本科专业和高水平运动队招生工作。本专科校本部招生2 950人，发展学院招生884人，录取全日制博士研究生12人、硕士研究生140人，农业推广硕士专业学位研究生90人，中等职业教育教师在职攻读硕士学位研究生35人，共招收本专科函授生5 500人。全日制本专科在校生为12 000人，在读博士、硕士研究生总量近600人。

2003年，学校招生数量和生源质量均创历史最好水平，新生第一志愿录取率首次超过90%且均为线上录取。本专科招生3 496人，校本部本专科在校生已达11 849人。录取全日制博士研究生23人、硕士研究生218人，招收专业硕士学位研究生111人，研究生总量比前一年增加75%。

2004年，招生工作再创历史最好水平。首次成功承办了"吉林省普通高校招生宣传咨询会"，开创了吉林省招生工作先河。学校招生4 270人，

其中，本科 3 800 人，高职专科 470 人。省外本科招生又有新突破，高职专科首次在省外招生。招收全日制博士研究生 33 人、硕士研究生 319 人，农业推广硕士专业学位研究生 26 人，兽医硕士专业学位研究生 10 人，中职教师在职攻读硕士学位研究生 38 人，高校教师在职攻读硕士专业学位研究生 46 人。到 2004 年，学校普通本专科在校生规模已达 13 674 人，研究生 1 090 人。生源质量取得历史性突破，27 个省、自治区、直辖市招收的本专科生均在录取控制线上，且第一志愿录取率显著提高。

2005 年，学校进一步加大招生宣传力度，利用多种新闻媒体进一步扩大省外招生宣传力度，继续承办了"吉林省普通高校招生宣传咨询会"。与广州市化工中等专业学校以订单培养形式开展了联合办学。招收本专科生 4 440 人，其中，本科 4 000 人，高职专科 440 人。艺术类招生首次实现省外招生，生源与招生计划比近 50：1。研究生招生规模进一步扩大，招收全日制博士研究生 38 人、硕士研究生 453 人，专业硕士学位研究生 120 人。学校普通本专科在校生规模已达 15 067 人，研究生 1 455 人。

2006 年，学校招生规模保持了稳定，生源质量、第一志愿录取率稳步提高。本专科招生 4 330 人，其中，本科 4 030 人，高职专科 300 人。招收全日制博士研究生 40 人，硕士研究生 514 人，专业硕士学位研究生 104 人。学校普通本专科在校生规模已达 15 913 人，研究生规模已达 1 399 人，专业硕士学位研究生达 480 人。

三、深化教育教学改革，教学成果显著

（一）构建人才培养体系

2001 年，按照"加强基础，拓宽专业，精减内容，优化课程，全面推进素质教育，培养创新人才"的指导思想，重新制订了人才培养方案。各专业课内总学时减少为 2 500～2 600 学时，压缩幅度近 20%，增加了实践教学环节。2004 年，以"厚基础、宽口径、高素质、强能力"为指导思想，重新修订了人才培养方案，优化了课程内容，统一规定了公共课学期学时，为学分制改革奠定了基础。2006 年，全校 52 个本科专业人才培养方案又一次进行了全面修订。

学校注重拓宽专业口径与柔性专业方向有机结合，把强调基础与强调大学生就业有机结合，突出学生能力培养，科学制定人才培养目标和规格标准。推进素质教育，开办了人文辅修专业，实行了学分制、本科生导师制等；加大了学生外语、计算机操作等实践动手能力及创新能力的培养；强化

了实践教学环节，加大了校内外实践教学基地建设力度，形成了"基本要求＋特色"人才培养模式。大力推进教学内容与课程体系改革，进一步拓宽专业口径，减少了课内学时，精炼了教学内容，为学生自主学习创造条件。

（二）优化课程体系，改革教学内容

学校出台了《吉林农业大学关于启动教学质量与教学改革工程精品课程建设工作的决定》《吉林农业大学课程建设奖励办法》等相关文件。2001—2006年，教改课题立项总数359项，形成了国家、省、校三级教学研究和教学改革平台。李玉教授主持的"高等农业院校产学研合作教育的研究与实践"、郭庆海教授主持的"农科类多元化实践教学基地建设及其运行的研究与实践"课题获国家优秀教学成果奖二等奖。获得省级优秀教学成果奖15项。建有动物微生物学、基础生物化学（高职）国家级精品课程2门。建有植物生理学、植物生理学（高职）、动物微生物学、中药学、园林花卉栽培技术（高职）、基础生物化学、基础生物化学（高职）、数据结构省级精品课程8门。建有省级优秀课程47门、校级优秀课程69门。

（三）加强实践教学环节

学校及时更新实践教学内容，科学合理设计符合培养目标要求的实践教学体系，构建了模块化、层次化、系统化的实践教学体系，包括公共基础实践、学科专业实践、研究创新实践3个层次，为学生知识、能力、素质的协调发展提供了保证。

学校投入9 000多万元用于基地建设。建成了校内专用型、校企联合型和农业科技示范园区型实践教学基地291个。组织学生参与教师的科研活动，学生在导师指导下接受科研基本技能训练。几年中，学校提供专项经费217万元，支持学生参加全国大学生创业计划大赛、"挑战杯"科技竞赛、数学建模竞赛、电子设计竞赛、计算机设计竞赛、英语竞赛等各种活动。从2007年开始，设立了大学生科技创新基金，还设立了创新学分，鼓励学生个性发展，提高科研创新能力。

（四）加强专业建设

学校重视学科专业建设，提出了"农科专业上层次，非农专业上规模"的专业发展思路，推进学校由单科类大学向多科类大学转变。坚持规模、结构、质量、效益相统一，强化优势专业，扶持新专业。

1999年，新增了社会学、计算机科学与技术、生物工程、园林、市场营销、土地资源管理6个本科专业。学校积极培植新的办学生长点，同年4月成立了高等职业技术学院，设置了计算机及应用、市场营销、园林3个专

业。2000 年，新增了信息与计算机科学、生物技术、环境科学、工商管理、财务管理、行政管理 6 个本科专业。对管理类专业进行整合，在原农商学院经济类专业的基础上，将土地资源管理专业、会计与电子商务培训中心并入，成立了管理学院。2000 年 5 月，成立了人文政法学院，为实现学校由单一学科院校向综合性院校发展进一步奠定了基础。2001 年，对计算机科学与技术、生物工程专业进行分流，以此减轻由于专业招生人数过多，造成教育资源不足以及可能引起的就业压力。新增艺术设计学、电子信息科学与技术、机械设计制造及其自动化、交通运输、轻化工程 5 个本科专业。2001年 1 月，将当时的计算机、数学、物理 3 个教研室合并成立信息技术学院。2002 年，新增了家政学、英语、应用心理学、食品质量与安全、信息管理与信息系统 5 个本科专业。2003 年，学校组织召开了本科专业建设研讨会，对新专业人才培养方案进行多次修订和完善，起草了《吉林农业大学本科学科专业结构调整工作实施方案》和《吉林农业大学专业建设规划》。新增了自动化、广告学、环境工程、传播学 4 个本科专业。2004 年，申报了旅游管理、资源环境科学、资源环境与城乡规划管理、中药资源与开发 4 个专业。2005 年，对森林资源保护与游憩专业进行调整，申报了制药工程、植物科学与技术 2 个专业。对自 1999 年以来的 29 个新办专业进行评估，提高新办专业的办学条件。

2006 年以后，学校依托省部级重点学科，打造了农学、中药学、动物医学、动物科学、食品科学与工程等一批优势专业，园艺、农林经济管理、动物科学、动物医学、食品科学与工程、中药资源与开发 6 个专业被评为国家级特色专业。在改造和提升传统农科专业的基础上，优先发展了与生命科学、信息科学相关的专业，积极发展了工商管理、轻化工程、交通运输、自动化等与经济建设紧密结合的应用型专业，适度发展了人文社会学科专业。专业设置覆盖了农学、理学、工学、医学、管理学、法学、教育学、文学 8个学科门类。

（五）加强教材建设

教师主编和参编教材 183 部，其中《中药加工学》《野生植物资源学》《药用植物栽培学》《植物学》《中药资源学》《农业气象学》被列为面向 21世纪课程教材。省部级"十五"规划教材 30 部，列入国家"十一五"规划教材编写项目 13 部，列入全国高等农林院校"十一五"规划教材出版计划23 部。2005 年，《药用植物栽培学》《植物学》《大学英语阅读理解教程（第一、第三册)》《有机化学》获农业部中华科教基金优秀教材奖，获吉林省优

秀教材奖 19 部。

（六）强化教学管理

学校从 1999 年开始实行学分制，并逐步完善、健全与学分制相适应的各种规章制度。构建了科学、完善的教学质量监控体系，制定了课堂教学、实践教学、课程考核等主要教学环节的质量标准。出台了《吉林农业大学教师教学工作规范》《吉林农业大学学分制管理办法》等 90 余项规章制度。明确了教学管理人员的岗位职责，规范了各项教学管理工作流程，形成了独具特色的教学管理体系，实现了教学工作的科学化、规范化、制度化。

学校实施教学管理改革，将管理重心下移，强化学院教学管理职能，规范了各项教学管理工作流程。1998 年，建立教务管理网络系统；1999 年，实现了教务网络化管理；2004 年，更新了教务管理系统，提高了现代化手段，实现了教学计划、排课管理、考务管理、学籍管理、成绩管理、教材管理等方面网络化管理，切实提高了管理工作效率和水平。

建立了教学质量监控体系，实施了"1234"教学质量监控工程：建立一支督导队伍，开展教学秩序检查和中期教学质量检查，坚持"学校领导＋学院领导＋教师互听"的三级听课制度，建立大学生信息团、问卷调查、教学质量意见箱、网上评教 4 种反馈手段，形成了多层次的教学管理监督机制。

学校在教育教学改革上，取得了显著成绩。教务处先后被评为"吉林省优秀教务处""全国普通高校优秀教务处"荣誉称号。

（七）多项教学成果获奖

积极开展教学研究立项，不断加强教学研究工作，提升广大教师结合教学工作实践开展教学研究的主动性。学校在教学研究中取得了丰硕的成果，多项成果获得奖励，有力地促进了教学工作。2001 年，郭庆海主持的"农科类多元化实践教学基地建设及其运行的研究与实践"获得国家级教学成果奖二等奖。2005 年，李玉主持的"高等农业院校产学研合作教育的研究与实践"获得国家级教学成果奖二等奖。2001 年、2005 年在吉林省优秀教学成果奖评选中，学校获得一等奖 2 项、二等奖 5 项、三等奖 7 项。

四、加强学科建设和研究生教育，提高办学层次和水平

（一）推动学科发展

1998 年，有食品科学、社会学、农业昆虫与害虫防治、中药学 4 个学科获得硕士学位授权。1999 年，作物栽培学与耕作学、预防兽医学被批准为农业部重点学科。同年，增加了法学和医学两个学科门类，使学校硕士学

位授权学科门类由原来的 4 个增至 6 个。

2000 年，作物学被批准为一级博士学位授权学科；作物遗传育种、预防兽医学、农业经济管理和土壤学被批准为二级博士学位授权学科；临床兽医学、农药学、生态学、职业技术教育学和农业生物环境与能源工程被批准为二级硕士学位授权学科，使学校的二级博士学位授权学科由 1 个增加到 5 个，二级硕士学位授权学科由 18 个增加到 23 个。同年，成立了学校学科建设办公室，调整了学校学科建设委员会。

2001 年，学校出台了《吉林农业大学学科负责人及重要岗位人员选聘及考核办法》，修订了《吉林农业大学博士、硕士导师遴选办法》等规章制度，同时完成了重点学科的申报工作，中药学被确定为国家中医药管理局重点学科；果树学和食品科学被确定为省级重点学科；蔬菜学被确定为省级重点建设学科。截至 2001 年，学校有部级重点学科 3 个，省级重点学科 8 个，省级重点建设学科 1 个。

2002 年，制订了《吉林农业大学学科建设发展规划》，建立健全了一系列管理办法。根据省教育厅实施的"新世纪吉林省高等学校学科（专业）建设工程"，学校作物栽培学与耕作学被批准为设立特聘教授岗位的学科。同年，学校获得了兽医硕士专业学位研究生授权。另外，在已具有农业推广硕士专业学位种植业领域的授权后，又获得了农业推广硕士专业学位养殖业领域的研究生培养资格。

2003 年，国务院学位委员会组织了第九批学位点申报工作。学校获得了植物病理学和动物营养与饲料科学 2 个博士学位授权学科，植物学、基础兽医学、草业科学、农产品加工与贮藏工程、野生动植物保护与利用、特种经济动物饲养、应用化学 7 个硕士学位授权学科。在此次申报中，学校是吉林省省属院校获准具有博士和硕士学位授权点数量最多的院校。在作物学一级学科下，自主设置的作物（生物）资源学、作物生物技术、药用植物、菌类作物 4 个二级学科博士点都获得了批准。截至 2003 年，学校拥有博士学位授权学科达到 11 个，硕士学位授权学科达到 34 个，具有研究生学位授权的学科数位于省属院校前列。

2003 年 10 月，组织了首次学科带头人遴选工作。经过个人申报、学院初评、专家评审、学校审批的程序，遴选出了博士学位授权学科带头人李玉、秦贵信、王丕武、张连学、郭庆海、钱爱东和窦森 7 人，省部级重点学科带头人刘洪章、郑毅男和胡耀辉 3 人，硕士学位授权学科带头人王立军、王志明、王全凯、王恒、王贵、文连奎、刘忠军、刘清河、陈光、宋述尧、

周米平、杨利民、赵兰坡、赵晓松、娄玉杰、栾维民、逯忠斌、董良杰和袁洪印 19 人，硕士学位授权学科代学科带头人崔永军。

2004 年，学校获得工程硕士专业学位授权单位资格，在食品工程、农业机械化工程两个领域招收培养工程硕士；农业推广硕士专业学位授权点新增农村与区域发展和农业机械化工程 2 个领域；高校教师在职攻读硕士学位授权点新增植物病理学和动物营养与饲料科学两个领域。

2005 年，成功获得了农林经济管理一级博士学位授权；食品科学、林业经济管理 2 个二级博士学位授权学科；农业资源利用、植物保护、畜牧学、兽医学、中药学 5 个一级硕士学位授权学科通过认证；园艺学、农业工程、食品科学与工程、农林经济管理 4 个一级学科获得硕士学位授权；生物化学与分子生物学、农业水土工程、农业电气化与自动化、粮食油脂及植物蛋白工程、水产品加工及贮藏工程、生药学、技术经济及管理、园林植物与观赏园艺、发酵工程、计算机应用技术、林业经济管理、马克思主义基本原理、思想政治教育 13 个二级学科获得硕士学位授权。

2006 年，完成了国务院学位委员会、吉林省学位委员会对社会学、环境工程、生物物理学 3 个硕士学位授权学科的评审。10 月，省教育厅组织专家对学校部分学科进行中期检查验收。作物栽培学与耕作学、预防兽医学、食品科学、动物营养与饲料科学、农业经济管理、植物病理学、土壤学、果树学、作物遗传育种、植物营养学 10 个学科被确定为"十一五"省级重点学科。

2007 年，学校出台了《吉林农业大学学科建设实施办法（试行）》《吉林农业大学科学评估办法》《吉林农业大学学科建设基金管理办法（试行）》等相关规章制度。3 月 29 日，学校隆重召开了学科建设与研究生教育大会。制订了《吉林农业大学学科建设与研究生教育"十一五"发展规划》，对优秀导师和研究生进行表彰。

2007 年，作物栽培学与耕作学学科被确定为国家重点（培育）学科。2008 年 2 月，在作物学一级学科下成功设置了种子科学与工程、作物生理生态 2 个二级博士、硕士学位授权学科；在农林经济管理一级学科下成功设置了畜牧业经济管理、农业资源环境经济管理 2 个二级博士、硕士学位授权学科。

博士后科研流动站工作取得显著成效。1999 年，学校被批准设立作物学一级学科博士后科研流动站，学校成为省属院校中最早开展博士后研究工作和第一个设立博士后科研流动站的院校。学校作物学博士后科研流动站涵盖了作物栽培学与耕作学、作物遗传育种、药用植物、菌类作物、作物生物技术、作物资源学 6 个博士学位授权学科。2005 年 10 月，作物学博士后科研流动站被授予"全国优秀博士后科研流动站"荣誉称号，这是博士后科研流动站的最高荣誉。2007 年 9 月，经过积极申报，以粮食主产区农业与农村发展及商品粮基地建设问题研究为主要特色的农林经济管理学科，被批准设立博士后科研流动站。

经过几年的建设，学校建立了以农科为优势，农、理、工、医、文、管、法、教多学科协调发展的学科体系，构建起了教学研究型大学的学科建设框架。学校已经具有作物学、农林经济管理 2 个一级学科博士后科研流动站，2 个博士、10 个硕士学位授权一级学科，17 个博士、51 个硕士学位授权二级学科，有 3 个部级重点学科、10 个省级重点学科。有农业推广硕士、兽医硕士、工程硕士、中等职业学校教师在职攻读硕士学位、高等学校教师在职攻读硕士学位以及在职人员以同等学力申请硕士学位 6 大类别的非全日制研究生教育种类，形成了多学科协调发展的学科体系，开创了学校学科建设跨越式发展的新局面。

（二）加强研究生教育

全日制硕士研究生年招生人数从 1998 年的 45 人，增加到 2005 年的 454 人；博士研究生年招生人数达到了 2005 年的 38 人；在职研究生的招生人数由 2001 年的 120 人增至 2005 年的 603 人。同时，研究生导师队伍建设得到不断加强。

2006 年，共招收全日制博士研究生 40 人、硕士研究生 514 人，非全日制研究生 104 人。2007 年，共招收全日制博士研究生 41 人、硕士研究生 546 人，非全日制研究生 95 人。2008 年，共招收全日制博士研究生 45 人、硕士研究生 621 人，非全日制硕士研究生 122 人。学校全日制博士、硕士研究生招生人数实现了巨大飞跃，为学校实现教学研究型全国先进大学的目标提供了有力支撑。

研究生导师队伍建设不断加强。学校在 2001 年、2004 年、2006 年、2008 年均进行博士生导师和硕士生导师遴选。截至 2008 年 3 月，学校共有博士生导师 53 人，硕士生导师 340 人。

改革管理体系，创新管理机制。根据学校实际，逐步建立了研究生教育分级管理体系，进一步推行和完善责、权、利相统一的校院两级管理体制，在各学院设立了专职研究生秘书，实施条块共管模式，切实提高研究生教育的管理水平。有 3 篇博士学位论文被评为吉林省优秀博士学位论文。在2005 年暑期社会实践中，学校博士生实践服务团被评为全国优秀社会实践

小分队，研究生部选送的科技作品在全国"挑战杯"大赛上获奖。

五、加强成人教育改革，推进成人教育事业快速发展

学校积极调整招生策略，重点挖掘农村生源市场，开辟省外招生渠道，与政府部门和企业单位合作，拓展办学空间，广泛建立函授站（点）。1999年，招收函授生644人，此后招生规模逐年增加。到2007年，录取本专科函授生达到4 514人。

学校承担农学、畜牧兽医、农业经济管理、药用植物、园艺5个专科专业的自学考试主考工作。面向农村开办了农学、现代牧业生产2个本科专业；面向在校全日制本科生开办了计算机科学与技术第二学历本科专业；面向校内高职学生开办了专升本园林专业。

学校被批准为全国职教师资培养培训重点建设基地，2007年，完成第一期国家级骨干教师培训工作，共培训园林、畜牧兽医、计算机及应用3个专业100名学员。

农业部在学校设立了农业行业特有工种职业技能鉴定站。学校已开展高级动物检疫检验员、动物疫病防治员、花卉园艺工、农艺工、农作物植保工、汽车修理工、食用菌生产技术指导员、饲料检验工、中级中药药师、高级药物制剂工、高级生化药品制造工等18个鉴定工种，鉴定人数超过3 000人。

承担干部培训任务，积极为地方经济服务。为配合振兴东北老工业基地和新的农业产业结构调整，先后与珲春市委组织部、长春市委组织部等部门联合举办了多期农村干部专修班，完成了200余人的集中培训。与白山市教委合作，利用假期对所属范围内的教师进行相关实用技术项目培训，培训教师2 478人次。

2005年，学校承担吉林省"一村一名大学生项目"，培养学员624人，2006年招收学员311人，2007年招收987人。学校始终坚持以能力培养为核心的教育理念，以彰显实践教学为特色，以培养学员的实践技能为主线，根据季节性的特点安排理论教学和实践教学课程，形成了学历教育与资格认证一体化的人才培养模式。

六、创新思路，学生工作特色鲜明

（一）探索大学生思想政治教育工作新模式

建立健全规章制度。先后实施了《学生行为规范考评方案》《加强精神

文明建设，创建校园文明新局面活动实施方案》等 10 多个文件，为思想政治教育工作提供制度保障。

加强学生管理工作。2007 年初，全面实施学生工作目标管理考核量化指标体系，对各学院学生工作进行考核评比。3 月，实行出勤、早操、寝室内务卫生、校园精神文明的"四项管理"。2006 年、2007 年，开展了争创"考试无违纪班级（年级、学院）"活动，涌现出考试无违纪班级 1 790 班次，考试无违纪年级 123 级次，考试无违纪学院 21 院次。2008 年 6 月，制订了《吉林农业大学学生班主任管理办法（试行）》。

加强学生工作队伍建设。相继出台了《关于加强学生工作队伍建设的实施方案》《吉林农业大学学生工作目标及指标评估体系》等文件，在各学院配备了专职学生工作党总支副书记、分团委书记。坚持学工队伍例会制和业务学习制度。适时安排学生工作人员进行脱产、半脱产或在职培训进修。从 2007 年开始，学校提高了选留学生辅导员的学历要求，对新留任人员进行岗前培训。2007 年 1 月和 2008 年 6 月，两次开展"十佳辅导员"评选活动。

高度重视特困生工作。成立特困生工作领导小组，制定相关制度，设立经济困难学生资助中心，对经济困难学生调查和建档，开办新生"绿色通道"，提供勤工助学岗位，做好学费减免及各类助贷工作。自 2001 年开始，学校同银行合作办理大学生国家助学贷款。与日本拢井苗株式会社签订设立"拢井农业教育奖学金"。2003 年，学校机关、教务、后勤、科研总支党员干部捐款设立吉林农业大学"爱心助学"奖学金，每年资助 20 名品学兼优的经济困难学生。2000—2008 年，学校共计为 5 336 人次减免了学费，为13 241 人次办理了国家助学贷款 5 038 万元。为 200 人次争取到先正达、大北农、翔大、禾丰、思源等各类社会奖学金 20 余万元。为学生提供校内勤工助学岗位 136 个、400 余人次，发放工资 30 余万元。开辟"绿色通道"，为家庭经济特别困难的学生提供入学帮助。为困难学生发放 12 万元的肉菜补助，为 4 268 人次申请国家各类奖、助学金 1 253.55 万元。为 89 名学生申报了 26.7 万元吉林省助残奖学金。

开展主题教育活动。从 2003 年 4 月到 2008 年 3 月起，学校先后开展了"抓教育、抓管理、促学风""十项道德教育、十项道德竞赛""健康成才，德润人生""学会感恩，勤学惜时——学风与成才""依依惜别，情系母校""知校爱校荣校，成人成才成功""百年奥运促和谐，六十华诞展风采"等主题教育活动。广大学生积极参与，收效显著。

（二）推进心理健康教育

从 1999 年起，心理咨询中心广泛开展心理知识宣传普及工作，在《吉林农业大学校报》和《学生工作简报》中开辟心理咨询专栏，定期刊登心理咨询知识。在学生宿舍设立心理咨询办公室，配备计算机、电话等设备，为心理咨询工作的开展奠定了物质基础。对全体学生进行心理普查，建立档案。2003 年，设立心理咨询热线，建立学生心理咨询档案。2004 年初，开设心理健康教育必修课，通过与思想政治教育、调查研究、心理测量和心理咨询、重点治疗、心理素质优化训练相结合的方式，对学生实施心理健康教育。2008 年 5 月，学校举办首届"5·25"大学生心理健康节。

从 2006 年起，构建了"学校—学院—学生班级"为主体的心理健康保障网络。建立了心理健康教育和咨询队伍，健全心理咨询规章制度，完善心理咨询室、心理测量室和团体辅导室。组建大学生心理协会，举办大学生心理健康宣传月活动。2006—2008 年，为 3 000 余人次进行各种心理问题的咨询工作，举办心理健康教育专题讲座 30 余次。个案咨询 800 余人次，团体咨询 2 000 余人次。

（三）合力推进就业工作

就业工作逐步规范。1999 年初，学校成立了就业指导中心，实施就业工作"一把手"责任制。2000 年，制订《吉林农业大学学生就业工作条例》。2004 年，出台了《吉林农业大学大学生就业工程实施方案》。建立毕业生就业率与专业布局、招生计划相挂钩的机制。

全方位、多角度、合力打造就业工作平台。在巩固省内就业市场的同时，不断拓宽省外就业市场。采取"走出去、请进来"的方式，广泛联系用人单位，建立就业基地。采取激励机制，引导全体教师积极投入学生就业工作中。加强就业工作的信息化建设，在利用就业信息栏、校报等方式进行就业指导的同时，不断加强学校就业网站建设，积极利用网络资源。开展就业服务，并与中国高校毕业生就业服务信息网、中国企业人才网、长春市人才网等 20 余家人才网站建立了联系，实现了网上就业指导。2002 年 12 月 4～5 日，成功举办了吉林农业大学首届毕业生大型供需见面洽谈会。

2006 年 9 月，大学生就业指导中心从学生处独立出来，成立招生就业处。建立校院二级领导体制，探索出"一个中心，两支队伍，三条途径"的具有农科院校特色的大学生就业指导模式。2006—2008 年，学校开设大学生职业生涯设计、大学生就业教育与指导、创新创业教育等选修课。举办各类小型洽谈会 1 200 余场，开展就业指导讲座 250 余场，开展网上咨询、就业指导 2.7 万人次。

就业工作取得可喜成绩。学校本科生一次性就业率平均达到 90％以上，位居吉林省高校前列，学校连续两次被评为吉林省普通高等学校毕业生就业工作先进集体。

（四）共青团工作创新发展

2002 年 5 月 10 日，共青团吉林农业大学第十一次代表大会召开。任来成同志代表上届委员会作了题为《以"三个代表"重要思想为指导，全面开创新世纪共青团工作新局面，为培养高素质的社会主义事业建设者和接班人而努力奋斗》的工作报告，选举产生了由 23 人组成的共青团吉林农业大学第十一届委员会，任来成当选为团委书记。

加强思想教育。2005 年，学校团委创建了融思想性、知识性、趣味性、服务性为一体的"红旗飘飘"校园红色网站。2006 年 12 月，学校开展了首届"自强之星"评选活动。这一时期，在学生中涌现出一大批优秀典型：全国优秀学生干部、胡楚南奖学金获得者吴树男；中国大学生跨世纪"建昊"奖学金获得者邱杨；全国三好学生陈知送、李伟；勇救落水儿童、荣获长春市优秀共青团员称号的李凯荣、魏巍峰、杨勇；孝敬父母的模范学生游新华；勤工俭学、供养父母、供弟弟读书，真情感动吉林校园的优秀大学生徐勇等。

课外科技文化活动蓬勃发展。2000 年，学校举办首届"挑战杯"大学生科技论文竞赛。2003 年 9 月，举办首届"挑战杯"大学生创业计划竞赛。2004 年 12 月 21 日，刘立浩等同学的创业项目"'沐风谷'花卉有限公司"在首届中国青年创业周活动中，被共青团中央、劳动和社会保障部评为创业金奖；2005 年，在全国第九届"挑战杯"大学生学术科技作品竞赛活动中，工程技术学院高洋同学的参赛作品《基于远程无线技术的水泵变频调速系统设计在农业生产上的应用》荣获三等奖，这是学校首次在全国获奖。2006年，刘书田等 7 名同学的作品《吉林"禾维"土肥信息服务股份有限公司创业计划书》参加全国比赛获得铜奖。在 2007 年、2008 年省级以上"挑战杯"竞赛活动中，学校多次获奖，并有 2 件作品获得金奖。

大学生社会实践活动成效显著。1999—2008 年，学校学生深入吉林省各地进行"三下乡"社会实践活动，进行农技推广、企业帮扶、环境保护、社会调查、挂职锻炼等。共组织 1 000 多个社会实践小分队，举办培训班近300 个，培训农民及技术人员 3 万人，建立大学生实习和实践基地 20 余个，吉林电视台等多家媒体对学校大学生"三下乡"社会实践活动进行报道。学

校连续 10 次被中宣部、教育部、共青团中央、全国学联评为社会实践先进集体单位。

志愿服务扎实开展。学生志愿支援西部计划于 2003 年启动，至 2008 年，共有 83 人奔赴支援岗位，为欠发达地区输送人才。2003 年，吉林农业大学大学生"绿野"青年志愿者协会成立。2005 年，成为"第六届亚洲冬季运动会"志愿服务团体。2007 年 11 月，学校大学生"绿野"青年志愿者协会有 53 名学生成为亚冬会正式志愿者，志愿服务工作得到了好评。12 月，"绿野"青年志愿者协会"保护母亲河"项目获得共青团中央环保资助项目一等奖，这是吉林省高校学生社团所获唯一殊荣。2008 年，有 3 名学生被选为北京奥运会志愿者。

成立"三个代表"重要思想学习践行社。2002 年 6 月，农学院在吉林省率先成立了大学生"三个代表"重要思想学习践行社。2004 年 2 月 26 日，学校成立了吉林农业大学"三个代表"重要思想学习践行社。践行社成员从最初的几十人发展到 5 000 余人，是学校参加人数最多、组织最严谨、活动最规范、影响最深远的学生社团组织。2004 年 4 月 23 日，学校召开了大学生学习践行"三个代表"重要思想推进会。践行社先后被评为长春市高校"文明杯社团"、共青团工作"创新奖"、吉林省十佳学生社团。

开展丰富多彩的校园文化活动。开展"中华魂"武术表演、"世纪风采"辩论赛等主题鲜明的校园文化活动，弘扬民族文化，提高学生文化素养；开展"传承中华文明、勇做时代先锋"大学生文明修身工程、"道德建设大家谈"等活动，提高大学生文明自律意识；开展"世纪大讲堂""周末学术报告厅""博士科普论坛"等校园文化活动，提高了学生创新能力；开展"校园之声"钢琴演奏会、"世纪风采"辩论赛、"秋之韵"舞蹈大赛、"健康杯"健美操大赛、环保服装设计大赛、"礼仪之星"大赛等一大批特色社团活动，陶冶了学生情操，提高了大学生的审美情趣；开展校园体育吉尼斯、趣味运动会等大学生喜闻乐见的体育活动，增强了大学生的身体素质。"周末文化直通车"活动，吸引了大量学生积极参与。2003 年，吉林农业大学大学生社团联合会成立。2005 年 11 月中旬，学校开展首届大学生校园文化节，活动内容丰富，形式多样。

2001 年 6 月，学校选送的混声小合唱《山童》在全国大学生艺术歌曲演唱比赛中，获得三等奖，这是学校校园文化节目首次获得国家级奖项。同年，学校荣获首届长春市大学生科技文化艺术节特殊贡献单位。2005 年 7 月，在全国第一届大学生艺术展演活动中，舞蹈《海的呼唤》荣获舞蹈节目普通组二等奖；无伴奏小合唱《天上有没有北大荒》荣获声乐节目普通组三等奖；王锐同学的书法作品《沁园春·雪》荣获二等奖。

通过几年的建设，逐渐形成了特色鲜明的五类社团组织，即以鲲鹏话剧团为龙头的文化艺术类社团，以昆虫学社为龙头的学术科技类社团，以大学生"三个代表"重要思想学习践行社为龙头的理论实践类社团，以大学生"龙林"武术协会为龙头的兴趣爱好类社团，以大学生绿野青年志愿者协会为龙头的公益服务类社团。

2001年、2005年学校团委两次被共青团长春市委评为先进团委。2005年，被评为"全国五四红旗团委"，这是学校共青团工作首次获得国家奖励。

第二节　科研和科教兴农工作取得显著成绩

学校贯彻落实"科学技术是第一生产力"的思想，紧紧围绕国家和吉林省科技发展规划，广大科教人员发扬了"特别能吃苦、特别能战斗、特别能奉献"的精神，为推进和实现吉林省农业和农村经济跨越发展做出了积极贡献。

一、召开科技大会

2002年4月和2006年11月，学校两次召开科技大会。在2002年科技大会上，公布了吉林农业大学青年科研启动基金资助项目名单，王春凤等10名同志获得学校青年科研启动基金资助。宣布了表彰奖励"九五"以来科技工作先进个人、先进集体的决定。胡全德教授被评为吉林农业大学科技工作突出贡献个人，李玉教授等20名同志被评为吉林农业大学科技工作先进个人，吴春胜教授被评为吉林农业大学科技工作管理先进个人，农学院等3个学院被评为科技工作先进学院，临江示范区等6个示范区被评为先进科技示范区课题组。在2006年科技大会上，公布了《关于表彰科研工作先进个人、科研管理工作先进个人、科教兴农先进个人、科研管理工作先进单位的决定》和《关于2005至2006年度科研奖励的决定》，对科研管理办法进行说明。

二、加强科研机制改革，科学研究取得明显成果

（一）科研机制改革成效显著，科研管理科学规范

2000—2006年，学校先后制定和修订了《吉林农业大学科研计划管理

办法》《吉林农业大学科研经费管理办法》等29项管理制度。创办了《科研简报》和科研校园网主页，使广大科教人员及时了解科研动态和科研进展情况。

学校为使中青年科教人员脱颖而出，学校下发了《关于实施科研启动经费及申报2001年科研课题的通知》，设立科研启动基金。至2007年末，共资助立项143项，资助金额352万元。

学校对科技成果奖、专利及计算机软件著作权、新品种、学术专著、论文、标准等进行奖励，对贡献突出的科研人员也进行奖励。2002—2007年，共奖励776人次，奖励金额222万元。2008年，对获得国家自然科学奖二等奖的李玉教授团队给予了12万元的奖励。

科研资源不断整合，创新体系日臻完善。在生物技术育种、生物反应器与药物开发、菌物研究与开发、长白山资源可持续开发与利用、土壤改良培肥、玉米大豆畜产品深加工、生物防治、中药现代化、特种经济动物生产及疫病防治、农作物畜禽新品种选育与快繁、蔬菜保护地栽培等方面形成了自己的研究优势与特色。

（二）科技创新凸显优势，科学研究硕果累累

在科研立项上，努力实现纵向、横向、外向3个延伸。1998—2005年，共立项545项。其中，国家级项目112项，省市级项目390项。科研经费逐年增加，1998年科研到位经费402万元，2001年实现成倍增长，达到了810万元。2003年科研到位经费1 300万元，首次突破千万元大关。2004年、2005年连续两年科研到位经费2 500余万元。2006年和2008年，学校共获得各类科研项目456项。其中，国家自然科学基金、农业部农业公益性行业科研专项等国家级项目58项。科学技术部（以下简称科技部）"863"项目单项经费超过800万元，农业部农业公益性行业科研专项单项经费首次超过千万元。年科研到位经费都突破了6 000万元。

1998—2005年，共取得科研成果345项。其中，验收鉴定成果246项，植物新品种审定73个，专利及软件著作权26项。共有140项成果获得科技奖励。其中，获得吉林省科技进步奖一等奖7项（合作3项），二等奖20项（合作5项），三等奖32项（合作7项），四等奖2项；长春市科技进步奖一等奖3项；部省级成果推广奖一等奖1项，二等奖4项，三等奖1项；科技兴农竞赛奖一等奖9项，二等奖1项，三等奖1项；丰收计划奖一等奖4项，二等奖4项（合作1项），三等奖1项；省社会科学优秀成果奖一等奖3项，二等奖13项，三等奖18项。2006—2008年，共取得科研成果102项。

其中，验收鉴定成果 72 项，通过审定的植物品种 15 个，实用新型和发明专利 10 项，制定部级和地方标准 5 个。获奖成果 35 项，其中，李玉教授主持的"黏菌代表类群系统研究"项目获国家自然科学奖二等奖；吉林省科技进步奖一等奖 5 项，二等奖 10 项，三等奖 12 项；辽宁省科技进步奖一等奖 1 项；吉林省高校自然科学研究优秀成果奖二等奖 1 项，三等奖 2 项；长春市科技进步奖三等奖 1 项；第三届长春市社会科学优秀成果奖三等奖 1 项。

获得国家自然科学奖二等奖的"黏菌代表类群系统研究"成果，在全国范围内大量采集标本，完成其资源分布及传统的分类研究。在此基础上，利用先进的技术手段，包括扫描电镜、单饲培养及分子生物学技术、生物化学技术及计算机等手段，对代表类群从不同层次（比较形态学、分类学、生态学、分子生物学）、不同角度（个体发育、系统发育）进行系统研究，揭示黏菌分类单元间的亲缘关系，完成主要类群志编写，为世界黏菌志提供基础数据，从而建立一个近于自然的黏菌分类系统，为黏菌分类地位的确立提供了依据。这一成果的获得，开辟了省属院校有史以来获得国家级奖励的先河。在 2008 年 1 月 8 日召开的国家科学技术奖励大会上，学校李玉教授受到了党和国家领导人的亲切接见。

（三）不断强化科研集成，平台建设取得新成绩

2003—2007 年，共建设了科技部生态恢复与生态系统管理省部共建国家重点实验室培育基地、教育部动物生产及产品质量安全重点实验室、教育部生物反应器与药物开发工程研究中心、农业部吉林省大豆区域技术创新中心、教育部食药用菌工程研究中心、省发改委食品工程及食品安全工程研究中心等 16 个省部级平台。2006 年，与香港乐陶陶国际发展有限公司（广东乐陶陶贸易股份有限公司）联合建立了功能食品研发中心，与俄罗斯农业科学院东北分院联合建立了菌类资源保育与研究联合实验室。

（四）学术交流日趋活跃，学校影响日益扩大

2004 年，学校承办了首届东北亚农业农村发展论坛，国内外近 10 位著名专家受聘学校客座教授或研究员。

2006—2008 年，学校承办了全国社会主义新农村建设高层论坛、全国药用植物和植物药学学术研讨会、全国首届"家政学专业学科建设研讨会"、第八届海峡两岸菌物学学术研讨会、全国食品生物制造及功能性食品资源开发论坛等大型学术、研讨会议。

2006 年 8 月 11～13 日，由中国生物工程学会和学校共同举办的"中国生物工程学会 2006 年学术年会暨全国生物反应器学术研讨会"在学校隆重

举行。省委副书记全哲洙和教育部科学技术司高新处处长付恒升出席并致辞。中国工程院和中国科学院的 7 位院士来到学校，与国内外的 200 余名专家学者共同研讨生物反应器的研发与应用。

（五）学术出版工作的影响力日益增强

1998 年，《吉林农业大学学报》成为中国科学引文数据库来源期刊之一，首次成为被引频次最高的 500 家中国科技期刊之一。2000 年，英国国际农业与生物中心 CABI 文摘将学校学报列为文献信息源。2003 年，《吉林农业大学学报》被《中国核心期刊（遴选）数据库》收录。《吉林农业大学学报》被国际重要检索系统美国《化学文摘》和俄罗斯《文摘杂志》收录，《经济动物学报》被《中国核心期刊（遴选）数据库》收录。《吉林农业大学学报》和《经济动物学报》2006 年被中国科学技术协会主办的《中国学术期刊文摘（英文版）》收录。美国《剑桥科学文摘》将《吉林农业大学学报》作为源刊按期收录。2007 年，《吉林农业大学学报》被国内外数据库收录的数量在全国农业高校学报中名列前茅。

《吉林农业大学学报》多次被评为吉林省一级期刊和"十佳"期刊。2004 年，《吉林农业大学学报》在教育部组织的全国高校优秀科技期刊评比中，荣获一等奖。还被评为第一届北方十城市优秀期刊和第三届中国农学会全国优秀农业期刊。2006 年，《经济动物学报》在第五届全国畜牧兽医优秀期刊评比中荣获一等奖。2007 年，在首届吉林省新闻出版奖评比中，《吉林农业大学学报》荣获了由吉林省人民政府授予的期刊精品奖。同年，《吉林农业大学学报》获首届吉林省高校科学研究促进奖。

三、围绕小康社会建设目标，科教兴农工作成绩显著

（一）构建科技示范模式，示范区建设成效卓著

到 2007 年末，学校先后在吉林省建立了 29 个农业科技示范区，构建了 4 种不同生态区域的技术模式，包括中部农业机械化科技示范模式、东部长白山区可持续立体开发科技示范模式、吉林省西部风沙盐碱地生态科技示范模式、城郊设施农业生产规范化科技示范模式。

学校在弓棚镇建设"吉林省中部农区农机化科技示范区"，先后派出 10 余名专家和当地科技人员共同配合开展工作。围绕以农业机械化为载体，示范推广生态效益型农作制；围绕发展精品畜牧业，建立农牧结合、以牧为主的经济发展模式；围绕农业机械化的发展，形成了粮食、畜牧、多种经营、村镇企业和运输业 5 个支柱产业；利用 GPS、GIS 现代信息技术和自动变量

控制系统，实施精确施肥，为吉林省农业现代化实施精确农业提供样板。经过 4 年的建设，弓棚镇在经济实力、生态效益、城镇建设等方面都发生了巨大变化，被榆树市定为农村经济发展样板镇、吉林省农村经济发展强镇。1998 年 6 月 18 日，时任国务院副总理温家宝来到榆树市进行农业考察，重点考察了学校在弓棚镇建设的农业科技示范区，对于学校承担建设的弓棚镇示范区在发展机械化、促进农村经济全面发展方面做出的成绩给予了高度评价。

西部绿色食品系列开发科技示范区推广了一批实用新技术和新品种，建立了特用玉米、绿色谷子、红辣椒和大鹅 4 个主导产业，辐射带动农户5 000 余户，带动土地专业化、规模化 4 000 余公顷，使农民增收 1.17 亿元，形成了校乡合作的"民乐模式"。2005 年 8 月 20 日，时任国务院副总理回良玉视察了学校承担建设的松原市宁江区"西部绿色食品系列开发科技示范区"，对学校在科技兴农工作中所做出的突出贡献给予了高度评价。

建立人参优质高产关键技术示范推广科技示范区，推广人参优质高效种植技术，提高参类系列制品研发和生产水平。先后在抚松县露水河镇、万良镇、抽水乡，靖宇县建立西洋参集团，在通化县光华镇、长白县农业局等地和部门推广人参无公害规范化生产技术、人参病害生物防治技术、农田栽参技术。还推广了五味子规范化栽培技术、平贝母规范化栽培技术、细辛规范化生产技术。通过示范基地建设，推广人参高产高效生产技术等 3 项成果、8 项技术；建立县级培训中心 1 个，建立科技培训示范基地 12 个、教学实习基地 2 个。

（二）发挥科技示范和辐射作用，专家大院建设成果明显

按照"专家领办、企业主体、项目推动、市场运作、典型示范"的原则，围绕吉林省发展玉米、大豆、畜牧和特产特色经济。到 2007 年末，学校在吉林省不同产业带建设了 35 个星火科技专家大院。

通过省市专家大院的建设，初步形成了"专家＋公司＋协会＋农户""专家＋企业＋农户""专家＋示范基地＋农户""专家＋推广站＋农户"等模式。在食用菌、玉米、大豆、山葡萄、吉林白鹅、中华地白肉种鸽、优质肉羊、优质黄牛、梅花鹿等项目上，带动地方经济发展方面发挥了重要作用，成为农民致富的源头。

李玉教授主持的吉林省东部山区食用菌成果示范与推广星火科技专家大院，主要以黑木耳为主。2004 年项目启动，蛟河市黄松甸镇山区食用菌星火科技专家大院具有教育、技术培训、技术组装配套、成果示范和辐射功

能，并将专家大院确定为吉林农业大学食用菌专业本科学生校外实习基地，大院示范面积5 000平方米。辐射带动园区内建设500公顷，创建了21个科技示范园区，辐射带动蛟河市和敦化市袋料地栽黑木耳1亿袋以上，项目区年产黑木耳10万千克，年产值400万元。辐射带动灵芝2 000万段，年产值1 600万元。发展绿色珍稀食用菌规模100万袋，项目区及辐射区实现产值2亿元以上。

（三）深入基层示范点，科技特派员业绩突出

按照省科技厅组织实施的科技特派员兴业试点工作要求，2007年末，学校选派了胡全德、王玉兰等17名科技专家作为省级科技专家特派员。

胡全德教授30多年来在教学、科研和科教兴农工作中，以顽强的精神、脚踏实地的工作作风，认真践行全心全意为人民服务的宗旨，为长白山地区人民做出了巨大贡献。作为专家特派员，他帮助山区农民调整种植结构，把山区农村过去以粮食生产为主的农业，转移到以高效特产为主的种植业和养殖业，积极指导农民在天然林下引进中草药、山野菜的模拟繁殖，并使其与各种野生植物资源共生，保持了生物的多样性。胡全德教授为当地引进大量果树新品种，使老果园更新了品种，科学安排了树的种类和品种结构，使当地水果生产和产量得到了迅速发展。在他的精心指导下，临江市建立了林下中草药、山野菜人工模拟繁殖保护基地、中草药规范化栽培基地、山野菜人工栽培基地、林蛙养殖基地、食用菌栽培基地、水果生产基地、蔬菜生产基地和山参保护区等。胡全德教授长期深入山区农村第一线，全心全意为广大农民服务，把自己的知识和力量无私奉献给广大农民，与当地农民及地方科技人员建立了亲密关系。他不仅为山区传播了科技火种，而且为山区经济注入了活力，被当地群众誉为活跃在长白山里的科技"大侠"。

（四）服务区域经济发展，校县（市、区、企业）合作互惠双赢

学校积极开展校县合作促进区域经济发展，与49个县（市、区、企业）建立了合作关系，培植了新的科研生长点，开辟了科技为区域经济发展服务的新局面。其中，与安图县的校县合作成为了互惠双赢的典范，被称为"安图模式"。按照安图县县域经济发展的需要，结合吉林农业大学科技资源、教育资源的优势，重点在人才培养、产业开发、人员培训等方面开展合作共建，成立了校县合作工作领导小组。经上级组织部门批准，学校选派董然教授任安图县科技副县长，协助安图县委抓好科技发展工作，促进安图县科技产业发展。

学校积极开展形式多样的科教扶贫活动，以学校承担的伊通县伊通镇新

四村、小营城子村、二道镇宏明村、黄岭镇迎风村、伊丹镇伊丹村、营城子镇横河村、白山市八道江区七道江村、张家村、双阳区奢岭镇幸福村等 12 个新农村建设帮扶点为依托，全面推进帮扶工作进程。

此外，学校还承担了国家星火计划项目和国家农业综合开发办公室新农村建设项目 15 项，选派"12316"新农村热线专家 25 人。

（五）促进科技成果转化，实现富民兴业

学校高度重视并积极推进科技成果转化与推广工作，在科研处设立了科教兴农与成果转化科，选派专人专职负责学校的科技成果转化与推广工作。制订了《吉林农业大学关于促进科技成果转化的暂行规定》。

大批种植、养殖、生态等方面的公益性技术得到了广泛推广应用。学校食用菌基础研究与应用研究成果多次获奖，其中"北方食用菌高产高效栽培新模式"获省科技进步奖二等奖。以设立在学校的吉林省食用菌业高新技术园区为龙头，辐射、带动吉林省食用菌产业的发展，在汪清、蛟河等 8 个市（县）建立了推广基地，实现了规模化生产。同时，辐射到了辽宁、黑龙江、内蒙古等地区，累计创经济效益达 25 亿元。"赤眼蜂防治玉米螟生物防治技术"在农安、榆树等 16 个市（县）推广面积达 2 800 万亩，减少粮食损失达 11.2 亿千克，带动农民增收 9 亿元。"吉农大 3 号""吉农大 7 号""吉农大 8 号""吉农大 13 号""吉农大 18 号""吉农大 19 号""吉农大 23 号""吉农大 27 号"水稻新品种成为吉林省水稻主推品种。其中，"吉农大 23 号"和"吉农大 27 号"通过了农业部稻米检测中心的鉴定，达到了国家一级米标准。"吉农大 3 号""吉农大 7 号"分获省科技进步奖二等、三等奖，荣获吉林省水稻优质米评比两连冠，6 个品种累计推广面积达 700 余万亩。水稻床土调酸技术普及和应用，带动了吉林省西部平原 300 万亩水田的开发，昔日的贫困农户已成为水稻种植大户、富裕户，还推广到黑龙江、内蒙古、河北等省（自治区），创经济效益 1 500 多万元。"蓝莓优良品种选育与推广"获省科技进步奖三等奖，在长白、抚松、蛟河等市（县）建立了 2 000 余亩小浆果示范生产基地，向黑龙江、山东等省推广 1 万余亩。吉林白鹅获省科技进步奖一等奖，在长春、四平、辽源和松原等 10 余个市（县）以及黑龙江、内蒙古、辽宁等省（自治区）推广，累计推广 600 余万只。"吉甜 6 号"获省科技进步奖二等奖，是吉林省育成的第一个超甜型甜玉米单交种，累计推广 8.9 万亩，创产值 1.9 亿元。

一些具有自主知识产权的技术得到了成功转让。如"长白山林蛙综合利用研究"获省科技进步奖二等奖，林蛙油软胶囊产品在白山市投产，创经济

效益 8 300 万元。"吉玉 8 号""吉农大 402"玉米新品种和朝鲜淫羊藿良种繁育技术转让金额 42 万元。深圳冠力投资有限公司以 240 万元人民币将吉林白鹅的成果买断。

学校先后被评为全国星火计划先进集体、国家科技扶贫先进集体、全省科普工作先进集体、吉林省高校为振兴老工业基地服务先进单位、吉林省高等院校与地方科技合作先进单位、长春市高校院所与地方科技合作先进单位。科研处首次被评为教育部"十五"高校科技管理先进团队。

第三节　国际交流与合作日趋活跃

学校把握时机，不断加快国际交流与合作的步伐，对外交流领域不断扩大，国际交流与合作事业蓬勃发展。

一、派出与请进工作成效显著

1999—2005 年，学校共选派 241 人次出国留学深造、学术交流、合作研究、参加国际会议、考察访问等。学校邀请和接待了来自美国、英国、日本、韩国、加拿大、丹麦、西班牙、瑞典、荷兰、俄罗斯、朝鲜等国家和中国台湾、香港的近 149 个来访团组，专家学者、政府官员、经贸代表、大学校长等 600 多人次来校进行学术交流和访问。作学术报告和技术培训 137 场，师生 1 万余人次听取了学术报告。

2006 年，成功申报国家公派获国家留学基金管理委员会资助教师 5 人；派遣日本岩手大学奖学金项目研究生 2 人；日本筑波大学奖学金项目研究生 1 人；2006 年 5 月，学校代表团访问了意大利卡麦利诺大学并签署了合作办学协议，并于同年首次向意大利卡麦利诺大学派遣了研究生 2 人和本科生 4 人。2007 年，有 8 名教师获得国家留学基金管理委员会资助公派赴美国、日本、加拿大等国访问研究。获得国家外国专家局出国培训项目共 5 个团组 12 人次，分赴俄罗斯、日本、加拿大、美国等开展国际合作研究。引进国外专家项目 2 个团组 4 人次，共获得资助经费 80 万元。2008 年，学校有 5 名教师申报国家留学基金管理委员会公派留学项目获得批准。

二、巩固和推进引智工作

1999—2004 年，学校通过国家及省市外国专家局、国家科委及中国国际经济技术交流中心等部门，成功申报了 17 项国际合作项目，涉及小浆果引种与生产、中国绒山羊遗传评估与品质改良、肉制品质量控制与 HACCP 控制系统、食用菌及松茸等菌根菌的开发及利用、物种多样性及生态学研究、园艺设施环境自动控制等领域。

2000 年，与波兰华沙农业大学国际越桔学会主席 PLISZKA 合作研究，成功引进了 24 个越桔新品种，填补了国内空白。2002 年，小浆果研究所与英国、美国、波兰、智利等国建立了合作关系，从品种资源到研究水平，都处于国内领先地位。

2003 年，学校引进食用菌优良品种 2 个，开发食用菌新品种 1 个。引进填补国内空白的新技术 4 项，填补省市空白的新技术 1 项，解决技术难题 7 项。2005 年，学校与俄罗斯农业科学院东北分院成立菌类资源保育与研究联合实验室。1999—2005 年，学校研究人员多次到俄罗斯及韩国等地进行真菌标准采集。

三、国际交流与合作蒸蒸日上

2000 年，学校与日本岩手大学农学部签订新的《合作与交流备忘录》。与韩国密阳大学、泰国农业大学、俄罗斯圣彼得堡国立农业大学、加拿大萨斯喀彻温大学、加拿大拉瓦尔大学、美国加利福尼亚州州立大学等进行交流，并签订了协议。

2003 年，学校与俄罗斯农业科学院东北分院签订交流与合作协议，农林经济管理学科以项目为依托与日本富山大学开展科研合作。

2004 年，签订校、院、所合作协议及意向 9 个。与日本筑波大学、富山大学极东地域研究中心、九州大学农学研究院签署了合作协议。与美国、荷兰、加拿大、乌克兰、俄罗斯、匈牙利等国大学和科研机构的合作交流呈现出良好发展势头。当年，成功举办了"东北亚农业与农村发展"国际论坛，邀请国外专家学者 11 人。

2005 年，学校与国外大学签订校际合作协议 6 个，与日本岩手大学农学部签订了第三个 10 年协议，与日本麻布大学、乌克兰尼古拉耶夫国立农业大学、乌克兰食品工艺大学、俄罗斯维亚特卡国立农学院签订了校际合作协议，与俄罗斯农业科学院东北分院在原有协议框架的基础上，双方签订了成立中俄浆果研究中心的合作协议。

2006 年，学校继续扩大与国外大学的合作，分别与白俄罗斯国立农业技术大学、意大利卡麦利诺大学、荷兰汉恩大学签订校际合作协议。11月，汉恩大学首次在学校召开了留学说明会。同时，在与日本岩手大学农

学部交往合作 20 年的基础上，学校又与岩手大学教育学部进行交流合作。

2006 年，学校共邀请日本、韩国、俄罗斯、乌克兰、美国、法国、加拿大、荷兰、西班牙等国的 14 个专访团组、12 个顺访团组，来访外宾 91 人次。作学术报告 17 场，听众 2 000 人次。

2007 年 6 月至 2008 年 7 月，学校先后与韩国釜山大学生命资源科学学院、韩国中央大学以及韩国釜山镇女子商业高中签署了 3 个校际间学术与科研合作协议，扩大了合作与交流的范围和渠道。2008 年，美国亨通公司董事长尼尔·布什先生一行 10 人，赞比亚驻华特命全权大使鲁潘多·姆瓦培先生，以副院长金根基教授为团长的韩国釜山大学生命资源科学学院代表团一行 7 人对学校进行了友好访问。

学校加强对外宣传，成功参加长春国际教育展览会。自 1999 年开始，参加十院校外事协作组活动，是十院校外事协作组组长单位，在中日友好会馆举办了十院校外国专家圣诞联欢会。

四、外教和留学生工作得到加强

外教工作呈现良好局面。1999 年，学校首次有 1 名外教被省政府和省教委评为"优秀外国专家"，1 名留学生被评为"优秀外国留学生"。2003 年，学校根据教学计划，增加了外教人数，外教承担的教学任务完成良好。2004 年，学校对聘请的 5 名外教进行了考核和教学评价。2005 年，学校聘请的外教主动为学校做了大量有益工作，帮助学校联系捐赠英文原版图书 500 余册，义务开设外语角等，为学校的外语教学工作做出了贡献。由于外教工作表现突出，1 名英语外教被评为"吉林省优秀外国专家"。

2006—2008 年，学校接收了来自日本、韩国、赞比亚的留学生 5 人，向日本富士大学、意大利卡麦利诺大学等学校派遣本科生和研究生 32 人。

五、积极开展援外项目，推动国际合作与交流

2006—2008 年，学校援外培训工作日益活跃。2006 年 11 月 13 日至 12 月 8 日，来自加纳、肯尼亚、赞比亚、利比里亚 4 个非洲国家的 6 名学员来到学校进行畜禽高效生产技术培训。2007 年 9 月 28 日，学校成立国际教育交流学院。11 月 15 日，成功承办了商务部"2007 发展中国家农牧业发展官员研修班"援外培训项目，40 个发展中国家的 70 名学员来学校进行了为期一个月的短期培训。

2007 年，组织申报的由国家投资 4 000 万元援助赞比亚农业技术示范中心

项目获得批准。从 2008 年初开始，学校根据商务部和农业部的要求和部署，经过 4 个月的认真准备，学校作为项目承建单位，组织商务部援外司南非处、农业部规划设计研究院、吉林省商务厅、省农委、吉林粮食集团以及中水东北勘测设计研究院等有关部门领导和专家组成考察团，于 5 月 10～29 日赴赞比亚进行项目选址和建筑规划设计等实地考察。5 月 23 日下午，在赞比亚农业合作部举行了隆重的签字仪式。校党委书记、校长姚秋杰代表考察团与赞比亚农业合作部部长代理签署了《中国援赞比亚农业技术示范中心项目考察会谈纪要》，张蜀东参赞和考察团全体成员参加了签字仪式并合影留念。7 月，学校成立了吉林农业大学赞比亚农业技术示范中心。

第四节　推进改革，为学校发展奠定基础

根据形势任务要求，学校积极深化改革，为各项事业发展创造了良好的环境和氛围。

一、明确发展目标，谋划学校发展

（一）制订发展规划

学校制订了《吉林农业大学"十一五"规划和 2020 年远景发展规划》。总体目标是："十一五"期间，把学校建设成为功能强、辐射广的高层次人才培养基地、农业科技创新基地和农业科技成果转化基地，构建全国先进大学的基本框架；未来 10～15 年，把学校建设成为以农为优势和特色、面向地方经济建设的多科性教学研究型全国先进大学。

（二）调整学校领导班子

2004 年 8 月 31 日，吉林省政府发文任命郭庆海为吉林农业大学校长。9 月初，学校召开党政干部会议，省委组织部相关同志到会宣布了这一任命。

2006 年 4 月 28 日，学校召开副教授职称以上教师、副处级以上干部、民主党派负责人会议。副省长陈晓光、省委组织部副部长金秀兰、省委组织部干部三处处长周力、省高等学校工作委员会（以下简称高校工委）组织部部长李彧威等出席了会议。省高校工委书记、教育厅厅长李军主持会议。

省委组织部副部长金秀兰首先宣读了省委、省政府关于吉林农业大学领导班子变动的决定：《关于姚秋杰、薛玉山同志职务任免的通知》（中共吉林省委组织部吉干任字〔2006〕91 号文件）、《关于姚秋杰等任免职的通知》

（吉林省人民政府吉政干任〔2006〕61 号文件）。

新到任的党委书记、校长姚秋杰同志在大会上发表了讲话。新到任的副校长秦贵信在大会上也发表了讲话。副省长陈晓光作了讲话。

2008 年 6 月 4 日，学校召开校长任命就职大会。会上，省委组织部干部三处副处长刘星宣读了省委、省政府于 5 月 20 日关于任命秦贵信为吉林农业大学校长的决定。

2008 年 7 月，学校党委常委会由姚秋杰、秦贵信、温成涛、戴立生、孙少平、孙爱军、孙杰光 7 名同志组成。

（三）提出学校发展新思路

2006 年 5 月 31 日，学校召开中层干部会议。校党委书记、校长姚秋杰就学校工作和下一步学校的发展思路作了全面阐述，提出了"用历史唯物主义反观历史、用辩证唯物主义洞察今天、用科学发展观引领未来"。2006 年 8 月 30～31 日，学校党校举办了暑期干部理论培训班，姚秋杰同志作了《形势与学校工作》的报告，提出了建设"诚信农大、质量农大、效益农大、和谐农大和特色农大"五个方面发展战略。

二、实施机构改革

2006 年 9 月 11 日，学校印发了《吉林农业大学内部管理体制改革总体方案》。根据方案要求，学校对学科院系和党政机构进行调整。

（一）学院调整

人文政法学院与视觉艺术学院合并，传播学专业划入，设置了人文学院。生物技术学院与生物工程技术研究院合并成立生命科学学院。管理学院更名为经济管理学院，食品工程学院更名为食品科学与工程学院。筹建国际交流学院。撤销视觉艺术学院、职业技术教育学院、生物工程技术研究院。

对部分专业进行调整合并。职业技术教育学硕士点划归人文学院。吉林农业大学全国职业教育师资培训重点建设基地划归教研基地管理处。

调整后，学校共设置成人教育学院、动物科学技术学院、工程技术学院、农学院、外国语学院、园艺学院、中药材学院、资源与环境学院、信息技术学院、人文学院、生命科学学院、经济管理学院、食品科学与工程学院、国际交流学院 14 个学院。

（二）党政机构调整

调整处级党政机构。党委组织部（含党校办公室、组织员办公室）与机关党委合署办公，学生部（处）与武装部合署办公；撤销后勤办公室、产业处、规划办公室，成立后勤管理处，撤销纪检审办公室成立纪检监察办公室，成立审计处。撤销原教务处招生办公室、学生处就业指导中心，新建招生就业工作处。保留学校办公室，宣传部与统战部合署办公，保卫部（处）与综合治理办公室合署办公，教务处，科研处，研究生部、学科建设办公室与学位工作办公室合署办公，人事处（人才交流中心），计划财务处，离退休办公室，团委，工会与妇委会合署办公。外事办公室更名为国际交流合作处（含港澳台交流合作办公室），教学设备处更名为国有资产管理处。

保留军事体育教研部和教育技术中心 2 个教学单位。

调整教学辅助单位。保留高等教育研究所，成立档案馆。撤销农业科学试验站并入教学实验场，成立教研基地管理处，保留图书馆，保留科技出版部。

调整科研机构。成立生物反应器与药物开发教育部工程研究中心、吉林省大豆区域技术创新中心、动物生产及产品质量安全重点实验室、农业部参茸产品质量监督检验测试中心、农业现代化研究所 5 个科研机构。

设直属单位 2 个。撤销后勤总公司，成立后勤集团，保留校医院。

三、人事制度与分配制度改革

1999 年 1 月，学校召开了吉林农业大学第四次教职工代表大会，讨论通过了《吉林农业大学定编实施细则》等一系列改革方案。2000 年，建立了岗位轮换制度。

坚持按劳分配原则，推进分配制度改革，采取国家工资与学校津贴和奖励相结合的办法，在定岗、定编、定责的基础上，实行工资总额包干制度，制订了《吉林农业大学工资总额包干实施办法》和《吉林农业大学校内津贴实施办法》，把分配同职责、业绩和个人对国家与学校贡献的大小结合起来，拉开档次，奖勤罚懒。

2001 年，人事分配制度改革迈出了关键性的步伐。制订了《吉林农业大学人员编制暂行规定》和《吉林农业大学实施岗位津贴制度暂行规定》，组织完成了全校科员、办事员、教辅人员竞聘上岗及落聘人员的安置分流工作，取得了卓有成效的阶段性成果，并于 9 月实现了按岗定薪。

2002 年，进一步完善了人事管理工作的规章制度，制定了《吉林农业大学人事调配工作暂行规定》等有关人事管理规定。这一系列政策的出台使学校人事管理工作更加规范化、合理化。

在原有分配方案的基础上，完成了 2003 年和 2005 年全校职工提高岗位

津贴标准的核定工作，完成了 2006 年工资改革与审批工作。

四、后勤服务社会化改革

2000 年，学校改革后勤工作思路，进行后勤社会化改革的初步探索，变过去的"小机关、多实体、大服务"为"小机关、大实体、优服务"的体制。"小机关"为代表学校行政职能的后勤办，"大实体"是在原有中心和劳动服务公司基础上成立的后勤服务总公司，服务范围覆盖饮食、动力、基建维修、宿舍管理、校园管理、交通、通信、物业管理、幼儿教育等方面。后勤办与后勤服务总公司形成了甲乙方的经济契约关系。打破了靠学校吃饭的局面，积极与社会接轨，按照谁投资、谁受益的原则，向社会公开招标，引进 1 600 万元新建了食堂、宿舍。

2001 年，根据《吉林省高等学校后勤社会化改革总体方案》文件精神，学校积极推进后勤社会化改革进程。继续深化住房体制改革，实现住房商品化。全面实行基本医疗保险制度。5 月，成立了后勤总公司，后勤管理与服务、甲方与乙方彻底分开。10 月，学校后勤社会化改革工作被省教育厅评为全省高校第一名，在吉林省作了经验交流。

2002 年，学校进一步理顺产权关系，后勤总公司内部实行全员竞聘上岗，基本完成第二步后勤社会化改革目标。校医院完成了与囊虫病研究所的合并工作被吉林省社会医疗保险管理局批准为省医保定点医疗机构。2003 年，变行政管理为经济合同管理。2004 年，顺利地实现了家属区供电管理向社会单位的转移，转变了吉林农业大学幼儿园的经营管理机制。2005 年，完成了供水、供暖向社会部门的移交。2005 年 12 月，学校被评为全国高等院校后勤工作先进集体。

五、校办产业结构调整

（一）完善管理制度，加强产业管理

1999 年，出台了《吉林农业大学校办产业管理细则》《吉林农业大学关于进一步加强校办产业负责人监督约束的若干规定》和《关于进一步完善校办企业负责人选任机制的意见》等管理制度。2000 年，制订了《产业处工作岗位责任制》《校办产业系统临时工管理暂行规定》和《产业处校务公开方案》。2001 年，修订《吉林农业大学校办产业管理细则》。2003 年，根据事业发展需要，成立了以主管副校长为组长的吉林农业大学校办产业工作领导小组，全面负责全校各类校办产业的统一领导和协调工作，并制定了领导

小组工作规则。2004 年，制订了《吉林农业大学校办企业管理条例》，2005年进行了重新修订。

（二）适时调整校办产业，促进产业发展

1998 年，校办产业创收 400 万元，研制出 5 个系列 20 多个品种的产品，试验站与省种子管理总站联合引进的玉米"新铁单 10 号"等品种通过审定并推广，填补了学校没有玉米品种的空白。农场的鲜袋奶被省质量监督万里行评为"好产品"。1999 年，学校及时做出了将动物药厂、饲料添加剂厂划归到动物科技学院，将良种繁育中心、植物病虫害防治医院划归到农学院，并且全部实行自主经营，独立核算。组建了吉林农业大学驻京办事处。

2000 年，引入资金 500 余万元，兴建了 1.3 万平方米的吉林农业大学商贸中心，将分散经营的业户吸引到商贸中心进行商业经营。2001 年，逐步对长春市学生营养食品农大有限公司等企业实现了产业明晰、事企分开、科学管理，使企业有了充分的自主权，企业效益明显增加，到 11 月末已实现利润 11 万元。完成了对乳制品厂、长春市学生营养食品农大有限公司的资产评估工作。对效益不好、前景暗淡的企业实行了关、停、并、转，对饲料添加剂厂做出了停业处理。与囊虫病医院、生物防治研究所签订了目标管理合同。对农大红葡萄酒厂实行了校内股份制。对部分企业拖欠学校的款项加大了催缴力度。

2002 年，对植物保护中心做出了停业处理，对蔬菜种子公司注销其营业执照，对吉林兴高农业技术服务中心进行调查摸底，对农大珍源参业高科技有限公司进行清产核资，形成了由审计、财务、产业和企业四方代表签字的书面材料，并提出了处理意见，积极推进吉林甜瓜种业农大有限公司的筹建工作。

2003 年，对印刷厂从管理方式到运行机制上都作了重大调整，学校正式职工重新安排了就业，与职工签订了目标管理合同，顺利地实现了由大锅饭向个体经营转变。审计处、财务处和设备处对参场的部分资产进行评估作价，有偿转让给了职工。完成了商贸中心和吉林农大百货商店与后勤总公司的顺利交接。完成了农大红葡萄酒厂甲乙方交接工作，并进行改制。

2004 年，完成了对吉林农业大学植保中心的调查摸底工作，对长春市学生营养食品农大有限公司进行规范运作。2005 年，积极配合省国有资产监督管理委员会、省教育厅、省财政厅，完成了校办产业产权登记工作。对吉林农业大学科茂种业有限公司进行改制，实现了国有企业向民营企业的转变。

（三）积极参加博览会，加强交流合作

参加了农业部举办的 1999 年国际农业博览会、吉林省科学技术协会（以下简称科协）举办的吉林省农业科技成果展览会及长春市展览中心举办的农业科技展览会。参加了 2000 年中国长春国际农业•食品博览（交易）会（以下简称农博会），学校是吉林省展区中唯一的参展高校，获得农博会的最佳组织奖。

2001 年，先后与二道河子区政府、抚松县政府、榆树市政府、松原市农业技术开发区、长春贝兴经贸有限公司等签订了合作协议和意向合作书。积极参加中国国际现代农业博览会、长春农博会的参展工作，充分展示学校的科技成果。在长春农博会上学校有 7 种产品被评为吉林名牌。2002 年，在长春农博会上，学校的葡萄酒、参茸制品、兽药、乳制品、农大白鹅五大系列产品参加了展出，"天力牌"葡萄酒被评为名牌产品，学校的农大白鹅获"神农杯"大赛金奖。

2003 年，在长春农博会上，学校有种子、农药、参茸、葡萄酒、乳制品、食品、兽药和食用菌 8 大系列产品参展，农大白鹅、黑白花奶牛参加了动物大赛。在这次展会上，学校共有 4 种产品被评为名牌产品，成交额近 8 万元。2004 年，长春农博会参展工作收到良好效果。教学实验场参评的"净月潭"牌消毒鲜牛奶被评为名牌产品，农大白鹅在"神农杯"动物大赛上再获金奖。吉林电视台、长春电视台、农民日报社、科技日报社等多家媒体对学校展区进行现场采访和报道。

六、加强基础设施建设，为办学提供保障

2000 年，建成了集现代化、多功能化于一体的教学楼，总面积 3.689 万平方米，实现了当年施工、当年使用。2003 年，建成了科研实验大楼，总面积 3.5 万平方米。2006 年，完成了 3.1 万平方米的图书馆、9 500 平方米体育训练馆和 2.69 万平方米的运动场的"两馆一场"建设。建设了文科楼、理科楼、大豆区域创新中心、交通服务中心、工程训练中心、农业现代化研究所等。引进社会资金，建设学生公寓 15 栋，共 9.6 万平方米，满足了扩大招生的需要，其中学生第 10 公寓被评为吉林省标准化学生公寓。新建学生第四食堂、"鸿之馨"饮食中心，面积共 1.4 万平方米，荣获全国"百佳食堂"称号。到 2005 年，在校区建成一批具有现代化水平的教学示范、试验温室大棚，覆盖蔬菜、花卉、果树、药用植物、野生植物等专业。2007 年，学校与中信集团、长春市政府共同签订了在学校科技示范园区中

建设长春农博园部分设施的合作协议。

投入专项经费 1.24 亿元进行实验室建设，购置了扫描电镜、透射电镜等大批先进仪器设备，实现了大型仪器设备资源共享。校园网"千兆为主干，百兆到桌面"覆盖全校，为现代教育和科研提供了必要的基础条件。JLAU-NET 已建成半径为 2 公里的高速以太传输网，覆盖吉林农业大学近40 栋主要建筑。中高速 100M 网已连接到家属住宅和学生公寓，全校所有学院和众多部门以 100～1 000Mbps 速率接入。联网单位达到 40 多个，网络用户节点近 2 300 个。

1999 年，按照省市有关政策，开展了筒子楼改造工程，建筑面积 1.7万平方米，得到省委、省政府的大力支持。拨给学校筒子楼改造和改建专项资金 460 万元，为 218 户教职工解决了住房困难，在一定程度上解决了学校青年教师的住房紧张问题。对家属区周边环境进行治理，清理违章建筑面积5 000 平方米，私搭乱建问题得到解决。2000 年，完成了北平房 4 栋 36 户、南平房 15 栋 84 户的动迁工作。经过几年的建设，新建了 38～45 栋家属住宅楼。2004 年，学校为解决职工的住房难问题，积极想办法，努力创造条件，共建职工住宅 17 栋，建筑面积 8.626 2 万平方米，共计 566 户，极大地改善了职工的住房条件。同时，为博士生导师、博士研究生提供更优惠的政策。

到 2008 年末，校园占地面积达到 319.02 万平方米，校舍总建筑面积达到 72.4 万平方米，固定资产总值逾 6 亿元，教学科研仪器设备总值约 1.71亿元，图书馆藏书 149.7 万册。学校被吉林省绿化委员会评为 2003 年度全民义务植树活动绿化先进单位。社区多次被评为长春市文明社区，被团市委评为青年文明社区，学校被命名为花园式学校。

七、做好场站和子弟校的分流安置工作

（一）做好原教学试验场和科学实验站职工的安置工作

为认真贯彻中共十六大精神，适应国家、省市关于企事业单位改革的要求，摆脱教学试验场和科学实验站的生存困境，实现管理体制和服务功能的转变，2005 年，制订了《吉林农业大学教学实验场改革总体方案》《吉林农业大学教学实验场职工分流安置方案》《吉林农业大学农业科学试验站改革职工安置方案》《吉林农业大学教学实验场、农业科学试验站职工岗位竞聘方案》。按照方案的要求，完成了学校科级以下农场以及试验站分流人员竞聘安置工作，组织完成农场及试验站科级以下分流人员竞聘安置工作，共组

织 410 余人次参加竞聘会，上岗 235 人。

（二）做好原子弟校的转岗分流工作

为了彻底解决多年来议而未决的子弟校职工待遇等问题，学校 2007 年第三次校长办公会决定中学部和小学部在 2007 年度停止招收新生，尚未毕业的原子弟校学生分别转送到长春市办学条件优良的中、小学校继续完成学业。

学校成立了以分管校长为组长，各相关职能部门负责同志为成员的原子弟校问题工作领导小组，制订了《吉林农业大学原子弟校职工竞争上岗实施方案》，原中小学 75 名教职工分别充实到大学本部教学管理队伍、教辅部门等相关岗位。

第五节　全面加强党的建设和思想政治工作

学校高举邓小平理论的伟大旗帜，按照"三个代表"重要思想的要求，认真贯彻中央思想政治工作会议精神和省高校党建工作会议精神，努力开创党建和思想政治工作的新局面。

一、召开党员代表大会，确立先进大学的建设目标

（一）第十次党员代表大会

1998 年 4 月 16 日，中共吉林农业大学第十次代表大会胜利召开。会上，高远志代表上届党委作了《高举邓小平理论伟大旗帜，面向 21 世纪，为把学校建设成为先进农业大学而奋斗》的报告。省高校工委书记任凤霞代表省高校工委向大会致辞。

本次党员代表大会确立了学校改革和发展的指导思想与奋斗目标：高举邓小平理论伟大旗帜，全面贯彻中共十五大精神，坚持社会主义办学方向，以培养适应社会主义市场经济需要的合格人才为目标，以为地方经济建设服务为立足点，按照实现"两个转变"的总要求，解放思想，实事求是，深化改革，开拓进取。努力建立起新的办学体制、运行机制，进一步提高办学水平、办学质量和办学效益，确立学校在全国农业院校的优势地位，使一批优势学科成为国家级重点学科，把学校建设成为先进农业大学。

本次党员代表大会选举产生了中共吉林农业大学第十届委员会和纪律检查委员会。常委班子由薛玉山、李玉、卓越、王彤、孙立城、郭庆海、王贺军 7 名同志组成。选举薛玉山为党委书记，卓越为党委副书记，王贺军为纪

委书记。

（二）第十一次党员代表大会

2005 年 2 月 24～25 日，中共吉林农业大学第十一次代表大会隆重召开。有 217 名党员代表参加了本次会议。中共长春市高校工委为大会发来贺信。

会上，党委书记薛玉山代表学校党委作了题为《高举邓小平理论和"三个代表"重要思想伟大旗帜，为把学校建设成为多科性教学研究型全国先进大学而奋斗》的工作报告。确定了未来 5 年学校改革与发展的指导思想和奋斗目标：高举邓小平理论和"三个代表"重要思想伟大旗帜，认真落实中共十六大精神，全面贯彻党的教育方针，坚持社会主义办学方向，遵循高等教育发展规律，树立和落实科学发展观，以培养适应全面建设小康社会需要的合格人才为根本任务。解放思想，深化改革，与时俱进，开拓创新，建立起灵活、高效、开放的办学体制和运行机制，突出办学特色，打造学科优势，进一步提高办学质量、办学水平和办学效益，不断增强和提升学校的竞争力和影响力，使学校成为功能强、辐射广的高层次人才培养基地、农业科技创新基地和农业科技成果转化基地，为把学校建设成为以农为优势和特色，面向地方经济建设的多科性教学研究型全国先进大学而奋斗。

会议期间，与会代表讨论审议通过了党委工作报告、纪委工作报告，选举产生了由 19 名委员组成的中共吉林农业大学第十一届委员会，党委常委由 7 名同志组成：薛玉山、李玉、郭庆海、胡耀辉、王贺军、栾立明、温成涛。薛玉山任党委书记，王贺军、温成涛任党委副书记。选举产生了由 7 名委员组成的中共吉林农大纪律检查委员会，王贺军任纪委书记。

二、认真开展"三讲"教育和党的先进性教育

（一）全面推进"三讲"教育

1999 年 9 月，学校被确定为吉林省高校开展"三讲"教育的试点单位。省高校工委派来了以东北师范大学原党委书记周敬思同志为组长的"三讲"教育巡视组。9 月 26 日，学校召开"三讲"教育动员大会，周敬思在大会上解读了"三讲"教育的具体步骤和方法，校党委书记薛玉山作动员讲话。

1999 年 11 月 30 日，历时 63 天，以"三讲"教育为主要内容的党性党风教育告一段落，学校召开了"三讲"教育总结大会。吉林电视台、《吉林日报》等多家新闻媒体在"三讲"教育专栏中，宣传报道了学校走产学研一体化办学之路、筒子楼改造、国庆演出、优秀共产党员胡全德等"三讲"教

育方面成果及活动。

2000 年 7 月 22～24 日，以全国人大常委会常委、原劳动部部长李伯勇同志为组长的中央"三讲"教育检查组到学校检查"三讲"教育工作。

（二）深入开展党的先进性教育

2005 年 7～12 月，学校深入开展了保持共产党员先进性教育活动。学校成立了保持共产党员先进性教育活动领导小组，下设办公室。建立了学校领导联系点制度。

市委派来了以杨润民同志为组长的巡回检查组，中共长春市高校工委委派了以晁柯同志为组长的督导组，负责指导、督查学校的先进性教育活动。7 月 13 日，召开全校保持共产党员先进性教育活动动员大会。会上，党委书记薛玉山作动员讲话。教育活动分学习动员、分析评议、整改提高 3 个阶段进行，到 12 月底结束。

学校利用开学前的一周时间组织全校党员集中学习。学校领导班子成员带头讲党课，组织全校党员观看了两个由中央党校有关专家作的报告录像。2005 年 9 月 2 日，学校召开全校保持共产党员先进性教育活动学习动员阶段总结暨分析评议阶段动员会。9 月 6 日，省委副书记全哲洙来学校作了保持共产党员先进性教育活动专题辅导报告。

10 月 19 日，学校召开全校保持共产党员先进性教育分析评议阶段总结暨整改提高阶段动员大会。探索出了符合学校实际的保持共产党员先进性教育的长效机制。2005 年 11 月 25 日，学校召开保持共产党员先进性教育活动总结大会。

三、党的建设取得显著成绩

（一）加强党建工作，为学校事业发展提供政治保证和组织保证

进一步加强干部队伍建设。认真贯彻执行《党政领导干部选拔任用工作条例》，先后出台了《深化干部制度改革的意见》《吉林农业大学处级领导干部任前公示实施方案》《关于调整不胜任处、科级领导干部职务办法》《干部年度考核实施办法》。1999—2005 年，共调整任命副科级以上干部 339 人。向省、市推荐后备干部人选 80 余人。

在干部选拔任用上引入竞争机制。2006 年 6 月，学校采取竞争上岗的方式选拔任用了设备处副处长 1 人。9 月，在全校处级干部中实行了全员竞争上岗，采取了公布岗位、自愿报名、笔试、面试、民主测评、组织考察、党委常委集体讨论等步骤，选拔任用了正处级领导干部 62 人，副处级领导

干部 67 人。10 月，又在全校科级干部中实行了全员竞争上岗，102 人走上了科级干部岗位。

加强民主集中制建设。制订和完善了《党委常委会议事规则》《校长办公会议事规则》等一系列规章制度。切实加强基层党政领导班子的民主集中制建设，制订《学院党总支行政议事规则》，规范议事决策行为。

切实加强基层党组织建设。制订了《吉林农业大学基层党组织工作细则》，明确了职责，理顺了关系，充分发挥了基层党组织的政治核心作用和战斗堡垒作用。根据党建工作需要，对基层党总支、党支部进行合理设置和科学调整，选拔优秀干部从事党务工作。1999 年 5 月，省高校工委决定在学校进行党建模拟评估工作。经过精心准备，省高校工委检查验收一次性通过，并给予了高度评价。2006 年，在学校机构改革中，对部分基层党组织进行了调整，成立了 9 个基层党委、6 个党总支和 7 个直属党支部。坚持把学院教工党支部建在学科上，把行政单位党支部建在部、处、室上。在本科学生班级中进行建立党支部的试点工作。创新工作方式方法，提出了资助党支部创新党日活动的方案。3 年中，从学校留成党费中划拨 5.35 万元支持基层党支部开展党内活动。

认真做好发展党员工作。坚持标准，严格程序，加大在中青年骨干教师和青年学生中发展党员的力度，加强入党积极分子和党员队伍的教育、培训和管理。制订《发展党员工作实施办法》。坚持"早启蒙、早选苗、早培养、早发展"，在新生中开展入党启蒙教育，新生中递交入党申请书的比例达到80%。严格履行组织发展工作的程序，坚持党校培训、组织考察预审、共青团"推优"等制度，在发展党员时采取无记名投票表决、增加发展党员公示内容、实施网上公示制度等方式，使发展党员工作更加公开透明。做好组织发展的超前考察工作。按照专兼结合，以专职为骨干、以兼职为主体的原则，认真抓好组织员队伍建设。选配了 5 名专职组织员，为每个学院聘任了离退休老党员作兼职组织员。1998—2007 年，全校共发展新党员 2 993 人，其中教工党员 140 人，学生党员 2 853 人。

深入开展创先争优活动。1999 年"七一"前夕，学校党委组织召开了纪念建党 78 周年暨"创先争优"表彰大会，对涌现出的 2 个先进党总支、13 个先进党支部、39 名优秀共产党员、15 名优秀党务工作者进行表彰和宣传。学校党委被评为长春市高校系统先进党委，农学院胡全德教授先后被省、市授予优秀共产党员标兵的荣誉称号，有 9 名同志分别被评为市高校系统优秀共产党员和优秀党务工作者。2002 年，学校被长春市评为党建工作

先进单位；1999—2005 年，先后有 10 余个基层党组织被长春市委、长春市高教系统等评为基层党建先进单位，有 20 余人荣获省、市级先进共产党员、优秀党务工作者的荣誉称号。2006 年 6 月 30 日，学校隆重召开了纪念建党85 周年暨"创先争优"表彰大会。对 6 个先进党总支、20 个先进党支部、15 名优秀党务工作者、70 名优秀共产党员进行表彰奖励。6 月末，学校有 8 个基层党组织、7 名党务工作者、8 名党员分别被授予长春高校系统先进基层党组织、优秀党务工作者、优秀共产党员荣誉称号。2008 年 7 月 1 日，学校隆重召开了纪念建党 87 周年暨"创先争优"表彰大会。表彰了 25 个先进基层党组织、85 名优秀共产党员和 14 名优秀党务工作者。

深入开展党风廉政建设工作。认真落实党风廉政建设责任制，进一步加大了从源头治理腐败的力度。开展了经常性的党风党纪教育，进一步健全监督制约机制，加大了查案纠风力度。发挥教职工代表大会作用，坚持事关学校事业发展和职工切身利益的大事必须经过教职工代表大会审议。积极推进了校务、院务公开工作。学校纪检、监察、审计和校务公开工作走在全国高校前列。2003 年，学校纪检委被评为全省教育系统纪委工作先进集体；2004 年，荣获全国教育系统纪检监察工作先进集体荣誉称号。

（二）开展向陈学求同志学习的活动

全国"五一"劳动奖章获得者、全国模范教师陈学求同志就是学校涌现出来的众多模范人物的突出代表，是实践"三个代表"重要思想的楷模。他用自己的人生实践，谱写了一名共产党员全心全意为人民服务的英雄壮歌。

陈学求同志是中共党员，研究员。1934 年 8 月，生于马来西亚。1952年，因为参加反对当地政府"排华"学生运动而受到迫害，于当年 7 月辗转回国。1955 年，考入学校农学系。1956 年，陈学求代表吉林省全体归侨到北京参加国庆观礼，受到了周恩来总理等老一辈革命家的亲切接见。1959年 8 月，毕业留校任教。1970 年，他创建了吉林农业大学海南育种科研基地。

经过 30 多年的辛勤耕耘，他选育出 12 个高粱胞质雄性不育系、11 个恢复系，培育了 24 个抗旱能力强的玉米自交系。成功创制了中国高粱胞质雄性不育系"吉农 101"和"吉农 105"。其中，"吉农 101"获吉林省重大科技成果奖，"吉农 105"填补了世界高粱胞质雄性不育源中国高粱的空白。高粱恢复系"吉农 202"等间接用于国内外高粱杂交育种工作，育成的 32个高粱核质杂种种质资源被国家种质资源库保存。他育成的新品种已经在我国农业生产上得到广泛应用，取得了十分巨大的经济效益。

陈学求同志在农业科研战线所取得的突出成就和对事业的无私奉献，得到了党和政府的充分肯定和高度评价。他获得全国归侨侨眷优秀知识分子称号、吉林省劳动模范、吉林英才奖章、吉林省科技先进分子的称号和长春市劳动模范等多种荣誉。

2004 年 2 月 3 日，陈学求同志因病在海南三亚育种科研基地逝世，享年 70 岁。陈学求同志在海南逝世以后，中央电视台综合频道《新闻联播》、中央人民广播电台、《海南日报》《吉林日报》等多家媒体先后对陈学求同志先进事迹进行了报道。2004 年 3 月 26 日晚，中央电视台第七频道的《聚焦三农》播放了陈学求同志先进事迹专题节目。

时任国务院总理温家宝，全国人大常委会副委员长、中华全国总工会主席王兆国，国务院副总理回良玉等党和国家领导人作出重要批示，号召全国广大科研工作者学习陈学求同志的先进事迹和崇高精神。省委书记王云坤、省长洪虎、副省长杨庆才及省市有关部门领导也分别作了批示。

2004 年 3 月 31 日，学校隆重召开"向心系祖国、献身农业的优秀科技工作者陈学求同志学习"动员大会，宣读了学习决定，掀起了向陈学求同志学习的热潮。

陈学求同志的事迹，集中体现了共产党人立党为公、一心为民的优秀品质，集中展示了农业科技工作者立志农业、献身农业的精神追求，集中反映了新时期知识分子实事求是、与时俱进的时代风貌。陈学求同志用自己的人生履历书写和证明了他对祖国、对农业、对农民、对母校农大的赤诚之爱、精忠之志、报效之心。

四、深入开展精神文明创建活动

在全校教职工中开展群众性精神文明创建活动，举办了教师读书月活动、公民道德建设知识竞赛、教师生活知识竞赛和最佳文明家庭评选，在女教职工中开展礼仪知识、健康知识等系列讲座和"巾帼英才"评选等活动，每年定期举办运动会、篮球、排球、乒乓球等竞赛活动。2001 年 12 月 16 日，举行了"世纪放歌"文艺晚会，2003 年、2004 年举办了全校教职工文艺汇演。

1998 年，在第四届全国农业院校田径运动会上，学校荣获男子团体总分第一名。2000 年 9 月，在第六届全国大学生运动会上，学校被授予"全国体育优秀学校"。2001 年 6 月，在第三届长春市大学生运动会上，学校荣获团体总分第二名。7 月，在第三届中国大学生国防体育节上，学校代表队

荣获短距离项目男、女团体总分第四名。2002 年，获得全国学生定向锦标赛团体总分第五名。获得吉林省第十四届大学生田径运动会男女团体总分第三名。2006 年，获得中国农业高校第六届大学生田径运动会团体总分第六名。在吉林省第十五届运动会（高校组）比赛中获得团体总分第一名，夺得68 枚金牌。2007 年，获得第八届全国大学生运动会定向越野男子团队赛第三名。同年，获得全国大学生跆拳道锦标赛男子 58 公斤级第一名。在长春市大学生健美操比赛中获得第一名。

学校党委高度重视学校社会治安综合治理工作，成立了社会治安综合治理办公室，制订了《吉林农业大学专项整治校园及周边秩序实施方案》。通过成立"校园 110"报警求助中心、购置防火器材、构建信息安全网络等方式，解决了社会治安综合治理工作中遇到的新情况、新问题。1999—2003年，先后 4 次被市委、市政府评为长春市高校社会治安综合治理工作标兵单位。2003 年和 2005 年，学校两次被长春市爱国卫生运动委员会评为爱国卫生运动先进单位。1998—2007 年，学校连续 10 年被长春市国家安全领导小组评为国家安全人民防线建设工作先进单位。

学校制订了《吉林农业大学双拥共建工作计划》，成立了以党委副书记为组长，武装部等相关部门负责人为成员的领导小组。学校以学科和技术为依托，派出农学、动物医学、园林专业教师和专家分期分批到共建部队为他们解决农业技术难题。利用学校成人教育阵地，广泛吸收部队官兵学习科学文化知识，提高部队官兵的文化素质。部队直工处派出优秀连队对学校新生进行军事训练。2000 年 5 月，学校武装部获得长春市科技拥军先进集体。2002 年 10 月，在吉林省高校学生军训评比中，学校荣获优秀成果奖。

1998 年 6 月，学校毕业生汪世龙被团中央评为"全国十大杰出青年星火带头人"。学校邀请汪世龙为全校师生作报告，学校党委授予汪世龙"为我国农业发展做出突出贡献的优秀毕业生最高荣誉奖"，并向全校发出了向汪世龙学习的号召。

2000 年 9 月，学校被吉林省高校工委、省教育厅、省文明办评为吉林省教育系统精神文明建设示范学校。2001 年，学校被长春市委、市政府评为文明单位标兵。同年，学校首次被吉林省委、省政府评为精神文明建设先进单位。2003 年，学校再次被省委、省政府评为精神文明建设先进单位。学校还先后 4 次被评为长春市高校文明杯竞赛优胜单位。有 20 个班级被评为文明班级，7 人被评为"十佳大学生"，18 人被评为文明大学生，11 个学生工作部门被评为优秀学生管理集体。

在全校积极营造教书育人的良好氛围。1999—2008 年，学校教职工中荣获吉林省"五一"劳动奖章和长春市"五一"劳动奖章各 1 人、长春市特等劳动模范 1 人、吉林省师德标兵 1 人、吉林省师德先进个人 1 人、吉林省教育系统师德先进个人和"三育人"先进个人 5 人、长春市师德先进个人 2 人。

围绕学校中心工作，加强舆论宣传工作。重点宣传学校教学科研成果，每年在国家和省市各级新闻媒体上发表宣传学校的信息数量在 100 条以上。2007 年，围绕评建工作，在招生宣传、学生就业、科技大会、科教兴农、学校承办的重要会议活动等方面，加大宣传工作力度，增强学校的社会影响力。《中国高等教育》《中国教育报》《中国青年报》《吉林日报》《长春日报》《科技日报》《长春晚报》、吉林电视台、长春电视台、吉林教育电视台等媒体对学校进行宣传。

五、统战工作取得新成就

（一）民主党派队伍和基层组织建设取得可喜成绩

积极创造条件，培养和选派民主党派干部参加省市委统战部主办的"民主党派骨干培训班"和各民主党派组织的各项培训活动。

1999—2005 年，共培训各层次各类民主党派代表人士 53 人。1999 年，党委向上级推荐了 8 名党外后备干部和代表。推荐马宁、姜岩、栾玉振、张帆、陈学求、窦森 6 名同志为长春市建功立业优秀人士。民盟盟员孙长占同志被选拔为长春市农委副主任。

2006 年 4 月 28 日，完成了民盟吉林农业大学委员会的换届工作。2007年 5 月 17 日，完成了民进吉林农业大学支部的组建工作。至 2008 年 7 月，学校已经发展成为具有 3 个民主党派基层组织单位，成员 138 人。

2008 年初，党委制订了《吉林农业大学关于进一步加强新时期统一战线工作的实施意见》，建立健全相关统战工作制度 10 余项。学校统战部被评为长春市统战工作先进单位。

（二）凝聚统战人士智慧，为事业发展贡献力量

校九三学社委员会与九台市其塔木乡成立智力支农联合体，多次带技术、带教材、带教师下乡深入田间地头指导生产实践；民盟吉林农业大学委员会深入双阳区长岭乡开展科技支农活动，配合长春市民族事务委员会举办的"科技之冬"送知识下乡活动，选派专家深入农村为农民上课、讲解蔬菜种植和家畜养殖知识；结合长春市实际，民盟吉林农业大学委员会与民盟长

春市委员会合作，首创了农民参与社区发展新模式，盟员多次深入长岭乡，就长岭乡发展战略进行细致研究，到田间地头指导农民实践，该项工作得到主管市长和盟市委领导的高度重视，收到良好效果。

2006 年 11 月 24 日，学校与盟省委共同承办了"建设社会主义新农村论坛"，副省长陈晓光高度重视并出席会议。2007 年，参与省委统战部四平市科技咨询、盟省委通榆万平支边服务、服务振兴吉林论坛等活动。

学校统战人士为地方经济发展做出了贡献，涌现出了"感动吉林"十大人物之一的姜岩等一批杰出代表。姜岩教授带领当地农民经过 30 余年的艰苦奋斗，科学改良土壤，把昔日不毛之地的碱巴拉村改造成现在"田成方、林成网、路有荫、宅有凉、林茂、草壮、土肥"的沃野绿洲。他也因此获得了国家"支农扶贫为农林生产服务"的奖励和优秀科技建设一等奖。2007 年 1 月，姜岩教授被评为 2006 年度"感动吉林"十大人物之一。

（三）参政议政履职尽责

学校政协委员活动小组为市政协提出了"农业节水问题的思考与对策""农业结构调整与耕地质量保护"等多个有价值的提案和议案，受到市政协的高度重视。政协委员活动小组提出的《关于发展精品农业的建议》被市政府列入政府工作报告，《关于建设长春市农业信息网络的建议》被列入长春市 2000 年重点建设 10 件大事之一。民盟盟员郑经农教授离休不退休，积极参政议政，他提出的"关于东北三省黑土地开发利用的建议"，得到时任国务院总理朱镕基批示。学校民盟委员会参加完成的"关于增加长春市农民收入的思考与对策"调研课题，作为第十届政协会议的提案。

到 2008 年，学校共有各级人大代表 4 人。其中，省人大代表姚秋杰、陈光；市人大代表郭庆海；南关区人大代表张越杰。共有各级政协委员 9 人，省政协委员孙光芝，市政协委员戴立生、周米平、程培英、杨利民、田义新、窦森、付星魁、刘忠军。其中，窦森、付星魁、刘忠军为长春市十一届政协常委。

2006 年 7 月 26 日，全国政协副主席、民盟中央副主委张梅颖一行来学校调研工作，对学校的统战和民盟工作取得的成绩给予了高度评价。

六、加强人才队伍建设，实施人才兴校战略

（一）坚持把人才作为兴校之本

学校一直将人才工作纳入党委的日常工作，成立了由党委书记任组长，相关行政职能部门负责人为成员的吉林农业大学人才工作领导小组，各学院

也相应成立了人才工作领导小组，健全了人才吸引稳定的工作机制。

学校制定了《引进高层次人才的暂行规定》和相关引进人才的优惠政策，扩大各学院和职能部门在引进人才工作中的自主权。学校积极为高层次人才改善住房条件，为中青年专家提供购房资助共计400多万元。建立和完善竞争择优的人才选拔机制、各级领导干部联系人才制度、人才激励政策和评价体系，为人才脱颖而出创造条件。

以职称评聘结合为契机，改善整体职称结构。2006年，学校作为吉林省第二批的试点单位，大力开展部分专业技术职务"评聘结合"改革。两年中，共聘任正高级人员27人、副高级人员84人。到2007年末，有高级专业技术职务人员438人。其中，博士生导师31人，硕士生导师280人。

（二）建设精良师资队伍

确立教师主体地位，在住房、职称等各方面向一线教师、骨干教师倾斜。学校出台并实施了"学历百人工程"。制订了教师三年培训计划，增加教师培训经费投入，举办了英语培训班、CAI课件培训班、新教师岗前培训班，选派教师到校外进修学习。加强教师引进、教师在职提高、学科带头人培养，构建校、院及学科三级队伍建设体系。到2007年末，学校教师中具有博士学位者155人，比例达到15.03%，硕士学位以上比例达到45.30%，一大批中青年骨干教师，承担起教学、科研重任。

协助吉林省高等学校师资培训中心做好每年新进教师岗前培训工作；配合吉林省教育厅完成新进教师的教育教学能力测试及教师资格认定工作。组织完成教师以外系列新进人员校内岗前培训工作。

七、推行依法治校，加强民主管理

（一）坚持和完善教职工代表大会制度

学校每年召开1次年度教职工代表大会，听取和审议学校年度工作报告和财务工作报告。根据工作需要，适时召开教职工代表大会专项会议和教职工代表大会代表组长会议。

1999年1月13～15日，学校召开第四次教职工代表大会暨工会会员大会。参加会议的代表共224人。李玉校长代表学校向大会作了题为《深化改革，加快发展，把充满生机和活力的吉林农业大学带入21世纪》的工作报告。张森同志代表学校第六届工会委员会，向大会作了题为《高举邓小平理论伟大旗帜，团结动员全校教职工为实现吉林农业大学跨世纪发展目标而努

力奋斗》的工作报告。会议审议通过了《吉林农业大学综合改革方案》和《吉林农业大学教职工代表大会实施细则》。选举产生了新一届工会委员会和工会经费审查委员会。张森、于莉同志分别当选为校工会主席、副主席。9月3日，召开了吉林农业大学第四届教职工代表大会二次会议，审议通过了《吉林农业大学第四届教职工代表大会第二次会议关于治理学校周边秩序、清理家属区建筑的决议》，对综合楼选址、子弟校是否继续办高中部等议题进行表决。

2001年3月20日，召开了吉林农业大学第四届教职工代表大会四次会议。审议通过了《吉林农业大学"十五"计划和2010年规划》《吉林农业大学编制管理暂行规定》《吉林农业大学实施岗位津贴制度的暂行规定》。2003年9月12日，召开了吉林农业大学第四届教职工代表大会七次会议。审议通过了《关于吉林农业大学土地开发问题的报告》《关于吉林农业大学教职工集资建房总体方案的报告》。

2005年12月22~23日，吉林农业大学第五次教职工代表大会暨工会会员大会召开，201名代表参加了会议。郭庆海校长代表学校向大会作了题为《树立科学发展观，大力推进内涵建设》的工作报告，武福军同志代表吉林农业大学第七届工会委员会，向大会作了题为《围绕中心，服务大局，团结动员教职工为学校的改革和发展而努力工作》的工作报告。会议审议通过了学校工作报告和学校财务工作报告，选举产生了新一届工会委员会和工会经费审查委员会，武福军同志当选工会主席。

2006年7月，召开了吉林农业大学第五届教职工代表大会二次会议。审议通过了《吉林农业大学专业技术职务评聘岗位设置办法》。2007年1月19日，召开了吉林农业大学第五届教职工代表大会三次会议。审议通过了《关于吉林建筑工程学院有偿使用学校10万平方米土地的报告》《关于长春净月经济开发区管理委员会征用学校土地的报告》。2008年3月14日，召开了吉林农业大学第五届教职工代表大会五次会议。审议通过了副校长孙少平代表学校所作的《关于以棚户区改造为核心（含土地置换内容）的校园周边环境改造工程的报告》。

（二）积极推进校务公开工作

制订《吉林农业大学校务公开制度》，设立校务公开专栏、开辟互联网校务公开专栏。2001年11月15日，吉林省校务公开工作现场会在学校召开，学校校务公开工作经验在全省推广。2002年6月，学校在全国校务公开工作经验交流会上作了经验介绍。

八、积极稳妥处理突发事件，维护学校安全稳定大局

2003 年 4 月，面对突然袭来的"非典"疫情，学校领导给予高度重视，认真部署预防工作，采取一系列措施，积极预防"非典"，把预防工作落到实处。既取得了防治"非典"工作的胜利，又确保了正常的教学、科研和生活秩序，经受住了前所未有的严峻考验。

学校抗击"非典"工作也受到省市及相关部门领导的重视和关怀。5 月 2 日，省委副书记全哲洙、省委副秘书长孙占国、教育厅厅长蒋力华、副厅长于志凯等领导同志来学校检查"非典"防治工作落实情况，校党委书记薛玉山代表学校党委作了防控"非典"工作汇报。

2003 年 9 月 29 日，学校召开防控"非典"工作阶段性总结表彰大会。对"非典"防控工作作了总结，对先进集体和先进个人进行表彰。

第六节　隆重举行建校 60 周年庆祝活动

2008 年 9 月 6 日上午，学校建校 60 周年庆典大会隆重举行。省委副书记王儒林、省人大常委会副主任唐宪强、副省长陈晓光、副省长王守臣、省政协副主席林炎志等应邀出席大会。中共中央政治局委员、国务院副总理回良玉，吉林省省长韩长赋，全国政协原副主席王忠禹发来贺信。省委、省政府有关部门的领导同志，各市、州、县有关负责同志，中外友好院校、科研院所有关领导，社会各界知名人士，专家学者，企业主管，新闻界的朋友，学校海内外校友及学校现任领导、老领导、离退休老同志、师生员工 1 万余人参加了大会。校党委书记姚秋杰主持了大会。

副省长陈晓光代表吉林省政府向吉林农业大学全校师生员工表示最热烈的祝贺。他说，吉林农业大学建校 60 周年来，始终坚持正确的办学方向，励精图治，艰苦奋斗，探索出一条注重内涵、特色发展的办学道路，学校整体办学水平和社会声誉显著提高，构建了遍布吉林省的农村科技服务体系，培养了一大批扎根农村、服务农民的科技人才，为吉林省乃至全国输送了许多优秀人才，为吉林省经济社会发展和新农村建设做出了重要的贡献。校长秦贵信代表学校致辞，向一直支持吉林农业大学发展的各级领导，向长期帮助学校的海内外友好院校的同仁，向满怀深情归来的校友，向所有光临庆典的贵宾和朋友们表示热烈的欢迎和衷心的感谢。中国农业大学党委副书记张东军，日本岩手大学校长藤井克己，全国著名大豆育种专家、吉林省农业科

学院研究员孙寰，吉林农业大学资源与环境学院院长赵兰坡，2007 级研究生张瑾分别作为兄弟院校、国际友好学校、校友代表、教师代表、学生代表致辞，共同祝愿学校在未来的发展中再创辉煌、再谱新篇。

　　大会期间，学校举办了学术报告会、文艺晚会、校史展览、科技成果展等丰富多彩的活动。播放吉林农业大学校庆专题片，全方位地向来宾和校友们展示了学校 60 年的光辉历程。

第七章 凝心聚力 大展宏图
（2008—2018）

2008 年以来，学校的改革发展进入到了崭新的时代，在中国特色社会主义伟大旗帜的指引下，学校遵循高等教育发展规律，主动适应经济社会发展新常态，全面增强综合办学实力和核心竞争力，认真履行人才培养、科技创新、社会服务、文化传承创新、国际交流合作的办学职能，各项事业取得了可喜成绩，在建设高水平农业大学的征程中迈出了坚实的步伐。

第一节　打造高水平学科专业，提升学校核心竞争力

学校重视学科建设工作，充分认识到学科建设在学校发展中的龙头地位和基础性作用。采取有效措施提高学科建设水平，促进办学整体实力提升。以学位授权点合格评估和学科评估为契机，凝练学科方向，优化学科布局，打造学科高峰，拓展学科高原，培育学科特色，提升学科优势。

一、注重学科建设，提升办学实力

（一）提升学科建设重要地位

学校注重突出学科建设龙头地位和基础性作用，于 2008 年在全校范围内，组织开展了吉林农业大学学科建设研讨活动。活动中，校长秦贵信作了学科建设动员报告，邀请专家作学科建设辅导报告；在学科建设研讨活动阶段性工作会议上，各相关单位认真交流二级学科建设发展体会。

2009 年，学校邀请国务院学位委员会的有关专家，来校为副科级以上党政干部、研究生导师、学科带头人、各系和教研室主任等，作关于学科建设、专业学位研究生教育报告。同年 12 月，学校举行学科建设工作总结大会。会上，与会领导宣读了《中国工程院关于 2009 年院士增选结果的通知》《郭庆海教授受聘国务院学位委员会第六届学科评议组成员聘任决定》和《关于批准新设植物保护等 5 个博士后科研流动站的决定》，并为新增的 5 个博士后科研流动站揭牌。

学校加强学科建设相关工作人员培训教育工作。2010 年 10 月，举办了

科研、研究生工作秘书培训会。研究生学院、科研处各科室具体工作负责人向参加培训人员作了相关工作内容与工作流程介绍。研究生学院、科研处全体工作人员，各学院科研、研究生工作秘书，各科研平台秘书共 50 余人参加。

为全面提升学科内涵建设与功能提升，2015 年 11 月，学校召开学科内涵建设与功能提升座谈会。与会人员围绕学科梯队建设、育人能力提升、科技创新与社会服务能力增强、科研创新团队组建等方面内容进行充分交流。各学院院长及部分学科带头人参加座谈。

注重发挥校学术委员会职能，2016 年 7 月，学校召开第七届学术委员会第一次工作会议。会议选举中国工程院院士、学校博士生导师李玉为第七届学术委员会主任，选举郭庆海、秦贵信、陈光、张越杰为第七届学术委员会副主任。会议审议通过了第七届学术委员会 3 个专门委员会委员名单。

（二）优化学科结构布局

学校注重加强学科结构布局与调整，根据国务院学位办公室的相关工作要求，按学科发展实际，对相应学科分别进行撤销、重设等相应处理。

2010 年以来，农业资源利用、植物保护、畜牧学、生物学、中药学 5 个学科增列为博士学位授权一级学科，食品科学与工程、兽医学 2 个博士学位授权二级学科新增为博士学位授权一级学科。生物学、轻工技术与工程、环境科学与工程、药学、马克思主义理论增列为硕士学位授权一级学科。草学、生态学对应调整为硕士学位授权一级学科；计算机科学与技术由硕士学位授权二级学科新增为硕士学位授权一级学科。新增制药工程、风景园林、旅游管理等硕士专业学位授权点。中药学增设中药资源学、中药化学 2 个目录外二级学科，马克思主义理论增设马克思主义中国化研究二级学科。获批草业科学、农业信息化 2 个农业推广硕士专业学位新增领域，获批社会工作、中药学硕士 2 个专业学位类别。园艺学在目录外增设设施园艺学。

2012 年，学校组织开展二级学科重新论证调整，作物学撤销种子科学与工程、作物生理生态、作物资源学。农林经济管理撤销畜牧业经济管理、农业资源环境经济管理，增设农村发展、食物经济管理。植物保护增设菌物学、生物防治。

至此，学校共拥有博士学位授权一级学科 9 个，博士学位授权二级学科 43 个；硕士学位授权一级学科 18 个，硕士学位授权二级学科 81 个，专业硕士学位授权领域 21 个。

（三）突出内涵质量发展

为进一步加强学科内涵发展，2009 年，兽医学、中药学 2 个学科参评全国第二次学科评估，其水平处于参评学科中游。

2013 年，作物学、畜牧学、草学 3 个学科参评全国第三次学科评估，作物学获得 69 分，在 35 个参评学科中排列 22 位；畜牧学获得 71 分，在 26 个参评学科中排列 14 位；草学获得 64 分，在 20 个参评学科中排列 16 位。

2018 年，学校有 18 个学科参评全国第四轮学科评估，有 9 个学科上榜（进入参评学科的前 70％），其中兽医学学科获得了 B（20％～30％为 B）、食品科学与工程、作物学、农业资源与环境、植物保护、农林经济管理 5 个学科获得了 B－（30％～40％为 B－），畜牧学、生物学获得 C＋（40％～50％为 C＋）、生态学获得 C－（60％～70％为 C－）的较好成绩。第四轮学科评估全国共有 513 个单位的 7 449 个学科自愿参评，学科评估以一级学科为对象，以质量、成效、特色、分类为导向，从师资队伍与资源、人才培养质量、科学研究水平和社会服务与学科声誉 4 个方面进行综合评价。

学校加强省级重点学科、重点实验室建设。根据吉林省教育厅要求，2009 年 6 月，学校对全校 10 个省级重点学科、重点实验室建设情况开展专项自检自评工作。2011 年以来，食品科学与工程、作物学、园艺学、农业资源与环境、植物保护、畜牧学、兽医学、农林经济管理 8 个学科获批吉林省高校“十二五”优势特色立项建设学科，生物学、中药学获批为吉林省高校“十二五”立项培育学科、立项建设学科。兽医学、作物学、植物保护、畜牧学 4 个学科被省教育厅遴选为吉林省“重中之重”立项建设学科。

学校加强学位授权点建设与自评工作。按照国务院学位委员会、教育部《关于开展学位授权点合格评估工作》要求，2016—2018 年，利用 3 年时间，对全校 23 个学位授权点进行合格评估。其中，社会工作、中药学 2 个专业学位点，在 2014 年学位授权点专项评估中取得“合格”成绩。

（四）强化学科队伍建设

采取多种措施加强学科队伍建设，学校学科队伍建设工作取得显著成绩。2009 年，郭庆海当选国务院学位委员会第六届学科评议组成员，这是学校农林经济管理学科专家首次受聘为国务院学位委员会学科评议组成员。2015 年，郭庆海、秦贵信受聘国务院学位委员会第七届学科评议组成员。

2010 年，学校有 10 名专家受聘为吉林省学位委员会第三届学科评议组成员。2017 年，李玉、郭庆海、秦贵信、冯江、陈光、张越杰、刘景圣、图力古尔、王春凤、杜锐、吕文发、邵玺文、高强、窦森、王大为、李海

燕、闫伟红、臧连生、王英平、包海鹰、刘文丛 21 名专家入选吉林省学位委员会第四届学科评议组成员。

2013 年，学校对全校具有学位授权的一级学科、二级学科带头人进行重新遴选。

加强学科领军人才培养。杜锐、刘景圣、李海燕、马红霞、王春凤、杨利民 6 人受聘吉林省高校首批"学科领军教授"，王春凤、刘景圣、杜锐 3 人受聘"长白山学者"首批特聘教授。高洁、马红霞受聘 2014 年度"长白山学者"特聘教授，Nicolas Desneux、李慧芬、高志峰受聘 2014 年度"长白山学者"讲座教授。王大为、吕文发受聘 2015 年度"长白山学者"特聘教授，潘挺睿、于晓华受聘 2015 年度"长白山学者"讲座教授。

（五）加大博士后科研流动站建设

学校注重加强博士后科研流动站建设。2009 年，植物保护、畜牧学、农业资源利用、兽医学、食品科学与工程 5 个学科被批准增设为国家一级学科博士后科研流动站。

加强博士后学术交流，积极承办学术会议。2010 年，由全国博士后管理委员会主办、吉林省人力资源和社会保障厅（以下简称人社厅）与学校共同承办、吉林省农业科学院协办的中国博士后"现代农业科技与农村社会发展"学术论坛在学校举行。吉林省政府副秘书长李建华到会并致辞。来自全国 20 所高校和科研院所百余名博士后人员参加了论坛。

高度重视博士后科研流动站在站研究人员队伍建设。"农业资源利用"博士后科研流动站在站研究人员钟双玲博士，荣获"中国博士后科学基金第五批特别资助"，是学校自设立博士后科研流动站以来首次获得特别资助。

学校积极组织开展博士后科学基金评审专家推荐工作。2012 年，郭庆海、张越杰、窦森、赵兰坡、陈光、李校堃、刘景圣、钱爱东、张东鸣、秦贵信、杨利民、李玉、张连学、吴春胜、王丕武 15 人为中国博士后科学基金评审专家。同年 9 月，在吉林省人社厅召开吉林省博士后工作会议上，学校博士后合作导师、博士后研究人员、博士后管理人员及博士后科研流动站受到表彰。李玉、秦贵信、郭庆海被评为"优秀博士后合作导师"，郜玉钢、韩崴崴被评为"优秀博士后研究人员"，王玉被评为"优秀博士后管理人员"，作物学一级学科获得"先进博士后科研流动站"。

经过多年的建设与发展，学校博士后科研流动站建设工作取得了较大进展，在人力资源和社会保障部与全国博士后管理委员会联合组织的 2015 年度博士后综合评估工作中，食品科学与工程、兽医学、畜牧学、植物保护、作物学 5 个博士后科研流动站评估等级为良好，农林经济管理、农业资源与环境 2 个博士后科研流动站评估等级为合格。

二、加强专业建设，发展优势特色专业

（一）积极增设新专业

在专业建设上，学校依据地方经济社会发展需求，充分发挥现有办学资源优势，合理调整专业布局，优化专业结构，挖掘新的专业增长点。在充分考虑社会需求、学校学科专业优势、现有专业数量与资源条件状况下，积极增设新专业。

2008 年，增设应用生物科学、动物药学 2 个专业，将轻化工程专业调整为粮食工程专业。2010 年，增设草业科学、种子科学与工程、保险学 3 个专业。2011 年，增设设施农业科学与工程、风景园林 2 个专业。2012 年，开展本科专业整理工作，增设新能源科学与工程专业，撤销资源环境与城乡规划管理专业，将畜禽生产教育和农产品储运与加工教育分别合并至动物科学和食品科学与工程专业。2013 年，增设物联网工程专业。2014 年，将资源环境科学专业更名回农业资源与环境专业。2016 年，增设金融学、药学、工艺美术、生物信息学 4 个专业。

截至 2017 年末，学校共有 63 个本科专业，分属于农学、理学、工学、医学、文学、管理学、法学、经济学、艺术学 9 个学科门类。

（二）打造优势特色专业

学校依据专业办学特色和发展实际情况，本着提升优势特色专业并将其办成国内同类一流专业，支持建设与国家战略及地方经济社会发展相适应的专业，发展学校非传统、优势、特色及新办专业，限制发展就业率低、设置趋同、招生过剩专业的指导意见，将专业分成争优创先型、发展提升型、稳定发展型 3 个层次进行分类建设。

2012 年，动物医学和植物保护专业被评为国家专业综合改革试点专业。2014 年，动物科学、动物医学、食品科学与工程、植物保护、农学专业被评为首批吉林省品牌专业，动物医学、植物保护、食品科学与工程、动物科学、农业资源与环境、农学、园艺、农林经济管理专业获批国家第一批"卓越农林人才教育培养计划"试点专业。2015 年，农业机械化及其自动化、物联网工程专业评为吉林省高等学校"卓越工程师教育培养计划"试点专业；农林经济管理、生物工程、园艺、农业资源与环境专业被评为第二批吉林省品牌专业；家政学专业获批吉林省首批高校转型改革试点专业。2016

年，英语、计算机科学与技术专业顺利通过本科专业综合评价工作。

经过多年的发展与积淀，学校形成了以农林经济管理、动物科学、动物医学、食品科学与工程、园艺、家政学、中药资源与开发7个国家级特色专业为引领的一批优势专业，建有国家专业综合改革试点专业2个，国家"卓越农林人才教育培养计划"试点专业8个，省级特色专业13个，省级品牌专业9个，省级卓越工程师试点专业2个，省级高校转型试点专业1个，省级人才培养模式创新实验区专业4个。

第二节　坚持人才培养中心地位，努力培养高质量人才

提高人才培养质量是高等教育的核心任务，深化教育教学改革是新时期高等教育发展的强大动力。学校始终把人才培养视为工作重心，不断推进教育教学改革，全面提升了人才培养质量。

一、深化教育教学改革，全面提升人才培养质量

（一）创新人才培养机制，建立多元化人才培养模式

经过10年的发展，学校结合自身特点和学科专业优势，创新教学理念和管理机制，以基础课教学改革为切入口，加强教学内容、教学方法与手段改革，完善课程体系，形成了特色鲜明、多元化的人才培养模式。

"基础＋特色"人才培养模式。在人才培养历程上，按照"厚基础、宽口径、重个性、高素质、强能力、多模式"原则，从加强通识教育、拓宽专业口径、强化基础教学3个方面体现出对本科教育基础性的高度重视，各专业力争按一级学科或科类设置主要学科基础课，并注重设置交叉学科课程。在时间安排上，各专业前两年注重强化基础课程，第三年分方向培养，避免过分强调专业方向、过早分流。在课程设置上，减少必修课比重，扩大选修课种类和数量，增大学生选课自由度，课程设置及教学环节注重共性与个性、统一性与多样性相结合，公共基础课分层次、分类型教学，为学生个性发展提供条件。对于社会确有需要的特殊人才，通过在宽口径专业内设置柔性的专业方向或选修课程组进行培养。

卓越型人才培养模式。自2012年启动"卓越人才培养计划"，采用"3＋1""3＋2＋3＋X"的方式培养卓越人才。"3＋1"培养方式，即3年校内学习，1年企业或校外实习，着重培养高水平应用型人才；"3＋2＋3＋X"培养方式，即3年本科学习，2年以上硕士学习，3年以上博士学习，着重

培养拔尖创新型人才。首批在动物医学、植物保护和食品科学与工程专业进行试点，配备优质师资，改善教学条件，采用小班授课，实行流动机制，提供开放的学习环境，对学生进行个性化培养。2014 年，学校拔尖创新型和复合应用型两个项目，获批国家第一批"卓越农林人才教育培养计划"改革试点项目。

"三层次、三结合、五平台"人才培养模式。在培养环节上，通过此类人才培养模式，着重培养实践创新人才。"三层次"即"认知与基础—体验与综合—研究与创新"递进式实践教学体系；"三结合"即实践教学与科研相结合、与社会实践相结合、与就业相结合，通过实践课程、科技活动、科研训练、学科竞赛、模拟创业等平台，为学生知识、能力、素质的协调发展提供保证；"五平台"即实践课程平台、科技活动平台、科研训练平台、学科竞赛平台、模拟创业平台。

在吉林省率先实施跨专业门类大类招生培养改革。为适应高等教育发展新形势，提高人才培养质量，学校主动调整学科专业布局，改革人才培养模式，全面启动大类招生培养工作。2018 年 1 月 12 日，省教育厅正式批准学校实施按大类招生培养。大类招生培养改革是深化高等教育教学改革的有益探索，有利于扩大学校办学自主权，建立通识教育与专业教育相结合的人才培养体系。通过强化"通识教育"和"以学生为中心"的人才培养模式，可对接"专业在前、学校在后"的高考录取改革，平衡专业间生源差距，有效防止考生盲目报考；调整、优化学校专业布局，推动专业间良性竞争；推动学校办学资源合理共享，提高学校办学效益；激发教师和学生的教与学热情，提高教学质量。

为了进一步贯彻落实新时代全国高等学校本科教育工作会议精神，加强本科教学工作，提高人才培养质量，2018 年 7 月 4 日，学校在中心教学楼一楼报告厅召开了由各单位负责人、学科专业负责人和教师代表参加的2018 年本科教学工作会议。校长冯江在会上作了题为《迈进新时代，实现新跨越，努力建设一流本科教育》的大会报告。校党委书记席岫峰作了题为《不忘初心，牢记使命，培养一流本科人才，建设高水平农业大学》的总结讲话。会后，学校在全校范围内组织开展了教育思想大讨论。

（二）修订人才培养方案，提高人才培养质量

在 2006 年人才培养方案的基础上，学校紧紧围绕经济建设新需求和社会发展对人才、知识、能力、素质的新需要，先后 3 次修订人才培养方案。

2010 年版的人才培养方案，以"培养基础扎实，知识面宽，实践创新

能力强，德、智、体、美全面发展的应用型、复合型和研究型人才"为培养目标，本着"准确定位人才培养目标和规格，加强基础，突出专业，促进专业教育与通识教育相结合，科学教育与人文教育相融合，促进课程体系与教学内容整体优化，坚持理论与实践相结合，加强学生实践能力与创新能力培养"的基本原则，将素质教育与创新教育思想融入培养方案，努力构建创新人才培养体系。

2014 年版的人才培养方案，以"注重提高学生综合能力和个性心理品质，促进学生知识、能力、素质协调发展，培养基础扎实、视野开阔、综合素质与创新能力强的学术型、应用型、复合型人才"为培养目标，本着"坚持分类指导、分层培养，坚持以学生为本、满足学生全面发展与个性发展需求，坚持强化能力、实践育人，坚持持续提高本科教学质量"原则，目标定位更加科学准确，学科优势和办学特色更加凸显，课程结构更加优化，实践教学体系更加完善，素质拓展课程更加丰富。

根据按大类招生培养需要，认真制订 2018 年版的人才培养方案。以培养"基础扎实、素养优秀、专业精通，实践能力和创新能力强，德智体美全面发展的学术型、应用型、复合型高素质人才"为目标，本着"坚持以学生为中心，推进以教为中心向以学为中心转变；坚持以教学改革为动力，实行按大类招生和大类培养；坚持以主干课程建设为核心，降低学时学分；坚持以通识教育为重点，满足学生个性发展；坚持以创新创业教育为切入点，提高学生的创新精神和创业能力；坚持以混合式教学为手段，促进课堂教学与在线教育相融合"的基本原则，按照"以人为本、德育为先、能力为重、全面发展"的要求，重点实行按大类培养，降低修读学分，打造专业"6＋1"核心课程，强化通识教育，优化实践教学，加强双创教育，改革教学模式，增强个性发展，构建多样化的人才培养模式。

（三）加强课程资源建设，构建三位一体的课程体系

学校本着"基础＋专业"的课程对接原则，突出"核心＋个性化"的专业课程设计理念，以"纵向＋横向"的方式丰富课程内容，大力加强基础课、选修课和在线开放课程建设。同时，按照"以打造优质课程资源为重点，带动系列课程全面建设为主线"的思路，构建了"国家、省级、校级"三位一体的课程建设体系。

推动课程改革工程。2012 年，学校启动本科基础课程教学改革工程，改革的范围涵盖 67 门公共基础课和专业基础课。注重因材施教，对英语课程实行分级教学，重视个性化培养，对体育课程实行网上任选专项。2014

年，基础课程中国近代史纲要获批为省级精品课程。通过推进本科基础课程教学改革，全面提升基础课程教学质量，充分发挥了基础课程在专业人才培养中的基础性作用。

建立多元化的素质拓展课程体系。2011年，学校为丰富课程内容，拓展学生视野，首次引进网络选修课。网络选修课是传统素质拓展公共选修课课堂教学的有效补充，课程开设改善了课程门类和结构，拓宽了学生视野，开阔了学生眼界。2012年，学校首次开设教授大讲堂，教授为本科生开设素质拓展课程。此外，借助实验中心等平台，首次开设实践技能素质拓展课。学校广集各方优势，充分挖掘优质素质拓展课程资源，全面提升素质拓展课程质量，建立了多元化素质拓展课程体系。

大力推进在线开放课程建设。2016年，学校制订《吉林农业大学在线开放课程建设实施方案》，以立项建设的形式开展在线开放课程立项工作；9月28日，正式启动"吉农在线学堂"。"十三五"以来，学校本着"突出建设重点、注重应用共享、加强规范管理"的原则，重点打造"吉农在线学堂"，推进信息化背景下的课堂教学改革，激发学生学习积极性，提升教师教学能力，加强教学应用与共享，提高课堂教学效果。学校立项建设72门在线开放课程，平台上的6门课程均上线运行。

通过实施基础课程建设、素质拓展课程建设、在线开放课程建设，提升了课程建设质量。目前，学校建有国家级精品课4门。其中，长白山特色植物资源、走进多彩的菌物世界为国家精品视频公开课，动物微生物学、基础生物化学为国家精品资源共享课。省级精品课程24门，省级优秀课程71门，校级优秀课118门，校级双语教学示范课程5门，教学模式与方法改革示范课程25门。2017年8月，学校有5门课程获批为吉林省立项建设的在线开放课程，课程均在吉林省课程共享联盟平台上线，实现了校际优质教学资源的应用与共享。

同时，学校加强教材建设，推进信息化教材管理。鼓励教师申报和编写教材，注重优秀教材培育工作。"十二五"以来，学校在教材建设上实施精品战略，抓好重点规划，积极组织教师申报国家级规划教材，并在教材管理上实行信息化管理模式。2017年，学校本着"注重导向、确保质量、打造精品"的建设原则，整合学校教师、学科专业优势与资源，按照"分类别、精品化、立体化"建设思路，加强规划教材立项项目资助，完善教材管理平台，为学校建成了一批高质量、有特色的教材。2010—2018年，学校共出版教材166部。其中，国家级规划教材9部，省部级规划教材47部。有10

部教材被评为"全国高等农业教育"优秀教材，有 2 部教材被中国林业教育学会评为普通高校林（农）类"优秀教材"。

（四）重视实践教学建设，发挥实践育人功能

学校重点加大对实践教学基地和实验室（中心）的经费投入，注重加强实践教学体系建设，充分发挥实践育人在人才培养中的重要作用。

实践教学体系建设。学校通过"三层次、三结合、五平台"人才培养模式，构建了全方位、全过程实践教学体系。实践教学体系设计以训练基本方法、基本技能，培养知识综合运用能力、系统设计能力和创新创业能力为主要目标，以实验教学、课程设计、实习实训、毕业论文（设计）等第一课堂为主体，以学生社会实践、科技创新、模拟创业、课外科技活动等第二课堂为辅助。

实践教学基地建设。学校着重研究校内外实训实习现状、形式、内容和结构，强化校内外实习基地建设，突出了办学特色，破解了实习难题。2012年，学校延边肉牛牦牛农科教合作人才培养基地、长春大豆农科教合作人才培养基地获批国家级农科教合作人才培养基地；2013 年，吉林天景食品有限公司大学生校外实践教育地获批国家级校外实践教育基地，实现了学校国家级实践教育基地零的突破。建成校内专用型、校企联合型和农业科技示范园区型三类多元化实践教学基地 347 个。其中，校内专用型基地 89 个，校外协议基地 222 个（含挂牌基地 85 个），科技示范园区型校外基地 36 个。不同类型的实践教学基地与不同阶段的实践教学体系相结合，形成了阶梯式功能依次递进的 3 块实践教学平台，为学生提供了广阔的实践平台。

实验室（中心）建设。学校实行实验室和科研平台等多元化开放制度，推动实验课程改革，改进实验教学方法，整合实验课程，优化实验内容，提高了实验室资源利用率，实验开出率达到 100％。2009—2014 年，新增动物医学实验教学中心、农业生物学与工程技术实验教学中心、农学植物生产类实验教学中心、基础化学实验教学中心、农业资源与环境实验教学中心、现代农业工程训练中心、中药学实验教学中心、人文科学实验教学中心 8 个省级实验教学示范中心，新增家政学实验教学中心等 10 个校级实验教学示范中心。2015 年，农业资源与环境实验教学中心被教育部评为国家级实验教学示范中心，实现了学校国家级实验教学示范中心零的突破。学校逐步形成了以国家级实验教学示范中心为引领，省级实验教学示范中心为支撑，校级实验教学示范中心和实践基地为基础的分层次实验教学平台，以点带面推动实验教学改革向纵深发展。

（五）重视创新创业教育，取得丰硕建设成果

大学生创新创业训练计划项目。学校创新构建了"一个中心、两级管理、三个统一"的"大创计划"项目运行管理模式，指导大学生创新创业工作。"一个中心"，即以本科生人才培养为中心，打破原有各部门各自为战的现象。"两级管理"，即以教务处为主做国家和省级项目，以团委、招生就业工作处、科技管理处为主做校级项目。"三个统一"，即所有参与创新创业的管理部门统一面向学院，统一面向教师，统一面向学生。截至目前，学校成功获批大学生创新创业训练计划项目国家级 260 项、省级 512 项，共获得 307 万元的资助，学校对省级项目进行配套资助。学生依托"大创计划"项目的锻炼，取得了一定的成绩，学生以第一、第二作者参与发表论文共 185 篇，发表 SCI、EI 论文 41 篇，重点和核心期刊论文 90 篇，授权专利和软件著作权 61 项。

学科竞赛。学校鼓励大学生积极参加各类学科竞赛，在竞赛中增长才干，在竞赛中孕育创新。近 10 年，组织开展大学生程序设计竞赛、电子设计竞赛、数学建模竞赛、生物学实验技能竞赛、英语竞赛、机械创新设计大赛、智能汽车竞赛、工程训练综合能力竞赛、测绘技能竞赛、沙盘模拟经营大赛、广告艺术大赛、农业建筑（生物）环境与能源工程相关学科专业创新设计竞赛等学科竞赛，大力推动校赛，以校赛带动国家及省级比赛，扩大学生参与度。获国家级特等奖 3 项，一等奖 34 项，二等奖 80 项，三等奖 257 项；省级特等奖 7 项，一等奖 96 项，二等奖 222 项，三等奖 358 项。在教育部主办的第九届全国大学生创新创业年会上，有 2 项学生创新创业成果参展，项目数量和成绩位居吉林省高校第一；在第三届国家"互联网＋"创新创业大赛上，有 3 项学生作品获国家级铜奖；在"大创计划"项目上，有 60 项获批国家级"大创计划"项目，数量居省属高校第一；在创新创业基地建设上，有 6 个基地获批省级大学生校外实践教育基地。

学校紧跟时代步伐，坚持"以创新引领创业，以创业带动就业"的理念，把创新创业教育作为推进教育教学改革的切入点，将创新创业教育贯穿人才培养全过程。出台了推进创新创业教育工作实施意见、创业园区管理办法、课程教师选聘办法等 22 项专门文件；打造了"必修＋选修""培训＋实践""慕课＋讲座"的"3＋"课程体系；编写出版了"十三五"规划教材《大学生创新创业教育》；建设了"高端人才引领＋校内教师指导＋企业精英培育"双创师资队伍；建立了覆盖创新创业教育工作全过程的制度体系，实行了"创业意识唤醒、能力赋予、项目孵化、辐射带动"的全链条阶梯式教

育模式，形成了"教育有体系、实训有平台、孵化有支撑、服务有保障"的工作推进模式。在全国高校中首创的"1＋N"双园驱动创新创业教育模式，得到教育部的高度认可，即以学校大学生创新创业园为引领，以13个学院二级创新创业园为主体，共同推动学生创新创业教育。学校创新创业园拥有大学生创新创业园、吉农青鸟创业园两个校级园区，具备教育培训、模拟训练、商业演练、孵化支持等功能所需的设施条件，为学生创业项目免费提供办公场地、基本设施、资金扶持等服务。自2011年以来，校级创业园入驻项目69个，已注册企业48家。学校先后有5名毕业生被评为吉林省十大创业先锋。

2016年，学校被评为全国首批50所创新创业典型经验高校。2017年，学校被评为首批99所"全国深化创新创业教育改革示范高校"。新华网、《中国社会科学报》、吉林电视台等多家媒体对于学校的创新创业工作和创业典型都给予深度关注和广泛宣传。

（六）加强名师团队建设和教学管理，提升育人质量和管理水平

学校非常重视教学名师、教学团队建设工作。2010年，植物保护系列课程教学团队获批为国家级优秀教学团队。2011年，李玉院士被评为国家级教学名师，实现了学校国家级优秀教学团队和教学名师零的突破。为充分发挥名师和团队的示范作用，学校建立团队合作机制，开发教学资源，开展教学改革，更新教学内容，创新教学方法，促进教学研讨，加强经验交流，不断提高教师教学能力，提升教师育人水平。

目前，学校共有国家级教学名师1人，省级教学名师11人，校级教学名师35人；省级教学新秀2人，校级教学新秀15人；有国家级优秀教学团队1个，省级优秀教学团队14个，校级优秀教学团队57个。

学校坚持以人为本的教育理念和现代教育管理观，于2015年、2017年较为全面地制定和完善教学管理制度，规范各项教学管理工作流程，形成了完备的教学管理体系。学校在各项教学管理制度的指导下，实行学分绩点制，实施卓越人才培养计划，推进人才培养模式改革和考试改革，推进实践育人体系建设，推动教学管理权限下移，整个教学运行工作平稳、有序。

学校非常重视教学信息化建设，不断更新教学管理理念，改革教学管理方法，完善软硬件建设，努力使教学管理更加科学、规范。2010年，创建本科教学工程项目网站，引进教材管理软件；2014年，更新、升级教务管理系统；2016年，启动吉林农业大学网络教学平台——"吉农在线学堂"，并建成127间标准化考场；2017年，"学生自助打印系统"正式运行。各类网站、平台、系统的使用，提升了教务管理信息化水平，为广大师生提供了人性化、高效优质的服务，提升了学校教学管理整体服务形象。2011 年，学校被评为全国学位信息报送工作先进单位。2016 年，被评为吉林省教育系统先进单位。

（七）加强教学常态监测，建立教学质量监控体系

学校高度重视教学质量保障工作，按照"以人为本、系统规划、持续改进"的原则，围绕办学定位和人才培养目标定位，在教学资源配置、人才培养过程、服务教学管理等方面构建了较完善的教学质量标准体系。

继 2008 年学校围绕"1234"教学质量监程体系，加强校院两级教学督导后，2011 年，修订《教学督导工作条例》，调整校院两级教学督导队伍，采取专兼职结合督导工作模式，增加督导工作职能，实现督导工作重心下移；2012 年，继续创新督导工作模式，将重心由"督"转向"导"，督导工作内容由单纯的听课与检查向指导与评估方向转化。同时，学校注重质量信息的收集和各类基本状态数据的积累，利用教学基本状态数据对教学状况和人才培养质量进行常态监测，并对数据进行深入挖掘，畅通反馈渠道，为改进工作提供依据；2014 年，依托教育部评估中心本科教学基本状态数据平台，系统地开展教学基本状态数据采集与分析。

经过多年的发展，学校逐步建立了人才培养、理论教学、实践教学、专项评估、教学管理、评学、教师队伍评价等质量标准，形成了以教学质量管理责任部门和各学院为主体、相关部门为辅助，集教学决策、咨询审议、督察指导、组织实施、教学保障、信息反馈功能于一体的教学质量保障组织体系，基本形成了全员参与、全方位着手和贯穿全过程的教学质量监控机制。

（八）加强高等教育研究，提高教学水平

紧密围绕全国高等教育改革的新形势和学校内涵发展的新任务，开展了全国高校和农业院校排行榜、大学通识教育、一流学科建设、大学治理结构优化等宏观理论研究及学校核心竞争力培育、实践教学改革、教师课时工作量、基于学科专业的教师资源配置等校本研究。形成《六所吉林省属重点高校发展情况对比研究》《全国农业院校排行榜分析及应对策略》等研究报告36 份。

紧紧围绕学校本科教学、学生培养中存在的突出问题和主要矛盾，组织开展教育教学研究校级课题立项工作。结合高等教育研究发展热点与难点，组织开展省级以上教研课题立项工作。开展全国教育科学"十三五"规划课

题申报工作，开展吉林省教育科学"十三五"规划课题、高校思政研究专项课题立项组织申报工作。积极开展国家级、省级和校级教育教学研究课题立项工作，搭建教育科研平台。积极组织全校教师申报全国教育科学规划课题、中国高教学会课题、吉林省教育科学规划课题立项、吉林省高等教育教学改革课题等 9 大类教育教学研究课题的申报工作，不断提高学校高等教育研究的层次和影响力。实现吉林省教育科学规划课题和吉林省高等教育教学研究等省级课题立项 463 项，国家级课题立项 10 项，其中有一项全国教育科学规划课题获得经费 18 万元。

为调动教师从事高等教育研究的积极性，学校设立了专项经费，为教育科研课题提供一定数额的配套经费。进一步建立健全了高教科研管理规章制度，先后制定和修订了《吉林农业大学教学成果奖评选和奖励办法》《吉林农业大学教育教学研究课题管理办法》等 8 项制度，推进了高等教育研究管理的科学化、规范化、制度化。

学校实施教研质量提升计划，努力提升教研立项层次和水平，凝练教研成果。每 2 年开展一次校级教学成果奖评选工作，2008 年以来，学校共评选出校级教学成果 216 项。积极培育和打造省级教学成果。2009 年 3 月，在吉林省第六届高等教育教学成果奖评审中，学校有 10 项教学成果获奖，其中省级一等奖 3 项，二等奖 2 项，三等奖 5 项。2014 年 5 月，在吉林省第七届高等教育教学成果奖评审中，学校有 11 项教学成果获奖，其中省级一等奖 3 项，二等奖 3 项，三等奖 5 项。2017 年 10 月，中国高等教育学会公布了第五届全国优秀高等教育研究机构评选结果，学校高等教育研究所荣获"第五届全国优秀高等教育研究机构"称号。2018 年 4 月，在吉林省第八届高等教育教学成果奖评审中，学校有 11 项成果获奖，其中一等奖 2 项，二等奖 6 项，三等奖 3 项，并有一项教学成果被推荐参评第八届国家教学成果奖的评审。学校获奖数量列省属高校前列。

二、以评促建，推进学校内涵发展

（一）积极开展本科专业自我评估

2011—2013 年，学校历时 3 年开展本科专业评估工作。本科专业评估坚持导向性原则、统筹性原则、科学性原则和激励性原则，以"自我诊断，明确现状，找准问题，明晰方向，分类指导，立足长远"为工作方针，以全面掌握本科专业办学情况，为学校专业建设决策提供依据，解决核心和关键问题，进一步推进专业内涵建设，有效应对高等教育改革与发展的新形势和新要求为工作目标，聘请国内本专业学科领域权威专家学者、省内资深教学管理专家、国内农业院校教务处处长、省内重点高校教务处处长以及校内各学院院长、教学副院长共 107 位专家，对学校 46 个本科专业进行现场评估。其中，合格以上专业 37 个，占参评专业的 80.43%；不合格专业 9 个，占参评专业的 19.57%。

2013 年 6 月 22 日，《中国教育报》以《开展校内自我评估，促进学校内涵发展——吉林农业大学全面开展本科专业评估工作纪实》为题，报道了学校本科专业评估工作。通过宣传报道，使社会了解了学校提高教学质量、走内涵式发展办学之路的做法，得到了社会、家长、兄弟院校和上级主管部门的认可与好评。华南农业大学、甘肃农业大学、长春理工大学、吉林农业科技学院、黑龙江八一农垦大学等多所省内外高校到学校就本科专业评估和质量保障机制建设进行交流。

2013 年 10 月 31 日，学校召开本科专业评估总结大会，对学校本科专业评估工作进行全面系统总结。历时 3 年的本科专业评估工作，学校收获了建议、完善了规划，增强了意识、明确了方向，建立了机制、优化了体系，树立了典范、扩大了影响。

（二）圆满完成本科教学工作审核评估，夯实学校内涵发展基础

学校审核评估工作从开始启动到专家组进校考察，历时一年半。2014年 10 月，学校正式启动评估工作。2015 年 1 月，制订《吉林农业大学本科教学工作审核评估工作方案》，成立审核评估工作领导小组，设置相关工作机构。2015 年 4 月，邀请教育部评估中心院校评估处处长刘振天作了关于审核评估工作专家报告会。2015 年 4 月至 2016 年 2 月，撰写了 7 万余字的《自评报告》。2016 年 3 月，开展校内预评估工作。2016 年 4 月 18～22 日，学校接受了本科教学工作审核评估教育部专家组进校考察。

为充分有效利用评估成果，推动评估整改工作，促进教育教学建设与改革，2016 年 6 月，学校制订《吉林农业大学本科教学审核评估整改工作指导意见》，实施本科教学质量提升七大工程，即教学思想观念更新工程、教师育人能力提升工程、实践教学能力提升工程、大学生综合素质提升工程、教学质量保障体系建设工程、教学中心地位保障建设工程、教学信息化建设工程。9 月，制订《吉林农业大学教育思想大讨论实施方案》，在全校范围内进行教育思想大讨论，不断更新全校师生的教育思想。

本科教学工作审核评估，学校更加明确了内涵发展、教学为重是学校本科教育的前提，爱岗敬业、以生为本是本科教学工作的基础，改革创新、居

安思危则是学校本科教学工作的关键。通过审核评估，学校达到了"以评促建、以评促改、以评促管、评建结合、重在建设"的预期目标，收到了良好的效果。

三、研究生教育取得长足发展

（一）招生规模稳步增长，生源质量不断提高

学校以国家招生体制改革为契机，不断调整、优化招生结构，各类研究生招生数量稳步增长，生源质量进一步提高，学缘结构进一步优化，农学、理学等优势特色学科生源比例大幅增加。

研究生招生规模的不断扩大，为学校人才培养的结构性调整，推进高水平教学研究型先进农业大学建设打下了良好基础。2009—2017年，共招收博士研究生539人、全日制硕士研究生7 308人、非全日制硕士研究生995人。

（二）严把导师遴选关，加强指导教师队伍建设

为了不断适应学位与研究生教育发展的需要，加强研究生指导教师队伍建设，切实提高研究生管理水平和培养质量，学校进行博士、硕士研究生指导教师遴选工作。

2011年，新增邵玺文、祁新、赵仁贵、李海燕、刘淑艳、逯忠斌、姜怀志、吕文发、徐日福、高强、韩星焕、杜锐、栾维民、马红霞、王春凤、闵伟红、文连奎、张艳荣18名博士生导师。2014年，新增刘学军、张治安、刘文丛、韩梅、董然、王继红、曹国军、史树森、臧连生、王桂芹、杨连玉、姜云垒、姜秀云、曹建民、杨子刚15名博士生导师。2017年，新增博士生导师22人，其中校内导师有孙会、孙泽威、张晋京、刘淑霞、邵喜武、闫云仙、郜玉钢、关淑艳、韩玉珠、李长田、张浩、李月红、高云航、王玉华、陈萍15人，校外兼职导师有张福锁、周卫、王立春、董英山、冯献忠、王柏臣、张礼生7人。

截至2017年8月，学校共有博士生导师105人，其中，校内导师90人，校外导师15人；硕士生导师719人，校内导师510人，校外导师209人。

（三）创新招生管理体制，提高学生培养质量

创新管理体制机制，成功获得了"推荐优秀应届本科毕业生免试攻读硕士学位研究生"资格，进一步提高招生工作质量，加大了拔尖创新人才选拔培养力度，提高了研究生选拔质量。

2009 年，为更好地适应国家经济社会发展对高层次应用型人才的迫切需要，调整优化研究生教育类型结构，进一步完善研究生教育培养体系，推动硕士研究生教育从以培养学术型人才为主的模式向以培养应用型人才为主的模式转变，按照教育部要求，学校开展了全日制专业学位研究生招生工作。全日制专业学位研究生与学术型研究生属同一层次的不同类型，严格按照"一视同仁，同等对待"的原则，确定考生进入复试的分数标准。专业学位研究生的复试工作按照"分类复试，分别进行，各有侧重"的要求进行，更加突出对专业知识的应用和专业能力倾向的考查，加强对考生实践经验和科研动手能力等方面的考查。

2011 年，为切实提高博士研究生培养质量，优化配置、高效利用研究生培养的人力资源，充分发挥学院、学科研究生教育的主体作用，促进博士学位授权学科的协调发展，学校出台了《吉林农业大学博士生招生名额分配办法（试行）》。对分配招生名额时的计算方法、各学科博士研究生名额的指导性分配原则、招生名额的申报及确定程序进行规定。

2013 年，为改善博士研究生的生源结构，提高博士研究生的培养质量，学校出台《吉林农业大学招收硕博连读研究生暂行规定（试行)》，开展硕博连读试点工作。硕博连读工作的开展，能够较好地选拔一批长学制学生，保持科学研究的连续性。

2014 年，为充分发挥导师在研究生培养过程中的主导作用，科学统筹和合理配置招生资源，提高研究生的培养质量，督促导师加强自身建设，提高导师指导能力，学校出台《吉林农业大学硕士研究生指导教师招生资格审核办法》，完善了导师遴选资格与招生资格双向管理，建立了动态考核与淘汰机制。

2017 年，制订《博士生指导教师招生资格认定办法》，对博士生导师招生资格认定中，对博士生导师招生年龄、主持的科研项目、可支配的科研经费、取得的科研成果都做出了明确的规定，对于督促导师科研成果的产出具有重要意义。

（四）落实协同创新精神，建立联合培养模式

为进一步贯彻落实国家协同创新精神，推进高校强省建设，本着"优势互补、互惠互利、机制创新、协同发展"的原则，学校与省内部分高校和科研院所签订了联合培养研究生协议。

2013 年，与吉林农业科技学院签订了合作培养硕士研究生协议。2015年，分别与吉林工商学院、长春科技学院、吉林工程技术师范学院签订了合

作培养硕士研究生协议。2016 年，与吉林省农业科学院签订了合作培养硕士研究生协议。

（五）打造精品学术活动，营造浓厚的育人氛围

学校突出学术特色，积极打造研究生两大品牌活动。成功举办七届研究生神农文化节，共举办 53 次活动，2 900 余人次参与。全面推行研究生学术年会，自 2014 年启动以来，成功举办三届，共作学术报告 199 场，81 人获得院级奖励，给予学术年会一等奖获奖者 5 000 元的奖励，激发了研究生参与的热情，丰富了研究生文化活动的学术内涵。发挥研究生特长建设实践基地，使育人与社会服务共振发展。建设 48 个研究生社会实践基地，组建社会实践服务团队 155 支，1 300 名研究生参加社会实践活动。由于特色鲜明、组织有力、成效显著，学校的博士生地方经济发展服务团多次被评为省级重点团队。

（六）重视日常教育管理，创建研究生资助体系

学校为适应国家研究生收费制度改革，制定《国家奖、助学金评审办法》《学业奖学金评审办法》等 8 项重要规章制度。发放学业奖学金 330 万元，实现了博士研究生学业奖学金的全覆盖。学校共有 34 名博士研究生和 220 名硕士研究生获得国家奖学金，同时，设立学生干部励志奖学金。每年划拨 45 万元用于研究生学费减免，为校内各职能部门选聘研究生助管 60 余人，构建了"奖、贷、助、补、减"的五位一体研究生资助新体系。

四、继续教育稳步发展

（一）招生录取规模稳定，各项工作成绩喜人

学校继续教育招生录取规模较为稳定，继续教育工作稳步提升。2008—2016 年，录取本专科继续教育学员 24 035 人，毕业 3 万余人。2017 年底，学校共有在籍继续教育本、专科学员 5 819 人。

经过多年的努力，继续教育工作在吉林省得到认可和肯定。2010 年被评为吉林省全国计算机等级考试先进考点，2011 年被吉林省政府评选为"全省社会主义新农村建设工作先进单位"，2013 年被评为"自学考试先进主考院校"。2010 年、2013 年和 2016 年均被省教育厅、省招生办评为"吉林省招生考试先进单位"。

（二）建立信息化管理模式，推动继续教育改革

2017 年，学校继续教育工作引进教学与服务全过程信息化管理系统。系统的建成使招生、收费、学籍管理、课程学习、考核与评价、毕业与校外

学习支持服务学习中心管理等全部实现信息化管理。建立学生个性化学习档案，以课程作业、学习记录、平时考核等过程性评价为主，逐步形成过程性评价与终结性考核相结合的学习评价机制。系统的建立和完善，面向农民工和社会成员开放了优质网络学习资源，助推了全民学习和终身学习。提高了继续教育人才培养质量，提高了服务经济社会发展和人的全面发展的能力，推进了继续教育数字化资源开放与在线教育建设，建立了继续教育数字化学习资源开放共享可持续发展模式。

（三）加强继续教育建设，拓展社会服务功能

加强合作项目建设，创新人才培养模式。学校与省委组织部合作开展乡镇干部学历教育。截至2014年，累计录取乡村干部本、专科学员9 675人，毕业本、专科学生9 542人。这些毕业生为吉林省农村经济、农民致富做出了贡献，在社会主义新农村建设中发挥了积极作用。学校坚持以能力培养为核心的教育理念，继续本着"三面向、三并重、三强化"的教学基本思路，努力做好吉林省"一村一名大学生项目"，2008年招收823人，2009年招收632人，推动了学历教育与资格认证一体化的人才培养模式建设。

加强职教基地建设，确保培训良性运转。学校积极加强职教基地建设，为开展各类培训提供了基础保障。2009年，学校被农业部、吉林省委组织部、安华农业保险股份有限公司分别确定为"现代农业技术培训基地""吉林省农村党员干部实践培训基地""安华农业保险股份有限公司培训基地"。2013年，学校被科技部、吉林省人社厅分别确定为"国家级科技特派员创业培训基地""专业技术人才培训基地"。2014年，学校被吉林省公务员局确定为"吉林省基层公务员培训基地"。2017年，学校成功入选"首批全国新型职业农民培育示范基地"。

加强职业教育培训，积极服务地方经济建设。学校自2007年起承担国家级骨干教师培训工作。10多年来，累计培训园林技术、畜牧兽医、计算机及应用、种植、果蔬花卉、现代农艺生产技术、设施农业生产技术、市场营销8个专业692名各省市的国家级骨干教师。2007—2008年，按照吉林省教育厅的统一规划部署，承担了中药制药和农产品加工2个专业的培训任务，共培训专业教师74人。积极组织开发专业培训包项目，共组织实施了中等职业学校中药、动物医学2个专业师资培养培训方案、课程和教材开发项目。同时，加强师资培训专业建设，组织申报并获批了园林技术、种植与现代农艺技术、设施农业生产技术、畜牧兽医、畜禽生产与疾病防控5个专业点建设项目，获国家财政资金支持1 000万元，现各专业点建设项目已完

成，仪器设备已投入使用。

自 2008 年起，先后承担吉林省农委"吉林省新农村建设推进村党支部书记培训""吉林省新农村建设万名村干部培训""吉林省基层农业技术指导员培训"等项目 40 余个。累计培训学员 4 万余人次。通过各类培训的辐射功能，为吉林省地方经济建设做出了重要贡献。

五、创新教育理念，推进学生工作全面发展

学校深入贯彻落实《中共中央国务院关于进一步加强和改进大学生思想政治教育的意见》《国家中长期教育改革和发展规划纲要（2010—2020 年)》和《关于加强和改进新形势下高校思想政治工作的意见》（中发〔2016〕31号），以中国特色社会主义理论为指导，突出思想教育时代化、日常管理精细化、综合服务的人性化和队伍建设专业化，切实保障学生健康成长成才。

（一）坚持"一个目标"的思想育人主旨

学校牢固树立以人为本、立德树人的观念，以学生全面发展为目标，以主题教育为主导，以特色思想政治教育活动为推进，探索符合高等农业院校实际的思想政治教育模式。2017 年，学校党委制定出台了以十项工程和一项规划为主要内容的《加强和改进大学生思想政治教育工作实施方案》，全面指导大学生思想政治教育工作。

2015 年，学校建立了大学生综合素质评价体系，制订并实施了《吉林农业大学本科生综合素质测评办法（试行）》，将学生的综合素质分为基础素质和拓展素质，基础素质分为思想道德素质、科学文化素质和身心健康素质；拓展素质分为文化艺术素质、创新实践素质和学生干部任职，综合素质测评结果记入学生本人档案，并作为学生奖助学金评选、评优选先等工作的主要依据。从 2015 级学生开始，建立了学生综合素质测评档案并实施评价，全面提升了学生综合素质。

开展主题教育。每年初规划和设计全年的思想教育主题，根据工作周期性的特点阶段性推出入学教育及毕业生教育。自 2004 年开始，学校连续 14年，每年推出紧贴时代的主题教育活动。先后开展了"庆奥运·迎校庆"爱国爱校主题教育、"加强教育和管理，全面推进学风建设""人生·责任·价值""勤学励志，展青春风采　爱国修身，做时代先锋""筑魂·助梦·铸人"等主题教育活动。形成了全校稳步推进，各有亮点的思想教育氛围，全面提升大学生的思想政治素质。学校创建的"二·七·九"工作模式，荣获吉林省高校校园文化建设优秀成果奖一等奖，经验成果被教育部《加强和改

进大学生思想政治教育工作简报》刊登。

开展诚信教育。2009年，学校开始深入开展"诚育青年，信立人生"诚信主题教育活动，开展七项教育工程，即诚信文化建设工程、诚信学风建设工程、诚信助学工程、诚信导航工程、诚信修身工程、诚信档案建设工程、诚信保障工程，作为吉林省诚信教育首批试点单位，深入推进大学生诚信档案建设工作，完成了高年级学生档案维护，全部完成了新生电子诚信档案建设。学校多次被评为吉林省诚信教育先进集体，并多次在吉林省和全国诚信教育大会上作经验交流。

开展国防教育。在学生中开展军训、国防教育和征兵工作。努力做到军训工作标准化、国防教育常态化、征兵工作制度化。2016年，制订并实施了《吉林农业大学大学生应征入伍管理办法（试行）》，激励大学生入伍参军、保家卫国。2017年，组建了大学生国旗护卫队，开展了优秀退役学生士兵访谈会、报告会和入伍欢送会等活动，对赴西藏和青岛服役的11名大学生进行回访慰问。学校连续多年被评为"征兵工作先进单位"和"军训工作先进单位"，在长春市大学生运动会上，多次荣获"军训检阅方队标兵单位"和精神文明奖。

开展入学教育。形成了集中教育、军训教育、分散教育3个阶段的16个教育模块，即集中教育阶段的家校协同教育、适应起航教育、校规校纪教育、安全知识教育、爱党爱国教育、校史校情教育、知农爱农教育；军训教育阶段的军训竞赛活动和国防知识教育；分散教育阶段的生涯规划教育、自律养成教育、安全稳定教育、感恩诚信教育、集体观念教育、心理健康教育和民族团结教育。2015年，学校在辅导员中组建了大学生涯起航教育宣讲团，专门开展学涯生涯引导。开展优秀学生干部和学生党员为主的"双优进寝室"活动，在新生中积极传播正能量；举办了优秀校友报告会和优秀学生巡回报告会，典型激励引领；组织学生参观了校园、农博园，增强学生专业自信。

开展毕业教育。坚持开展一次党课、一份见证、一句感悟、一个靓影、一份承诺、一句箴言、一声问候、一次探望、一声珍重、一次分享"十个一"毕业生主题教育活动，升华学生爱校情结，增强奉献社会、拓出彩人生的信心。

开展网络教育。先后建立了"吉农律委会""吉农资助"和"吉农学生工作处"微信公众平台，全面建立起了学校、学院和辅导员三级微信公众平台，积极开辟网络思政直播新载体，开展了梦想论坛、十佳大学生网络直播

等"新翼直播"10 余期。2017 年，学校被吉林省教育厅确定为吉林省易班建设首批试点高校，学校有 2 个辅导员微信公众平台、2 个学院微信公众平台和 10 余件网络作品分获省级一、二、三等奖。

开展示范教育。坚持开展"争先创优"评选活动，通过评选十佳班级、优秀班级、十佳大学生、校院三好学生、优秀学生干部、文体活动积极分子、学习标兵等先进集体和优秀个人。尤其在十佳大学生、十佳班级评选中，通过微信、广播、网络直播、LED 屏等多渠道宣传"双十佳"候选集体和个人的先进事迹，开展爱心敬老、红色之旅、"课堂净化"等校园及社会公益活动。在长春市三十佳评选中，学校有 5 人被评为十佳思想政治教育工作者，4 人被评为十佳大学生，5 个班级被评为十佳班级。

（二）打造"两翼齐飞"的学生工作队伍

学校坚持选培结合，强化队伍建设。注重抓好辅导员与班主任队伍，建立政治强、业务精、纪律严、作风正的学工队伍。在辅导员队伍的选聘上，严把入口关，引进优秀人才，优化专职辅导员队伍结构；2012 年，学校开展选聘"2＋2、2＋3"辅导员，补充到辅导员队伍。2016 年接收了 2 名新疆内派教师，2018 年选聘了新疆籍辅导员，加强少数民族学生管理工作。学校坚持实施班主任制度，为全校所有班级配齐了学生班主任，规范了辅导员与班主任工作范畴和职责，理顺专兼职学生工作人员关系。

在辅导员队伍建设上，深入实施学工队伍"两学一做"工作方案，以"读""写""讲""走""干""评"6 种形式，打造学习型、服务型、创新型、研究型学工队伍。坚持每双周开展理论学习活动，每年举办一期辅导员主题培训和新入职辅导员培训，每年举办辅导员职业技能大赛，实施学院学生工作和辅导员工作考核。评选出"标兵学院""先进学院"、优秀思政工作者、优秀辅导员和优秀班主任。在吉林省和全国辅导员职业技能大赛，有 5 人次获得省赛一等奖，1 人次获省赛二等奖，2 人次获大区赛优秀奖，有 1 人获得全国三等奖，有 1 人获得全国辅导员年度人物提名奖，有 2 人获得全国辅导员年度人物入围奖。

（三）形成"三层联动"的学生工作机制

学校坚持以人为本，贴近实际、贴近生活、贴近学生的原则，着力提升学生管理服务工作的针对性、实效性和吸引力、感染力。2011 年开始实施学生工作"百千万"工程，主管学生工作学校领导、全体学生工作人员和班主任三层推进，深入了解万余名学生"五个状态"（思想状态、学习状态、生活状态、健康状态、就业状态），建立起全方位、多层面与学生、教师、社会沟通联系的长效机制。通过走访调研、梳理分析、问题研讨破解、总结提升，解决学生各类问题千余个，破解学生工作相关问题十余项，逐步完善和改进了学生教育管理模式，创新和拓展了学生教育管理方法和内容，探索出符合时代特征、具有学校特色的学生工作模式，提高了学生工作时代化、人性化、精细化、科学化，全面促进了学生安全健康成长成才。

（四）构建"四位一体"的管理服务体系

学校积极探索新时期高校学生管理和服务的方式、方法和手段，在经济上、精神上对学生进行帮扶，在行为和意识上促进他们良好习惯的养成，形成以日常管理为基础、以安全管理为保障、以助学帮扶为重点、以日常服务为突破的"四位一体"管理服务体系，切实保障学生安全健康成长成才。2017年，学校全面修订了学生管理制度100余项，为服务学生全面成长提供制度保障。

以"三讲三促"、三个文明、四项管理为主要内容，"三讲三促"即讲学习，促学风；讲卫生，促文明；讲运动，促健康；三个文明即课堂文明、公寓文明、校园文明；四项管理即学生上课出勤、寝室内务、早操晨练、校园文明。以学生工作"百千万"工程为保障，以学校、大学生自律委员会、学院三级检查制度为主要措施，从学生学习、生活、健康、文明等入手，全方位、全过程培养学生良好行为习惯。

自2012年实施"共铸平安墙"大学生安全教育与管理工程以来，连续多年开展安全主题教育月活动，通过校规校纪及安全知识考试、校园安全展、安全大讨论、校园安全短剧大赛等多种形式深入开展安全法纪教育，学生的安全意识和遵规守纪意识明显增强，形成了"日报告、周检查、月联检、季排查"的工作机制。

逐步巩固"奖、贷、助、补、减"经济困难学生资助体系。一是基金帮扶。以国家奖学金、国家励志奖学金、省政府奖学金、企业奖学金、专业奖学金等为主体，2017年对专业奖学金评选办法进行修订，全面提高了奖学金额度，设立了校长奖学金。二是补助帮扶。通过学费减免、临时困难补助、伙食补贴、提供勤工助学岗位等措施，对经济困难学生进行帮扶。三是贷款帮扶。积极为学生办理提前还款、续贷声明审核、入伍学费代偿、校园地助学贷款等业务，确保学生不因为经济困难而辍学。四是精神帮扶。每年坚持开展了经济困难学生的家庭走访慰问工作，组织以"感恩、诚信、励志"为主题的征文、知识竞赛、寻找身边的榜样等活动，在"助学·筑梦·铸人"主题征文活动，学校有1篇征文获全国三等奖，有1人获得全国励志

成长成才优秀学生。近年来，学校学生助学贷款年度本息到期本息还款率达97％以上，位居省属高校前列。

（五）强化"五环相扣"的学风保障措施

2013年起，学校实施"优良学风建设工程"，切实保障优良学风校风形成。通过抓好思想导航促学风、文化引领育学风、管理规范正学风、服务保驾助学风、朋辈带动树学风5个环节，建立起横向分类别、纵向分层次的学风建设保障体系，先后开展了学习互助帮帮团、新生"六项竞赛"评比、学风建设团体辅导、文明课堂创建等活动，基本实现了"五个明显提高"（即学生思想道德水平明显提高，学生上课出勤率明显提高，学生学习成绩明显提高，学生组织纪律性明显提高，学生综合素质明显提高）和"五个明显减少"（即学生不文明现象明显减少，学生上课迟到、旷课现象明显减少，学生考试不及格人次明显减少，学生考试作弊人次明显减少，学生违纪行为现象明显减少）的初级目标，为学生营造了良好的学风环境，有力促进了学生学习能力、思考能力、专业能力、实践能力、就业能力、职业能力的全面提升。

（六）坚持心理健康教育"五个结合"，教育体系日趋完备

学校按照"宣传心理健康知识，增强心理健康意识，推进心理健康教育，营造和谐校园环境，促进学生健康成长"的总体目标，采取"五个结合"，即心理素质教育与思想政治教育结合、理论教育与调查研究结合、心理测量与心理咨询结合、普及教育和重点治疗结合、学习策略指导与心理素质优化训练结合的方式，扎实做好大学生心理健康教育与咨询的各项工作，为培养高素质应用型人才提供服务。构建了"学校—学院—学生班级"为主体的心理健康保障网络。建立了"学校有督导，中心有专家，学院有专员，班级有使者"的心理健康教育和咨询队伍。

经过多年的不断建设与完善，大学生心理咨询中心软硬件建设都有了长足的进步。中心有专职教师3人，兼职辅导员10人，有资质的辅导员教师40人。心理学专业教师9人，医院大夫6人，社会志愿者7人。大学生心理咨询中心现有团体咨询室1个，个体心理咨询室5个，心理沙盘治疗室1个，音乐放松治疗室1个，情绪宣泄室1个，心理测量室1个，咨询预约（资料室）1个，心田报编辑室（观察室）1个，总面积约200平方米。2012年，学校一次性投入30万元，购置硬件设备。此外，与人文学院共享设备约100万元，含2个多媒体教室、心理咨询室及沙盘宣泄室、催眠治疗仪等。

六、依托"四到位八精准"，实现学生就业工作新跨越

学校高度重视学生就业创业工作，以实现学生充分高质就业为目标，将原来的"一体两翼三路"工作模式，发展成"四到位八精准"的就业工作模式，保障就业工作投入，做好精准就业管理服务，全面促进毕业生实现就业。实施校院两级"一把手"工程。成立由党委书记、校长亲自挂帅，14个职能部门负责人组成的学校就业工作领导小组，确保经费、人员、场地、设备到位，实施精准推进师资队伍建设、精准推进就业创业教育、精准推进多类市场建设、精准搭建洽谈平台、精准推进"1＋N"创新创业平台建设、精准推进靶向就业、精准推进管理方式创新、精准推进日常工作等，打造"吉农就业"品牌。建立涵盖就业指导教学、就业工作调查研究、考核评价、创新创业管理等覆盖就业创业工作全过程的制度体系，形成了"上下齐动，全员参与"的工作格局。

（一）坚持"八精准"的管理服务理念

学校从学生和用人单位的需求出发，坚持"八精准"工作模式，积极打造优良师资队伍、推进就业创业教育、开辟多类就业市场、搭建多方洽谈平台、建好"1＋N"创新创业平台、推进靶向就业、推进管理方式创新、加强日常工作，促进学生充分就业。打造精准就业创业指导教育和管理，2011年以来，开设了职业生涯发展与就业指导、创业基础必修课程，将就业创业教育纳入人才培养方案；构建了"3＋"课程体系即"必修＋选修""培训＋实践""慕课＋讲座"；打造了"1＋N"企业课程进课堂、企业助力学生就业成长计划、求职形象大使选拔等一批特色品牌活动。

（二）搭建就业创业信息化平台

构建了以学校大学生就业网、大学生就业创业资源平台、吉农就业创业微信平台、吉农就业创业群为主体的集信息发布、在线咨询、自主学习、数据管理、企业展示等多种功能信息平台。推行标准化管理，编制《就业管理工作手册》等实务手册和制度手册，规范工作。推出供需双方精准互选对接平台，2015年以来，设计制作了用人单位二维码、毕业生简历二维码，方便企业和学生互选，用人单位可以通过扫描二维码并认证查看整个专业毕业生的推荐简历，便于其选录毕业生；印制春秋两季大型洽谈会参会单位二维码刊及二维码墙，利用微信公众平台发布招聘信息，利用会场内LED电子屏及会场外LED电子屏车及时发布洽谈会当天宣讲及面试安排。新华社对此进行了报道。

（三）构建精准就业市场建设体系

用"四动机制"扩大"四个资源"拓展市场空间。2010年以来，构建了政府推动、校企互动、校校联动、高校主动的市场建设模式，丰富了学校就业市场、政策信息、资金项目、教育培训"四个资源"。继续坚持维护原有优质单位和拓展新的优质单位并重，实施了校院两级市场开拓模式，充分发挥教师主力作用、学生辅助作用、校友支撑作用，依据毕业生来源地域分布、毕业生就业地域流向分布、校招企业地域分布、毕业生就业地域意向分布等数据，做到"靶向"明确，有针对性地走访开拓就业市场并开展深入合作洽谈。建成了拥有8 000多条有效毕业生用人单位信息的资源库，常年联系有效信息3 000多条，校园各类宣讲会也始终稳定在300场左右，每年提供就业岗位数保持在25 000个左右。形成区域优势和规模优势，最大限度地促进毕业生充分就业。

学校本着"注重单位数量、甄选单位质量、提升品牌效应，吸引高层次企业"的就业平台建设目标，打造双选平台，增强供需双方匹配度，对接更加契合。坚持搭建大型洽谈会、小型宣讲会、分行业洽谈会、网络招聘会等多种双选平台，大力提升洽谈会知名度，自1999年以来，连续20年举行大型秋季毕业生供需见面洽谈会。学校洽谈会已发展成与吉林省教育厅共同举办的"吉林省农业类高校毕业生大型洽谈会"，形成了洽谈会的"品牌"效应，参会单位家数从最初的200余家发展到600家左右的规模。双选会的形式也从单一企业、学生对接洽谈变成校政企合作、大学生就业成长助力、生企精准对接等多形式的学生就业系列活动。学校就业工作取得了一定成绩，本科生就业率始终保持在86%以上，就业层次、质量得到不断提升。多次被评为吉林省高校就业管理工作先进集体。2012年，被评为全国高校毕业生就业工作50强。

2018年4月21日，吉林省农委、省教育厅与学校共同主办了"全省涉农高校应届毕业生就业洽谈会暨政企校人才战略合作会"。省政府副省长李悦，省政府副秘书长金喜双，省农委主任于强、副主任张永林，省教育厅副厅长李彧威出席会议。此次就业洽谈会以"投身现代农业筑梦乡村振兴"为主题，16个省份的228家单位参会，涵盖农林牧渔、管理服务、医药食品、机械信息等多个行业，提供就业岗位8 000余个，重点龙头企业以上的单位超过60%。校内外参与学生2 600余人，供需比达1∶3.2。

七、锐意进取，开创共青团工作新局面

学校始终把服务青年学生作为团的建设的出发点和落脚点，紧紧围绕教

学、科研中心工作和青年学生的成长需求，以团的组织建设为基础、素质教育为重点、社团活动为载体、创新教育为目标，积极探索共青团工作的新途径，不断增强团组织的凝聚力和感召力，开创了共青团工作崭新局面。

（一）注重思想育人，坚持理论研究与践行"三农"发展相结合

学校高度重视大学生思想教育工作，相继修订和出台了《共青团基层团委考核评比方案》《团组织建设实施方案》《共青团工作项目化管理办法》《大学生竞赛管理办法》《大学生社会实践管理办法》等一系列制度和措施，着力构建校、院、班三级的思想政治教育培养体系。在校级层面，扎实开展"青年马克思主义者"培养工程、大学生骨干培训班、团校等重点工程；在院级层面，开展学院学生干部培训班；在团支部层面，召开每月一次的团支部理论学习研讨会。2017年，按照中央和省文件精神及工作需要，将青年学习践行特色理论联合会更名为大学生新时代践习社。大学生自学组织以"理论研讨、科技传播、智惠'三农'"为宗旨，聘请省市党政领导、专家学者、学校关心下一代工作委员会（以下简称关工委）和马克思主义学院教师，为学生自主学习提供理论指导。2008年以来，学校共培养"青马"学员千余人，培训大学生骨干6 000人次，团校培训16 000余人次。

2008年，时任中央政治局常委李长春同志曾对以学校为代表的吉林省大学生自学组织作出重要批示。2015年，"百村千户调研"社会实践团队撰写的调研报告在省委内部刊物《决策咨询要报》和《调研与决策》上发表。

通过典型培养与选树，2008年以来，涌现出全国自强之星2人，全国自强之星提名奖10余人，省十佳大学生8人。

2017年6月9日，吉林农业大学召开第十二次学生代表大会，确定今后一个时期的奋斗目标和主要任务，选举产生吉林农业大学第十二届学生会第一任委员会，确定了锐意进取、改革创新，团结带领学校广大青年学生为把学校全面建成高水平教学研究型农业大学而努力奋斗的目标与愿景。学校学生会主席王佳琦同学作为吉林省大学生骨干代表向省委书记巴音朝鲁同志汇报理论学习与社会实践工作。

（二）注重文化育人，坚持学科背景与大学文化内涵建设相结合

构建精品校园文化、特色学院文化、活跃班级文化、和谐寝室文化四级学生文化建设体系，全面提高了学生的综合能力和文化素养。在活动的内容上，注重学生的个性发展与学校办学理念、学院办学特色的相统一；学生的文化、生活需求与大学文化的全方位覆盖相统一。2009年以来，学校先后举办各类校级文化活动500余项，参与人数近23万人次，每学年生均参加

文化活动达 3 次以上。成立学术科技类、文艺类、实践类、学习类、体育类及公益类六大类学生社团共 193 个，会员达 7 000 余人，累计有近百个社团获得国家级、省级、校级荣誉称号。其中，大学生鲲鹏话剧团被评为"全国百强社团"；2015 年，大学生艺术团在全国第四届艺术展演活动中荣获甲组三等奖；2016 年，龙林武术协会被评为"全国最具影响力社团"；在 2016 年华语辩论世界杯中，学校学生知行辩论社以吉林省赛区第一名的成绩代表吉林省参加比赛，最终取得全球华语辩论 16 强的好成绩，这是学校在辩论方面取得的全国最好成绩；2017 年，由学校团委王典老师作曲的原创歌曲《托起生命的希望》荣获第十五届中国人口文化奖歌舞类优秀作品奖。

（三）注重科研育人，坚持专业技能与现代农业科学研究相结合

学校将大学生创新创业纳入人才培养方案，设立了创新学分 4 学分。学校每年设立 50 万元的本科生科技创新基金，形成了以"挑战杯"全国大学生课外学术科技作品竞赛和创业计划竞赛、全国物联网大赛等全国性比赛为依托，以科技创新基金项目、科技文化节为形式，以创新创业实训中心、就业创业见习基地等为平台的较为完备的大学生科技创新培养体系，着力提升大学生的创新意识和创新能力。

2008 年以来，本科生科技创新基金共资助项目 890 个，参与学生 5 000 余人，共产出科技成果 505 项，共有 225 项本科生科技创新资助项目在"挑战杯"竞赛、物联网大赛等国家、省级比赛中获奖。历年来，学校学生在创新创业类竞赛等众多赛事中获得诸多荣誉，其中国际级荣誉 2 项，国家级荣誉 138 项，省市级荣誉 1 813 项。

2014 年，学校"农业信息化科技创新团队"荣获大学生"小平科技创新团队"荣誉称号，国务院副总理刘延东在人民大会堂为团队颁奖。学校滕俊泽同学荣获 2014 年"吉林省青少年科技创新省长奖"。在 2011 年第 63 届纽伦堡国际发明展（IENA）中，学校信息技术学院学生作品《承插式 EPS 板材切割机》荣获大赛银奖；在第九届国际大学生 iCAN 创新创业大赛 2015 年中国总决赛中，学校荣获金奖的作品《多功能无线鼠标笔》被大赛组委会推荐参加 2016 年 1 月在美国拉斯维加斯举办的国际消费类电子产品展览会（CES 展会），一名学生荣获国际青年创新奖。学校在 2016 年"创青春"吉林省大学生创业大赛中获得 4 个金奖、5 个银奖、2 个铜奖，总成绩位列吉林省高校第一位，获得大赛唯一最高奖项"创青春杯"，并被授予"优秀组织奖"。这是学校自参加此项竞赛以来首次捧得最高荣誉"创青春杯"，取得历史性突破。学校在吉林省第二届"互联网＋"大学生创新创业大赛中取得佳绩，获得 3 金、3 银、3 铜，取得学校在参与该项赛事的最好成绩。涌现出吉林省十大创业先锋魏健、张家琪等一大批优秀学生。

2017 年 11 月 18 日，由共青团中央、中国科协、教育部、中国社会科学院、全国学联和上海市政府主办，上海大学承办的第十五届"挑战杯"中国银行全国大学生课外学术科技作品竞赛总决赛落下帷幕。学校学子共获得一等奖 1 项、三等奖 2 项和"累进创新专项奖"铜奖 1 项，实现学校参与"挑战杯"全国大学生课外学术科技作品竞赛总决赛一等奖"零"的突破。由学校工程技术学院周丽娜、刘祥朝老师指导，程树朝、朱春森、张冰楠、王云蛟、曹源、肖培、张桐、金晨雨等同学申报的作品《一种基于 STM32 的新型叶绿素测量仪》首次斩获国家级一等奖；由信息技术学院李健、佟鑫老师指导，姚汝婧、张敏、林玲、郭海、李新宇、王欢、汤鹏等同学申报的作品《空间表示与推理模型理论及应用研究》荣获国家级三等奖和国家"累进创新专项奖"铜奖两个奖项；由中药材学院包海鹰、薛长春老师指导，高旦、李纪冬、宋平、张哲等同学申报的作品《侧柏叶的生发乌发活性成分研究及产品开发》荣获国家级三等奖。2018 年 4 月 30 日，由美国数学及其应用联合会主办的 2018 年国际数学建模竞赛落下帷幕。由学校信息技术学院李卓识担任指导教师，徐莹、李俊泽、李佳蔚 3 位学生撰写的全英文竞赛论文 *Development model of electric vehicle based on "greedy algorithm"*，获得一等奖。

（四）注重实践育人，用专业技能服务社会

学校深入开展大学生社会实践活动，初步形成了"1＋N"工作模式，学校拨款与争取政府及企业支持的项目化运作方式，青年教师与学生共同参与的互动机制，基本形成了具有农科院校特点的、全方位的大学生社会实践活动体系。将社会实践纳入人才培养方案，设 2 个必修学分。2008 年以来，学校累计共组建重点团队 2 500 余支，共有 10 万余人次分赴山东、甘肃、云南等 20 余个省、自治区、直辖市和吉林省 9 个市（州），开展科技支农、企业帮扶、义务支教、关爱民生、挂职锻炼、文化传播、社会调研等活动。其中，获得国家级、省市级荣誉 500 余项。先后 9 次被中宣部、团中央、教育部授予全国大中专学生"三下乡"社会实践活动"优秀单位"，国家及省、市等媒体对学校活动宣传报道 500 余次。共选派 62 名西部计划志愿者奔赴西藏、新疆、宁夏等地开展志愿服务工作，学校连续 4 年被团中央授予"西部计划优秀项目办"荣誉称号。

2011 年，学校绿野志愿者协会获得全国保护母亲河奖，时任全国人大

常委会副委员长陈至立为学校"绿野"青年志愿者协会颁奖。2013年，学校成功获批研究生支教团资格学校，共选派45名研究生支教团同学奔赴贵州、内蒙古等地进行支教工作；同年，团中央书记处书记傅振邦对学校社会实践工作给予了批示；2015年，团中央书记处书记傅振邦亲临学校调研社会实践工作。2016年，在由共青团中央、中央文明办、民政部等六部委主办的第三届中国青年志愿服务项目大赛中，学校获得1金1银的佳绩。这项荣誉是本项赛事举办以来吉林省省属高校取得的历史最好成绩。

2017年7月，学校大学生社会实践组建了648支社会实践重点团队，共有近300名指导教师和5 700余名大学生参与活动，并踏出国门远赴马来西亚、新加坡开展实践活动。吉林省委副书记高广斌亲临学校调研社会实践工作，并给予高度评价。11月，学校生命科学学院"生命之光"党史寻访社会实践团队获得由团中央、全国学联组织开展的2017年全国大中专学生志愿者暑期"三下乡"社会实践活动优秀团队称号。这是全国高校唯一一支连续4年获此殊荣的团队。学校在团中央学校部、中国大学生"一带一路"协同发展行动中心共同举办的2017年"丝路新世界·青春中国梦"全国大学生暑期社会实践专项行动中荣获"优秀组织单位"，人文学院赴马来西亚调研和宣传中国形象实践团以及人文学院吉农暖春志愿支教团荣获"优秀团队"，人文学院高远、刘颖同学荣获"优秀个人"。学校优秀团队代表刘颖同学受团中央学校部邀请在会上作经验介绍。校团委书记彭雨石作为吉林省高校唯一代表参加团中央、教育部举办的社会实践工作总结交流会，学校社会实践工作模式作为典型材料印发全国高校。

第三节　构建科技创新体系，提高科技创新能力

学校按照"自主创新，重点跨越，支撑发展，引领未来"的科技发展方针，紧紧围绕科学前沿、国家战略目标和区域重大需求，秉持"构筑大平台、凝聚大团队、承担大项目、取得大成果、实现大转化、做出大贡献"的发展思路，坚持内涵式发展原则，立足吉林、放眼全国，构建了以应用研究为主体、基础研究与应用研究共同推进、自然科学与人文社会科学协调发展的创新体系。

一、瞄准经济社会需求，积极承担科研项目

2009年以来，学校共承担各级各类科研项目2 415项。其中，国家自然

科学基金项目、国家社会科学基金项目、国家重点研发计划项目、国家"973"计划项目、国家"863"计划项目、国家科技支撑计划项目、农业部现代农业产业技术体系项目、农业部"948"项目、农业部公益性行业专项、农业部转基因重大专项等项目371项。科研经费达到10.08亿元，年到位科研经费最高达到1.82亿元，单个项目经费达到2 652万元，国家级项目经费占到位总经费的44％。

2011年，张连学主持的科技部国家科技支撑计划项目"人参规范化种植提升、系列产品综合开发及品牌培育研究"，资助经费1 527万元。2013年，张连学主持的农业部公益性行业科研专项"人参产业技术研究与示范"，资助经费1 817万元。2015年，中国工程院院士李玉主持的农业部公益性行业科研专项"作物秸秆基质化利用"，资助经费2 652万元，创学校单项科研项目经费历史新高。2016年，刘景圣主持的国家重点研发计划项目"玉米豆类营养健康方便即食食品制造关键技术开研究及新产品创制"，这是学校首次作为项目牵头单位主持承担国家重点研发计划，资助经费2 500万元。2017年，钱爱东主持的国家重点研发计划项目"动物疫病生物防治性制剂研制与产业化"，资助经费2 071万元。学校2017年度国家社会科学基金项目立项获历史突破，获立项目3项。其中，范静主持的"国家农村金融综合改革试验区的农地金融风险形成、测度及控制"项目、张志成主持的"我国普通高校优秀运动员招考公平度问题研究"项目获立年度项目，田露主持的"产业融合视角下东北地区畜牧业转型升级路径选择与支持政策研究"项目获立青年项目。

2007年，农业部和财政部启动了国家现代农业产业技术体系项目，学校胡耀辉和史树森分别成为大豆产业技术体系豆制品加工、咀嚼类害虫防控岗位科学家。2008年，张越杰和娄玉杰分别成为肉牛牦牛产业技术体系产业经济、牛场废弃物处理岗位科学家，李玉和姚方杰分别成为食用菌产业技术体系北方野生菌收集保育与驯化、黑木耳育种岗位科学家。2011年，学校成为国家兔产业技术体系综合试验站，任东波任试验站站长。2014年，刘景圣成为国家玉米产业技术体系加工干燥储藏与产品加工岗位科学家。2016年，由于寒松接任胡耀辉，成为大豆产业技术体系岗位科学家；由高云航接任娄玉杰，成为肉牛牦牛产业技术体系岗位科学家。2017年，国家新增"十三五"国家现代农业产业技术体系科学家，杨利民成为中药材产业技术体系生态种植岗位科学家、王琦成为食用菌产业技术体系质量分析与营养评价岗位科学家、王桂芹成为特色淡水鱼产业技术体系鳢营养需求与饲料

岗位科学家。岗位科学家每年资助经费 70 万元，试验站每年资助经费 50 万元。目前，学校共有岗位科学家 10 人，试验站站长 1 人。

2018 年 1 月，吉林省科技厅公布了 2018 年吉林省科技发展计划项目评审结果，学校获批重点科技研发项目 27 项、自然科学基金项目 21 项、优秀青年人才基金项目 8 项、软科学研究项目 11 项、专利转化与推进项目 4 项、国际合作项目 3 项、市县科技创新与扶贫项目 1 项，共计批准立项 75 项，总经费达 3 353 万元。总资助经费较 2017 年度增加 74.36%，获得较大突破。项目的资助对提升学校人才培养质量、助推学科快速发展、激励教师科研积极性及为地方经济建设服务能力提升等方面将发挥积极作用。

二、构筑科研平台，发挥平台集聚效应

重点构建与国家、吉林省支柱产业发展和社会需求相适应的具有竞争力的高水平科技创新平台，发挥科研平台在人才培养、科学研究和社会服务等方面的重要作用；加强科研平台建设、管理和验收等工作，探索平台运行机制及发展模式，保障平台高效运转，使平台真正成为促进学校科研快速发展的催化剂，全面发挥平台集聚效应。截至目前，学校共有国家级科研平台 1 个，部委级科研平台 14 个，省级科研平台 55 个，国际合作平台 1 个，校企共建平台 3 个。

2011 年，小麦和玉米深加工国家工程实验室获国家发改委批准建设，该国家工程实验室建设期为 2 年，总投资 1.26 亿元（其中学校为 2 414 万元）。该工程实验室的建立标志着学校国家级科研平台实现了"零"的突破。主要研究方向为：玉米高效分离分级技术研究、玉米食品品质提升关键技术研究、玉米加工减损增效关键技术研究、高效节能玉米深加工新技术研究、清洁安全玉米深加工新技术研究、玉米主食及玉米功能性食品生产技术与产业化关键技术研究、玉米加工副产品综合利用技术研究以及工程化推广应用。

2011 年，依托学校建设的农业部北方食用菌资源利用重点实验室通过评审，成为农业部微生物资源利用学科群的专业性（区域）实验室。农业部微生物资源利用学科群是 2011 年农业部首批启动建设的学科群实验室，按照 1 个综合性实验室、6 个专业性（区域）实验室、1 个企业重点实验室、5 个科学观测实验站的架构运行管理。学校农业部北方食用菌资源利用重点实验室由中国工程院院士、学校教授李玉担任主任，依托学校食药用菌教育部工程研究中心进行建设和管理。

2012 年，参茸产品质量安全风险评估实验室获农业部批准建设，是农业部首批批准建设的 36 个专业性农产品质量安全风险评估实验室之一。实验室的职能是对人参及鹿产品中的已知危害因子进行评价，发现未知危害因子，同时对人参及鹿产品的功能进行评价，也是我国农产品质量安全监管与国际接轨的重要技术支撑，填补了我国农产品质量研究机构的空白。

2014 年，"吉林省高等学校高端科技创新平台建设"签约仪式在学校举行，学校"经济菌物技术创新平台""吉林省秸秆综合利用技术创新平台"分别获吉林省高等学校高端科技创新平台 B 类、C 类资助，每个平台执行期为 3 年，每年资助 1 000 万元。

2016 年，学校农学院牵头申报的"吉林农业大学国家农作物品种审定特性鉴定站"获得农业部批准建设。

2017 年，学校"现代农业技术"国际合作联合实验室获得教育部批准建设。"现代农业技术"国际合作联合实验室是由学校围绕国家重大战略需求，与赞比亚大学、坦桑尼亚休伯特卡路奇纪念大学、俄罗斯农业科学院东北分院等"一带一路"沿线国家重点大学和科研机构联合组建的，实验室中方主任由中国工程院院士李玉担任。这是继吉林大学冯守华院士担任主任的"纳微构筑化学"国际合作联合实验室之后，吉林省第二个教育部国际合作联合实验室。

2017 年 6 月 5 日，教育部党组书记、部长陈宝生到食药用菌教育部工程研究中心视察，详细了解中心人才培养、科学研究、科技成果转化情况。陈宝生对食药用菌教育部工程研究中心李玉院士团队能够挖掘大量菌物资源，将基础理论与应用技术相结合，以创新成果为依托，极大地促进了食用菌产业升级给予充分肯定。

2017 年 12 月，王大为负责的食用菌加工技术集成科研基地获得农业部批准。总批准金额 1 467 万元。其中，中央预算内投资 1 334 万元，地方投资 133 万元，建设期为两年。该基地是农业部《全国农业科技创新能力条件建设规划（2016—2020 年）》中 36 个农产品加工技术集成类专业性科学实验基地之一，是学校首个农业部农产品加工技术集成科研基地。

2018 年 1 月，国家发改委正式发布了《关于 2017 年度国家地方联合工程研究中心的复函》（发改高技〔2017〕2216 号），确定了 111 个国家地方联合工程研究中心名单，其中 39 个由高校牵头。学校申报的人参新品种选育与开发国家地方联合工程研究中心成功获批，中心主任由王英平担任。

由于研究创新能力不断增强，学校文科研究基地和平台建设取得新的进

展。2015 年，经济管理学院牵头申报的"粮食主产区农村经济研究中心"获批吉林省教育厅"首批吉林特色新型高校智库"，并在省属高校首位当选。2015 年、2017 年，分别由人文学院牵头申报的"吉林省家政服务业研究中心"和马克思主义学院牵头申报的"吉林省德育与学生发展研究中心"成功获批吉林省教育厅省级人文社科重点研究基地。

2016 年、2017 年，分别由经济管理学院牵头申报的"吉林省农村经济研究基地"和马克思主义学院牵头申报的"吉林省高校德育研究基地"成功获批吉林省社会科学重点领域基地。

三、提高科技创新能力，取得标志性科研成果

科技成果产出实现跨越。在种植业、养殖业、农产品加工、长白山资源保护与利用、中药现代化、产品安全检测、农业生物技术、农业信息平台建设等领域取得一批具有重大影响的标志性成果。2009 年以来，获国家和省部级以上科技奖励 184 项，相继实现国家技术发明奖、国家科技进步奖零的突破，共获得 5 项；省科学技术奖获奖数量、质量连续多年位居省属高校首位。获得吉林省社会科学优秀成果奖 39 项，其中一等奖 7 项。获得授权发明专利 255 项，实用新型专利 151 项，计算机软件著作权 165 项。审定植物新品种 105 个。其中，玉米新品种 12 个，水稻新品种 21 个，大豆新品种 25个，园艺、食用菌及其他植物新品种 47 个。学校共奖励科研成果 5 821 项，奖励金额 2 621.21 万元。《吉林农业大学学报》影响因子突破 1.0，连续两次获得教育部"中国高校优秀科技期刊奖"，办刊质量位于全国农业科技期刊前列。2017 年，《吉林农业大学学报》《经济动物学报》分别入选中国精品科技期刊和中国科技核心期刊。

2009 年，学校获国家科技进步奖二等奖和国家技术发明奖二等奖各 1项，这是学校继 2007 年获国家自然科学奖二等奖后取得的新突破。其中，吴春胜与吉林省农业科学院等单位联合申报"吉林玉米丰产高效技术体系"荣获国家科技进步奖二等奖，这是学校第二次荣获国家科技进步奖；李校堃、冯成利（特聘教授）的"一类新药重组成纤维细胞生长因子关键工程技术及应用"荣获国家技术发明奖二等奖。2009 年，臧连生与浙江大学、中国农业科学院联合申报的"B 型烟粉虱入侵扩张的行为和种间互作机制"荣获教育部 2009 年度高等学校科学研究优秀成果奖（科学技术）自然科学奖一等奖。

2010 年，中国工程院院士李玉获得 2010 年度"何梁何利基金科学与技

术进步奖"，学校首次获得这一奖项。2010 年，梁青岭撰写的著作《婚姻关系研究》通过教育部高等学校社会科学发展研究中心终审，入选 2010 年度"高校社科文库"第一批出版计划并获得部分资助。这是学校第一部入选"高校社科文库"的学术著作。2012 年，邵喜武撰写的著作《多元化农业技术推广体系建设研究》和吴莹撰写的著作《家政学原理》也获得"高校社科文库"出版资助。

2011 年，以学校为第一完成单位，张连学主持的科研成果"人参新品种选育与规范化栽培及系列产品开发"荣获国家科技进步奖二等奖。该项目集人参育种、栽培、加工、新产品开发于一体。克服了人参品种选育难度大的问题，培育人参新品种 5 个，结束了我国人参没有优良品种的历史；发现 2 种菌对人参根病高效协同拮抗作用，阐明了人参营养需求规律，解决了规范化生产的 2 个核心问题，阐明了人参加工机理。创新了加工工艺，提高了产品竞争力，开发新产品 8 个，获得授权专利 15 项，制定国家标准 13 个。该成果在东北三省推广应用，对于促进我国人参产业整体科技进步、提高经济效益、增加出口创汇起到了巨大推动作用。吴春胜主持完成的"吉林省中西部特色高效农业集成技术推广"项目荣获农业部全国农牧渔业丰收奖农业技术推广成果奖一等奖。2013 年，王春凤主持的"环境友好型微生态制剂（生态疫苗）的创制与应用"项目荣获教育部 2013 年度高等学校科学研究优秀成果奖（科学技术）技术发明奖一等奖。

2015 年，学校有 2 项科技成果荣获国家科技进步奖二等奖。由中国农业大学主持完成、学校作为第二完成单位的"畜禽饲料中大豆蛋白源抗营养因子研究与应用"项目荣获国家科技进步奖二等奖，秦贵信为第二完成人、孙泽威为第六完成人。由中国科学院东北地理与农业生态研究所主持完成、学校作为第三完成单位的"苏打盐碱地大规模以稻治碱改土增粮关键技术创新及应用"项目荣获国家科技进步奖二等奖，马景勇为第六完成人。刘景圣主持的"玉米精深加工关键技术研究与产业化应用"项目荣获 2014—2015 年度农业部中华农业科技奖科研成果类一等奖。中国工程院院士李玉荣获首届中国菌物学会戴芳澜科学技术奖"终身成就奖"。2016 年，王琦主持的"菌物多样性保护创新体系的构建及其在藏区的应用"项目荣获教育部 2016 年度高等学校科学研究优秀成果奖（科学技术）科技进步奖一等奖。

学校在省级科研奖励上取得了丰硕的成果，连续多年在吉林省省属高校中位列第一。2009 年，张艳荣主持的"ω-6 多不饱和脂肪酸的提取及玉米 ω-6 软胶囊的研制"项目获得省科技进步奖一等奖；2010 年，刘景圣主持

的"蜜环菌深层发酵工艺优化与产业化应用研究"项目、吴春胜主持的"玉米高密度栽培及生物防治玉米螟技术研究"项目、张连学主持的"人参等中药材育种与规范化栽培关键技术研究与产品开发"项目获得省科技进步奖一等奖；2011年，李校堃主持的"红花油体等生物反应器关键技术研究及应用"项目、王大为主持的"玉米蛋白质资源高值化利用关键技术研究与开发"项目获得省科技进步奖一等奖；2012年，杜锐主持的"鹿主要传染病诊断和综合防制技术体系的构建与应用"项目获得省科技进步奖一等奖；2013年，高洁主持的"人参主要有害生物安全防控关键技术研究"项目、王丕武主持的"大豆分子育种技术研究与种质资源创新和新品种选育"项目获得省科技进步奖一等奖；2014年，刘景圣主持的"玉米绿色供应链关键技术研究与产业化应用"项目、李海燕主持的"植物重要基因资源挖掘与大豆特异种质创制及新品种选育"项目、李亚东主持的"寒地果树优异资源收集保护及创新利用"项目、阮长春主持的"赤眼蜂高效利用与生产关键技术研究及其大面积推广应用"项目、赵兰坡主持的"吉林省西部土地整理及生产关键技术研究"项目获得省科技进步奖一等奖；2015年，李玉院士主持的"药用菌物资源及其开发利用"项目、马红霞主持的"牛主要呼吸系统疾病防控关键技术研究与应用"项目、杨伟光主持的"玉米新种质新技术创制及高产优质抗逆新品种选育与推广"项目获得省科技进步奖一等奖；2016年，吕文发主持的"奶牛健康养殖综合配套技术研究与应用"项目、郑鑫主持的"以预保护模式提高仔猪免疫力健康养殖关键技术创新与应用"项目获得省科技进步奖一等奖；2017年，王大为主持的"稻谷高值化综合利用关键技术研究与产品开发"项目获得省科技进步奖一等奖。

2010年，郭庆海撰写的《农业大省的GDP观》和张越杰撰写的《中国东北地区水稻生产效率实证分析——以吉林省水稻生产为例》获得吉林省社会科学优秀成果奖论文类一等奖；2014年，张越杰撰写的《中国肉牛产业经济研究》和邵喜武撰写的《多元化农业技术推广体系建设研究》获得吉林省社会科学优秀成果奖著作类一等奖，郭庆海撰写的《新型农业经营主体功能定位及成长的制度供给》获得吉林省社会科学优秀成果奖论文类一等奖；2017年，郭庆海撰写的《土地适度规模经营尺度：效率抑或收入》和聂英撰写的《中国粮食安全的耕地贡献分析》获得吉林省社会科学优秀成果奖论文类一等奖。

学校被科技部评为"'十一五'国家科技计划执行优秀团队""国家星火计划工作先进集体"，被教育部评为"第二次全国R&D资源清查教育系统先进集体"，科研处被教育部评为"'十一五'期间高等学校科技管理优秀团队"。

四、扎实推进科协工作，学术交流日益繁盛

（一）积极推进学（协）会建设工作

多年来，学校科协切实履行桥梁和纽带职责，找准定位，发挥优势，求真务实，开拓创新，围绕学校中心工作和地方经济建设的新要求，积极做好为经济社会发展服务、为新农村建设服务、为科技工作者服务的工作，切实加强自身建设，各项工作取得了新成绩，科协事业得到了新发展，为吉林省经济社会又好又快发展做出了积极贡献。有吉林省食药用菌物协会、吉林省家政学会、吉林省农业经济学会、吉林省园艺学会、吉林省生物质资源利用研究会、东北三省甜玉米协会、中国园艺学会小浆果分会 7 个协会挂靠学校。150 余名教师在 120 余个学会、协会兼职，有 12 人在国际、国家、省、市学会担任理事长。学校科协被人力资源和社会保障部、中国科协联合授予"全国科协系统先进集体"。

2008 年，中国园艺学会小浆果分会成立大会暨首届学术研讨会由中国园艺学会主办，吉林农业大学承办。会议选举李亚东为中国园艺学会小浆果分会理事长，吴林为秘书长。来自全国科研院所、高等院校、企事业单位的园艺专家、学者等 100 余名代表参加了会议。

2009 年，校长秦贵信当选为第七届长春市科协副主席。秦贵信代表市科协在大会上向全市科技工作者发出《团结奋斗、再创辉煌》的倡议。科研处处长黄海获得长春市科技系统先进工作者称号。

2010 年，校长秦贵信被推选为长春博士联合会第二届副理事长，孙世勋被推选为副秘书长，王全凯、谷岩等 3 人被推选为常务理事，陈光等 15 人被推选为理事。

2011 年，吉林农业大学科技大会暨吉林农业大学科协第二次代表大会在学校十一号楼二楼国际报告厅召开。校长秦贵信在大会上作了题为《坚持内涵发展，增强创新能力，努力实现"十二五"学校科技发展新跨越》的报告。秦贵信当选为吉林农业大学科协第二届委员会主席，李玉、孙爱军、陈光等 7 名同志当选为副主席，黄海当选为秘书长。同年，副校长孙爱军当选为中国科协第八届全国委员会委员。吉林省共有 3 人当选委员。秦贵信、李玉当选为吉林省科协第八届委员会副主席。

2013 年，李玉当选为吉林省农村专业技术协会（以下简称农技协）第

三届理事会顾问组组长，秦贵信当选为吉林省农技协第三届理事会顾问；孙爱军当选为吉林省农技协第三届理事会副理事长，王连君、黄海等 7 人当选为常务理事，李晓、李有宝等 10 人当选为理事。尹春梅、刘晓龙、车永顺、王连君、李晓 5 人被评为吉林省"百名"技术服务优秀个人；尹春梅代表吉林省"百名"技术服务优秀个人代表作了《播撒科技的种子　种植绿色的希望》经验介绍。

2014 年，孙世勋当选长春博士联合会第三届理事会副理事长和农业专业委员会主任，刘景圣等 8 人当选专业委员会副主任或副秘书长，食品科学与工程学院刘学军等 4 人当选常务理事，信息技术学院王国伟等 8 人当选理事。

2015 年，由学校发起成立的吉林省生物质资源利用研究会、长春市农业信息化学会获准成立，并挂靠学校，副校长陈光当选为吉林省生物质资源利用研究会第一届理事长，研究会特聘请李玉院士为名誉理事长。

2016 年，校长秦贵信当选为长春市科协第八届委员会副主席。吕文发、李士军、姜云垒、臧连生当选长春市科协第八届委员会委员。

2017 年，校长冯江当选省科协第九届委员会兼职副主席；李玉当选名誉主席，秦贵信当选荣誉委员，王春凤当选常委委员。同年，冯江连任吉林省动物学会第十二届理事会理事长；姜云垒连任长春市动物学会第十一届理事会理事长并连任吉林省动物学会副理事长；王全凯、杜锐、刘忠军当选吉林省动物学会第十二届常务理事；王利民当选长春市动物学会第十一届理事会副理事长。

（二）推进学术交流工作，表彰优秀科技人员

学校充分发挥学（协）会载体作用，承办重要学术会议，鼓励科教人员参加各种学术交流活动，提升学校学术影响力，学校学术交流日益繁盛，学术氛围日益浓厚。累计举办第五届世界鹿业大会、第八届国际黏菌系统学及生态学会议暨中国工程院第 186 场中国工程科技论坛、国际农业科技论坛、首届国际动物记录委员会（ICAR）绒山羊生产研讨会、中日现代农业发展研讨会、第四届全国药用真菌学术研讨会、中国"三农"问题高层论坛、中国农村合作组织发展研究高层论坛、全国害虫生物防治研究与应用技术研讨会、第七届中日韩农业与农村发展国际论坛、高产高效现代农业暨全国养分资源管理协作网 2015 年度学术大会、第二届东北地区农产品（食品）加工学术研讨会、吉林省秸秆资源综合利用学术会等大型学术会议 60 余场，举办学术报告、学术沙龙 1 000 余场。成功邀请到多位院士、"长江学者""长白山学者""千人计划"专家等国内外专家、学者来校讲学。学校科协多次受到国家和吉林省表彰，是全国科协系统先进集体。车永顺、尹春梅、黄海、孙爱军、李有宝、王清博等获得"全省科普工作先进个人"荣誉称号。

2009年，学校代表吉林省高校在全省企事业科协研讨会作了题为《打造平台，服务'三农'，促进高校科协地位提升》经验交流。同年，李玉当选为农业学部院士，是吉林省省属单位院士第一人。李玉被吉林省科协授予"十大科技传播人物"称号。臧连生荣获"中国昆虫学会第四届青年科学技术奖"，是东北三省唯一获此奖的科技人员，也是学校首次获得中国昆虫学会青年科学技术奖的科技人员。王鸿斌荣获"第十届吉林省青年科技奖"，全省共有20人获得此奖。

2010年，学校科研处被省科协批准为省级优秀科普车间（室）创建单位、被中国科协新增为全国科技工作者状况调查站点。学校作为全省唯一高校被吉林省科协评为"全省科普工作先进集体"。同年，李玉荣获"十佳全国优秀科技工作者提名奖"，李玉、郭庆海荣获"全国优秀科技工作者"称号。黄海、尹春梅被评为"全国科普工作先进工作者"。

2011年，吉林农业大学科协获得"长春市企事业科协先进集体"的荣誉称号，学校作为长春市高校代表在全市企事业科协会议上作了题为《发挥优势 求真务实 推进产业化进程 促进农村经济建设》的经验交流。同年，王春凤荣获第十一届"吉林省青年科技奖"。吴春胜荣获长春市"十大科技英才"荣誉称号；马红霞、吕文发、王琦、尹春梅、任跃英、田义新、刘淑艳、祁新、刘景圣、张晋京10位专家荣获长春市"百名优秀科技工作者"荣誉称号。科研处黄海、李有宝两位同志获得"长春市高校科协先进个人的荣誉称号"。

2012年，学校科技管理处获"全省科普工作先进集体"荣誉称号。同年，校长秦贵信荣获第五届中国科协"全国优秀科技工作者"称号，是学校第三位荣获此项荣誉的科技工作者。车永顺、刘晓龙、尹春梅、李有宝4位同志获"全省科普工作先进个人"荣誉称号。杜锐、刘淑艳获"吉林省青年科技奖"。

2013年，学校"走进科学美丽生活"科普日系列活动被中国科协评为"2013年全国科普日活动优秀特色活动"。同年，在学校主页整合设置了学术信息专栏，成立了吉林农业大学青年教师科学技术协会，选举臧连生为协会主席。

2014年，学校菌菜基地被吉林省科协和长春市科协分别命名为吉林省、

长春市科普教育基地。学校被中国科协评为"2013 年度中国科协科技工作者调查站点 AA 级优秀调查站点"，名列全国优秀调查站点第 12 名。同年，王大为被授予第六届"全国优秀科技工作者"荣誉称号。马红霞、杨桂连、李海燕、郜玉钢 4 位青年科技人员获吉林省第十二届青年科技奖。学校图力古尔撰写的《多彩的蘑菇世界：东北亚地区原生态蘑菇图谱》科普图书，获得第三届"中国科普作家协会优秀科普作品奖"银奖。

2015 年，学校菌菜基地被中国科协命名为"2015—2019 年度全国科普教育基地"，学校荣获"中国科协科技工作者调查站点 A 级优秀调查站点"的称号。学校在"科技活动周"期间开展了"粮食科技活动周""参观吉林省科技馆""校园开放日"等多项活动，获得了 2015 年吉林省科技活动周活动的"优秀组织单位"和"先进科技传播群体"称号。学校科协荣获"2015年度吉林省科协学会学术工作先进集体"荣誉称号，科技管理处处长吕文发荣获"2015 年度吉林省科协学会学术工作先进个人"荣誉称号。2016 年，李有宝荣获科技部、中宣部和中国科协授予"全国科普工作先进工作者"称号。2017 年 5 月 27 日，在庆祝全国科技工作者日暨创新争先奖励大会上，国家现代农业产业技术体系食用菌岗位科学家姚方杰荣获首届"全国创新争先奖状"。

2017 年 6 月 24 日，第 19 届中国科协年会开幕式在长春国际会议中心开幕。国际药用菌学会主席、中国菌物学会名誉理事长、中国工程院院士李玉应邀出席了大会，并向大会作了题为《走有中国特色的菇业发展道路，实现食用菌产业强国梦》的特邀报告。同年，首届吉林省青年科学家年会开幕式暨特邀报告会在学校举行。特邀报告会邀请冯守华院士、周琪院士、吉林大学查敏作了大会报告。吉林省实施了"青年人才托举工程"，张浩、王建忠获首批"吉林省青年人才托举工程"资助。王春凤荣获吉林省第十四届青年科技奖特别奖，闫伟红、王玉华荣获青年科技奖。

第四节　坚持把论文写在大地上，彰显学校办学优势和特色

学校依托雄厚的学科实力和教学科研资源优势，坚持"以服务地方经济建设和社会发展为己任"的办学理念，构建了以公益性为主体、合作化和市场化为两翼的"一体两翼"社会服务体系，社会服务触角遍布吉林省，部分领域辐射全国，逐步向国际延展。

一、发挥学校优势和特色，建立社会服务体系

学校积极开展产学研合作，构建覆盖吉林省的科技成果转化推广网络，探索科技成果转化的有效模式和长效机制，形成了校地合作的"安图模式"、校村合作的"民乐模式"、校企合作的"博瑞模式"和国际合作的"赞比亚模式"。

安图模式：吉林农业大学与安图县政府签署校县合作协议，按照"项目启动、互惠互利"的原则，采取市场化运作方式，在应用开发、成果转化、人才培训等方面建立了长期合作关系，输送了大批技术人才和行政骨干，被安图县委领导和各级部门称为"安图模式"，赞誉吉林农业大学为县域经济送去了科技致富的金钥匙。

民乐模式：吉林农业大学依托示范区、专家大院等项目在松原市宁江区大洼镇民乐村建立科研示范基地。2001年以来，10余个学科专业、30余名专家、300余名学生深入该村开展服务，参与指导生产实践，当地自然资源与学校综合技术优势的结合催生了"出口红辣椒、绿色食品谷子、鲜食特用玉米、优质肉绒大鹅、设施蔬菜"五大优势产业，创立了"公司＋专家＋协会＋农户"的"四位一体"的农业产业运行模式和科技服务新模式。

博瑞模式：长春博瑞饲料集团有限公司是由学校校友孙武文创建的集科技研发、原料贸易为一体的专业化、现代化的股份制企业。吉林农业大学与该集团共同成立了"吉农博瑞奶牛科技研发中心"，由该公司出资、学校提供场地，在学校动物科学技术学院建设，该科研平台已成为企业研发核心机构、教师和学生科研基地，企业也成为学生生产实习和就业基地。

赞比亚模式：2007年起，学校作为中国政府唯一指定代表，成功建设中国援助赞比亚农业技术示范中心。中心以促进赞比亚粮食增产、改进农业技术、提升粮食安全水平为目标，积极开展人员培训、科学研究、示范推广及宣传展示等工作，建立了教育、科研、国际社会服务及推动吉林农业实现"走出去"的"四位一体"发展模式，取得显著成效，得到受援国政府和民众的广泛认可，被誉为"南南合作"的典范。援赞中心是学校主动对接国家重大外交战略的重要尝试，开启了我国地方高等农业院校国际合作交流新模式，对不断提升我国高等教育国际化水平，在国际级平台上开展产学研实践具有重要指导价值和借鉴意义。

2008年，由学校承担的、省农业综合开发办公室组织实施的国家新农村建设项目农民培训启动仪式在德惠市布海镇升阳村农民会馆举行，这是吉

林省深入落实国家培育新型农民、新农村建设的重要举措。同年，学校先后与靖宇县政府、辽宁省本溪市政府、和龙林业局、福建省泰宁县签署了校地合作协议。

2009年，吉林省农业科技大培训活动启动暨农技人员培训农民创业培训开班典礼在学校隆重举行，副省长王守臣、省政府副秘书长李福升、省农委主任任克军、学校校长秦贵信出席大会。学校着眼于新农村建设和农业农村经济发展，发挥教育人才优势，连续多年组织专家到吉林省各地开展冬春农业科技培训、农技人员培训、农民创业培训活动，大力开展服务"三农"工作。

2010年，省工业和信息化厅（以下简称工信厅）厅长姜有为与校长秦贵信签订吉林省工信厅与吉林农业大学全面合作协议；同时，学校与长春大成新资源公司就"以玉米非淀粉组分为原料生产保健食品功能因子关键技术研究与开发"项目签署合作研究协议，学校与吉林粮食集团就共同组建"吉粮集团粮食工程技术研究开发中心"签署了合作协议。同年，副校长孙爱军在吉林省冬春农业科技大培训活动视频会议上，代表学校作了题为《充分发挥人才技术优势，在服务"三农"中再立新功》的经验介绍。

2012年，学校先后与松原市宁江区政府、长春国信现代农业科技发展股份有限公司、四平市政府、伊通满族自治县政府、公主岭国家农业科技园区、吉林巨润农业科技集团、延边朝鲜族自治州（以下简称延边州）政府、吉林敖东药业集团股份有限公司、延边绿洲国际实业发展有限公司签署校市、校县、校企合作协议。同年，学校启动了"科技创新与社会服务年"活动，因活动扎实开展，成效显著，学校被评选为"全国农业科技促进年活动先进单位"，全国共有10所高校获此殊荣。2013年，中药材学院与康美新开河（吉林）药业签署了技术成果转化及产学研合作协议。

2017年，学校与临江市政府签署校市合作协议。签约仪式上，校党委书记席岫峰为"吉林农业大学教学科研实践基地"揭牌；校长冯江代表吉林农业大学与临江市政府签订战略合作协议，依次为5个"吉林农业大学产学研合作基地"授牌，并为临江市贫困村代表发放扶贫种子和科技资料。

2018年2月，省领导就学校专家学者围绕吉林省实施乡村振兴战略提出的建议作出批示。学校积极贯彻落实中共十九大精神，在全省率先建立了"吉林乡村振兴战略研究院"，从理论与战略研究、农业科技推广与服务、农业科技与工程研发、"三农"干部队伍培训等方面与国家和吉林省乡村振兴战略开展全面对接。在吉林省制定实施乡村振兴战略意见过程中，学校积极组织专家学者献言献策。提出的"建立种养结合农业循环体系，构筑农牧一体生产模式，建立秸秆还田生态模式，发展中药材产业，超前发展新型可视农业，吸聚工商资本下乡，培育乡村振兴人才"等建议得到省委、省政府的高度重视，多项建议被采纳吸收。

2018 年 7 月 5 日，副省长安立佳来校调研，先后视察了小麦和玉米深加工国家工程实验室、青鸟创业园、食药用菌教育部工程研究中心、农业现代化综合技术研究所。了解了学校近年来在食药用菌的科研成果、玉米主食化加工中试生产线及成果转化、学校"双创"教育、生物防治技术推广应用等情况。在学校主楼中四楼会议室召开的调研座谈会上，安立佳听取了学校党委书记席岫峰作的题为《凝心聚力　改革创新　努力建设特色高水平农业大学》的工作汇报，对学校的改革发展给予了充分的肯定，并希望吉林农业大学永葆农业大学本色，继续发挥优势和特色，为吉林农业发展和经济建设做出更大贡献。

二、把论文写在大地上，推进科技成果转化

在长期的办学过程中，学校发挥科技优势，积极承担社会责任，组织广大科技人员深入农村和企业生产一线，为农业生产、农民致富提供强有力的支持。学校在吉林省东中西部共建立了 42 个农业科技示范区，主持承担了国家星火计划、吉林省科技厅地方科技引导等技术推广示范类项目 50 余项，在全省建设新农村帮扶点、扶贫点 36 个。探索了"专家团队＋示范基地＋农技推广员＋企业＋农户"的成果快速转化模式。形成了中部松辽平原粮畜加工型、西部松嫩平原粮经牧型、东部山区半山区林特药型的全方位、立体化的示范推广网络。学校荣获"吉林省农业综合开发先进单位"。

学校积极参加中国国际农产品交易会、长春农博会、吉林省科技成果推介会、科技成果对接会等各类成果推介活动，年均参加 20 余场次，广泛宣传先进农业科技成果。在一年一度的长春农博会上，学校累计展示种植、养殖、农产品加工等领域的科研成果 300 余个，省委书记巴音朝鲁等领导多次到学校长春农博会展区及菌菜基地参观，十余届长春农博会的参展，已经形成了良好的吉林农业大学品牌效应。学校多次荣获中国长春农博会先进组织单位。通过展会推介、技术市场推介等手段，极大地促进了学校科技成果转化，2008—2017 年间，学校累计转让科技成果 83 项，转让收益 1 533.8万元。

2008 年，吴伟、高光主持的吉林白鹅 3 个品系转让经费 240 万元，实

现了学校动物品系转让零的突破。2009 年，学校承担了科技部国家星火计划项目"四川省黑水县地道中药材规范化生产加工技术示范"，该项目由尹春梅主持，主要帮扶四川省汶川地震灾后重建，学校组织专家赴四川省黑水县开展科技帮扶，在科技部召开的汶川地震灾后恢复重建对口帮扶工作交流会上受到好评。2013 年，因工作成效显著，尹春梅、张连学和赵春莉 3 名科技人员荣立三等功，田义新、杨世海和王英范等 3 人受到嘉奖。

2009 年前后，学校共承担建设了 29 个省级科技示范区，不断加强农业基础设施建设，提高粮食综合生产能力，促进农业产业化发展，特别是在提高农业综合效益、增强农业抗御自然灾害能力、改善农业生态环境、促进农民增收和农业可持续发展等方面做出了积极贡献。学校被省政府授予"吉林省农业综合开发先进单位"称号。

同年，副省长陈晓光、省科技厅厅长毛健等领导视察了学校海南育种基地并召开了座谈会。陈晓光充分肯定了学校在作物育种方面取得的成绩，并希望学校科技工作者继续发扬艰苦奋斗、努力拼搏的精神，为吉林省农业科技和生产的快速发展不断做出新贡献。

2010 年，吉林省工信厅批复学校建立吉林省农业生物国际科技孵化基地。2016 年，该基地获立吉林省第三批技术转移示范机构，并获得科技厅立项支持。

2011 年，副省长王守臣视察学校海南育种基地，对学校作物育种和品种推广方面取得的成绩给予充分肯定。同年，吉林省棚膜经济工作现场会在学校承担的松原市宁江区大洼镇民乐村农业综合开发示范区召开，宋述尧在会上作专题报告。同年，由科技部主办的"东部和东北地区农业科技成果转化工作经验交流会"在广东省东莞市召开。会上，学校副校长孙爱军代表学校在东部和东北地区农业科技成果转化工作经验交流会上作典型发言。2012 年，吉林省海南科研育种基地在海南省乐东县佛罗镇建成，学校海南科学实验基地同时落户该基地。

2013 年，在农产品加工领域，由王大为主持的玉米菇香米健康食品及其生产方法等 10 项专利、技术成果，由张艳荣主持的玉米活性多糖的生产方法等 10 项专利、技术成果分别实现集成转让，转让金额分别达到 130 万元和 110 万元。2014 年，学校承担的吉林鹅产业和吉林蓝莓产业科技特派员创业链被评为"国家级科技特派员创业链"，学校被科技部认定为"吉林长春国家科技特派员创业培训基地"。2015 年，学校被中国产学研合作促进会评为"中国产学研合作促进奖"。2016 年，学校成为科技部第一批"星创天地""吉林省技术转移试点单位"。

三、充分发挥专家作用，助力地方经济建设

学校积极整合各方力量，充分发挥专家"智囊团"作用，为党委、政府科学决策、为经济社会发展服务。200 名专家受聘为吉林省委、省政府决策咨询员、吉林省科技特派员、吉林省"12316 新农村热线""12582"综合信息服务平台专家、吉林省农村星火科技"12396"专家、吉林省中小企业服务专家及各地市经济发展顾问等各类社会服务性专家。这些专家为推动吉林省农业农村经济和社会发展起到了积极的促进作用。学校有吉林省科技特派员 163 人，吉林省"12316 新农村热线"27 人，"12582"综合信息服务平台专家 5 人，吉林省农村星火科技"12396"专家 19 人，吉林省边远贫困地区、边疆民族地区和革命老区人才支持计划专家 116 人。学校荣获"全国科技特派员先进单位"。

2008 年，临江市政府副市长杨学伟、科技局局长姜永久等一行六人到学校，为胡全德颁发临江市科技贡献奖。这是临江市首次设立科技贡献奖，授予的第一人就是胡全德，同时，胡全德被授予"临江市荣誉市民"称号。

2009 年，在"全国科技特派员工作会议暨农村科技创业行动启动仪式"上，学校胡全德、张广臣被科技部授予"全国优秀科技特派员"，学校被科技部授予"全国科技特派员工作先进集体"。

2010 年，吴春胜荣获"全省十大玉米科技标兵"称号；高光在"农科之星——吉林省我最喜爱的'12316'农业专家"评选中被评为"最佳贡献奖"，刘清河和刘晓龙被评为"优秀贡献奖"；胡全德被授予"白山市域外有突出贡献人才"荣誉称号。同年，吉林省农委组建了吉林省农民创业培训师资库，从吉林省涉农大中专学校、科研院所和技术推广单位择优选任首批 30 名专家学者为吉林省农民创业培训师资库成员。其中，学校共有 13 位教师入选吉林省农民创业培训师资库，是入库专家最多的单位。

2011 年，学校荣获"十一五"国家星火计划工作先进集体；学校被授予"吉林省社会主义新农村建设帮扶工作先进单位"称号。学校专家主持的"抚松县露水河镇人参栽培技术示范与推广科技特派员工作站"等 8 个工作站被授予"吉林省科技特派员先进工作站"。张连学、李玉、胡耀辉、吴春胜、张广臣、宋述尧、高光、张晓明、尹春梅、车永顺、叶景学、刘洪章、姜海龙、吕文发、郎仲武、胡全德 16 位专家被授予"吉林省优秀科技特派员"称号；吴春胜被授予"'十一五'粮食丰产科技工程实施先进个人"称

号。王开、胡文河荣获吉林省"12582"农信通综合信息服务平台"农民喜爱的优秀专家"。李有宝被授予"吉林省社会主义新农村建设帮扶工作优秀指导员"称号。胡全德、王义荣获"临江市技术创新贡献奖先进个人"。同年，吉林省农委农产品质量安全专家组成立大会上，学校孙立城、胡耀辉、张连学等21名科技工作者成为"吉林省首批农产品质量安全专家"。

2012年，吉林省科协对在全省2011—2012年"科技之冬"送科技下乡活动中涌现出的先进集体和先进个人进行表彰。学校科技管理处被评为吉林省2011—2012年"科技之冬"送科技下乡活动先进集体。车永顺、尹春梅、李晓、刘晓龙、李有宝5人被评为吉林省2011—2012年"科技之冬"送科技下乡活动先进个人。刘晓龙等9名专家荣获"2011年度吉林省'三农'综合信息服务平台优秀专家"称号。其中，刘晓龙、任东波、高光、乔宏宇、夏艳洁、胡文河6位专家被评为"'12316'新农村热线优秀专家"；刘清河、王开、凌凤楼3位专家被评为"'12582'农信通短信平台优秀专家"。宋述尧、张连学和李有宝被省农委评为吉林省农业科技教育工作先进个人。

2013年，在"吉林省振兴人参产业突出贡献奖"评选活动中，中药材学院被评为突出贡献先进单位，张连学、高洁、李月茹被评为突出贡献先进个人。刘晓龙、侯建伟受聘为吉林省"专项产业百区科普行"产业区专家。同年，《关于加快推进全省开发区（工业集中区）转型升级有关情况的研究报告》和《关于全省"三农"发展情况的研究报告》2份调研报告分别获得省委书记和省长批示。2014年，学校王义、文连奎、郜玉刚、赵岩、李有宝、王清博6名同志被吉林省促进中小企业发展服务中心评为"吉林省中小微企业优秀技术专家"。

2015年，学校科技管理处被评为吉林省2014—2015年"科技之冬"送科技下乡活动先进集体，尹春梅、车永顺、刘晓龙、胡文河、伊伯仁、李有宝6位同志被评为先进个人。李亚东作为中国园艺学会小浆果分会理事长担任了在青岛召开的中国国际蓝莓大会暨青岛国际蓝莓节的大会主席，荣获"蓝莓产业特殊贡献奖"。李晓参加了中组部"一带一路"专家咨询服务暨黑龙江引进高端人才对接洽谈活动，被中共黑龙江省委、黑龙江省政府聘为"黑龙江省特聘专家"。2016年，由于在梨树县农业发展中做出卓越贡献，赵兰坡、高强喜获梨树县政府表彰。

四、积极承担对外援助项目，成为"南南合作"典范

赞比亚农业技术示范中心是学校代表中国政府援助的首批援非农业技术

示范中心之一，被誉为"南南合作"典范。该示范中心是 2006 年 11 月中非合作论坛北京峰会上由国家领导人代表中国政府正式向非洲国家承诺的"加强中非务实合作 8 项农业举措"中援助非洲国家的首批农业技术示范中心。2015 年 9 月 27 日，中央电视台《新闻直播间》以《中国树立"南南合作"的典范　赞比亚：中国农业技术惠及赞比亚人》为题，对示范中心的运行情况进行采访报道。

2007 年以来，吉林农业大学作为中国政府唯一指定项目实施单位，具体承担建设了中国援助赞比亚农业技术示范中心。项目于 2008 年 5 月正式启动，2009 年 11 月示范中心正式奠基，2010 年 12 月土建工程竣工，2011 年 11 月完成项目交接，2012 年 3 月进入技术合作期。示范中心位于赞比亚首都卢萨卡内，赞比亚大学利艾母普农场内的 120 公顷土地上，距市中心 15 公里。示范中心建有 1 484 平方米办公培训楼，200 平方米食用菌大棚，120 平方米的食用菌实验工作室及 3 000 平方米蔬菜种植示范园。同时，还拥有 755 平方米农具棚 1 个，528 平方米物资库 1 个，308 平方米学员宿舍 1 栋，3 000 平方米晾晒场 1 处，发电机房、地动衡、气象站、油罐、篮球场、单双杠、水塔、水池及门卫室等附属设施 11 处，各类试验仪器设备 130 台套，农业机械与维修设备 50 台件，中小农具 500 余套，输水管路 1 400 米，总资产 1 000 万美元。

技术合作期以来，示范中心紧密围绕"宣传展示、科学研究、示范推广、人员培训"四大核心任务，开展了卓有成效的工作。主要粮食作物高产栽培技术取得阶段性成果，为提升赞比亚粮食产量奠定坚实基础。引进玉米、小麦、大豆、食用菌等优良品种 200 余份，积极推广播种器、压动双式播种施肥器、喷雾器等小型农机具使用技术，建立了全程机械化耕作栽培技术基地（赞比亚大学农场）。

示范中心选派技术组赴赞比亚各地开展送科技下乡活动，拜会了北方省省长、部落酋长、市长、议员等，达成了长期提供技术服务的协议。在赞比亚的 5 个省参加了赞比亚农业部支持的农业产出保护项目，为赞比亚农民提供技术咨询服务近千人次，受到赞比亚政府广泛认可。

截至 2017 年 4 月，吉林农业大学共派出 20 余名专家与赞比亚大学有关人员一道，集中组织举办生产技术、栽培技术、防治技术、养殖技术等专题培训班 57 期，累计培训 1 200 余人次。示范中心利用现有农机设备、实验仪器和农田设施积极为赞比亚有关大学提供教学和科研服务以及农业科技人才培养。以援赞比亚农业技术示范中心为依托，积极开展国际交流。自 2012

年 4 月技术合作期运行以来，示范中心先后接待视察访问 30 余次，接待有关公司企业到访 50 余次，累计接待国际机构和国家团组到访 60 余次。

2017 年 9 月，赞比亚农业生产技术海外培训班圆满落幕。"中国、赞比亚、美国盖茨基金会三方农业合作项目"正式启动。盖茨基金会 3 年共投入 150 万美元支持赞比亚农业技术示范中心在当地开展"玉米生产-饲料加工-本地鸡养殖-食用菌生产"全产业链技术研究与示范推广等相关工作。

五、扎实开展精准扶贫工作，为农村发展做出贡献

自 2015 年 12 月省委、省政府部署脱贫攻坚任务，将洮南市好田村确定为学校精准扶贫帮扶对象以来，学校党委高度重视，周密组织、精准发力，紧紧依托全校党组织的政治优势，充分发挥涉农学科、涉农人才、涉农成果密集的办学优势，坚持以科技创新和技术示范为引擎，以适应对路和增收增效项目为载体，以组织模式和工作模式创新为动力，以明确分工、压实责任、凝聚集体智慧和力量的处级单位包保到户为保障，与地方政府加强协调，密切合作，倾力打造"三三五"精准扶贫工程，即落实"三个到位（思想重视到位、政策机制到位、工作服务到位）"、实施"三个抓实（抓实顶层设计、抓实保障建设、抓实校地联动）"、采取"五项措施（把推进科技示范项目作为重要支撑、把推进科研成果转化与当地特色资源利用无缝对接作为重要任务、把推进基础设施建设作为重要内容、把推进科技扶贫培训作为重要助力、把推进结对包保作为重要手段）"，初步构建起"高校＋项目＋专家＋合作组织＋农户"多方联动的精准扶贫工作模式，努力提升好田村内生造血功能，切实帮扶贫困户增收致富，积极探索可持续、有特色的农业高校精准扶贫发展之路。

2016 年 1 月，学校成立了扶贫工作办公室（驻村工作队）；制订《吉林农业大学精准扶贫工作方案》《吉林农业大学关于开展精准扶贫包保结对帮扶活动方案》等多个文件；设立年农业科技推广基金 100 万元、扶贫工作资金 100 万元、组织全校党员捐款 31.33 万元。扶贫办成员深入农户，对好田村 324 户逐户逐人走访摸排甄别，最终确定 125 户、218 名贫困人口，建立了 A 级（重度困难）、B 级（中度困难）、C 级（轻度困难）3 种贫困户类型档案。有针对性地设计精准扶贫工作"组合拳"，培育具有广阔市场发展前景的玉木耳、玉米、杂粮高产特色示范、吉林白鹅养殖等项目，重点抓好玉木耳的生产示范及产品开发，以带动精准扶贫项目面上的推广。改善好田村支部（村委会）的办公条件，学校总计投入 10 余万元的资金、设备。加强

党支部建设，开展业务培训 6 次，帮助建章立制 20 项，完善规范了工作流程，提高了办事效率。

2016 年末，好田村通过帮扶脱贫的贫困户数达到 68 户，贫困人口 98 人，分别占比为 54.4％和 45％，完成了计划任务和省里制定的考核指标；注册食用菌、光伏、农机合作社 3 个，新增集体经济 45 万元；帮助建设改造住房 2 户；新农村建设道路项目成功获批 8.3 公里；新建围墙 1 800 延长米；厕所改造项目覆盖 50 户；打井 51 眼；柴改电项目成功获批，到位资金 1 100 万元；争取到 900 公顷农田所需的玉米种子，价值 60 多万元，实现了整村覆盖，好田村从村民精神思想到村容村貌都发生了巨大的变化。多家媒体多次对学校的扶贫工作给予宣传报道。2016 年 11 月 18 日、19 日，《吉林日报》、吉林电视台《新闻联播》分别以《科技当家好脱贫——吉林农业大学帮扶洮南市好田村纪实》和《好田村：项目全覆盖脱贫致富快》为题，对学校开展的帮扶工作进行采访报道。国务院扶贫开发领导小组办公室网站、中国精准扶贫网、中国电商扶贫网、中国吉林网等进行了转发。

2017 年，驻村工作队对 125 户贫困户、218 名贫困人口进行实地走访、调查摸底，翔实准确地掌握了每一个贫困户的基本情况，特别是致贫原因和实际需求，为进一步做到因户施策、因人施策奠定了基础；想方设法、真心实意为贫困群众办实事解难题，长驻好田村，与当地干部群众同吃同住同工作，累计蹲点达到 260 天。经常就有关问题，与上级部门进行工作座谈会、原因分析会、村情咨询会、工作筹备会等，广泛调研，四方寻策，为深入推进精准扶贫工作打下坚实基础。

按照要求做到了"六个精准"，帮扶规划覆盖脱贫攻坚全部任务。学校设立了农业科技推广基金 100 万元，共实施了农业科技推广基金项目 11 项，其中玉木耳产业发展项目和吉林白鹅养殖等项目已经取得全面成功，不仅带动好田村脱贫，而且助力那金镇和洮南市的脱贫攻坚工作。

结合新村部建设，学校投入 10 万余元，为村委会建设了党员教育培训基地和科技培训中心。建立党建带动扶贫、科技助力扶贫的精准扶贫机制。在好田村成立了吉林农业大学扶贫办党支部，使之与好田村党支部有效融合，形成合力。

2017 年底，好田村通过帮扶脱贫的贫困户数达到 82 户，贫困人口 133 人，分别占比为 65.6％和 61％，超额完成计划任务和省里制定的考核指标；注册食用菌、光伏、农机合作社 3 个，新增集体经济 45 万元；帮助建设改造住房 13 户；新建围墙 1 800 延长米；厕所改造项目覆盖 50 户；打井 51

眼；新建 410 平方米村部、1 000 平方米的文化广场、9.76 公里的水泥路、14 公里的沙石路；完成 500 户的自来水入户工程；柴改电项目已经建设完成。

2017 年 12 月，校党委书记席岫峰，党委副书记徐文生、毛彦军，副校长刘景圣一行来到学校包保贫困村洮南市那金镇好田村出席"党员教育培训基地"揭牌仪式暨好田村模范人物表彰大会，并走访慰问了部分贫困户。洮南市副市长蔡景晨出席会议并陪同慰问。期间，组织部党支部开展了"党建扶志·助力扶贫"最佳党日活动，党委常委、党委组织部部长刘洪君为好田村党支部全体党员上了一堂生动的党课，学生工作处党支部开展了"走进扶贫点·支部献温情"主题党日活动，为好田村贫困学生发放了学习用品，大学生心理咨询中心为好田村贫困学生及学生家长进行"注意力培养"的团体辅导；校团委党支部为好田村制作了中共十九大精神宣传展板，"青马工程"培训班讲解员为好田村党员进行中共十九大精神宣讲。

2018 年 2 月，学校对洮南市那金镇好田村开展的精准扶贫工作在省委组织部 2017 年度包保帮扶贫困村工作成效考评中被评为优秀等次，这是学校第二年被评定为优秀等次。省委组织部对学校精准扶贫工作给予高度评价，并希望学校在下一步工作中认真贯彻落实好省委、省政府关于脱贫攻坚工作的部署，不骄不躁，再接再厉，强化措施，弥补不足，取得更大成绩。

吉林农业大学还作为第三方评估单位，承担了吉林省各市（州）、长白山开发区、梅河口市、公主岭市及各县市区脱贫攻坚工作精准扶贫识别等任务，为吉林省精准扶贫工作做出了突出贡献。

除了完成好好田村的扶贫任务外，学校还积极承担更多的扶贫任务。2017 年 11 月，学校选派的 3 名科技特派员到贫困乡村开展科技扶贫工作，中药材学院尹春梅担任组长，同时挂职靖宇县龙泉镇科技副镇长，经济管理学院刘孝国、中药材学院孙宝鼎任驻村第一书记的科技助理。2017 年 12 月，吉林省科技助力精准扶贫暨 2017—2018 年"科技之冬"活动部署会议上，学校中药材学院尹春梅、王全凯、李伟，动物科学技术学院高光、姜怀志、孙永峰、隋玉建、姜海龙，园艺学院王连君、乔宏宇，农学院凌凤楼、白庆荣、胡文河、刘晓龙共 14 名专家受聘为省级科技助力扶贫工作队专家，刘晓龙代表学校作了科技服务、科技扶贫的交流发言。

六、做出突出贡献，连续荣获"感动吉林"人物称号

学校广大师生扎根基层，服务"三农"，为地方经济建设和社会发展做

出了突出贡献，赢得了社会的广泛赞誉。继陈学求荣获"感动吉林"2004年度人物、姜岩荣获"感动吉林"2006年度人物之后，从张连学荣获"感动吉林"2015年度人物、胡文河荣获"感动吉林"2016年度人物，到精准扶贫驻村工作队荣获"感动吉林"2017年度人物，学校已连续3年荣获"感动吉林"年度人物称号。这也是"感动吉林"年度人物评选以来，首次一个单位连续3年获此殊荣。

2016年2月27日，以"创业、创新、创造"为主题的第十三届"感动吉林"2015年度人物颁奖典礼在吉林省图书馆举行。张连学及其科研团队荣获"感动吉林"2015年度人物称号。张连学及其科研团队30余年来，在人参良种繁育、人参栽培技术改良及人参产品深加工领域做出突出的贡献和对吉林省经济发展起到重要的推动作用。

2017年2月25日，第十四届"感动吉林"2016年度人物颁奖典礼在吉林省图书馆举行。胡文河荣获"感动吉林"2016年度人物称号。胡文河在玉米超高产栽培，盐碱地井种稻，玉米、大豆新品种选育等方面取得了较大成果。他作为吉林省"12316"新农村热线、种子及大田作物栽培首席专家，长期深入农业生产一线，通过举办培训班、现场进行农业技术指导等方式为服务"三农"发展做出突出的贡献。

2018年1月20日，第十五届"感动吉林"2017年度人物颁奖典礼在长春国际会议中心举行。学校精准扶贫驻村工作队荣获第十五届2017年度"感动吉林"特别致敬人物称号。自2016年学校承担起精准扶贫任务以来，精准扶贫驻村工作队在学校党委的坚强领导下、全校师生的大力支持下，科学制订精准扶贫工作方案和工作计划，坚定服务社会、服务"三农"初心，牢记把论文写在大地上的使命，多措并举、精准发力、发展产业，努力提升帮扶对象洮南市那金镇好田村的内生造血功能，从而实现贫困村摘帽，探索出了一条可持续性、有特色的农业高校精准扶贫发展之路。

"感动吉林"人物荣誉称号的获得者，是学校优秀的教师代表，在他们身上展现出了吉林农业大学广大教职工在本职岗位上默默耕耘，为学校和吉林的发展无私奉献的崇高美德。他们的事迹使学校办学治校、服务社会的成效得到进一步体现，社会影响力得到进一步彰显。

第五节　加强人才工作，凝聚事业发展力量

学校始终坚持以人为本、人才兴校，通过体制创新和激励机制改革，调

动教师积极性，汇聚高层次人才，提升师资队伍整体，激发基层组织活力，推动学校全面协调可持续发展。

一、实施人才发展战略，大力培育和引进优秀人才

（一）实施岗位分级

2011年，开展专业技术二、三级岗位人选遴选。按照省人社厅和学校工作部署，会同相关部门，论证起草学校三级岗位竞聘条件，组织完成二、三级专业技术岗位人选遴选推荐工作。经学校评选推荐、省人社厅评审，核准聘任学校二级专业技术岗位人选6人，三级专业技术岗位人选10人。省人社厅就此项工作的开展，对学校进行全省通报表扬。

2014年，完成年度二、三级岗位遴选及五级以下专业技术岗位聘任工作，共聘任二级5人，三级12人，五级22人，六级39人，八级65人，九级104人，十一级21人。

2015年，配合省人社厅完成了2012年聘任二级岗位人员聘期任务考核工作。经考核，优秀等次4人，良好等次4人，合格等次5人，无基本合格和不合格等次人员。组织完成了2012年受聘三级岗位27人的聘期任务考核工作。经考核，优秀等次7人，良好等次8人，合格等次12人，无基本合格和不合格等次人员。

2016年，共聘任专业技术二级7人，三级10人，五级8人，六级30人，八级47人，九级53人，十一级9人。

（二）明确机构编制

2011年1月，按照吉林省机构编制委员会办公室编制核查工作要求，学校认真组织落实，撰写自查报告及典型经验材料，召开座谈会等，积极配合上级部门圆满完成了编制核查工作。2011年7月，吉林省机构编制委员会办公室下发《关于调整核定省属普通高等学校编制的通知》（吉编发〔2011〕44号），学校编制数由原来的1 583增至1 826，共核增编制数243个，为完善学校教职员工队伍结构及师资建设奠定了良好的基础。

（三）完善管理制度

2011年10月，学校调研组就教育培训问题对15个教学单位进行专题调研，并根据调研结果对《关于开展教职工教育培训的暂行规定》《关于进一步实行青年教师导师制的暂行规定》《关于接受外单位进修人员的暂行规定》3个文件进行修订，同时对以往青年教师导师制的执行情况进行抽查。此次教育培训方案的修订，加大了全校教职员工的培训力度，扩大了人员范

围，将管理、工勤岗位人员的专业技能培训纳入其中，有效调动全校教职员工的学习和工作积极性。11月，为更进一步推进岗位设置改革工作，省属高校人事处处长联席会议在学校召开，共同商讨了高校岗位设置改革有关事宜，对改革中遇到的问题进行梳理和分析并初步达成共识。

2012年，在充分调研各教学单位的基础上，经校长办公会研究决定，下拨部分教育培训经费以支持各教学单位的中青年骨干教师培训工作；同时，下发了《教学单位试行教育培训经费两级管理实施办法》，并召开了2012年教学单位教育培训工作会议，有效推进了教育培训经费的校院两级管理工作。

2015年，学校出台青年人才支持政策，出台了《吉林农业大学青年拔尖人才支持计划（试行）》，旨在加强师资队伍建设，培养、造就一批在国际国内有影响力的青年拔尖人才，计划在"十三五"期间支持60名左右的青年拔尖人才。

2016年，为使一批青年人才成长为品德优秀、能力突出、素质全面的青年拔尖人才，成长为学校教育教学名师、科技创新与社会服务骨干，成为学校建设与发展的重要力量，成为能够承担国家与区域重大任务的高层次优秀人才。首批遴选出青年拔尖人才人选23人，并按文件规定给予了支持。

2017年，完成了《吉林农业大学"十三五"师资队伍规划》编制工作。人事处根据学校"十三五"规划、第十二次党员代表大会精神及省委巡视组整改意见，不断完善制度建设工作，出台了《吉林农业大学教职工离岗创业以及校外任职和兼职管理规定（试行）》《吉林农业大学引进高层次人才管理办法（试行）》《吉林农业大学引进优秀博士条件及待遇管理办法（试行）》《吉林农业大学退休及延聘返聘工作暂行规定（修订）》等一系列文件。

（四）大力引进高层次人才

按照学校"十三五"发展规划和第十二次党员代表大会对人才工作的总体要求，加大人才队伍建设力度。2017年，学校制订了《吉林农业大学引进高层次人才管理办法（试行）》等系列文件，投入2 000万元用于高层次人才队伍建设。随着学校人才支持政策的相继出台和实施，人才建设经费的持续投入，不断激发人才队伍活力，提升人才建设质量，增强自主创新能力，提升学校发展层次，对推动学校事业快速发展具有十分重要的意义。

2017年，经吉林省人社厅审批，成立了吉林省首个"双聘院士"工作室暨朱蓓薇院士吉林农业大学工作室。2017年6月，中国工程院朱蓓薇院士吉林农业大学工作室揭牌仪式暨学术报告会在学校国际报告厅举行。吉林

省人社厅副厅长李宝君、校长冯江共同为"吉林农业大学院士工作室"揭牌；冯江为朱蓓薇颁发了吉林农业大学"双聘院士"聘书。学校先后引进北京市农林科学院赵春江院士为学校特聘教授，引进中国农业科学院特产研究所王英平研究员及其研究团队。植保学科全职引进的孙文献教授入选教育部2017年度"长江学者奖励计划"特聘教授。

朱蓓薇院士吉林农业大学工作室的成立、赵春江、孙文献的引进和王英平科研团队的组建，标志着学校高层次人才队伍建设工作迈上了一个新的台阶。随着教学、科研、合作等项目的陆续展开，将推动学校食品科学、计算机应用技术、植物保护和人参研究等领域科技成果的产出、学科团队的建设以及人才培养的纵深发展。

（五）强化教师的教育培训

学校高度重视教师的教育培训工作，划拨专项经费组织开展多种形式的培训工作，取得了良好的效果。2011年度，学校共派出8名教师参加课程和教学方面的研讨会与培训班并组织部分教学秘书、教学干事到吉林省高师培训中心参加业务培训，效果显著。接受培训的教职员工不仅开阔了眼界，了解到本工作领域的前沿动态，而且加强了各高校之间的学术交流。

2012年，学校派出103人参加中青年骨干教师短期会议；派出10人到国内知名高校长期进修；派出24人参加中短期培训；派出4人做国内访问学者；派出27人参加国家精品课网络培训；接收国内访问学者2人、外来进修人员6人，通过培训和进修，教师在本专业和自己的研究领域得到了发展和提高，管理人员的服务意识、服务理念、业务能力得到进一步加强。

2013年，加大教育培训力度、拓宽培训渠道、更新培训方式，修订、完善《青年骨干教师长期进修管理暂行规定》和《教职工出国（境）人事管理暂行规定》，起草、论证、制定激励性政策，鼓励青年教师参加国内外进修访学，不断调动青年教师"走出去"的积极性，拓宽视野，提高水平，增强培训效果。全年派出短期培训194人，国家精品课培训71人；长期进修41人，国内访问学者10人，出国进修7人；接收教育部国内访问学者1人，全年总计培训人次达224人次。

2014年，由于学校机构调整，将教育培训科、相关职能机人员划归教师教学发展中心，更加系统地开展教师培训工作。秉持"让优秀的教师领跑，让所有的教师卓越；尊重教师，做教师发展的支持者、帮助者、服务者和促进者；坚持促进资源优势转化为发展优势、科研优势转化为教学能力"的工作理念，紧紧围绕国家高等教育形势、学校"十三五"发展规划和学校发展实际，立足于教师教学能力、实践能力、学术素养、国际化水平提升的需要，全面加强教师的培训工作。制订了《吉林农业大学教师发展五年工作规划》，确立了中心发展目标、任务与工作框架。

2014—2017年，先后组织开展了新教师岗前培训、新任课和转岗教师基本教学能力培训、教师教学能力提升培训等系列培训活动，逐步建立教师信息库和教师个人成长档案，帮助教师规划职业生涯，促进教师教学与专业发展。积极开展教师发展研究活动，指导和帮助教师开展教与学的理论与方法研究，以用于改进教学。

不断完善境外研修、国内访学与培训、校本培训三层次教师发展体系，形成了长期进修与短期培训相结合、国内培训与国（境）外培训相结合、理论学习与实践锻炼相结合、导师指导与自主学习相结合的"四结合"教师发展模式。大幅度拓展境外培训，为培养教师的国际化视野，提升教师队伍国际化水平，学校充分利用国家留学基金管理委员会地方合作项目、学校"青骨项目"等资源，同时积极开发境外培训项目，累计选派教师参加长期访学和短期研修共计159人。稳步推进国内培训，鼓励教师积极参与国内短期培训、长期进修、国内访学，并针对不同教师的需求，选择国内高水平大学，量身定制研修项目，年均国内访学、短期研修300人次，有效促进了教学理念更新、教学学术视野拓展和教学能力提升。

设计实施"名家讲坛、午茶会、工作坊、研修班、开放课堂"五大品牌系列活动。先后聘请荷兰瓦赫宁根大学Jon Danne博士、美国麻州大学史美瑶博士、加利福尼亚州大学戴维斯分校潘挺睿教授等校外专家，开展名家讲坛、午茶会、工作坊、研修班55场次，开放课堂120门，参与教师累计达4 554人次，促进了不同学科专业教师间的交流与经验分享，满足了教师发展的普遍需求。

二、高水平人才队伍建设成效显著

贯彻落实全国及吉林省的人才工作会议精神，进一步提高学校专家的知名度，扩大学校在社会上的影响力。2008年，秦贵信、郭庆海、钱爱东获得吉林省第十批有突出贡献的专业技术人才荣誉称号。王琦、胡耀辉、王丕武获得国务院政府特殊津贴。赵兰坡获得吉林省第四批人才开发资金项目资助。2009年，吕文发入选教育部新世纪优秀人才支持计划。

2009年12月2日，中国工程院在北京召开新闻发布会，该院2009年院士增选工作已经结束，共产生48名新院士。学校原校长、博士生导师李玉

当选为农业学部院士，是吉林省省属单位院士第一人。李玉是中国工程院院士、俄罗斯科学院外籍院士、国家级教学名师。担任《菌物研究》主编，*International Medicinal Mushroom* 编委、国家食用菌产业技术体系岗位科学家，长春市政协常委，国际药用菌学会会长，中国食用菌协会名誉会长，中国菌物学会名誉理事长，国家食药用菌产业技术创新战略联盟学术委员会主任，吉林省经济菌物高端创新平台（中心）主任等职务。深入全国各省、自治区、直辖市开展菌类资源调查，获 2 万余份标本与菌株，发现菌物新种 49 个，新记录种 152 个，完成了《中国真菌志》香菇卷、黏菌卷等 3 部志书的编研。对黏菌进行系统研究，研究成果居世界前列。创新了全日光栽培黑木耳等 8 项关键技术，建立生产示范基地 26 个，以"五位一体"模式进行推广示范，指导培训技术骨干 8 000 多人次，带动 3 万农户，累计推广 50 多亿袋（菌包），创造直接经济效益近 60 亿元。创立"菌类作物学"，创建食用菌专科专业和应用生物科学（食药用菌方向）本科专业，在国内率先形成了专科、本科、硕士、博士、博士后较完整的菌物科学与食用菌工程人才培养体系。培养硕士研究生 100 余人，博士研究生 40 余人。主持完成国家、部（省）级科研项目 50 余项。"重要黏菌类群系统分类研究"成果获国家自然科学奖二等奖，获何梁何利基金科学与技术进步奖、国家教学成果奖二等奖、吉林省科技进步奖一、二等奖各 3 项。被评为国家级有突出贡献的中青年科技（管理）专家、全国优秀教育工作者、全国优秀科技工作者、科学中国人、戴芳澜科学技术奖"终身成就奖"等荣誉称号。

2010 年，马红霞、王春凤入选教育部新世纪优秀人才支持计划。张东鸣获得国务院政府特殊津贴。张艳荣、王丕武、杨伟光、张越杰获吉林省第十一批有突出贡献的中青年专业技术人才称号；吕文发、臧连生获得吉林省 2010 年度留学人员科技创新创业项目择优资助经费；窦森获得吉林省第五批人才开发资金资助。王振民获得长春市政府特殊津贴。

2011 年，郑鑫获得留学人员科技创新创业项目择优资助经费；李玉荣获吉林省教书育人楷模称号。刘淑艳、姜秀云、郑鑫、包海鹰、臧连生、周建忠获吉林省教育厅第一批"新世纪优秀人才"称号。

2012 年，张连学获得国务院政府特殊津贴，李海燕入选科技部创新人才推进计划——中青年科技创新领军人才。王大为、马红霞获得省突出贡献专家称号。在吉林省拔尖创新人才选拔中，王琦入选一层次，陈光、张越杰、刘景圣、李亚东、李海燕入选二层次，吕文发、杜锐、刘淑艳、邵喜武、钟双玲入选三层次。祁新、徐日福、邵喜武获吉林省教育厅第二批"新世纪优秀人才"称号。李伟、孙永峰、马建、张志丹、田露获吉林省教育厅第一批"春苗人才"称号。

2013年，在吉林省第四批拔尖创新人才选拔中，李海燕入选一层次，马红霞、刘淑艳、吕文发、杜锐、杨利民入选二层次，宋日、王玉华、李月红、闵伟红、于寒松、王大为、张志成、臧连生入选三层次。王桂霞获得省留学人员项目资助。王玉华、闵伟红、杨桂连、闫云仙、王艳华、张志成获吉林省教育厅第三批"新世纪优秀人才"称号。谷岩、刘朴、尚红梅、刘志、顾莉丽获吉林省教育厅第二批"春苗人才"称号。

2014年，王春凤获批长江学者特聘教授。臧连生入选科技部创新人才推进计划——中青年科技创新领军人才。陈光、杜锐、吕文发、郑鑫、阮长春获得省突出贡献专家称号。高洁获得国务院政府特殊津贴。孙永峰、李月红获得留学择优资助。刘景圣入选国家百千万人才工程人选。

2015年，杜锐入选国家百千万人才工程人选，获得吉林省人才开发资金重点项目资助。王春凤入选科技部创新人才推进计划——中青年科技创新领军人才。在吉林省第五批拔尖创新人才选拔中，张越杰、杜锐入选一层次，王玉华、臧连生入选二层次，闫云仙、李伟、李影、杨桂连、郑鑫、曹建民、冀瑞卿入选三层次。

2016年，臧连生入选万人计划。王春凤、朴春红获得吉林省人才开发资金重点项目资助。刘景圣、杜锐、李海燕获得国务院政府特殊津贴。王振民、闵伟红、邵玺文获得省级第十四批有突出贡献中青年专家。

2017年，王春凤入选万人计划。在吉林省第六批拔尖创新人才选拔中，刘景圣、马红霞入选一层次，邵喜武、闵伟红、郑鑫、张志成入选二层次，高强、胡桂学、朴春红、王桂芹、马建、李健、孙永峰入选三层次。2018年，马红霞入选国家百千万人才工程人选。

学校注重整合科研资源，弘扬团队和"传帮带"精神，倡导"专家＋平台＋项目"的科研模式。以项目为载体，打造能够承担国家省市级不同类别、不同层次项目的创新团队，培育了一批具有科技创新意识的中青年专家，建设了一支老中青结合、富有凝聚力和创造力的科研创新群体。2011年，"重要菌物资源保育与可持续利用研究"科研团队成为教育部"长江学者和创新团队发展计划"的创新团队。2016—2018年，李玉负责的作物秸秆基质化利用团队、秦贵信负责的畜禽健康养殖及配套关键技术集成创新与应用团队、刘景圣负责的玉米主食工业化生产关键技术及其产业化示范团队和陈光负责的吉林省秸秆资源循环利用技术创新团队被评为吉林省重大科技

项目研发人才团队。

2017 年 11 月，省教育厅公布了首批吉林省高校黄大年式教师团队名单，学校李玉作为负责人的"植物病虫害绿色防控教师团队"和秦贵信作为负责人的"畜牧科学教师团队"被认定为首批"吉林省高校黄大年式教师团队"。其中，"植物病虫害绿色防控教师团队"被评为"全国高校黄大年式教师团队"。

第六节　加强基础设施建设，进一步改善办学条件

学校注重加强基础设施建设，在加强场馆建设、教研基地建设的基础上，加大校园设施维修力度，使校园面貌焕然一新。学校加强资产管理、仪器设备采购管理以及校园网络建设，力度改善教学科研条件。

一、加强基础设施建设，校园面貌焕然一新

学校大力加强基础设施建设，新建了图书馆、体育训练场馆、文科楼、理科楼、动物实验中心、植物生产类基地、学生浴池、学生食堂等一批重要的办学基础设施，累计新增建筑面积 16.5 万平方米。学校占地近 1 400 公顷，其中，校园占地面积 319.02 公顷，总建筑面积 80.2 万平方米。图书馆藏书 246.68 万册。现有大田作物基地、校内农业科技示范园区、奢岭和前郭畜牧基地、南繁育种基地等基地面积近 1 100 公顷。这些基础设施的建设，使教学、科研资源配置更趋合理。

（一）场馆建设

2008 年，校园建设规划全面完成。土地利用与清理工作顺利推进；文科楼、理科楼、六个单体当年开工，当年完工。完成文科楼、理科楼建筑面积 33 323 平方米，六个单体 16 606 平方米，大豆中心 2 600 平方米。2009 年，圆满完成了文科楼、理科楼等工程建设改造、验收收尾、工程决算工作。2010 年，扩建了动物科学技术学院和园艺学院楼。新扩建校园硬化路面 11 万平方米。

2014 年和 2015 年，学校新建科技创新中心、植物生产类基地、体育运动场地、学生公寓、浴池、食堂等设施，面积约 9 万平方米，收回了社会化公寓和食堂共 103 996 余平方米的经营管理权，校园绿化美化不断加强。

（二）教研基地建设

2007—2017 年，通过加强管理，奢岭基地实现了扭亏目标，基地功能

进一步完善。与吉林油田公司签订了框架性合作协议，拓宽了教学实践和科学研究平台。规划并落实了科研用地，进一步完善了园区、前郭基地、双阳基地的配套设施建设。妥善处理了农场新区家属楼违建问题、农场职工货币化房补、"五·七家属工"社保参保等历史遗留问题。强化园区服务，畜牧基地年接待常规学生实习 6 400 余人次，完成相关专业 180 多个班级的学生驻场实习工作。畜牧基地获得上级扶持资金 80 万元，获批前郭基地 750 万元中低产田改造项目。

2016 年，建立了职能部门、学院和教研基地管理处三方共建机制。制订了《温室、大棚使用管理办法》和《教学科研用地使用管理办法》，实现了对校内基地的统一管理和科学分配。对四大基地进行全面规划。基地奶牛存栏 260 头，生产牛奶 73 万千克，梅花鹿存栏 156 头，生产鹿茸 118 千克。

学校养殖与农业生态基地一直以来都是学校重要的教学科研基地之一。但该基地土地自 1961 年前郭县政府圈划为学校基地（当时马场）后始终无法办理土地使用证，致使基地的土地纠纷困扰和制约基地的建设与发展长达半个世纪。2016 年 6 月 14 日，在省委、省政府的协调下，学校成功获得了养殖与农业生态基地（原前郭实验种畜场）国有土地使用证。确认基地现有土地共 678.13 公顷，其中旱田 273.8 公顷，天然牧草地 277.6 公顷，林地 103.6 公顷，建设用地 20.6 公顷，其他用地 2.53 公顷。该基地国有土地使用证取得后，开展了场房、办公场所、正门、餐厅、宿舍等设施建设，陆续进行标准化牧业小区、沙漠化治理基地、中药材种植基地以及农业推广示范基地等工程建设，为学校养殖与农业生态基地建设打下坚实发展基础。

随着前郭养殖与农业生态基地的建设和事业发展需要，学校对养殖类基地建设进行优化。经学校研究决定，撤销设在双阳奢岭的动物养殖基地，相关部门密切配合，认真做好撤销基地的后续工作，严格按照法律程序，完成了奶牛和梅花鹿的拍卖、固定资产的清理转移登记、审计以及人员安置等工作。

（三）校园设施维修

学校积极维修学校损坏设施，改造不合理设施、道路、绿化等大型修缮项目，如建筑外墙保温、校园道路翻新、校园电线路改造、网络改造、棚户区改造等项目逾百项，修缮面积 27 万余平方米。

2008 年，启动了以棚户区改造为主要内容的校园周边环境改造工程。投资 2 000 多万元完成 10 万平方米的办公楼、公寓等项目的改造工程。2009 年，建立并完善了维修服务首问责任制、服务问责制和土地巡查员管理制。

修缮道路等千余平方米；立项维修工程 20 项，小型维修 1 500 多项。2010 年，完成校园及家属区的雨水、污水分流改造工程，解决了困扰学校几十年的污水排放问题。

2011 年，开展了房屋内部维修改造工作，整体或局部维修改造近 30 项，总面积达到 5.265 万平方米。平稳推进"暖房子"工程，完成了 12 栋、22 万平方米的学生公寓、办公楼的外墙保温及涂刷工作。投入 313 万元进行电改造和增容。土地管理得到加强，外单位用地得到清理，政府临时用地得到补偿。棚改住宅工程项目已于 2011 年 5 月得到了市政府批准。2011 年末，东山鸭子湾棚户区和新工地棚户区共签订拆迁协议 368 户，占被拆迁总数 859 户的 42.8％。其中，东山鸭子湾棚户区签订协议 81 户，新工地棚户区签订协议 287 户。

2013 年，加强工程建设规范管理和监督，实行施工现场项目总指挥负责制，确保了工程质量和施工进度。全年组织完成大学生创新创业园、校园道路、大豆中心种子库房等维修改造工程 20 余项。2014 年，完成 2 栋学生公寓的建设任务以及 27 项维修工程。拆除校园周边违章建筑物 5 处，收回了部分土地，严格管理临时用地合同及租金。

2015 年，282 公顷收储土地与 675 公顷土地的界线得以确定，土地证办理完毕。合计收缴地产公司、长春燃气股份有限公司租赁学校土地租金 600 余万元。

2016 年，翻建校园道路 3 万平方米。完成了 22 栋学生公寓外墙保温工程，共计 4.6 万平方米，完成公共建筑外墙保温改造工程 2.45 万平方米；维修项目超过 100 项。

2017 年，维修、扩建基础设施累计 27 万平方米。校园绿化面积达 58 万平方米，绿化覆盖率达 57.3％，生态化、园林式校园建设取得新进展。

二、改善教学科研条件，筑牢事业发展基础

（一）强化资产管理

国有资产管理处建立了由 47 人组成的兼职资产管理员队伍，明确了其工作职责，为强化资产管理工作奠定了坚实基础。引入国有资产网络管理平台，实现全校联网，终端查询，依托现代信息技术，加快资产管理信息化建设步伐，提升资产管理水平。建立仪器设备维修快速反应机制，仪器设备维修网络管理与服务平台建成，创新了管理模式，显著提高了维修效率。建立仪器设备采购三级论证机制，强化院级论证过程管理和监控，层层把关，促

进采购计划申报管理由数量管理向质量管理转变。2013 年，成立实验室技术安全管理科，制定实验室安全管理系列规章制度，落实安全检查责任制，建立实验室安全考试准入制，加强了实验室安全体系建设。

（二）完善资产配置

近年来，通过争取中央支持地方高校改革发展专项资金项目、中西部高校基础能力建设工程项目、省财政专项等方式，投入实验室专项建设经费 1.24 亿元，投资建设动物实验中心大楼一栋，购置大批实验设备，使学校的实验教学条件得到了极大改善和提升。2015 年 7 月，学校教学、科研仪器设备总值达 2.7 亿元。当年新增教学科研仪器总值为 0.38 亿元。在改善实验条件的同时，本科实验室的建设也取得了丰硕成果，建有国家级实验教学示范中心 1 个、省级实验教学示范中心 9 个、校级实验教学中心 17 个。

学校建立共享大型仪器设备网络管理平台，将大型仪器设备相对集中管理和使用，最大限度发挥了仪器设备潜能。先后有 150 台价值在 10 万元以上的大型仪器设备参与共享。为加强对大型仪器设备的管理，学校先后制定《吉林农业大学共享大型仪器设备管理办法》等规章制度 10 项，为大型仪器设备开放共享提供了良好的政策环境。2014 年，学校首次提出以机组为单位的开放模式，制订《进一步推进大型仪器设备共享工作方案》，现有 17 个开放机组加入共享平台。通过设备共享开放机制、信息公开化模式，本科生有途径接触到高精尖的大型仪器设备，为本科学生观摩实验提供了良好渠道。

（三）更新校园网络

学校校园网始建于 1996 年，经过 20 多年的建设、完善和发展，已经成为省内管理规范、覆盖面积最大的校园计算机网络之一。拥有中国教育和科研计算机网等多个边界出口，实现了多条链路之间的静态负载均衡。建立了有线无线 2 个校园网核心主节点，信息点超过 20 000 个，接入终端数达到 12 000 个，覆盖了全校办公区、教学区、宿舍区，提供了域名解析、电子邮件等互联网服务和基于校园网的办公自动化系统、教务管理系统、图书管理系统、财务、国有资产、研究生等管理信息系统，构建数字化校园统一门户平台、数字化校园数据中心平台和数字化校园统一身份认证平台，从各个方面保证了本科教学的顺利进行，全面提升了学校的管理水平和工作效率。"十三五"期间，利用"互联网＋"思维模式，以智慧校园建设为载体，继续以全方位地为教学、科研、管理提供优质、高效的服务为目标，加强新技术的追踪能力，将新技术新思想引入工作领域，建设基础数据库和各业务系

统间的共享数据隧道，打造智慧校园支撑平台、业务平台、数据平台、应用平台，实现唯一准入、授权准出、统一标准、分层管理的智慧校园管理系统与服务体系，为建设高水平教学研究型农业大学提供先进的信息化基础设施和优质的信息化服务。

（四）加强档案工作

近 10 年，综合档案归档 31 220 卷；照片 3 006 张；人事档案归档 1 387卷，74 581 件。综合档案提供利用 67 179 卷，人事档案提供利用 2 万余卷。目前，馆藏档案 14 大类，共计 6.8 万余卷、近 60 万件。

分类规范馆藏档案资源。2008 年，清理抢救破损图纸 3 000 余张，文字材料 3 000 余页；从 2011 年开始，历时 5 年完成了全部馆藏老照片整理鉴定数字化工作，总计约 2.3 万张。2011 年，建立了"体育竞赛荣誉专题档案室"。2012 年，完成了 483 枚废止印章的整理归档，分别装入印章盒，并全部扫描上传到档案管理系统永久性保存。2012 年，收集 600 余个破旧的教学挂图，经过整理、排序、给号、摄像、挂图信息录入等步骤后放入卷柜存档。2013 年，完成了 974 张测绘图纸、1 628 卷基建工程档案、9 745 卷科研课题的梳理及排架工作。2017 年，利用有限的空间建成了微型实物档案室。

跨越式推进档案信息化建设。几年来，通过全面推广、运行档案网络管理软件，加大了档案信息化建设步伐，实现纸质文档和电子文档"双轨制"管理模式，全部完成了档案案卷级和文件级中心目录数据库建设工作；2014年，完成了学校从 1948 年建校以来 7 万多毕业生学籍的数字化转化工作。2015 年，完成 27 年学生录取大表的数字化转化工作。2016—2017 年，完成了 1949—1991 年重要及破损档案的整理及数字化转化工作。2017 年，完成了从 1958—2017 年收藏的 1 591 份科研课题验收证书的全文数字化转化工作。

积极深化档案编研工作。每年编撰约 100 万字的《吉林农业大学年鉴》。2011 年，举办了"吉林农业大学 1948—2008 年图片展"，并制作了完整的《学校纳入维修计划的建筑物照片专题册》；2012 年，制作完成了《十二五开局以来档案馆工作状态图片册》。2016 年，开始进行老照片系列编研工作，已完成了《50 年代馆藏老照片专题图片册》和《60 年代馆藏老照片专题图片册》的编研。

人事档案工作严谨有序。几年来，根据上级关于干部人事档案审核要求，累积整理干部工人档案 3 945 卷次，完成档案电子目录录入 1 672 卷，累计著录数据 20.183 5 万条。2009 年，配合有关部门清理核实了近 20 年的各类特异人事档案。2014 年，按照中组部文件精神，完成全校 1 612 卷人事档案的改版工作。

校史馆实行每月开放日，共接待学校教职工、学生、外校领导、校友等近 4 万人次。

第七节　深化体制机制改革，为事业发展增添动力

随着高等教育的改革和发展，学校进一步解放思想，深化改革，夯实办学基础，积极推进内涵发展，努力实现高水平农业大学的奋斗目标。

一、完善管理机制，激发办学活力

（一）关注民生，破解难题

原教学实验场的相关问题一直是学校发展的重要结症。在学校党委和有关部门的全力推动下，自 2006 年起，历经 3 年时间，终于在 2008 年 7 月 24 日形成了解决原教学试验场相关问题的省政府 81 次专题会议纪要。为落实纪要，学校党委审议批准并下发了《贯彻落实省政府 81 号专题会议纪要工作方案》。解决了原教学实验场职工 8 次调资、阳光工资、住房补贴、绩效工资，以及加入社会保险和社保差额补贴等问题。2010 年 4 月 28 日，学校在中心教学楼国际报告厅召开了教学实验场改革工作阶段性总结大会。

2010 年，按照吉林省人社厅关于事业单位岗位设置管理的相关要求，启动岗位设置改革工作。经过多方调研，多层面论证，学校相继起草、出台了《关于调整在岗职工岗位津贴标准与发放公务移动通讯补贴的决定》《关于为正高级专业技术职务人员办理特诊医疗待遇的决定》《关于增加离退休人员活动经费的决定》《关于同意劳动用工管理中心与教研基地管理处"关于改善集体所有制职工待遇的请示"的批复》《关于调整原教学实验场全民所有制内退人员内退补贴与集体所有制内退人员生活费标准的决定》等一系列惠及全民、集体、离退休等人员改善民生的文件。

2012 年，学校投资兴建了学生食堂和浴池，维修改造了大学生活动中心，为学生公寓安装无线网络、更换寝室家具、床垫、进行"暖房子"改造和亮化维修，最大限度地改善了学生住宿条件和环境。为困难学生发放肉菜补助、春节返乡路费、提供勤工助学岗位，帮助学生解决了学习生活困难。为全校在职人员增加绩效工资，为离退休人员增加生活补贴，为遗属发放了采暖补贴，协调社区承担并解决了新老区物业弃管后的一系列问题，切实提

高了广大教职员工的生活水平。各项民生工程的开展顺民心、合民意，促进了学校事业的和谐发展。

2013 年，学校为学生改善了学习、生活环境，帮助学生解决了学习生活困难。继续为全校在职人员、离退休人员增加绩效工资、生活补贴，切实提高了广大教职员工的生活水平。妥善处理个人和群体性信访，积极推进解决群众关心的热点、难点问题。学校积极配合政府相关部门，继续推进棚改及住宅工程项目建设。车辆安装了 GPS 车载定位系统，实行单车管理制度，杜绝了公车私用现象的发生。餐饮管理引进金正元软件，实现数字化、信息化管理。规范物资的进、存、销管理，使库存、流通、加工、销售的各个环节得到有效控制。

2014 年，学校解决了北门周边环境及早晚市场脏乱差的现象。为家属区老房子做"暖房子"工程。积极配合政府相关部门，继续推进棚改及住宅工程项目建设。妥善处理个人和群体性信访，积极推进解决群众关心的热点、难点问题，促进了学校事业的和谐发展。

2017 年，对食堂大宗物资实行多校联采进行尝试。学校与吉林财经大学、长春中医药大学对米、面、油、肉、调料进行联合招标采购，在保证质量的前提下降低了价格。联合采购工作得到了省教育厅、净月高新技术产业开发区食品药品监督管理分局的大力支持。

（二）推进管理服务改革

2008 年，深化后勤管理体制实现重大改革。后勤管理机构得到科学整合，后勤甲乙两方合二为一，成立了后勤保障处和规划建设处，内设机构得到了精简，功能进一步完善，保障能力进一步增强。

在吉林省高校后勤十年社会化改革表彰大会暨高校后勤协会 2011 年年会上，学校荣获"吉林省高校后勤十年社会化改革先进院校""吉林省 2010 年度节能先进院校"荣誉称号；学校鸿之磐餐饮中心被评为"标准化食堂"，学生十二公寓、十三公寓被评为"标准化公寓"，十八公寓、二十二公寓被评为"阳光公寓"。

（三）开展内部审批改革障碍专项整治工作

按照学校党的群众路线教育实践活动的要求，2014 年 6 月 4 日，学校下发了《开展内部审批改革障碍专项整治》文件，改革财务审批手续，简化审批程序，规范审批行为，建立健全权界清晰、权责相符、分工合理、运转高效的内部审批制度，将调整后的审批流程和权限通过一定方式予以公布，并在全校范围内实施。将完善后的审批规定在《吉林农业大学内部控制工作手册》中予以体现和固化，以提高服务质量。

学校高度重视财务审批工作，出台了《吉林农业大学优化服务程序工作方案》，坚持"谁发起、谁主管、谁负责"原则，达到"少跑腿、好办事、不拥堵"的目的。2017年9月，学校召开领导干部财务经费管理使用业务培训会。明确了学校财务管理面临的形势和问题、改革后的签批流程、签批各类资金需要注意的事项，解读了国家政策和制度要求，并辅以鲜活的案例加深理解，总结了经验，查找了不足，提出了加强财务管理和经费使用水平等多项重点任务。对于全校各级干部强化责任意识、提高审批能力、增强管理效益、防范廉政风险等具有非常重要的作用。

（四）校医院综合改革正式启动

按照长春市委、市政府的统一部署，校医院于2017年2月28日时正式启动城市公立医院综合改革，破除以药养医机制，建立公立医院运行新机制。完成取消药品加成，实行药品零差率，适当调整医疗服务价格；首选使用基本药物，提高基本药物使用比例；优化医疗服务流程，推广便民惠民服务举措；提升服务品质，强化服务意识。

为了进一步协调做好医院综合改革工作，校医院成立医疗改革领导小组，组织相关人员宣讲政策，重新录入网络收费信息，制作宣传条幅和宣传板报，安排专人在门诊讲解答疑，及时与市医改办取得联系，确保医改工作顺利开展。

二、深化人事制度改革，调动全员积极性

2008年，为使学校在劳动用工工作上更加趋于科学理性、趋于合理有序。学校对劳动用工管理体制、运行机制以及用工管理制度出台了一系列文件，全面启动了"在编不在岗"人员清理工作，清理不在岗人员65人；开始进行部分工勤人事改革工作，完成6个工种的竞聘工作，上岗人数254人，减少临时岗位90个；成功完成了新一轮绩效工资调整工作，全校共2 978人受益。

2009年1月，根据《吉林农业大学工勤岗人事制度改革总体方案》《吉林农业大学部分工勤岗人员竞聘上岗总原则》及《关于开展管理员岗位竞聘上岗工作的通知》等文件要求，学校组织开展了公寓管理员、教室管理员、校园管理员岗位竞聘上岗工作，102名工勤人员，通过竞聘走上新的工作岗位。人事管理部门积极推进岗位设置改革工作，分类梳理出事业编、人事代理、场站全民在职及离退休人员的基本情况、岗位归属情

况、专业技术职务任职情况、行政职务任职情况等，为岗位分级条件的制定奠定了基础。

2013 年，首次岗位设置及聘任制度改革，按照政府部门和学校整体工作部署，历时半年时间，从调研论证、制订计划、起草方案到组织实施，积极发挥组织协调作用，会同相关部门和各个单位，平稳有序、如期顺利地完成学校首次岗位设置及聘任制度改革各项工作任务。此次改革总计聘任 1 841 人。其中，在岗事业编制 1 376 人（不包括一、二、三级专业技术岗位人员），在岗人事代理 189 人，在岗场站全民 212 人；退休专业技术人员 64 人。首次岗位设置与聘任制度改革，稳步推进了人员管理制度由身份管理向岗位管理的转变，为进一步深化人事分配制度改革奠定了坚实基础。学校改革工作成效得到政府主管部门及兄弟院校的充分肯定和高度评价。

2013 年，部署分配制度改革，按照学校工作部署，本着改革机制、促进民生的原则，切实推进分配制度改革。发挥职能部门作用，广泛调研论证，起草《吉林农业大学分配制度改革工作方案》。人事处会同 4 个工作组，反复酝酿，深入论证，起草修订分配制度改革实施方案，经过 30 余次修改，形成《吉林农业大学深化分配制度改革实施方案（征求意见稿）》，并在 2013 年底之前通过，于 2014 年 1 月 1 日起实施。

2016 年，根据省教育厅《关于省属高校实施绩效工资的若干指导意见（试行）》的通知（吉教人字〔2015〕19 号），经校长办公会提议，对《吉林农业大学深化分配制度改革实施方案》（试行）（吉农大党字〔2013〕46 号）予以部分修改调整。此方案经教职工代表大会代表组组长扩大会议表决通过，党委常委会最终审议通过。按照新方案，2015 年度业绩奖励绩效发放涉及全校教职工 2 065 人，涉及绩效 14 类。

2016 年，为深入贯彻落实中央《关于深化人才发展体制机制改革的意见》和吉林省有关人才工作及职称制度改革精神，着力推动学校职称制度改革，健全完善职称评聘激励机制，根据学校实际，研究制订了《吉林农业大学特殊优秀人才专业技术职务评聘实施方案（试行）》。探索实施高等教育管理研究系列职称评聘试点改革工作，打通了管理人员全员参与专业技术职务评聘的通道。

2017 年，学校制定《吉林农业大学教师（科研）系列专业技术职务评聘条件（试行）》《吉林农业大学高等教育管理研究系列中、高级专业技术职务评聘条件（试行）》《吉林农业大学思想政治教育教师系列中、高级专业技术职务评聘条件（试行）》职称改革制度。要求职称评聘进行分类评价，分为教学型、教学科研型、科研型三类，考虑学科差异，科研型又分为创新型和推广型。评聘教授和副教授的论文要求自然科学类有 SCI、EI 论文；人文社科类要求 SSCI、CSSCI 论文。从 2020 年起，45 岁以下评聘教授的人员须有连续 10 个月以上出国（境）研修经历。

三、聚焦内涵发展，大力实施综合改革

2017 年 8 月，学校举办了党委党校秋季干部培训班。校党委书记席岫峰作了题为《深化综合改革，提升治理水平》的报告，校长冯江作了题为《聚焦重点，内涵发展，提升学校核心竞争力》的报告。明确提出要结合学校实际，突出改革的问题导向，深入推进学校改革，全面提升办学治校科学化水平，从解决管理意识、人事管理、预算管理、优化资源配置、风险管理、大类招生改革等多方面推进学校改革。要求全面加强改革的顶层设计和宏观把控，将工作思路明确到聚焦高水平和特色、学科建设与专业改革、人才外引与内培、内部治理与办学效益等工作上来。

学校注重顶层设计，大力加强制度建设。进一步激发办学活力，提升办学层次，为各项事业的发展奠定了坚实基础。启动了岗位核定工作，按照"精简、统一、规范、高效"的原则，学校科学确定工作职责，合理配置岗位数量，统筹推进专业技术、管理、工勤三支队伍建设，优化现有人员结构，为学校未来事业发展提供了强有力的支撑。完成了党政机关和部分教辅机构的调整和岗位核定工作，调整和明确了各部门的工作职能。在党政机构中，新建发展规划与政策法规处、党委教师工作部、人才工作办公室。规划建设处更名为基建处，重新调整了国有资产管理处、后勤保障处、基建处工作职能。在教辅机构中，新建党委党校干部培训中心、信息化中心、采购与招投标管理中心、科技推广中心，独立设置高等教育研究所和教师教学发展中心。成立吉林农业大学学校资产经营有限公司。

学校与禾丰集团签署合作协议，共建吉农禾丰动物医院，这项合作项目开创了校企合作共建教科研基地、开源节流新局面。

学校在用印用证及文件签发、合同审批、立项会签、资产管理、经费审批等领域率先启动并完成了优化审批服务程序工作，进一步夯实了业务单位和职能部门的审批责任，对方便师生员工、提高工作效率起到极大促进作用。

第八节　坚持开放办学，拓展办学空间

坚持实施开放办学战略，积极拓展国际合作办学渠道，国际合作与交流工作实现长足发展。

一、加强国际交流与合作

（一）积极与国外大学建立校际关系

坚持走出去请进来，先后与美国、加拿大、英国、意大利、俄罗斯、日本、韩国、澳大利亚、南非、赞比亚等国家的 79 所院校、科研院所及有关机构建立了校际交流合作关系。

2008 年，学校与韩国全南大学、赞比亚大学建立了校际交流合作关系。2009 年，学校与白俄罗斯国家科学院林业研究所、国家科学院试验植物研究所、韩国庆尚大学校建立了校际交流合作关系。2011 年，学校与韩国建国大学 GLOCAL 校区、马拉维大学、美国田纳西科技大学、英国苏格兰农学院建立了校际交流合作关系。2012 年，学校与南非农林渔业部建立了交流合作关系。2013 年，学校与美国宾夕法尼亚州立大学农学院、阿拉斯加大学费尔班克斯分校建立了校际交流合作关系。2014 年，学校与澳大利亚哥伦比亚学院、比利时西佛兰德 INAGRO、俄罗斯莫斯科国立食品生产大学、韩国忠北大学校建立了校际交流合作关系。2016 年，学校与澳大利亚莫道克大学、波兰波兹南生命科学大学、韩国全北大学、南非开普半岛科技大学、坦桑尼亚休伯特凯鲁吉纪念大学、新西兰至上天然食品有限公司、印度阿查里雅龙树大学建立了交流合作关系。2017 年，学校与俄罗斯全俄威廉姆斯饲料作物研究所，法国农业、食品、动物健康及环境研究与教育联合体，美国华盛顿州立大学、田纳西大学，英国东伦敦大学和德国哥廷根大学建立了交流合作关系。

2008 年以来，共接待了来自世界各地的 140 个团组的 533 人次来校访问、讲学、合作研究等。2008 年，接待了赞比亚驻华大使和赞比亚教育部副部长。2009 年，以南非驻华大使为团长的南部非洲发展共同体大使代表团及斯里兰卡总理等重要外宾来学校访问。2010 年，塞舌尔前总统及平壤市人民委员会委员长一行访问学校。2011 年，塞拉利昂国会议长代表团及蒙古国中央省代表团访问学校。2012 年，成功接待了莱索托王国国民议会议长塞菲里·伊诺克·莫塔尼亚内及来自 12 个国家共 21 人的非洲主流媒体考察团对学校的访问。2013 年，美国国务院教育与文化事务局英语语言学者项目专家蕾切尔·弗兰德、大卫·切莎来学校分别作了题为《大班授课环境下的纯正语言教学与互动》和《社会文化视角下英语口语教学的理论与实践》的报告。2014 年，韩国建国大学校动物生命科学学院金守基教授、李洪求副教授到学校参观访问，并开展了学术交流活动。德国哥廷根大学农业经济系教授于晓华博士来学校作报告。2015 年，巴斯托学院终身教授、美国华裔教授协会秘书长、会长、监事会主席姜镇英，美国加利福尼亚大学河滨分校生态学终身教授、美国人类生态研究院院士李百炼，美国科学院院士、美国斯坦福大学地球科学学院院长帕梅拉·马特森教授等来学校作学术交流。2017 年，"111 计划"海外学术大师、美国华盛顿州立大学 Timothy D. Murray 教授，俄罗斯科学院远东分院朱拉夫列夫院士来学校访问。

为满足教育国际化发展需求，学校积极鼓励师生申报国家留学基金管理委员会出国留学项目，获批人数逐年增加。2017 年 1 月 22 日，国家留学基金管理委员会批复了《关于国家留学基金委与吉林农业大学合作开展高等学校青年骨干教师出国研修项目的函》（留金发〔2017〕3024 号），自 2017 年起学校参加了高等学校青年骨干教师出国研修项目实施工作。项目获批对促进学校培养高层次教学、科研及管理领军人才，引进吸收国外优质教育资源和先进教学理念，扩大学校国际影响力具有重要意义。2018 年 2 月，学校获批国家留学基金管理委员会优秀本科生国际交流项目，将选拔优秀本科生赴意大卡麦利诺大学和波兰波兹南生命科学大学交换学习一学年，国家留学基金资助一次往返国际旅费和学习期间的奖学金。这为学校本科生参加交流项目开辟了国家公派资助新渠道，将推动学生在更高层次上和更宽领域内参与国际交流与合作。

学校大力开展引进国外智力项目，活跃学校国际学术氛围。2008 年起，共有 53 个项目获批，其中出国培训项目 29 项，引进外国专家项目 24 项。2012 年，学校申报的日本专家柿岛真教授，经国家外国专家局评审，成功入选第八批"千人计划"（第二批外专千人计划项目）。2013 年起，学校开始申报教育部"春晖计划"项目，先后有 11 名教师获得资助。2017 年，"菌类作物优质高产抗病种质资源的挖掘、创新及应用学科创新引智基地"获得教育部和国家外国专家局批准并立项。该基地是学校获批建设的首个教育部、国家外国专家局"高等学校学科创新引智基地"（"111 计划"），标志着学校的引智水平跃上了一个新台阶。

（二）中外合作办学项目建设工程

中外合作办学项目建设工程是学校"十二五"发展规划中明确提出的重点突破工作。2012年6月13日，教育部批准学校与意大利卡麦利诺大学合作举办生物技术专业本科教育项目，标志着该项工程正式取得突破，同时也标志着学校高等教育国际化水平达到了一个新的历史高度。2013年9月正式招生，9月10日，中外合作办学项目首届年会暨开学典礼在学校举行。中意双方校长参加了典礼并致辞。此次年会暨开学典礼是项目申办成功以来首次召开的重要会议，标志着项目正式进入实施阶段。2017年6月，首届项目学生毕业。学校举办了首届学生毕业典礼，中意双方校长及相关人员参加了典礼。首届毕业生52人，有50人顺利毕业获得吉林农业大学学士学位证书，其中14人达到意大利卡麦利诺大学授予学位标准，获得卡麦利诺大学学士学位证书。

（三）学生国际交流工作

学校十分重视学生国际交流工作，先后与美国、日本、意大利、韩国、波兰、法国等教育和科技发达国家的10余所大学签订了学生交流协议，开展了多层次学生交流项目。2005年起，学校与意大利卡麦利诺大学开展学生交流项目，2012年两校合作举办生物技术本科专业项目，目前已向该校派遣本科生及硕士研究生119人。2013年起，开始向波兰波兹南生命科学大学派遣学生，先后派遣了8名学生赴波兰学习。同时，还向日本岩手大学、筑波大学、富士大学、韩国建国大学等学校派遣学生。

（四）外国留学生教育

学校积极开展外国留学生教育，1991年开始接收留学生；2007年，成立国际教育交流学院；2011年开始，学校接收吉林省政府奖学金留学生；2013年3月11日，教育部《关于同意委托部分院校承担中国政府奖学金生培养任务的函》，正式批准学校承担中国政府奖学金来华留学生培养工作。2015年，学校与意大利卡麦利诺大学联合向教育部申请的中欧学分生奖学金项目获得批准。国际教育交流学院建立了"吉林农业大学来华留学微信公众服务平台"。学校第一次当选吉林省外国留学生教育管理分会新一届常务理事单位。蒙古国留学生恩和布仁获得由国家留学基金管理委员会颁发的2015—2016学年度优秀来华留学生奖学金。2017年，学校获批"丝绸之路"中国政府奖学金项目。

（五）积极开展援外培训

学校积极开展援外培训，是省属高校中第一所开展国家级援外培训项目的学校。自 2006 年起，先后举办 22 期培训班，其中由商务部主办 19 期，科技部 3 期。共为 74 个发展中国家的 557 名农牧业官员和技术人员开展了专业培训。

2008 年 9～10 月，举办了"发展中国家动物疫病防治技术培训班"，有 23 个国家 37 名学员来校进行为期一个月的培训。2009 年 7～8 月，举办了"发展中国家动物疫病防治技术培训班"，有 13 个国家 23 名学员来校进行为期一个月的培训。9～10 月，又成功举办了"蒙古国集约化牧业管理及技术培训班"援外培训项目，蒙古国 24 名学员在学校进行为期 30 天的培训。

2010 年 5～6 月，举办了"发展中国家动物疫病防治培训班"，共有来自 14 个国家的 31 名学员进行培训。2011 年，学校共承担商务部援外培训项目 2 项。分别为"非洲法语国家畜禽养殖与动物疫病防治培训班"和"发展中国家动物疫病防治培训班"，共为来自非洲 20 余个国家的 56 名专业技术人员进行为期一个月的培训。2012 年，成功举办了"2012 年非洲法语国家动物疫病防治培训班"和"2012 年发展中国家动物疫病防治培训班"，共为来自 22 个国家的 42 名学员开展了培训。

2013 年，成功举办了商务部"2013 年发展中国家动物疫病防治培训班"和"2013 年发展中国家农牧业发展研修班"。共为来自 22 个发展中国家的 38 名农牧业官员及技术人员开展了培训。2014 年，学校先后成功举办了商务部"2014 年拉美、加勒比南太地区动物疫病防治培训班"及"2014 年亚欧国家农牧业发展研修班"，共为来自 16 个国家的 34 名学员开展了培训。2015 年，学校先后举办了商务部"发展中国家农牧业发展研修班"和科技部"动物疫病防治技术国际培训班"2 项培训项目，共为来自非洲、亚洲、南美洲的 15 个国家的 50 名学员进行培训。2016 年，学校成功举办了 2 期商务部和 1 期科技部援外培训项目。共为来自 17 个国家的 79 名学员开展了农牧业发展、动物疫病防治领域的专业培训。

2017 年，举办"肯尼亚农牧业产品生产研修班"，共为来自肯尼亚农业部和畜牧业部的 22 名农牧业官员开展了为期 21 天的培训。同年，学校申请的商务部"赞比亚农业生产技术海外培训班"获得批准。此次培训班是吉林省高校首次获批执行商务部"走出去"境外人力资源培训项目，也是我国首次在赞比亚举办培训班。援外培训项目对提高学校涉农学科的教学科研水平，促进学校国际化事业发展具有重要意义。

（六）外籍教师工作

外籍教师作为学校教师队伍的重要组成部分，在学校教学科研、人才培

养、学科建设中发挥着不可替代的作用。根据学校工作的需要，2008 年起，通过多渠道聘请外籍语言专家 40 人次，为学校本科双语教学工作的开展起到了积极推动作用。2010 年，学校美国籍教师肯·哈瑞森先生荣获吉林省优秀外国专家奖。2011 年，学校日本籍教师野琦晃市先生荣获 2011 年度吉林省优秀外国专家奖。2013 年，国家"外专千人计划"学校特聘专家柿岛真教授荣获吉林省优秀外国专家奖。2014 年，学校美国籍教师吉姆荣获吉林省优秀外国专家奖。

（七）获得奖励

2009 年，学校在吉林省教育外事工作会议暨表彰大会上荣获吉林省教育外事系统"先进集体"荣誉称号，受到大会表彰。2011 年，荣获了"全省科协系统外事工作先进集体"；长春市政府外事办公室颁发的"我为长春（发展）献一计"活动优秀组织奖和"学校综治工作先进集体"称号。2014年，中国高教学会外国留学生教育管理分会评选国际合作与交流处处长吕文发同志为"来华留学教育模范个人"。2016 年，学校荣获"吉林省科协国际交流（引智引才）工作先进集体"，国际合作与交流处副处长周春涛荣获"吉林省科协国际交流（引智引才）工作先进个人"。

二、开展战略合作

与地方政府、高校、企业和国外相关机构开展战略合作，是学校办学功能的重要体现，是推进学校内涵发展的有力措施。2010 年，学校与松原市政府签署合作框架协议。2011 年，学校先后与辽源市政府、梨树县政府签署校市、校县合作协议。2013 年，学校与通化市签署了《通化市人民政府——吉林农业大学战略合作框架协议书》。2014 年，学校和吉林大学联合申报的新农村发展研究院被认定为国家级新农村发展研究院。同年，学校先后与抚松县政府、吉林通化农业国家农业科技园区、延边国家农业科技园区签署了校园全面战略合作协议。2015 年，学校先后与通化市东昌区政府、公主岭市政府签署校区、校市合作协议。

2017 年 9 月 14 日，学校党委书记席岫峰、校长冯江、副校长张越杰一行 22 人访问延边大学，并与延边大学签订校际合作协议。

2017 年 9 月 15 日，吉林农业大学与延边州政府战略合作签约仪式在延边宾馆举行。延边州州长金寿浩、副州长冯涛、州政府秘书长苏庆良，学校党委书记席岫峰、校长冯江、副校长张越杰出席了签约仪式。签约仪式上，副校长张越杰和延边州副州长冯涛分别代表各方签订战略合作框架协议。学校科技管理处、招生就业工作处代表学校分别与延边州农业科学院、延边国家农业科技园区管理委员会签订产学研合作协议。席岫峰、冯江、张越杰和金寿浩、冯涛、苏庆良为在延边设立的吉林农业大学创新创业基地、吉林农业大学科技成果转化示范基地、吉林农业大学教学科研实践基地揭牌，并为延边州农业科学院、延边国家农业科技园区管理委员会、珲春市龙裕农业发展集团有限公司、延边深山源生物科技有限公司、吉林敖东健康科技有限公司、敦化市广晟油脂生物科技有限责任公司等 16 个企事业单位颁授吉林农业大学产学研合作基地牌。

2017 年 9 月，学校与禾丰集团合作协议签约仪式在主楼中四楼会议室举行。禾丰集团监事长、派美特生物技术有限公司董事长王仲涛，禾丰集团贸易总监、派美特总经理孙玉忠，吉林恒丰牧业有限公司总经理刘振东，禾丰集团技术服务经理王长海。学校校长冯江、副校长张越杰出席了签约仪式。冯江、王仲涛分别代表学校及禾丰集团签署了《共建实践教学基地协议书》及《合作建设教学动物医院框架协议》。学校与禾丰集团合作建设现代新型动物医院，是开展校企合作的新模式，为实现资源共享、校企双赢，切实提升学校人才培养质量、科学研究能力及社会服务水平起到积极促进作用。

2017 年 11 月，学校与吉林省金融商会、吉林九台农商银行签署合作协议，全面推动校会开展多领域合作。与吉林九台农商银行签署委托培养协议，旨在通过开展"村官培养订单班"，创新人才培养模式，扩大学生就业渠道，拓展优质办学资源。

2017 年 12 月，学校与吉林天景食品有限公司签署校企合作协议。天景公司董事长曲广深、总经理刘颖、副总经理刘凯生，学校党委书记席岫峰、党委副书记毛彦军出席签约仪式。仪式上，席岫峰、曲广深共同为双方"农业科技创新基地"揭牌。毛彦军、刘颖分别代表学校和天景公司签署了《全面战略合作框架协议》。

2017 年 12 月，第四届中非农业合作研讨会在海南省海口市召开。农业部党组成员毕美家、海南省副省长何西庆出席开幕式并致辞。校长冯江、副校长张越杰，赞比亚大学校长卢克·穆恩巴参加了会议，并在研讨会现场，冯江与卢克·穆恩巴分别代表两校签署了《中赞农业生产可持续发展技术合作协议》。

2017 年 12 月，吉林农业大学与阿勒泰地区签署了战略合作协议。双方将本着资源共享、优势互补、共同发展的原则，加强技术合作、人才交流培

养，促进科技成果转化，进一步提升产业技术水平和自主创新能力，重点围绕联合开展科研合作和成果转化、农业综合项目创新开发和产品推广、共同实施人才培养和农技推广体系建设 3 个方面开展合作，加快现代农业发展。

2017 年 12 月，陕西省柞水县政府副书记王超锋等一行 6 人到学校进行考察调研，并与学校签署合作协议，副校长张越杰出席合作签约仪式。校科技管理处处长吕文发和柞水县副县长史琅代表双方签署了木耳产业横向合作协议。按照协议要求，柞水县政府将向学校提供研究经费 400 万元，用于柞水木耳产业发展规划制订、柞水木耳新品种选育等。

2018 年 1 月，学校与中国农业银行吉林省分行全面战略合作协议签约仪式在中国农业银行吉林省分行会议室举行。学校校长冯江与中国农业银行吉林省分行党委书记、行长安静东签署全面战略合作协议。双方在互惠共赢的基础上，携手推进学校"智慧校园"建设，进一步密切合作，拓宽合作领域，助力双方事业发展。

2018 年 4 月，校长冯江代表学校与省农委签署《政校就业创业合作框架协议》，并与企业代表分别签署了《校企合作协议》。是学校将人才培养主动适应社会需求，并为社会经济服务的有益尝试，是政府机关和学校主动落实国家"就业优先战略"和乡村振兴战略的具体体现。

三、赢得社会支持，助力学校发展

在学校办学过程中，企业事业单位、知名人士、校友等社会各界通过捐资助学等多种方式对学校发展进行大力的支持。从 2008 年至今，学校共接受北京大北农科技集团股份有限公司、中国电信集团吉林省分公司、先正达（中国）投资有限公司等 27 家企业设立的各类奖助学金共计 352 万元，受助学生 1 955 人次。

2017 年 8 月 31 日，学校 86 岁的杰出校友陈徽凤老先生回到学校，向学校捐赠 102.8 万元建立永久基金，用于奖助优秀或困难的师生。陈徽凤老先生于 1956 年从东北农学院毕业后，来到北安农学院工作；1977 年 9 月，离开吉林农业大学，调到福建农林大学，回到了老家福建。在吉林农业大学工作了 21 年，和同志们结下了深厚友谊，对学校也怀有浓厚的感情。正是基于感恩和社会责任心，陈徽凤老先生为学校捐资助学，体现了高尚的美德，为师生树立了学习榜样，为学校增添了一笔宝贵的精神财富。

2017 年 11 月 15 日，在学校召开的 70 周年校庆工作启动会上，99 届兽医专业本科毕业生、博瑞农牧集团董事长孙武文，99 届淡水渔业专业本科毕业生、博瑞农牧集团总裁郭运库，93届动物营养专业本科毕业生、博瑞农牧集团副总裁甄玉国3名校友捐赠校友基金201万元。

为了适应现代大学发展需要，凝聚校外各界支持，经研究决定，成立吉林农业大学教育基金会。2018年3月16日，学校在主楼中四楼会议室召开了"吉林农业大学教育基金会成立大会暨第一次理事会议"。省社会组织管理局副局长周秀，校领导席岫峰、冯江、张越杰、徐文生、王志中出席会议。按照吉林省社会组织管理局关于社会组织工作的有关规定，吉林农业大学教育基金会理事会由21名理事组成并设监事2名。制定了《吉林农业大学教育基金会章程》《吉林农业大学教育基金会捐赠管理办法》《吉林农业大学教育基金会捐赠项目管理办法》《吉林农业大学教育基金会财务管理办法》《吉林农业大学教育基金会印章管理办法》《吉林农业大学教育基金会拟设捐赠项目建议》《吉林农业大学教育基金会捐赠协议书（范本）》等规章制度。选举曲政文为吉林农业大学教育基金会第一届理事会理事长，程军、杨靖民、孙武文为副理事长，任来成为秘书长。

第九节　坚持文化引领，构建吉农特色文化

学校始终坚持文化引领，不断丰富校训内涵，积极组织开展精神文明创建活动和校园文化活动，全力打造高水平学术文化活动，学校文化建设得到有效推进。

一、在砥砺前行中铸就吉农精神

学校在薪火相传的办学历程中，形成了优良传统和深厚底蕴。学校在70年的奋斗中秉承"明德崇智、厚朴笃行"的校训，形成了"艰苦建校、严谨治学、求实创新、锐意进取"的校风，铸就了艰苦创业的拼搏精神、开拓进取的创新精神、扎根基层的奉献精神、兼收并蓄的包容精神、忠诚笃行的担当精神，成为吉农人宝贵的精神财富。

1948年，吉林农业大学前身——黑龙江省农业干部学校成立。当时，学校提出"人才培养，以德为先；党的需求，乃学校第一要务"的办学理念，在非常艰苦的条件下开始办学，逐步发展壮大，这是吉林农业大学办学精神之源。1958年，北安农学院迁至长春，与长春畜牧兽医大学、长春农学院筹备处合并成立长春农学院，周恩来总理亲笔题写了校名。学校提出："国家厚望，就是大学的责任。大学是人才培养的摇篮，是推陈出新的地方，

要让科技指导生产，要让学生亲身实践。"这一代学校的治学思想，变成了吉农人代代相传的伟大实践。即使"文化大革命"期间，学校的教育、科研受到了重创，学校领导和广大师生依然始终不渝，忠贞光大学校优良传统。中共十一届三中全会以来，学校进入了振兴和发展的新阶段，坚持以地方经济建设为中心、坚持为"三农"服务、"把论文写在大地上"的办学理念，将吉农精神的内涵进一步丰富和发展。

经过吉农人70年的不懈努力，学校已经发展成为农、理、工、医、文、管、法、经、艺多学科协调发展的省属重点大学。学校坚持社会主义办学方向，履行立德树人职责，服务经济和社会发展，走出了一条特色鲜明的办学之路，培养和造就了10余万名优秀学子，为中国特色社会主义现代化建设做出了重要贡献。为人师表、严谨治学、教书育人成为全校教职工共同的职业理想，勤奋学习、勇于实践、立志成才成为全校学生共同的人格品质，献身农业、服务人民、报效桑梓成为全体吉农人的共同价值追求。无论是发展的顺利时期，还是遇到艰难困苦，学校的办学方向和特色始终没有改变，坚定理想、崇尚科学、朴素无华、躬行实践的作风始终没有改变，历经艰难而不挠、奋发图强求发展，学校的各项事业实现了新跨越。认真履行高校职责，在人才培养、专业设置、办学规模、学科建设、科学研究、社会服务、基础建设和党的建设等各方面都取得一个又一个辉煌，学校综合实力始终位居吉林省高校前列。吉农精神作为推动事业发展的不竭动力，必将进一步引导和激励全校师生员工为推进学校内涵发展、特色发展、创新发展、开放发展、协调发展，不断增强综合办学实力和核心竞争力，为早日建成高水平农业大学的目标而努力奋斗。

二、开展丰富多彩的活动，营造浓厚的文化氛围

坚持高雅文化陶冶人，精品文化塑造人，大众文化培育人，积极打造具有吉农特质的校园文化。围绕提升教职员工的身心健康、人文素养和职业素养，开展学术沙龙、午茶会、读书征文、书法摄影、文艺演出及各类体育活动等，全面丰富教职员工文化生活；积极推进廉政文化进校园，开展廉政书画展、廉政知识竞赛、廉政警示教育，营造了浓厚的校园廉政文化氛围；构建精品校园文化、特色学院文化、活跃班级文化、和谐寝室文化四级学生文化建设体系，全面提高了学生的综合能力和文化素养。依托学术科技类、文艺类、实践类、学习类、体育类、公益类等学生社团，充分释放大学生青春活力，涌现出春之声音乐会、秋之韵舞蹈大赛等一批精品校园文化品牌

活动。

学校以大学生科技文化节为依托，营造优良学风。组织开展了"五节一月"活动，即校园文化节、社团文化节、科技文化节、礼仪文化节、体育文化节和红色经典月。2009 年，在"第二届海峡两岸大学生创意设计作品巡回展"中，学校有 5 件作品分获二等奖 2 项，三等奖 3 项；在吉林省教育厅举办的高校视觉艺术大赛中，有 5 件作品荣获一等奖，10 件作品荣获二等奖，11 件作品荣获三等奖。2010 年，创办了访谈类节目——《校园有约》，先后举办了"辩赛"归来话感受、"挑战杯"归来话感受、"传感器"归来话感受和"戏剧节"归来话感受等多期活动，在学生中引起了良好的反响。举办"我的成长日记"动感相册大赛、"青强杯"大学生男子篮球联赛、"唱响青春，歌颂人生"流行音乐演唱会等活动。学校多次在吉林省大学生艺术展演中获得优秀组织单位奖。加强学生社团建设，按学生社团类别开展分类竞标活动并提供经费资助，繁荣了大学生社团文化。学校大学生鲲鹏话剧团原创的话剧《饭局》在第四届吉林省大学生戏剧节活动中，一举荣获最佳导演奖、演员奖、编剧奖等多个奖项。原创话剧《古城天空》在第五届吉林省大学生戏剧节中，荣获优秀组织奖、优秀演出奖、优秀编剧奖、优秀导演奖、舞台美术奖等多个奖项，并成功入围了第二届中国校园戏剧节，获得优秀剧目奖、优秀编剧奖等多个奖项。打造"神农大讲堂"品牌，共举办报告讲座500 余场。

深入推进校园精神文明创建活动，通过开展"高校文明杯"竞赛和精神文明评比活动，健全和完善校园文明创建评比机制，提升校园精神文明建设工作水平。以倡导社会主义核心价值观为导向，注重校园文化建设的"五个围绕"，实现校园文化的全面繁荣与活跃。全校涌现出了一大批长春高校"文明杯"先进基层单位和优秀个人。

学校建成吉林省高校首个党史教育基地——"生命之光"红色教育基地。编印学校《校园植物志》等系列文化丛书。制作宣传画册《印象吉农》、视频宣传片《沃野希冀》、学校党建工作视频片《映日芳华》。

三、加强顶层设计，推进文化基础建设

学校依据历史、现状和未来发展的需要，围绕学校长远目标，服务于发展大局，统筹文化体系建设，不断发挥文化建设的指导和引领作用。

2011 年 8 月，学校组织召开了校领导、机关处室负责人、学院领导、教师代表、统战人士、学生代表 6 个层面的大学文化建设座谈会。2012 年 2

月，起草完成了《吉林农业大学文化建设规划（2012—2020 年）》，对未来 9 年学校文化分阶段、分步骤、分层次建设进行全面详规细划。为进一步落实文化发展规划具体实施，2012 年 6 月制订实施了《吉林农业大学文化建设起步阶段实施方案（2012—2014 年）》，校内各部门根据部门工作实际制订了本单位文化建设起步阶段实施方案。

2013 年起，开展"大学文化建设之我见"大讨论和征文活动，让师生共同参与学校文化建设，同时加强理论研究，促进学校大学文化建设。做好校园"五湖四海一街区"等特色文化景区和相关文化建设工作，完成学校 4 位学科先驱的人物雕塑设计、选址、制作工作。为打造各单位特色环境文化，加强吉农校园整体环境文化建设，组织开展各单位环境文化设计作品评选活动，充分发挥广大师生员工的参与热情，深入挖掘各单位的文化内涵和专业特色，努力营造文明、美观的校园环境文化。掀起美化办公环境的热潮，推进各单位环境文化建设，促进学校文化建设深入开展。打造"神农大讲堂"品牌，营造浓厚的校园学术文化氛围。

第十节　坚持从严治党，为事业发展提供坚强保证

学校党委紧紧围绕把握办学方向和立德树人要求，坚持加强党对高校的领导。认真落实党委主体责任，理清党建工作总体思路，统筹推进党建工作，为学校事业快速发展提供了坚强有力的政治保证、思想保证和组织保证。

一、加强学校领导班子建设

2014 年 10 月 27 日，学校在鲲鹏学生文化活动中心召开中层以上干部会议。会议宣布省委决定，姚秋杰同志不再担任吉林农业大学党委书记，席岫峰同志担任吉林农业大学党委书记。省委组织部副部长、省委老干部局局长綦远方，省教育厅党组书记、省高校工委书记孙维杰，省委组织部干部五处处长权善美，省高校工委组织部部长、省教育厅高校干部处处长李彧威出席会议。綦远方在讲话中说，这次吉林农业大学党委书记的调整，充分体现了省委对吉林农业大学的高度重视和亲切关怀。全校党员干部要坚决拥护省委决定，做好顺利交接和平稳过渡。全校师生要将思想和行动统一到省委的要求上来，全力支持学校领导班子工作，自觉维护学校和谐发展的局面。姚秋杰、席岫峰分别在会上讲话。

2017 年 2 月 13 日，学校在综合教学二楼报告厅召开全校领导干部大会。省委组织部部务委员、非公有制企业和社会组织工作委员会专职副书记岳洪喜，省委组织部干部五处处长权善美，省高校工委组织部部长、省教育厅高校干部处处长杨志宏来学校宣布省委干部任职决定。权善美宣布了省委对学校领导的任职决定，新任校长冯江、副校长刘景圣、佟轶材和离任老校长秦贵信分别作了表态发言。岳洪喜作了讲话，对秦贵信同志担任校长以来的工作和取得的成绩给予了高度评价和充分肯定。他简要介绍了冯江同志和佟轶材同志的个人基本情况，对学校班子建设和学校未来发展作出了指导性意见。

二、胜利召开学校第十二次党员代表大会

2017 年 3 月 6 日，中国共产党吉林农业大学第十二次代表大会在鲲鹏学生文化活动中心胜利召开。席岫峰代表中共吉林农业大学第十一届委员会向大会作了题为《凝心聚力 改革创新 为全面建成高水平教学研究型农业大学而努力奋斗》的报告。中共吉林农业大学第十二次代表大会是在开启"十三五"征程之际召开的一次党的代表大会；是在全面深化从严治党、提高党的建设科学化水平重要时期召开的一次大会；是在学校办学综合实力全面增强、推进高水平农业大学建设关键时期召开的一次大会；是一次统一思想、凝心聚力、继往开来的大会。

大会的主要任务是：高举中国特色社会主义伟大旗帜，全面贯彻落实中共十八大，十八届三中、四中、五中、六中全会和习近平总书记系列重要讲话精神，围绕"四个全面"战略布局，总结学校第十一次党员代表大会以来的工作成绩和经验，确定今后一个时期的奋斗目标和主要任务，选举产生中共吉林农业大学第十二届委员会和纪律检查委员会，团结带领全校各级党组织、全体党员和师生员工，继续解放思想，凝心聚力，改革创新，全面推进学校内涵发展、特色发展、创新发展、开放发展、协调发展，为把学校建成高水平教学研究型农业大学而努力奋斗。

省高校工委副书记、教育厅副厅长李或威代表省高校工委、省教育厅，向大会的召开表示热烈的祝贺。会议还以书面形式将中共吉林农业大学纪律检查委员会向中共吉林农业大学第十二次代表大会的工作报告及党费收缴、使用和管理情况的报告提请大会审议。

与会代表以无记名投票方式，选举产生了中共吉林农业大学第十二届委员会委员 27 人、纪律检查委员会委员 9 人。以举手表决的方式，一致通过

了《中国共产党吉林农业大学第十二次代表大会关于第十一届委员会工作报告的决议》《中国共产党吉林农业大学第十二次代表大会关于纪律检查委员会工作报告的决议》和《中国共产党吉林农业大学第十二次代表大会关于全校党费收缴、使用和管理情况的报告》。

中共吉林农业大学第十二届委员会第一次全体会议，选举席岫峰、冯江、张越杰、徐文生、王志中、毛彦军、刘景圣、佟轶材、丁庆东、黄海、刘洪君为常务委员会委员，选举席岫峰为党委书记，冯江、徐文生、毛彦军为党委副书记。在中共吉林农业大学纪律检查委员会第一次全体会议上，选举王志中为纪律检查委员会书记，武福军为副书记。

这次大会总结了学校第十一次党员代表大会以来的发展成就和基本经验，客观分析了当前学校改革发展面临的形势与挑战、责任与使命，明确提出了今后 5 年的指导思想、奋斗目标和主要任务。这是一次团结奋进、求真务实、开拓创新的大会，是一次振奋精神、凝心聚力、鼓舞干劲的大会。

三、思想政治建设得到加强

学校党委团结和带领全体党员和广大师生员工，深入开展保持共产党员先进性教育、学习实践科学发展观、党的群众路线教育、"三严三实"专题教育和"两学一做"学习教育等专题党性党风教育。党员干部的宗旨意识不断增强，党性修养不断提高。坚持用中国特色社会主义理论体系武装头脑、指导实践、推动工作，建立和完善了校院两级理论学习中心组、党员领导干部带头学习的长效机制。成立马克思主义学院，加强思想政治理论课建设，充分发挥主渠道作用。开展党建与思想政治教育课题立项工作，提高理论研究水平。实施学生"百千万"工程，连续开展卓有成效的主题思想教育实践活动，创建培育和践行社会主义核心价值观"二·七·九"工作模式，全面提升学生思想政治教育水平。加强校园舆论引导和网络信息监控，规范了二级网站管理，推出了视频新闻和学校官方微信公众号，实现了校报与网络、新媒体的同步运行。

2008 年，学校坚持以党委理论学习中心组学习为龙头，以构建政策宣讲队伍为载体，勤实践，重实用，求实效，切实增强了党员干部和广大师生贯彻落实科学发展观的自觉性和坚定性，把科学发展观贯彻落实到改革发展的各个方面，贯穿于青年教师和青年学生成长的全过程。特别是，大学生理论社团创建了大学生政治理论自主学习模式，掀起了大学生学习和实践重要理论的热潮，得到社会及媒体的广泛关注和报道。

2009年，全校上下开展了为期半年的学习实践科学发展活动。进一步明确了学校科学发展的思路，提高了科学发展的能力。学校党委多次在教育部地方高校学习实践活动座谈会、中央巡回检查组座谈会、东北片区高校座谈会、吉林省教育工作会、组织工作会等会议上作经验交流汇报。以学习实践科学发展观为主线，提高了校院两级领导班子的理论水平和工作能力。抓好马克思主义理论最新成果"三进"工作，加强和改进了大学生思想政治工作。建立完善形势报告会制度，建立了形势报告员队伍，逐步形成了经常化、规范化、制度化的形势政策宣传教育长效机制。以社会主义核心价值体系为根本，加强了大学生世界观、人生观、价值观教育。

2010年，通过思想政治理论研究、典型宣传引导筑牢师生员工的思想之基。认真抓好理论武装工作，通过开展形式多样的学习活动，建立健全有效的学习制度，构建氛围浓厚的学习型校园。加强校园舆论引导，大力宣传学校的办学新成果，营造积极奋进的校园舆论氛围。

2011年，深入推进学习型党组织建设，充分发挥党委理论学习中心组的学习示范作用，加强对教职工理论学习的引领。加强对党建与思想政治工作的理论研究，启动了党建与思想政治教育研究课题立项工作，共申请课题50项。实施形象宣传工程，积极开展强势媒体宣传，提高了对内对外宣传的广度和深度。建立了新闻发言人制度，推出了视频新闻，实现了校报"报网一体"同步运行，加强了网络信息管理，进一步完善了校园网络新闻发布制度，提高了网络舆论引导和服务水平。

2012年，以建设学习型党组织为载体，通过座谈、研讨、主题活动、宣讲团宣讲等方式，在全校范围内掀起了学习中共十八大精神的热潮。积极开展理论学习中心组学习，规范教职工理论学习制度。加强对外宣传，宣传媒体层次等均有新突破。着力提升校报的办报质量。完善网络新闻报道审批制度，加强了网络舆论引导和信息监控，规范了二级网站管理。建设网络视频新闻中心，成立了首届视频新闻记者团，构建了宣传新格局。积极开展"六五"普法宣传和党建与思想政治教育研究工作。顺利通过了"吉林省依法治校示范校"评估检查。

2013年，充分发挥校院两级党委理论学习中心组示范作用，全年开展理论学习14次。确立党建与思想政治教育研究课题69项，深化了学习型党组织建设。对外宣传工作成效显著，全年媒体报道学校教学、科研、社会服务、文化传播等文章达370余篇次。视频新闻中心正式投入使用，全年制作

视频新闻 14 期、报道新闻 150 余条，总时长 280 分钟。加强了网络舆论引导和信息监控。

2014 年，认真组织开展党的群众路线教育实践活动，充分发挥党委政治核心作用和广大党员的先锋模范作用，全面推进党的思想建设、组织建设、作风建设、制度建设和反腐倡廉建设，提高党建工作科学化水平，为学校事业发展提供强有力的政治保障。

在党的群众路线教育实践活动中，学校列出三批问题清单共 68 个问题，开展 12 项"专项整治"工作，建立制度 33 项。在全校范围内开展了"双百双进"主题教育实践活动，处级干部深入课堂听课 300 余人次，与师生谈话 500 余人次；党员教师团队进农村、进企业开展义务帮扶 30 余次，帮助师生和基层农村解决问题 100 余件。整改落实工作扎实推进，教育活动内容丰富、成效显著。

大学生思想政治教育工作紧扣时代脉搏，积极开展社会主义核心价值体系和中国梦教育，形成了核心价值观教育"2＋7"工作模式。深入推进学生工作五大品牌工程，切实提高了学生工作队伍和大学生的综合素质，学生思想状况和整体风貌良好，优良学风蔚然形成。

充分发挥校院两级党委理论学习中心组示范作用，全年开展理论学习 15 次，举办专题报告 6 次，观看教育影片 4 部。加强教职工理论学习指导，开展全校教职工理论学习 9 次。党建与思想政治教育研究课题结题 55 项，深化了学习型党组织建设。加强对内宣传，强化校报作用，校报作品获国家级、省级高校好新闻奖 12 项。对外宣传工作成效显著，全年媒体报道学校热点文章达 370 余篇次。不断深化视频新闻制作形式与内容，编制视频新闻 17 期。

2015 年，认真组织开展"三严三实"专题教育，巩固和拓展党的群众路线教育实践活动成果。学校领导、各基层组织书记深入基层带头讲党课 50 余场；学校领导班子"三严三实"专题民主生活会成效显著；指导各基层党组织召开民主生活会及组织生活会；教育实践活动中承诺的 57 个问题整改完毕。整个教育活动内容丰富、成效显著。

对外宣传工作成效显著，媒体层次、宣传频率、宣传篇幅有大幅增长，学校全年多次被《人民日报》、新华网、中央电视台等中直主流媒体和《吉林日报》、吉林卫视、《长春日报》等省直主流媒体报道，特别是中央电视台《新闻联播》和《新闻直播间》以及《人民日报》分别对学校及李玉院士与其科研团队进行报道。全年媒体报道学校 400 余篇次。抓好宣传阵地建设，加强对内宣传，校报作品获国家级好新闻奖励 4 项、省级好新闻奖励 6 项。制作视频新闻 18 期，学校官方微信平台共发送图文消息 120 期，总计 317 条，用户关注总数达 8 000 余人，全年累计阅读量达 48 万余次。

2016 年，党建工作开创新局面。深入开展"两学一做"学习教育，认真学习贯彻中共十八届六中全会和习近平总书记系列重要讲话精神。安排校院两级理论学习中心组学习 9 次，组织全校教职工理论学习 6 次。邀请校外专家作专题政策辅导报告 4 次。组织观看专题教育片 1 次。立项党建与思想政治教育课题 60 项。在学生工作中，坚持立德树人，深入开展培育和践行社会主义核心价值观教育和诚信、感恩、励志主题教育，积极拓展网络思想政治教育，建立学生综合素质培养和评价体系，实施"精准化"教育管理。

2017 年，学校将学习贯彻中共十九大精神作为首要政治任务，扎实推进"两学一做"学习教育常态化制度化。承建了省高校德育研究基地、省德育与学生发展研究中心，加强理论研究与创新。下发了《学习贯彻十九大精神的通知》，在全校深入开展学习宣传活动，开展党委理论学习中心组集中学习 12 次，邀请省内外知名专家学者来校开展专题讲座 5 次；组建了中共十九大精神宣讲团，实现了基层单位宣讲全覆盖；举办春秋两季干部培训班开展中共十九大精神集中轮训，在全校掀起了学习中共十九大精神的新热潮。

贯彻落实中央〔2016〕31 号文件和吉林省思政工作会议精神，设立党委教师工作部，制订实施了《加强和改进教职工、大学生思想政治工作实施方案》和《进一步加强思想政治理论课建设的意见》，全面强化思想政治工作的顶层设计。成立了"青马工程"指导委员会，统筹指导"青马践习所""新时代传习所"等青年教师践行特色理论联合会和大学生特色理论践行社，加强对中青年高级知识分子群体教育培养。组织"思政杯"党课比赛暨党校兼职教师遴选，切实提升党的理论学习效果。

2018 年 1 月，学校成立习近平新时代中国特色社会主义思想研究中心。揭牌仪式在马克思主义学院会议室举行，学校党委书记席岫峰、校长冯江为中心揭牌。

四、基层组织建设不断夯实

强化基层党建工作主体责任，建立基层党组织书记抓党建工作述职评议考核长效机制。科学调整设置基层党组织，落实基层党组织换届选举制度。

制定完善《基层党组织选举办法》《基层党建工作考核评价办法》等 10 项制度。率先设立基层党建工作经费，建立"党员之家"活动室。创新党内活动载体，先后开展"学习型党组织""五型党组织""五创五强工程"创建活动，连续开展"最佳党日"和"双百双进"活动，涌现出特色鲜明、效果明显的党建活动品牌。坚持开展党内"创先争优"活动，极大调动了基层党组织和广大党员的积极性。

2008 年，积极探索和改进基层党组织建设的新途径、新方法，深入开展"最佳党日"活动，确定了 39 个主题鲜明、形式新颖的党日活动方案立项。2009 年，学校制订了《关于加强和改进新形势下党建工作的决定》，提出了未来党建工作思路和具体措施，切实加强了基层党建工作。解决了基层党组织活动经费短缺问题。

2010 年，按照中央和省委的部署，学校全面启动了"创先争优"活动。以增强基层党组织的政治核心作用为落脚点，学校为二级基层党组织下拨了党建工作专项经费，在学院建立了"党员之家"，组织开展了"学习型党支部"创建、"百名党员之星"评树、"最佳党日"立项等系列活动。针对影响和制约基层党建工作的问题，组织开展了党建工作调研。成功组织承办了第十届全国农林水院校党建会。全国 40 多所农林水院校的党委书记、组织部长、宣传部长齐聚学校，共同研讨高等农业院校党建与思想政治工作，取得了良好的效果。

2011 年，大力推进"创先争优"活动。在全校各基层党组织范围内开展了公开承诺、领导点评、标准化党支部创建等活动。学校隆重召开了庆祝建党 90 周年暨"创先争优"表彰大会，对涌现出来的"创先争优"典型进行表彰。6 月 21 日，在省高校工委召开的吉林省高校庆祝中国共产党建党 90 周年暨"创先争优"表彰会上，学校党委被授予"先进基层党组织标兵"称号，李玉被授予"优秀共产党员标兵"称号，食品科学与工程学院党委、生命科学学院学生第二党支部被授予"先进基层党组织"称号，毛彦军、张连学被授予"优秀共产党员"称号，武福军、张广臣、高光被授予"优秀党务工作者"称号。在吉林省召开的"创先争优"表彰会上，食品科学与工程学院党委被授予"吉林省先进基层党组织"称号。深入开展标准化党支部创建活动。指导基层党组织进行换届选举，进一步规范了基层党组织建设。增加了首批"党员之家"建设经费 10 万元。继续为二级基层党组织下拨党建工作专项经费和留成党费。积极开展帮扶困难群众、困难党员、薄弱基层党组织工作。

2012 年，深入开展基层党建工作，积极开展基层组织建设年活动和基层党组织分类定级，指导各基层党组织换届选举，规范了基层党组织建设。2 项课题获得吉林省高校党建研究项目立项。为基层党组织划拨党建经费 30 余万元。继续开展"最佳党日"活动，对申报项目进行资助，资助经费 4 万余元。

2013 年，党建工作科学化水平不断提升。切实加强基层组织建设，组织召开了组织工作会议。指导各基层党组织换届选举，全面规范了基层党组织建设。为基层党组织划拨党建经费 43.6 万元。组织"最佳党日"活动结题验收和立项评审，全校共申报 80 个党日项目。

2014 年，基层组织和党员队伍建设不断加强。举办了全校党支部书记培训班，进一步规范了各基层党组织工作。开展全校党支部优秀"微党课"评选活动和软弱涣散基层党组织专项整治工作。指导各基层党组织全面换届选举。严格党费使用范围和程序，做到公开透明。为基层党组织划拨党建经费共 43.6 万元。加强新生党员的教育管理。积极开展关爱党员活动，走访慰问贫困党员 34 人，共计发放慰问补助 4.4 万元。2015 年，促进基层党建工作主体责任落实，强化"围绕中心抓党建""聚精会神抓党建""把抓好党建作为最大政绩"的党建工作理念。将二级党组织由 22 个调整为 19 个。16 个二级党组织、154 个党支部顺利完成换届。严格"三会一课"制度，定期开展组织生活，创新活动方式。加大基层经费保障力度，全年投入基层党建经费 50 万元。"最佳党日"活动立项 92 项，资助经费 8.65 万元。全校 1.67 万名师生员工订阅了共产党员微信和易信。

2016 年，严格换届选举工作纪律，抓好党委班子换届工作。巩固夯实基层组织基础，深入贯彻实施"五创五强"工程，推动"一院一品"创建活动，下拨基层党建工作经费 47 万元，在省内高校中率先制订实施了《基层党建工作考核评价实施办法》。6 月 22 日，在省高校工委召开的吉林省高校庆祝中国共产党成立 95 周年暨"创先争优"表彰大会上，学校党委被授予"先进基层党组织标兵"称号，刘洪君被授予"优秀党务工作者标兵"称号，生命科学学院党委、外国语学院党委被授予"先进基层党组织"称号，赵明家、胡文河、黄海被授予"优秀共产党员"称号，董立峰、于运国被授予"优秀党务工作者"称号。在吉林省"创先争优"表彰中，学校党委被评为"吉林省先进基层党组织标兵"，刘洪君被评为"吉林省优秀党务工作者"。

2017 年，落实《吉林农业大学基层党建工作考核评价实施办法》，对全校 19 个二级党组织、184 个基层党支部进行分类考评，为学校各级党组织

开展党建和思想政治工作建立标准和遵循。强化特色引领，重点打造"一院一品"党建品牌项目工程，"最佳党日"立项 91 项，评选 2016 年获奖项目 18 个。深入开展富有学校特色的"双百双进"实践活动，继续为学校的教学科研、服务管理和扶贫攻坚等各项工作发挥人才支撑作用。深入挖掘基层先进事迹和典型人物，发挥先进典型的示范引领作用。

7 月 1 日，学校党委召开纪念中国共产党成立 96 周年暨"创先争优"表彰大会，会上对近两年涌现出来的 15 名优秀共产党员标兵和优秀党务工作者标兵、25 个先进基层党组织、109 名优秀共产党员、26 名优秀党务工作者进行表彰。

五、队伍建设稳步推进

坚持党管干部原则，严格程序，坚持标准，树立正确的选人用人导向，建立公平公正、能上能下、科学规范的用人制度，形成有效管用、简便易行、有利于优秀人才脱颖而出的选人用人机制。加强干部制度改革，实施干部竞争上岗、轮岗交流、挂职锻炼等制度，率先开展五级职员选聘工作，优化了干部队伍结构。创新干部教育培训机制，开展在线学习、干部培训、廉政警示教育等活动，制定完善干部出国（境）管理、个人有关事项核审等相关制度。强化党员和积极分子队伍建设，建立校院两级培训体系，规范发展程序，保证党员质量，共发展党员 4 896 人。严格党内生活，坚持"三会一课"制度、民主评议党员和民主生活会制度，强化党员先进性意识。坚持开展走访和关爱党员活动，落实党员的民主权利。

2008 年，落实发展党员工作责任制，制定并完善党员发展工作的规章制度。全年共发展党员 546 人，其中，教工党员 8 人，学生党员 538 人。讨论转正 451 人，其中，教工党员 14 人，学生党员 437 人。完善干部管理的有效机制，规范干部工作程序，加强干部管理工作力度，开创了人才辈出、人尽其才的新局面，为实现干部工作的科学化、规范化、制度化奠定坚实基础。全年共调整交流正处级干部 14 人，副处级干部 13 人，科级干部 2 人；通过竞争上岗方式，提拔任用处级干部 5 人，通过民主推荐方式提拔任用处级干部 6 人，通过组织推荐提拔任用处级干部 7 人；选任正科级干部 43 人，选任副科级干部 39 人。3 位专家获得吉林省第十批有突出贡献的专业技术人才荣誉称号，5 位专家荣获第二批吉林省高级专家称号，1 人获得吉林省第四批人才开发资金项目资助，新增 3 人获得国务院政府特殊津贴。

2009 年，全年发展党员 546 人，举办入党积极分子培训班 3 期，培训学员 1 248 人。开展了走访慰问老党员、老教师、老干部、老工人及困难党员活动。进一步完善了干部管理制度与机制。注重加强各基层班子建设和干部选拔工作。本年度共选任和调整干部 122 人次。扎实开展干部理论培训工作，提升干部理论素质。

2010 年，积极推进基层党建工作创新，采取建立党校培训网络平台、加强党校教师的队伍建设、创新党课培训形式等措施，使党校教学管理步入科学化轨道。开展了走访慰问老党员、老教师、老干部、老工人及困难党员活动，向他们送去了党组织的关怀和温暖。组织干部理论培训、专题理论辅导报告 6 期，培训科处级干部 600 余人次。以选好用好干部、配齐配好班子为目标，对部分学院班子进行选配和调整。本年度提拔任用处级干部 4 人，提拔科级干部 19 人，调整交流干部 23 人。此外，全年培训入党积极分子 1 260 人次，发展党员 560 人，预备党员转正 531 人。在为西南旱区、玉树地震灾区捐款活动中，全校 21 个基层党组织的 2 100 名党员干部和师生共计捐款 20 余万元。

2011 年，进一步加强了党员队伍建设，全年发展党员 603 人，组建了党校讲师团，完善了《二级党校工作条例》，恢复了二级党校教育培训职能。拓宽教育途径，搭建网络培训平台，建立了党校在线学习中心。加强了党史学习教育，开辟了"生命之光"红色教育基地暨中共吉林省委党史研究室大学生党史教育基地。加强了领导班子和干部队伍建设，扎实开展"五型领导班子"创建活动。深化干部体制改革，加强了各基层班子建设和干部选拔工作，对部分学院班子进行调整充实。印发并实施了《关于加强学院领导班子建设的意见》。本年度主要采取竞争上岗和组织推荐的方式选任干部 72 人，调整干部 40 人。认真组织开展高级专家工作。共有 15 名专家被评选为第三批吉林省高级专家和长春市第五批有突出贡献专家。其中，吉林省高级专家是开展该项工作以来学校入围人选最多的一届。

2012 年，继续强化二级党校教育培训职能，对二级党校教学工作进行指导和督促。加强了党员队伍建设。共发展党员 620 人，预备党员转正 578 人。规范党费收缴管理及使用程序。积极组织参加组织员培训，提高了组织员工作水平。积极开展党内帮扶和关爱党员活动，走访慰问困难党员和贫困户，发放慰问金 2 万余元。加强了领导班子和干部队伍建设。对 8 个学院（教学单位）班子进行调整充实，提拔任用院长 1 人、副院长 7 人。加强学院班子后备干部队伍建设，在 7 个学院选任了 11 名院长助理。严格贯彻《干部选拔任用工作条例》，主要采取竞争上岗、组织推荐和素养评估与面试

相结合的方式选任干部 78 人，调整干部 39 人。开展选派干部挂职锻炼。加强了干部教育培训，会同党校培训全校科级以上干部 600 余人次；举办了科级干部培训班，培训科级干部 134 人，提高了干部的综合素质。认真组织开展高级专家工作。关心各类人才的工作、生活情况，积极为教育教学一线人才做好服务。精心组织专家团拜活动。落实院士相关医疗待遇问题。

2013 年，指导和监督各基层党组织发展党员工作。全年共发展党员 537 人，预备党员转正 514 人。接受并通过了省高校工委对学校党员发展工作的督导检查。坚持党费报告制度，加强了党费收缴、管理和使用。积极开展关爱党员活动，发放慰问补助 1.55 万元。贯彻落实《党政领导干部选拔任用工作条例》，认真开展各基层班子建设和干部选拔工作。对经济管理学院班子进行调整和充实。全年调整处级干部 2 人，科级干部 9 人；提拔科级干部 6 人；对 43 名处级干部进行试用期考核。继续实施选派干部挂职培养锻炼项目，选派 9 名院长助理分赴全国 8 所高校挂职锻炼。加强对处级干部进行离任审计。通过春、秋两季干部培训班、中共十八大轮训和在线学习等方式提高了党员干部素质。70 名正处级干部完成了吉林省网络在线学习，10 位校级领导干部完成了省级以上培训进修。举办了 2 期入党积极分子培训班，1 088 名学员通过了培训。发挥二级党校教育培训职能。完成了省高校工委第二批党课教师人才库推荐工作。探索和创新党管人才的方式方法，注重在政策、协调、服务等方面加强人才工作，进一步深化了党管人才内涵。学校制订了《进一步加强人才工作深入推进人才强校战略的实施办法》，召开了首次人才工作会。关心各类人才的工作、生活情况，积极为教育教学一线人才做好服务。

2014 年，不断加强干部队伍的选拔与任用、监督与管理，贯彻中央新修订的《党政领导干部选拔任用工作条例》，规范干部选任工作的程序、方法。全年调整处级干部 5 人，科级干部 4 人。通过春、秋两季干部培训班、在线学习和党员干部分类培训等方式提高了党员干部素质。78 名正处级干部完成了吉林省网络在线学习，1 名正处级干部完成了国家教育行政学院中青年干部培训。举办了 2 期入党积极分子培训班，千余名学员通过了培训。全年发展党员 506 人。学校不断探索人才培育有效渠道，采取有效措施，大力培养年轻后备队伍，注重提升人才队伍团队协作能力，先后获得"长江学者特聘教授""万人计划""长白山学者""全国优秀科技工作者"等多项高层次人才称号，实现了人才队伍建设的新跃升。

2015 年，全面启动教学单位行政领导班子换届及中层干部交流调整工作，全校 3 个班子集体续任，产生 11 个新一届中层班子。全年提拔处级干部 20 人；调整处级干部 21 人，科级干部 9 人。全校 13 个学院共计选拔院长助理 24 人。圆满完成处级干部人事档案审核工作。全年发展党员 495 人，预备党员转正 459 人。不断丰富校院两级党委理论学习中心组学习内容，全年开展理论学习 9 次，举办专题报告 3 次，观看教育影片 1 部，参观吉林省廉政教育基地 1 次。校级领导干部参加领导干部集中选学、集中专题培训共计 14 人次，70 名正处级干部完成吉林省网络在线学习，1 名干部完成国家教育行政学院脱产学习。开展全校干部网上在线学习考试，在线学习中心年内访问量达到 2 万余人次。通过春、秋两季干部培训班等方式培训干部 1 100 余人次。举办入党积极分子、新党员培训班，共计培训 677 人。加强教职工理论学习指导，开展全校教职工理论学习 8 次。

2016 年，大力推进干部队伍建设，全年提拔正处级干部 4 人，副处级干部 2 人；调整处级干部 21 人，科级干部 11 人；选拔了 27 名院长助理。创新党校教育培养模式，首次组织党务干部到通化杨靖宇烈士陵园等省内党性教育基地接受党性党风教育。创建了"吉农党旗红"微信公共平台。全年发展新党员 483 人。

2017 年，充分调研运用干部人事相关政策，严格制订《吉林农业大学非领导岗六级职员选聘方案》，加强干部身份管理向岗位管理转变，为干部成长和队伍建设拓宽空间。建立常态化干部培训机制。特邀中共十九大代表吴亚琴、黑龙江省社会主义科学院祝福恩等先进典型、知名学者作专题辅导报告。组织 37 名专职党务干部赴重庆红岩党性教育基地举办"重走红岩路，筑牢党性魂"实践教学培训班，选派学院院长和业务处室处长共计 20 人赴北京国家教育行政学院参加第五期高等教育改革动态专题研修班。全年新发展党员 460 人，预备党员转正 475 人。开展党内帮扶，走访慰问困难党员 89 人次。有效运用"长白山先锋-e 支部""吉农党建"微信等信息化平台，开展常态化教育。与洮南市那金镇好田村共建党群教育基地，建成好田村党群服务中心。

六、深入开展党风廉政建设

坚持党委统一领导、党政齐抓共管、部门各负其责、纪委组织协调、师生员工支持参与的领导体制和工作机制。以廉政风险防控管理为依托，扎实推进"五权"工作，加强教育、制度、监督并重的惩治和预防腐败体系建设。严格落实党风廉政建设责任制和责任追究制，建立和完善重大事项集体

决定、述职述廉、审计监督制度，党员干部廉洁自律意识不断提高。

2008年，全面开展"制度建设完善年"活动，落实党风廉政建设责任制。推进惩防体系建设。2009年，加强党风党纪教育，领导干部廉洁自律意识得到增强。深入开展治理"小金库"工作。认真开展"制度执行年"活动，加强重点领域关键环节制度执行监督。健全群众信访工作机制，认真接待了群众的来信来访。2010年，召开反腐倡廉建设工作大会，印发《吉林农业大学党委关于进一步加强反腐倡廉建设的意见》等4个重要文件。以"制度执行年"调研为切入点，推进惩防制度体系。努力打造队伍建设，提升工作实践能力和理论研究水平。

2011年，在全校范围内开展了"制度学习实践年"活动，提升了惩防制度体系建设的科学化水平。扎实推进党务公开、廉政风险防范试点等重点工作。在全校10个重点单位、敏感部门开展了廉政风险防范管理试点工作，建立并逐步完善了廉政风险防范管理长效机制。初步建成了基层党务公开网络电子平台。创新廉政教育新模式，建立了廉政信息平台。加强了对权力运行的规范监督。

2012年，全面盘点学校惩防五年规划落实情况，实现了惩防体系建设工作责任分解横向到边、纵向到底。认真执行学校党政主要负责人不再直接分管干部人事、财务及工程项目"三个不直接管"的工作制度。深入开展廉洁宣传教育和"强化监督年"系列活动，不断打造廉政文化进校园品牌。严格重点领域、关键环节监管，强化了党务、政务公开及党风廉政建设责任制的落实。全年先后完成干部人事竞聘、职称评定、各类招生考试及招标采购等各种监督工作120多项。

2013年，深入开展党风廉政建设年活动。严肃落实中央八项规定精神，狠抓干部作风建设。开展"勤廉育人"典型评选表彰活动，不断引领全员树立勤廉工作理念。制订了《党务公开实施办法》，进一步推进了党风廉政建设工作的规范、有序开展。全年完成干部人事竞聘、职称评定、各类招生考试及招标采购等监督工作140多项。学校全面接受巡视组的巡视检查，积极配合省委第一巡视组开展巡视工作。深入学习贯彻落实巡视组反馈意见，研究制订了《整改工作实施方案》，切实将巡视成果转化为推动学校事业科学发展的强大动力。

2014年，狠抓干部作风建设，进一步推进党风廉政建设和反腐败工作深入开展，营造了勤俭节约、务实高效的氛围，改进了工作作风，取得了明显实效。围绕"廉政勤政"主题，开展优秀党员干部评选、廉政作品征集等活动。开展了职务犯罪专项工作。严格落实监督责任，全年对 200 余个项目监督和管控。

2015 年，以"三严三实"专题教育为契机，促进作风转变，在重要节庆假日前夕，下发通知明确纪律规定，为党员干部划定红线。开展了"学党章、讲规矩、守纪律"系列教育活动。开设廉政大讲堂，举办廉政专题辅导报告。全年发布"廉政信息"23 期。建立完善的惩防监督体系，深入推进"五权"工作，着力构建有效的权力制约和监督体系。大力推进党务、校务、院务信息公开，提高了信息透明度。

2016 年，召开了年度专题工作会议部署党风廉政建设有关工作。成立信访办公室，进一步拓宽了信访渠道。严肃换届纪律，为学校召开第十二次党员代表大会营造了良好政治氛围。征集 100 余部廉政作品上报省级部门进行评选。紧抓重点人、重点事、重点岗位，对干部选拔任用、职称评聘、体育特长生加试、研究生入学考试、招投标、大宗物资采购、工程验收、公开招聘、新进人员考核等工作，开展有效监督 170 余次。

2017 年，制订实施《关于加强和规范党内政治生活的意见》，明确规定了党内政治生活制度 11 项。严格落实民主生活会、民主评议党员和双重组织生活等制度。制订实施《"三重一大"决策制度实施细则》，进一步建立了"三重一大"事项必须由领导班子集体决策的机制。召开了党风廉政建设和反腐败工作专题会议，制订实施了《落实党风廉政建设党委主体责任和纪委监督责任的实施细则》《落实监督执纪问责"四种形态"实施办法》和《关于对领导干部进行提醒、函询、问询和诫勉的实施办法》，健全干部作风建设防控体系。完善以人财物管理为重点的廉政风险防控机制，对招标采购、工程建设等重要事项实施重点、有效监督。加强纪检监察责任体系建设，制订实施《关于进一步加强基层党组织纪律检查委员队伍建设　全面落实监督责任的工作意见》，建立了校纪委委员联系基层二级党组织工作机制，明确了基层党组织纪检委员工作职能和监督责任。

2018 年 4 月 18 日，学校在综合教学楼二楼报告厅召开了全面从严治党工作会议。校纪委书记王志中代表学校纪委作了学校 2018 年度全面从严治党工作报告。校党委书记席岫峰作了讲话，要求全校上下深入学习贯彻中共中央战略决策部署，坚定不移推进全面从严治党，切实保障学校事业改革发展。会上，席岫峰与基层党组织书记代表签订了《党风廉政建设责任书》，生命科学学院党委书记张建东、人事处处长史旭升作了经验发言。

七、加强审计工作

学校高度重视审计工作，加强审计制度和审计队伍建设。积极履行审计职能、实践审计工作创新转型。以管理控制为导向，加强内控制度建设，全面推进审计工作制度化、规范化。加强服务意识，采用内审和委托外审相结合的方式，提高审计工作质量和效率。实行全过程跟踪审计，重点抓好基建维修工程审计，不断完善任期经济责任审计，加大科研经费审计力度，积极开展经济合同审计等工作。2010—2017年，共完成审计项目4 000余项，审计金额30亿元，审减金额近亿元。提出审计建议3 000余条，为学校节约了大量资金，提高了资金的使用效益。

八、认真做好统战、工会、妇委会和离退休工作

（一）加强统战工作

全面贯彻党的统一战线方针，坚持"大团结、大联合"主题，落实习近平新时代统一战线思想，围绕学校中心工作，加强统战成员思想引领、夯实政治基础，加强党外代表人士队伍建设，开展"同心圆"工程，抵御和防范校园传教，全面推进统战各领域工作，为学校高水平农业大学的建设目标，做了大卓有成效的工作。

2008年，建立完善统战工作制度14项。有序加强民主党派组织建设，突出具有农业院校特色的统战工作，发挥党外知识分子优势和作用，加强党外后备干部队伍建设。

2009年，创新统战工作思路，加大统战课题研究。积极开展经济统战工作和统战工作调研。加大党外干部培养选拔力度。协助民主党派校级组织及统战团体加强自身建设。2010年，制订《中共吉林农业大学委员会关于加强基层统一战线工作的意见》，加强基层统战工作指导。制订《关于在全校统一战线成员中深入开展社会主义核心价值体系学习教育的意见》，巩固全校统战成员共同的思想基础，完善队伍建设档案管理，健全代表人士培训规划，加强党外知识分子的后备队伍建设。

2011年，推动多党合作事业，民革吉林农业大学支部委员会正式成立。开展"同心圆"工程，注重发挥党外人士服务社会发展的职能。1项提案获得民进中央2011年度参政议政成果奖二等奖。学校民盟委员会被民盟中央授予"先进集体"荣誉称号，2位盟员被授予"先进个人"荣誉称号。成立学校宗教工作领导小组，制订《吉林农业大学抵御境外基督教渗透工作方

案》，建立工作体系，抵御宗教渗透工作全面展开。

2012年，统战团体组织建设进一步完善，成立了吉林农业大学党外知识分子联谊会和台胞台属联谊会。对统战成员全面加强政治引导。着力搭建"同心实践"平台，精心打造"同心品牌"，注重发挥党外人士服务社会发展的职能。党外代表人士政治安排实现突破。多个党派基层组织和党外代表人士获得上级表彰。

2013年，加强统战成员政治引导，全面落实中共十八大和十八届三中全会精神，为实现中国梦的奋斗目标广泛凝聚共识。积极搭建平台，积极引导党外代表人士在参政议政、服务社会中发挥作用，《中国统一战线》杂志对学校统战成员社会服务专版报道。学校政协委员在市政协十二届一次、二次全会上提交提案22件。加强了民主党派领导班子后备干部队伍建设，提高了参政议政、民主监督的实效。建立抵御宗教渗透工作长效机制，在长春市宗教工作会议上作经验介绍。

2014年，创新工作载体，加强政治引领。成立学校农工党支部和学校民建支部，校级民主党派基层组织达到6个。加强民主党派组织发展、规范程序、提升成员素质。建立"归国留学人员人才库"，组织少数民族教工特色活动，《中国教育报》专版报道了党外专家开展农村科技服务活动。

2015年，加强政治引领，注重党外代表人士的培养培训，提升"同心思想教育大讲堂"讲座质量。党外人士参政议政、履职尽责能力普遍提高，全年提交提案12件，参与提案2件，小组集体提案1件。积极开展科技支农活动，学校20支同心献智科技服务团队深入吉林省农村地区开展科技服务。加强港澳侨及归国留学人员服务与管理。完善抵御宗教渗透工作体系，建立防御工作体系和千余人的联络员队伍。

2016年，成立了吉林农业大学统战工作领导小组。制订并印发了《关于进一步健全和完善党员领导干部与党外代表人士联谊交友工作制度的意见》。完成市级党派、政协、人大换届人选推荐工作。选派20名统战成员参加各级各类培训和理论研究，建立健全学校党外代表人士动态数据库。学校分别在吉林省高校统战工作会议、长春市宗教工作会议上进行典型发言。省委常委、统战部长姜治莹来校调研时对学校统战工作给予了高度肯定。

2017年，全面落实统一战线"同心圆"工程。召开统战系统"同心圆"工程启动部署会，制订并印发《学校"同向同行共铸同心"活动方案》。组织全校统战成员收听、收看中共十九大实况转播。召开了"凝心聚智共铸同

心"统战成员学习中共十九大精神座谈会。微信平台推出3期《吉林农业大学党外人士热议十九大报告》，有21位党外人士积极参与表达心声。各民主党派、统战团体立足实际，围绕"四项工程"，认真研究设计活动载体，分别通过召开专题工作会议、班子会议等，启动了"同心圆"工程活动。

12月，中国民主同盟第十二次全国代表大会选举产生了民盟第十二届中央常务委员会和新一届中央领导班子。学校副校长陈光当选民盟第十二届中央委员。

学校统战部连续多年荣获省委统战部年度创新实践活动优秀奖；多年荣获长春市统战工作先进单位；政协委员活动小组连续多年荣获市政协优秀委员活动小组；校民盟委员会荣获民盟中央先进基层组织2次，连续多年荣获民盟省委先进基层组织、民盟市委先进基层组织；校九三学社委员会连续多年荣获社省委先进基层组织和社市委先进基层组织；校民进支部连续3年荣获民进省委先进基层组织；党派各级先进个人更是层出不穷。

（二）充分发挥工会、妇委会职能

学校每年都要召开教职工代表大会，与会代表听取学校工作报告、财务决算和财务预算（草案）的报告。召开教职工代表大会代表组组长扩大会议，讨论通过了《深化分配制度改革实施方案》等事关学校发展和教职员工切身利益的重大举措。进一步加强和完善二级教职工代表大会制度建设，加大督促、检查和指导工作力度，推进校务公开，加强民主管理。各学院相继召开了教职工代表大会，研究讨论事业发展的重要事情。

发挥先进典型的示范引领作用，开展"师德标兵""三育人"和"巾帼建功"创建评比活动。加大"职工之家"建设力度，学校工会被评为吉林省教科文卫体系统先进工会。

通过深入实施维权建制工程、帮扶救助工程、素质提升工程、固本强基工程，不断加强工会自身建设，依法维护教职工权益。积极开展"送温暖、献爱心"活动，切实为职工办实事、办好事。及时为困难职工发放补助、慰问、救助金，体现了"职工之家"的温暖。成立女专家联谊会，与市妇联合作，扎实推进"引凤还巢"工程。推进"代理妈妈"活动和现代女性大讲堂专场讲座，为女教职工传递正能量。学校获长春市妇联授予的最美"代理妈妈"集体称号。开展现代女性大讲堂活动和关爱女性健康行动进校园活动。为582名女职工办理了特殊疾病保险。

开展丰富多彩的教职工文化活动，组织演讲比赛、读书征文、书画、摄影作品展，举办球类、棋类比赛等，丰富了广大教职工的精神文化生活。

（三）为离退休人员做好服务工作

全面加强离退休工作，积极落实老干部政策，在思想上、生活上关心老同志。每年走访慰问离退休专家、特困党员、因病住院人员 200 多人次，为老同志多办好事、办实事，努力为老同志提供满意的服务。注重加强离退休办公室的活动设施建设，改善离退休老同志的活动环境和条件。

九、综治工作

"平安校园"创建工作成果显著，完善并执行综合治理领导责任制，认真落实并实施综治工作"一票否决制"。安全管理进一步规范化，建立了安全防范与治安管理的长效机制，注重加强安全管理工作兼职队伍建设，成立了教职工义务安全员队伍和大学生安全志愿者协会，"群防群治"工作得到落实。加强安全教育培训，实现了学生安全教育课堂化和常态化。针对火灾、地震等自然灾害，开展了大规模疏散演练，提高了应对群体突发事件的能力和水平。校园消防安全工作扎实推进，"四个能力"建设不断提升，消防安全"防火墙"工程进展顺利。法制安全宣传教育活动形式多样、载体丰富，通过举办消防应急综合演练、安全知识竞赛等活动，使师生员工的法制观念和安全意识、防范能力不断增强。

2008 年，强化学校防控体系建设，深化"安全文明校园"创建活动。创新安全保卫工作模式，做好科技创安工作，增强技术防范能力，丰富了安全保卫工作的手段。加强校园及其周边环境的综合治理。加强安全教育，成功举办首届"平安校园"知识竞赛，涌现出了 489 个"平安班级"。

2009 年，加强安全教育，保卫干警能力素质、师生的安全意识和防范能力大大提高。全面加强综合治理工作，建立安全防范与治安管理的长效机制，完善突发事件应急指挥处置系统，为学校的建设发展创造了良好的治安环境和规范的法制环境。

突发事件应急处置体系进一步完善。面对世界性甲型 H1N1 流感疫情，学校立即启动了应急预案，并迅速采取了一系列有效的防控措施。各部门密切配合，真正保证了师生员工的身体健康和生命安全，妥善处理了各种突发情况，保证了学校各项工作的正常运转，防控工作取得了阶段性胜利。

2011 年，以"平安校园"创建为载体，完善并执行综合治理领导责任制，认真落实并实施综治工作"一票否决制"。安全管理进一步规范化，建立了安全防范与治安管理的长效机制，注重加强安全管理工作兼职队伍建设，校园安全保卫工作走上科学化、法制化轨道。法制安全宣传教育活动形

式多样、载体丰富，通过举办消防应急综合演练、安全知识竞赛等活动，使师生员工的法制观念和安全意识、防范能力不断增强。

2012 年，校园消防安全工作扎实推进，"四个能力"建设不断提升，消防安全"防火墙"工程进展顺利。法制安全宣传教育活动形式多样、载体丰富，通过开设《大学生安全教育》选修课、举办消防应急综合演练、安全知识竞赛等活动，增强了师生员工的法制观念、安全意识和防范能力。

2013 年，通过"校园 110"、畅通信息传递、合理布置警力，在校园内形成了安全防控网络和防范体系。开展队伍建设年活动，提升保卫干警的业务素质和服务水平。成立了教职工义务安全员队伍和大学生安全志愿者协会，"群防群治"工作得到落实。加强安全教育培训，实现了学生安全教育课堂化和常态化。针对火灾、地震等自然灾害，开展了大规模疏散演练，提高了应对群体突发事件的能力和水平。社会管理综合治理工作深入开展。校园消防安全、交通安全工作扎实推进。高度重视情报信息和舆情分析，认真落实维稳工作。

2014 年，校园及周边交通环境明显好转。消防应急指挥中心建设完成并通过验收。全年共开展以消防疏散演练为主的各类演练 20 余次。

2015 年，安防系统建设工程进入验收阶段，消防、治安、交通等技防设施初步整合。安全宣教及演练工作内容充实，全年共开展以消防疏散演练为主的各类演练 10 余次，为学生做安全教育讲座 10 余次。

2016 年，"平安校园"创建活动成效明显，学校未发生重大火灾事故、重大安全责任事故，无重、特大刑事和治安案件，无重大影响的群体性事件。综合治理工作全面推进，智能门禁系统与交通基础设施建设基本完成，共开展以消防疏散演练为主的各类演练 6 次，为学生做安全教育讲座 10 余次，覆盖学生万余人次。

2017 年，深入推进"平安校园"创建活动。4 月 27 日，学校召开了综治工作总结表彰会，调整优化了学校安全组织机构，逐级逐层落实安全工作责任。智能门禁系统正式投入使用，车辆管理得到有效加强。开展以消防疏散演练为主的各类演练 9 次，为学生做安全教育讲座 10 余次，覆盖学生万余人次。指导平安志愿者协会开展安全活动 20 余项。强化意识形态阵地安全意识，"平安吉农""吉农消防""大学生平安志愿者协会"等微信公众平台成为校园安全宣传主要阵地，关注人数超过 2 000 人。扎实开展抵御渗透和舆情搜集工作，加强反恐处突的防范和演练。

附　　录

附录1　吉林农业大学历任校级领导

历 任 党 委 书 记

姓　名	任职时间	校　名
李冷斋	1953—1956	黑龙江农业专科学校
王秉纶	1956—1958	北安农学院
何济林	1958—1959	长春农学院
何济林	1959—1961	吉林农业大学
夏伯康	1963—1966	吉林农业大学
吴　梅	1979—1983	吉林农业大学
王殿仕	1983—1992	吉林农业大学
高远志	1992—1998	吉林农业大学
薛玉山	1998—2006	吉林农业大学
姚秋杰	2006—2014	吉林农业大学
席岫峰	2014至今	吉林农业大学

历任校长

姓　名	任职时间	校　名
杜　雷	1948—1948	黑龙江省农业干部学校
李冷斋	1948—1950	黑龙江省农业干部学校
李冷斋	1950—1956	黑龙江农业专科学校
李冷斋	1956—1958	北安农学院
何济林	1958—1959	长春农学院
何济林	1959—1961	吉林农业大学

（续）

姓　名	任职时间	校　名
夏伯康	1963—1967	吉林农业大学
李冷斋	1978—1983	吉林农业大学
王殿仕	1983—1985	吉林农业大学
李　超	1985—1990	吉林农业大学
李　玉	1992—2004	吉林农业大学
郭庆海	2004—2006	吉林农业大学
姚秋杰	2006—2008	吉林农业大学
秦贵信	2008—2017	吉林农业大学
冯　江	2017 至今	吉林农业大学

历任党委书记、校长简介

李冷斋，男，汉族，原名李风来，1918 年 1 月出生，河南安阳人。1938 年 4 月，李冷斋在安阳参加民运队。1939 年初，经地下党介绍走上了革命道路。1939 年 2 月，中国人民抗日军政大学分校学习。1939 年 11 月 7 日，分配到青年纵队，在太行山区打游击。1940 年 7 月 20 日，加入中国共产党。1942 年 2 月，被调到边区政府做农业技师。1943 年 5～12 月，任中共中央研究院中国政治研究室研究员。1944—1945 年，成为中共中央党校三部学员。日军投降后，李冷斋任黑河地区行政公署主任。1948 年 9 月，奉命筹建黑龙江省农业教育与科研中心。李冷斋先后担任黑龙江省农业干部学校校长、黑龙江农业专科学校校长兼党总支书记、北安农学院副院长、吉林农业大学副校长、副书记等职务。1978 年 6 月，吉林农业大学开始复校工作，李冷斋任校长。1982 年 12 月，李冷斋同志离职休养。1996 年 10 月，被吉林省委组织部批准为享受副省长级医疗单项待遇。2003 年 10 月 2 日，因病在长春逝世，享年 85 岁。

王秉纶，男，汉族，曾用名王克，1909 年 5 月出生，山东黄县人。1938 年 7 月，在汉口考入晋察冀游击队教导大队，成为干部培训班学员。1939 年 4 月，成为山西潞城八路军抗日军政大学学员。同年 9 月，被分配到山西八路军 129 师特务团，任教育干事。1941 年 5 月，调入 129 师政治部敌工部任干事。同年 6 月 1 日，加入中国共产党。1945 年 9 月，日军投降，随部队来到东北，曾任地委组织部秘书。任肇东县县委组织部副部长、区委书记，参加开展整风运动和土地改革等工作。1949 年 2 月至 1978 年 2 月，先后任齐齐哈尔第一师范学校校长、黑龙江农业专科学校副校长、北安农学院党委书记、长春农学院党委副书记、吉林特产学院院长兼工委书记、吉林农业大学党委副书记。1978 年 2 月，任吉林省科协副主席、党组书记，1983 年 10 月离休。1990 年逝世，享年 81 岁。

何济林，男，汉族，1914 年 2 月出生，湖北阳县人。1928 年，何济林参加贺龙领导的赤卫队，同年加入共产主义青年团。1930 年 3 月，何济林经县、区、村苏维埃政府介绍到省军事委员会正式入伍，被分配到湘鄂西独立团三营七连任战士、通讯员，后调团部任通讯班班长。1931 年 11 月，任湘鄂西警卫师师部通讯排排长。1932 年 9 月，任湘西军委交通队队长。12 月，任红三军军部通讯队队长。1933 年 11 月，任军部通讯连连长，并加入中国共产党。1935 年 8 月，到龙桑独立团任营长，在掩护中央红军西进的桑直县水塔铺战斗中负伤。10 月，龙桑独立团被改编为五师十五团。12 月，开始长征。1936 年 4 月，任十五团参谋长，率领部队顺利渡过金沙江，到达蕃族地区。翻雪山、过草地、打硬仗，终于与红一、红四方面军会合。1937 年，到抗日军政大学学习。1938 年，何济林到冀南军区工作，先后任独立支队参谋长、支队党委委员、兼任一分区参谋长、分区党委委员及地委委员，负责改变旧县府保安队和政府，建立抗日民主的县府。1939 年 1 月，冀南军区命令分区主力部队进行整编，改为冀南军区一支队，何济林任一支队参谋长，组织部队在东光、阜城等地打游击，开展地方工作。1939 年 10 月，一支队被改为东进纵队第二团，何济林任参谋长，奉命率领配合地方政府在阜城、东光、累县、武邑等地展开游击战。1940 年 7 月，纵首长命令何济林带团三营九连到夏津、高唐、品员、恩县地区与地方武装组成津浦大队，任大队长，负责掩护冀鲁边区和冀南交通线安全。1941 年 12 月，任二分区参谋长。1944 年 4 月，任二分区副司令员。1945 年 8 月，奉命将部队和地方武装组成支队，并任支队队长，率部沿平汉线追抵邢台，协同秦基伟、李振部队，歼敌万余人。1946 年 6 月，率部参加了高唐、夏津战役，受到了冀南军区的通令表彰。1946 年 8 月，任冀南独立四旅副旅长，在配合二纵队攻打崔桥的战役中再次负伤。1946 年 9 月，伤未愈合即到 28 旅任副旅长，指挥部队先后攻克邓县。1947 年 6 月，在安阳战役中肺部中弹（1955 年 1 月在北京红十字医院手术取出滞留 8 年的子弹）。1948 年 9 月，

任三分区副司令员，负责指挥部队消灭老河口敌人。1949 年，任 58 军 174 师师长。部队集中整编后南下，配合汉江军区 12 纵队作战。1951 年 9 月，何济林任空 9 师师长，入朝作战。1954 年，任解放军兽医大学校长。1955 年，被授予少将军衔，获二级八一勋章、二级独立自由勋章和二级解放勋章。1958 年 1 月，解放军兽医大学转归吉林省，任长春农学院院长兼党委书记。1959 年 6 月，任吉林农业大学校长兼党委书记。1983 年，因病在河北保定逝世，享年 69 岁。

夏伯康，男，汉族，原名夏寻，曾用名夏荫轩，1909 年 10 月出生，河北满成人。1930 年，夏伯康在天津与进步学生一起组织了天津市学联，并担任学联秘书长，组织和领导学生开展反蒋爱国活动。1935 年，夏伯康在北平大学法商学院上学时，参加了"一二·九"学生爱国运动。1936 年 10 月，他奔赴延安陕北公学参加革命工作。1938 年，加入中国共产党，历任冀南行政公署视察室主任、冀鲁豫边区抗日学院教育长等职。1948 年后，夏伯康历任吉林省农业厅厅长、吉林省计委副主任等职。1963 年 10 月，任吉林农业大学校长、代理党委书记。因受"文化大革命"迫害，1967 年 1 月 30 日，不幸含愤离世，享年 58 岁。

吴　梅，男，汉族，原名吴汝翊，1919 年 6 月出生，四川内江人。1938 年，加入中国共产党，同年在内江做救亡宣传工作，组织成立兴华剧社。后到自贡市编党报，在富顺开展党的组织工作。1940—1943 年，吴梅被派往太行山，先后在中国人民抗日军政大学一分校、中国人民抗日军政大学总校及陆军中学做教育干事、教员、总校校报编辑、总校校部秘书等工作。1944—1945 年，被调回延安，在中国人民抗日军政大学七分校参加整风学习。1946 年，被派往东北，先后做过《胜利报》编辑、特派记者，编辑部副主任，省委宣传部干部教育科科长，中共四平市委、锦州市委宣传部部长。1949 年后，他先后在中共中央东北局组织部任科长、副处长。1954—1964 年，先后任中共吉林市委副书记、书记处书记。1979 年 3 月至 1983 年 1 月，任吉林农业大学党委书记。1983 年离休。2005 年，抗战胜利 60 周年时，中共中央、国务院、中央军委为吴梅同志颁发了"纪念中国人民抗日战争胜利 60 周年"纪念章。

王殿仕，男，汉族，1931 年 5 月出生，吉林扶余人。1952 年 8 月，王殿仕毕业于黑龙江农业专科学校农学系，同期留校工作。1952—1978 年，任助教、政治辅导员、系主任助理、教务科科长、副处长等职。1981 年 6 月至 1992 年 7 月，先后任吉林农业大学副校长、校长、党委书记。工作期间，担任过吉林省政协委员、中共长春市委委员。1994 年退休。王殿仕退休后，一直担任学校关工委主任，参加校园文化活动，始终关心大学生的成长和成才。2008 年 1 月，学校授予王殿仕关心下一代奉献奖。2017 年因病逝世，享年 86 岁。

李　超，男，汉族，1930 年 8 月出生，黑龙江呼兰人。1949 年 2 月，李超进入嫩江省农业干部学校学习。1949 年 5 月，转入黑龙江省农业干部学校学习。1950 年 10 月，加入中国共产党。1952 年 8 月后，历任黑龙江农业专科学校、北安农学院助教、系主任助理、党支部书记。1956 年 10 月，参加农业部在新疆八一农学院主办、由苏联专家授课的全国高等农业院校教师研究班学习，任党支部书记，1958 年 7 月结业。1958 年 8 月后，历任吉林农业大学讲师、副教授、教研室主任、农学系副主任。1980 年 6 月，任吉林省农委科教处副处长。1983 年 10 月，任吉林农业大学副校长。1984 年 6 月，任吉林省农业管理干部学院党委书记兼院长。1985 年 8 月至 1990 年 11 月，任吉林农业大学校长。1984—1986 年，任沈阳农业大学作物耕作栽培学科博士生兼职导师。李超同志曾任中国农学会农业现代化分会副理事长，农业部中国农村问题研究特邀研究员，吉林省科协常委，吉林省农学会、农业现代化研究会副理事长，吉林省农业综合开发专家组成员，长春市政协委员，长春市科协副主席，长春市专家协会顾问。1992 年，获国务院政府特殊津贴。1993 年，获吉林省英才奖奖章。1996 年 1 月退休。2017 年 4 月 26 日因病逝世，享年 87 岁。

高远志，男，汉族，1939 年 10 月出生，湖南慈利人。1956 年 9 月至 1960 年 7 月，在东北师范大学历史系学习。1960 年 8 月至 1982 年 6 月，先后在吉林工学院、吉林工业大学任马列主义哲学教师。1982 年 7 月至 1983 年 7 月援藏，任西藏师范学院（现西藏大学）政治系哲学教师。1983 年 8 月至 1985 年 6 月，任吉林工学院党委宣传部长。1985 年 7 月至 1990 年 5 月，任吉林工学院党委副书记。1990 年 5 月至 1992 年 6 月，任吉林体育学院党委书记。1992 年 7 月至 1998 年 10 月，任吉林农业大学党委书记。1998 年 10 月至 2000 年 4 月，任吉林农业大学校级调研员。曾任政协吉林省第七、八届政协委员，长春市第五、六届政协委员，中共长春市委第八届候补委员。2000 年退休。2012 年 9 月 17 日因病逝世，享年 73 岁。

李　玉，男，汉族，1944 年 2 月出生，山东济南人，中国工程院院士，俄罗斯科学院外籍院士。1978 年秋，李玉考取吉林农业大学微生物专业的硕士研究生，师从我国著名的真菌学家周宗璜教授。1986 年，任吉林农业

大学教务处副处长。1987 年，任吉林农业大学副教务长。1988 年，任吉林农业大学副校长。1990 年，任吉林农业大学副校长（主持工作）。1992—2004 年任吉林农业大学校长。吉林省第八、九、十届人大代表，吉林省第十次、十一次党员代表大会代表，长春市第十二、十三届政协常委，国务院学位委员会第四、第五届学科评议组成员，国家食用菌产业技术体系岗位科学家，《菌物研究》主编。曾任中国菌物学会理事长、中国食用菌协会副会长；现任吉林农业大学学术委员会主任，"菌类作物优质高产抗病种质资源的挖掘、创新及应用"学科创新引智基地负责人，吉林省职业教育教学指导委员会主任，兼任国际药用菌学会主席、中国菌物学会名誉理事长、中国食用菌协会名誉会长、国家食用菌产业技术体系创新战略联盟专家委员会主任委员等学术职务。

薛玉山，男，汉族，1948 年 3 月出生，吉林伊通人。1970 年 8 月至 1974 年 4 月，薛玉山在清华大学电力工程系电机专业学习。1974 年 4 月至 1981 年 10 月，任吉林省水力勘测设计院技术员、助理工程师。1981 年 10 月至 1984 年 7 月，任吉林工学院轻化工程系辅导员、团总支书记。1984 年 7 月至 1992 年 9 月，任吉林工学院轻化工程系党总支书记、学院学生工作处处长。1992 年 9 月至 1998 年 4 月，任吉林工学院党委副书记（1992 年 6 月至 1995 年 6 月，在吉林大学行政学院思想政治专业攻读研究生，获法学硕士学位）。1998 年 4 月至 2006 年 4 月，任吉林农业大学党委书记。2006 年 4 月至 2008 年 3 月，任吉林农业大学调研员。2006 年，担任吉林省政协委员。曾经担任省委政策咨询专家。2008 年退休。

郭庆海，男，汉族，1955 年 7 月出生，山东嘉祥人。1979 年 9 月至 1983 年 7 月，在吉林农业大学农业经济系学习。1983 年 7 月至 1988 年 7 月，任吉林农业大学农业经济系教师。1988 年 7 月至 1989 年 12 月，任吉林农业大学农业经济教研室主任。1989 年 12 月至 1992 年 11 月，任吉林农业大学农业经济系副主任。1992 年 11 月至 1994 年 2 月，任吉林农业大学教务处副处长。1994 年 2 月至 1995 年 11 月，任吉林农业大学校长助理。1995 年 11 月至 2004 年 8 月，任吉林农业大学副校长。2004 年 8 月至 2006 年 4 月，任吉林农业大学校长。2006 年 4 月至 2008 年 4 月，任吉林农业大学调研员。2008 年 5 月至 2010 年 9 月，任吉林省农业科学院常务副院长（正院长级）。2010 年 9 月至 2015 年 9 月，任中共吉林省委财经办（农办）主任。中共吉林省第十一届委员会委员，现任吉林省政府参事。第六、第七届国务院学科评议组成员，全国优秀科技工作者，中国农业经济学会副会长，吉林省委、省政府决策咨询委员，吉林省教学名师，国务院政府特殊津贴享受者，吉林省有突出贡献中青年专家。

姚秋杰，男，汉族，1954年2月出生，吉林长春人。1982年1月，毕业于长春地质学院社会科学系中共党史专业。1995年7月，任长春地质学院党委副书记。1997年3月，任长春科技大学党委副书记。2000年6月，任吉林大学朝阳校区党工委书记。2002年1月，任北华大学党委书记。2006年4月，任吉林农业大学党委书记、校长。2008年5月至2014年10月，任吉林农业大学党委书记。2014年退休。先后担任吉林省青年学会、吉林省德育研究会、吉林省地学哲学学会、吉林省党史学会副会长、吉林省高等教育学会大学生心理健康教育专业委员会副主任、邓小平理论报告组成员。被多所国家重点大学聘为客座教授。

秦贵信，男，汉族，1956年12月出生，山东高密人。1982年8月，于吉林农业大学畜牧兽医系畜牧专业毕业后留校任教。1992年10月，任吉林农业大学动物科学系副主任。1996年3月，任吉林农业大学教务处处长。1999年3月，任吉林农业大学动物科技学院院长。2002年12月，任吉林省牧业管理局副局长。2006年4月，任吉林农业大学副校长。2008年5月至2017年2月，任吉林农业大学校长。担任国务院学位委员会学科评议组成员，吉林省第十二届人民代表大会代表、省人大农业与农村委员会委员，吉林省政府决策咨询委员会委员。

席岫峰，男，汉族，1963年1月出生，吉林吉林人。东北师范大学历史系中国古代史专业毕业。历任吉林省委组织部党员管理教育处助理调研员、办公室副主任、研究室（政策法规处）副主任（副处长）、组织一处处长。2007年11月，任吉林省基层组织建设办公室主任（副厅长级）、组织员办公室主任。2010年8月，任吉林省高校工委副书记、吉林省教育厅副厅长。曾任中共第十届吉林省纪律检查委员会委员。2002年11月至2003年11月，曾赴美国伊利诺伊州立大学芝加哥分校脱产学习，获该校工商管理专业硕士学位。2014年10月，任吉林农业大学党委书记。现兼任吉林省委政策咨询委员会委员（党建组），吉林大学中国特色社会主义理论体系研究中心特聘研究员，吉林省社会科学院客座教授，吉林省伦理学会副会长，吉林省高校德育研究会理事会会长，吉林省高校德育研究基地主任。

冯　江，男，汉族，1963年6月出生，吉林安图人。东北师范大学生态学专业毕业。历任东北师范大学城市与环境科学学院副院长、党总支书记，研究生院副院长，学生处处长兼党委学生工作部部长，校长助理兼科学

技术处处长，东北师范大学副校长。现任吉林农业大学党委副书记、校长。国务院学位委员会生态学科评议组成员，教育部科学技术委员会环境与土木水利学部委员，教育部高等学校自然保护与环境生态类专业教学指导委员会委员，首批教育部新世纪优秀人才，东北师范大学仿吾特聘教授，全国优秀科技工作者，吉林省政协委员，吉林省政府决策咨询委员会委员，中国动物学会副理事长，吉林省动物学会理事长，吉林省高级专家，吉林省杰出青年基金获得者，吉林省优秀专业技术人才，吉林省有突出贡献的中青年专家，吉林省科协副主席，长春市科协副主席（兼职）。

历任党委书记、副书记、纪委书记及任职时间

学校名称	书　记	副书记	纪委书记	任职时间	备　注
黑龙江农业专科学校	李冷斋	王秉纶		1953 年 12 月至 1956 年 5 月	党总支
北安农学院	王秉纶			1956 年 5 月至 1958 年 4 月	
长春畜牧兽医大学	何济林	曹荫槐		1956 年 7 月至 1958 年 4 月	
长春农学院筹备处					
长春农业机械化专科学校	王化文			1958 年 4 月至 1959 年 3 月	党总支
吉林特产学院	王秉纶			1959 年 4 月至 1961 年 3 月	
长春农学院	何济林	曹荫槐 王秉纶	曹荫槐	1958 年 4 月至 1959 年 6 月 1958 年 4 月至 1959 年 4 月	兼任
吉林农业大学	何济林 夏伯康	曹荫槐 李冷斋 王秉纶 刘　钊 李明德	曹荫槐 王秉纶	1959 年 6 月至 1961 年 12 月 1963 年 10 月至 1966 年 10 月 1960 年 2 月至 1966 年 10 月 1961 年 3 月至 1966 年 10 月 1962 年 3 月至 1963 年 3 月 1963 年 3 月至 1966 年 10 月 1972 年 4 月至 1976 年 5 月	兼任 兼任

（续）

学校名称	书　记	副书记	纪委书记	任职时间	备　注
吉林农业大学	吴　梅 王殿仕 高远志 薛玉山 姚秋杰 席岫峰	段沛然 李铁心 李冷斋		1973 年 7 月至 1976 年 5 月 1974 年 1 月至 1976 年 5 月 1979 年 3 月至 1983 年 1 月 1983 年 5 月至 1992 年 7 月 1992 年 7 月至 1998 年 4 月 1998 年 4 月至 2006 年 4 月 2006 年 4 月至 2014 年 10 月 2014 年 10 月至今	
		鲍廷干 齐文焕 田　青 谢嵘峥 张福全 陆桂云 卓　越 王贺军 温成涛 戴立生 孙杰光 冯　江 徐文生 毛彦军		1979 年 3 月至 1980 年 8 月 1981 年 12 月至 1985 年 12 月 1981 年 6 月至 1983 年 1 月 1981 年 12 月至 1983 年 9 月 1985 年 7 月至 1992 年 7 月 1992 年 7 月至 1995 年 11 月 1995 年 11 月至 2003 年 1 月 2003 年 11 月至 2005 年 8 月 2003 年 11 月至 2010 年 12 月 2005 年 8 月至 2015 年 12 月 2010 年 12 月至 2012 年 6 月 2017 年 1 月至今 2014 年 1 月至今 2016 年 3 月至今	
			鲍廷干 齐文焕 马双才 梁　勤 王贺军 孙爱军 孙杰光 温成涛 李　新 王志中	1980 年 1 月至 1980 年 8 月 1983 年 10 月至 1985 年 12 月 1986 年 8 月至 1992 年 7 月 1992 年 7 月至 1995 年 11 月 1998 年 4 月至 2005 年 8 月 2006 年 2 月至 2008 年 5 月 2008 年 6 月至 2010 年 12 月 2010 年 12 月至 2014 年 12 月 2014 年 12 月至 2015 年 11 月 2015 年 11 月至今	兼任

历任校长、副校长及任职时间

学校名称	校　长	副校长	任职时间	备　注
黑龙江省农业干部学校	杜　雷		1948 年 7 月至 1948 年 10 月	兼任
黑龙江省农业干部学校	李冷斋		1948 年 10 月至 1950 年 4 月	
黑龙江农业专科学校	李冷斋	王秉纶	1950 年 4 月至 1956 年 4 月 1950 年 10 月至 1956 年 4 月	
北安农学院		李冷斋	1956 年 5 月至 1958 年 4 月	
长春畜牧兽医大学	何济林	萨音巴雅尔	1956 年 7 月至 1958 年 4 月	
长春农学院筹备处	张树仁（主任）	徐方略（副主任）	1956 年 4 月至 1958 年 4 月 1956 年 5 月至 1957 年 12 月	
长春农业机械化专科学校	陈松森		1958 年 4 月至 1959 年 3 月	
吉林特产学院	王秉纶	徐国良（兼）	1959 年 9 月至 1961 年 3 月	
长春农学院	何济林	李冷斋 张树仁 萨音巴雅尔	1958 年 5 月至 1959 年 6 月	
吉林农业大学	何济林 夏伯康	李冷斋 张树仁 张竹亭	1959 年 6 月至 1961 年 12 月 1963 年 10 月至 1967 年 1 月 1959 年 6 月至 1966 年 10 月 1959 年 6 月至 1966 年 10 月 1959 年 6 月至 1967 年 1 月	
"吉林农业大学革命委员会"		刘有芳（副主任） 王绍武（副主任） 李明德（副主任） 段沛然（副主任）	1968 年 2 月至 1978 年 1968 年 3 月至 1970 年 5 月 1971 年 3 月至 1976 年 1972 年 4 月至 1976 年 5 月	任职的工、军宣传队和学生略，"一分为三"期间临时领导班子略

（续）

学校名称	校　长	副校长	任职时间	备　注
吉林农业大学	李冷斋		1978 年 4 月至 1983 年 1 月	
	王殿仕		1983 年 5 月至 1985 年 8 月	
	李　超		1985 年 8 月至 1990 年 11 月	
	李　玉		1992 年 7 月至 2004 年 8 月	
	郭庆海		2004 年 8 月至 2006 年 4 月	
	姚秋杰		2006 年 4 月至 2008 年 5 月	
	秦贵信		2008 年 5 月至 2017 年 2 月	
	冯　江		2017 年 2 月至今	
		张树仁	1978 年 4 月至 1983 年 1 月	
		张竹亭	1978 年 4 月至 1981 年 12 月	
		鲍廷干	1979 年 3 月至 1980 年 8 月	
		吴文滔	1978 年 4 月至 1984 年 7 月	
		王殿仕	1981 年 6 月至 1983 年 5 月	
		罗景桂	1981 年 6 月至 1983 年 9 月	
		李　超	1983 年 9 月至 1985 年 8 月	
		胡庆浩	1983 年 9 月至 1986 年 12 月	
		谢嵘峥	1983 年 9 月至 1992 年 7 月	
		高文仲	1984 年 8 月至 1995 年 8 月	
		李　玉	1988 年 9 月至 1992 年 7 月	
		李向亭	1991 年 11 月至 1993 年 11 月	
		孙立城	1992 年 8 月至 2002 年 5 月	
		王　彤	1995 年 12 月至 2002 年 1 月	
		郭庆海	1995 年 12 月至 2004 年 8 月	
		胡耀辉	2001 年 4 月至 2008 年 5 月	
		栾立明	2002 年 4 月至 2006 年 4 月	
		曾　宏	2004 年 8 月至 2008 年 6 月	
		孙少平	2006 年 2 月至 2016 年 3 月	
		秦贵信	2006 年 4 月至 2008 年 5 月	
		孙爱军	2008 年 5 月至 2014 年 12 月	
		张立峰	2008 年 8 月至 2015 年 5 月	
		陈　光	2008 年 12 月至今	
		张越杰	2015 年 12 月至今	
		李　新	2015 年 12 月至今	
		刘景圣	2017 年 2 月至今	
		佟铁材	2017 年 2 月至今	

附录 2　吉林农业大学机构设置

管理服务部门及平台

党政部门

　　学校办公室

　　党委组织部

　　组织员办公室

　　党委宣传部（新闻中心）、党委教师工作部

　　党委统战部

　　纪检监察办公室

　　学生工作部（处）、武装部

　　保卫部（处）、社会治安综合治理办公室

　　离退休工作处

　　发展规划与政策法规处

　　教务处

　　科技管理处

　　人事处（劳动用工管理服务中心）

　　人才工作办公室

　　计划财务处

　　国有资产管理处

　　招生就业工作处

　　国际合作与交流处（港澳台事务办公室）

　　后勤保障处

　　基建处

　　审计处

　　校友工作办公室（校庆筹备工作办公室）

群团组织

　　团委

　　工会（妇委会）

　　关心下一代工作委员会

教学单位

研究生院（研究生工作部、学科建设工作办公室）

农学院

动物科学技术学院

资源与环境学院

经济管理学院

食品科学与工程学院

中药材学院

园艺学院

生命科学学院

工程技术学院

信息技术学院

马克思主义学院

人文学院

外国语学院

国际教育交流学院

军事体育教研部

继续教育学院

全国重点建设职业教育师资培养培训基地办公室

教学科研辅助机构

党委党校干部培训中心

高等教育研究所

教师教学发展中心

图书馆

档案馆

科技出版部

教研基地管理处

校医院

赞比亚农业技术示范中心

大学生心理咨询中心

信息化中心

采购与招投标管理中心

科技推广中心

教学科研平台

小麦和玉米深加工国家工程实验室

人参新品种选育与开发国家地方联合工程研究中心

生态恢复与生态系统管理省部共建国家重点实验室培育基地

农业部参茸产品质量监督检验测试中心

吉林省大豆区域技术创新中心

农业部北方食用菌资源利用重点实验室

农业部参茸产品质量安全风险评估实验室

国家农作物品种审定特性鉴定站

食用菌加工技术集成科研基地

动物生产及产品质量安全教育部重点实验室

生物反应器与药物开发教育部工程研究中心

食药用菌教育部工程研究中心

现代农业技术国际合作联合实验室

药用植物栽培与育种实验室

吉林省动物营养与饲料科学重点实验室

吉林省商品粮基地土壤资源可持续利用重点实验室

吉林省分析测试联合中心长春农业分中心

农业现代化综合技术研究所

吉林省人参工程技术研究中心

吉林省食用菌科技创新中心

吉林省食品生物制造科技创新中心

吉林省主要农作物常规与生物技术育种研发公共服务平台

食品生物制造国际科技合作基地

吉林省小浆果研究与示范国际科技合作基地

吉林省菌物资源国家联合研究中心吉林省农业物联网科技协同创新中心

吉林省生物防治工程技术研究中心

吉林省食品工程及食品安全工程研究中心

吉林省菌类作物工程实验室

吉林省动物微生态制剂工程研究中心

吉林省人参规范化生产技术工程研究中心

吉林省人参基因资源开发与利用工程研究中心

吉林省小浆果遗传育种与创新利用工程研究中心

吉林省智能环境工程研究中心

吉林省藜麦工程研究中心

吉林省反刍动物繁育生物技术与健康养殖工程实验室

经济菌物吉林省高校高端科技创新平台

秸秆综合利用吉林省高校高端科技创新平台

国家商品粮基地可持续发展重大需求协同创新中心

经济菌物协同创新中心

吉林省生物医药技术工程研究中心生物反应器及药物开发重点实验室

农产品深加工联合实验室

粮食主产区农村经济研究中心

食药用菌产业化工程研究中心

天敌昆虫应用技术工程研究中心

作物分子育种重点实验室

吉林省新兽药研发与创制重点实验室

吉林省家政服务业研究中心

吉林省德育与学生发展研究中心

粮食精深加工与副产物高效利用技术创新重点实验室

吉林省信息技术与智能农业工程研究中心

药用菌物资源及其开发利用研究室

长白山中药药效物质研究室

药用动物实验室

梅花鹿生产技术研究室

吉林省农村经济研究基地

吉林省高校德育研究基地

吉林省东北农业生物国际科技孵化基地

吉林省食用菌公共服务平台

吉林省参茸产品质量监督检验站吉林省高校教师培养与创新服务中心

吉林省物联网工程技术研究中心

吉林省生物信息学研究中心

吉林省蓝莓研究中心

新能源科学与工程试验研究中心

历届民主党派

党派名称	时　间	届次	主委姓名
民盟农大委员会	1956 年 5 月 18 日成立北安农学院民盟支部	第一届	黄希贤，委员蔡启运、赵克俭、田青、姜岩，有盟员 18 人
	1958 年迁来长春，成立了长春农学院民盟支部，1962 年改为吉林农业大学支部。1961 年 9 月、1964 年 9 月、"文化大革命"期间支部被迫停止活动。1979 年 10 月，支部恢复组织生活	第二届 第三届	崔步青，委员有蔡启运、赵克俭、田青、姜岩
			蔡启运，副主委姜岩，委员赵克俭、刘庆秀、钟秀成
	由于蔡启运担任台盟省委主委，辞去支部工作，支部 1981 年改选		姜岩，委员赵克俭、刘庆秀、钟秀成
	1985 年	第四届	姜岩，副主委刘庆秀，委员康学耕、唐恩全、王安秀
	1988 年 4 月 18 日	第五届	郑经农，副主委王安秀，委员刘育慧、唐恩全、皇甫淳
	1991 年 11 月 6 日成立民盟农大委员会	第六届	康学耕，副主委肖振铎，委员刘育慧、唐恩全、皇甫淳、骆桂芬、徐志田，有盟员 34 人
	1994 年 11 月 1997 年 11 月	第七届 第八届	康学耕，副主委肖振铎，委员刘育慧、唐恩全、皇甫淳、骆桂芬、徐志田，有盟员 34 人
	2000 年 12 月 11 日	第九届	周米平（副主委孙长占、张友民）
	2003 年 12 月 23 日	第十届	周米平（副主委孙长占、张友民）
	2006 年 4 月 28 日	第十一届	周米平（副主委张友民、任跃英）
	2010 年 5 月 21 日	第十二届	周米平（副主委张友民、洪波）
	2015 年 4 月 10 日	第十三届	张友民（副主委李士军、洪波）

（续）

党派名称	时 间	届次	主委姓名
九三农大委员会（1989年成立委员会）	1982 年 4 月成立农大社委	第一届	韩有库
	1985 年、1988 年、1992 年	第二届 第三届 第四届	王松心
	1995 年 12 月 5 日	第五届	栾玉振
	2000 年 12 月 5 日、2005 年 12 月 27 日	第六届 第七届	程培英
	2009 年 12 月 10 日	第七届调整	程培英（名誉主委）、田义新（代）
	2010 年 4 月 29 日	第八届	田义新
	2015 年 11 月 20 日	第九届	田义新
民进农大支部	2007 年 5 月 17 日	第一届	窦森
	2012 年 12 月 26 日	第二届	窦森
民革农大支部	2011 年 11 月 3 日	第一届	兰亚春
农工党支部	2014 年 4 月 28 日	第一届	宋银秋
民建支部	2014 年 9 月 11 日	第一届	李长田

各统战团体

统战团体	时 间	届次	负责人姓名
台联	2012 年 5 月 30 日	第一届	章祖建、齐义杰
	2016 年 7 月 1 日	届中调整	齐义杰、闫伟红
知识分子联谊会	2012 年 12 月 5 日	第一届	韩星焕、杨利民、王琪

历届各级人大代表、政协委员

各级人大、政协	任职届数	代表委员姓名
全国人大代表	第七、八、九届全国人大代表	马宁
全国政协委员	第八、九届全国政协委员	李向高
吉林省人大代表	第五、六、七、八届吉林省人大代表	马宁
	第九届吉林省人大代表	李景思、马宁、郑毅男
	第十届吉林省人大代表	李玉、陈光、韩星焕
	第十一届吉林省人大代表	姚秋杰、陈光
	第十二届吉林省人大代表	秦贵信、陈光
	第十三届吉林省人大代表	席岫峰、陈光
吉林省政协委员	第二、三、四、五、六届吉林省政协委员	姜岩
	第七届吉林省政协委员	孙立城
	第八届吉林省政协委员	高远志、肖振铎
	第九届吉林省政协委员	薛玉山
	第十届吉林省政协委员	孙光芝
	第十一届吉林省政协委员	冯江、图力古尔、窦森
	第十二届吉林省政协委员	图力古尔
长春市人大代表	第九届长春市人大代表	孙立城
	第十届长春市人大代表	孙立城
	第十一届长春市人大代表	孙立城
	第十二届长春市人大代表	郭庆海
	第十四届长春市人大代表	孙爱军、李殿申
长春市政协委员	第九届长春市政协委员	付星魁、孙长占、郎仲武、张帆、顾万钧、黄耀阁、图力古尔、窦森
	第十届长春市政协委员	栾立明、周米平、窦森、付星魁、图力古尔、程培英、韩星焕、刘忠军、卓越、郭庆海

（续）

各级人大、政协	任职届数	代表委员姓名
长春市政协委员	第十一届长春市政协委员	戴立生、付星魁、周米平、程培英、窦森、刘忠军、杨利民、田义新
	第十二届长春市政协委员	李玉、戴立生、张越杰、刘忠军、宋银秋、韩星焕、杨利民、田义新、姜怀志、张友民、李士军、高长宇
	第十三届长春市政协委员	李玉、张越杰、毛彦军、宋银秋、张友民、杨利民、姜怀志、兰亚春、李士军、李长田、田义新
南关区人大代表	第十届南关区人大代表	于莉
	第十二届南关区人大代表	肖振铎
	第十三届南关区人大代表	肖振铎
	第十五届南关区人大代表	高洁
	第十六届南关区人大代表	张越杰
	第十七届南关区人大代表	张立峰
	第十八届南关区人大代表	洪波
南关区政协委员	第五届南关区政协委员	张广臣、郎仲武、伊伯仁、韩星焕
	第六届南关区政协委员	张广臣、宋慧、高光

一级博士学位授权学科

序号	学科名称	学科代码	批准时间
1	作物学	0901	2000 年
2	农林经济管理	1203	2006 年
3	植物保护	0904	2011 年

（续）

序号	学科名称	学科代码	批准时间
4	畜牧学	0905	2011 年
5	农业资源与环境	0903	2011 年
6	食品科学与工程	0832	2018 年
7	兽医学	0906	2018 年
8	生物学	0710	2018 年
9	中药学	1008	2018 年

一级硕士学位授权学科

序号	学科名称	学科代码	批准时间
1	作物学	0901	2000 年
2	农业工程	0828	2006 年
3	食品科学与工程	0832	2006 年
4	园艺学	0902	2006 年
5	农业资源与环境	0903	2006 年
6	植物保护	0904	2006 年
7	畜牧学	0905	2006 年
8	兽医学	0906	2006 年
9	中药学	1008	2006 年
10	农林经济管理	1203	2006 年
11	马克思主义理论	0305	2011 年
12	生物学	0710	2011 年
13	生态学	0713	2011 年
14	轻工技术与工程	0822	2011 年
15	环境科学与工程	0830	2011 年
16	草学	0909	2011 年
17	药学	1007	2011 年
18	计算机科学与技术	0812	2018 年

博士后科研流动站

序号	设站学科名称	学科代码	设站时间
1	作物学	0901	1999 年
2	农林经济管理	1203	2007 年
3	食品科学与工程	0832	2009 年
4	农业资源与环境	0903	2009 年
5	植物保护	0904	2009 年
6	畜牧学	0905	2009 年
7	兽医学	0906	2009 年

国家重点（培育）学科

学科名称	学科属性	获批时间	授批单位
作物栽培学与耕作学	二级学科	2007 年	教育部

部级重点学科

序号	学科名称	学科属性	获批时间	授批单位
1	作物栽培学与耕作学	二级学科	1999 年	农业部
2	预防兽医学	二级学科	1999 年	农业部
3	中药学	一级学科	2002 年	国家中医药管理局

本科专业

序号	专业代码	专业名称	学位授予门类	批准时间
1	020303	保险学	经济学	2010 年
2	030301	社会学	法学	2000 年
3	030305T	家政学	法学	2003 年
4	050201	英语	文学	2003 年
5	050303	广告学	文学	2004 年
6	050304	传播学	文学	2004 年
7	070102	信息与计算科学	理学	2001 年
8	070302	应用化学	理学	1979 年
9	071002	生物技术	理学	2001 年
10	071102	应用心理学	教育学	2003 年
11	080202	机械设计制造及其自动化	工学	2002 年
12	080212T	汽车维修工程教育	工学	1997 年
13	080503T	新能源科学与工程	工学	2012 年
14	080714T	电子信息科学与技术	工学	2002 年
15	080801	自动化	工学	2004 年
16	080901	计算机科学与技术	工学	2000 年
17	081302	制药工程	工学	2006 年
18	081801	交通运输	工学	2002 年
19	082302	农业机械化及其自动化	工学	1958 年
20	082304	农业建筑环境与能源工程	工学	1995 年
21	082502	环境工程	工学	2004 年
22	082503	环境科学	理学	2001 年
23	082506T	资源环境科学	理学	2005 年
24	082701	食品科学与工程	工学	1995 年
25	082702	食品质量与安全	工学	2003 年
26	082703	粮食工程	工学	2002 年

（续）

序号	专业代码	专业名称	学位授予门类	批准时间
27	082803	风景园林	工学	2011 年
28	083001	生物工程	工学	2000 年
29	090101	农学	农学	1956 年
30	090102	园艺	农学	1956 年
31	090103	植物保护	农学	1959 年
32	090104	植物科学与技术	农学	1982 年
33	090105	种子科学与工程	农学	2010 年
34	090106	设施农业科学与工程	农学	2011 年
35	090109T	应用生物科学	理学	2009 年
36	090110T	农艺教育	农学	1993 年
37	090111T	园艺教育	农学	1993 年
38	090202	野生动物与自然保护区管理	农学	1958 年
39	090203	水土保持与荒漠化防治	农学	1999 年
40	090301	动物科学	农学	1956 年
41	090401	动物医学	农学	1956 年
42	090402	动物药学	农学	2009 年
43	090502	园林	农学	2000 年
44	090601	水产养殖学	农学	1995 年
45	090701	草业科学	农学	2010 年
46	100801	中药学	理学	1958 年
47	100802	中药资源与开发	理学	2005 年
48	120102	信息管理与信息系统	工学	2003 年
49	120201K	工商管理	管理学	2001 年
50	120202	市场营销	管理学	2000 年
51	120204	财务管理	管理学	2001 年
52	120213T	财务会计教育	管理学	1997 年
53	120301	农林经济管理	管理学	1960 年

（续）

序号	专业代码	专业名称	学位授予门类	批准时间
54	120402	行政管理	管理学	2001 年
55	120404	土地资源管理	管理学	2000 年
56	120901K	旅游管理	管理学	2005 年
57	130501	艺术设计学	艺术学	2002 年
58	080905	物联网工程	工学	2013 年
59	090201	农业资源与环境	农学	2014 年
60	071003	生物信息学	理学	2017 年
61	130507	工艺美术	艺术学	2017 年
62	100701	药学	理学	2017 年
63	020301K	金融学	经济学	2017 年

国家级优秀教学团队

团队名称	带头人
植物保护系列课程教学团队	李　玉

国家级精品课程

序号	课程名称	负责人
1	动物微生物学	钱爱东
2	基础生物化学	宋　慧
3	长白山特色植物资源	刘洪章
4	走进多彩的菌物世界	李　玉

国家级实验教学示范中心

实验教学中心名称	负责人
农业资源与环境实验教学中心	赵兰坡

国家级本科特色专业

序号	专业名称	专业带头人
1	园艺	宋述尧
2	农林经济管理	郭庆海
3	动物科学	秦贵信
4	动物医学	钱爱东
5	食品科学与工程	刘景圣
6	中药资源与开发	杨世海
7	家政学	周建忠

国家专业综合改革试点专业

序号	专业名称	专业带头人
1	动物医学	钱爱东
2	植物保护	李　玉

国家级黄大年式教师团队

团队名称	负责人
植物病虫害绿色防控教师团队	李　玉

国家级科研平台

平台名称	负责人
小麦和玉米深加工国家工程实验室	刘景圣

附录 3　国家级、省部级人才称号

中国工程院院士

李　玉　朱蓓薇（双聘）　赵春江（特聘教授）

国务院学位委员会学科评议组成员

李　玉　冯　江　秦贵信　郭庆海　孙文献

"千人计划"（外专项目）专家

柿嶌眞

教育部"长江学者奖励计划"特聘教授

王春凤　孙文献

教育部"长江学者和创新团队发展计划""重要菌物资源保育与可持续利用"团队带头人

图力古尔

国家级教学名师

李　玉

"万人计划"专家

李海燕　臧连生　王春凤　孙文献

全国优秀教师

李　玉　宋　慧　张盛文　何昭阳

享受国务院政府特殊津贴专家

陈学求	李向高	张汉卿	江乃武	周祖澄	皇甫淳	孙西石	马景勇
窦　森	许耀奎	孙立城	马　宁	肖振铎	郝　瑞	刘清河	白庆余
韩　宇	李　玉	刘德惠	范玉林	赵兰坡	何昭阳	郭　午	王玉芝
许英民	何春林	赵海澟	刘伊玲	何绍桓	王福荣	刘国玺	刘兆荣
王树志	朴厚坤	关中湘	郑连舫	徐受琛	谷培元	杨　金	姜　岩
袁美丽	李　超	杨继祥	姚秋杰	郭庆海	胡全德	王玉兰	秦贵信
吴　伟	王　琦	冯　江	胡耀辉	王丕武	张东鸣	张连学	高　洁
杜　锐	刘景圣	李海燕	张越杰	马红霞			

国家级有突出贡献中青年专家

李　玉　李向高　王树志　刘景圣　杜　锐　马红霞

"百千万人才工程"第一、第二层次人选

秦贵信　窦　森

新世纪"百千万人才工程"人选

张东鸣

国家"百千万人才工程"人选

刘景圣　杜　锐　马红霞

教育部新世纪优秀人才

冯　江　张越杰　李海燕　吕文发　马红霞　王春凤　孙文献

科技部创新人才推进计划——中青年科技创新领军人才

李海燕　臧连生　王春凤　孙文献

吉林省资深高级专家（连续3届高级专家）

王　琦　李　玉　赵兰坡

吉林省高级专家（注：同批次按姓氏笔画排序）

第一批高级专家（2005年）（2006年1月至2008年12月）

王玉兰　李　玉　吴　伟　赵兰坡　高　光　郭庆海

第二批高级专家（2008年）（2009年1月至2011年12月）

王　琦　李　玉　张连学　赵兰坡　胡耀辉　郭庆海

第三批高级专家（2011年）（2012年1月至2014年12月）

王　琦　王丕武　刘景圣　李　玉　吴春胜　张连学

张艳荣　张越杰　陈桂芬　赵兰坡　秦贵信

第四批高级专家（2015年）（2015年2月至今）

马红霞　王丕武　张越杰　陈　光　秦贵信　高　洁

吉林省"长白山学者"特聘教授

刘景圣　王春凤　杜　锐　高　洁　马红霞　王大为　吕文发

吉林省"长白山学者"讲座教授

Nicolas Desneux　李慧芬　高志峰　潘挺睿　于晓华

吉林省教学名师

宋　慧　郭庆海　李　玉　陈　光　王丕武　文连奎　刘洪章　何昭阳
王春凤　宋银秋　董良杰

省级有突出贡献中青年专家

袁尔立　王树志　刘德惠　陈秋元　李向高　肖振铎　胡希荣　杨信东
王　恒　顾德峰　崔秋华　李景思　马景勇　秦贵信　娄玉杰　郭庆海
陈桂芬　姚秋杰　赵兰坡　高　光　王　琦　王丕武　窦　森　钱爱东
冯　江　张越杰　陈　光　杨伟光　张艳荣　王大为　马红霞　杜　锐
吕文发　郑　鑫　阮长春　王振民　闫伟红　邵喜文

吉林省拔尖创新人才人选

吉林省首批拔尖创新人才人选（2004 年 10 月）

第二层次人选：窦　森　郭庆海

第三层次人选：秦贵信　胡耀辉　张连学　王春凤　陈桂芬　杨利民
　　　　　　　王　琦

吉林省第二批拔尖创新人才人选（2007 年 8 月）

第二层次人选：赵兰坡

第三层次人选：李亚东　吴　林　王丕武　高　光　张东鸣　张越杰

吉林省第三批拔尖创新人才人选（2012 年 12 月）

第一层次人选：王　琦

第二层次人选：陈　光　张越杰　刘景圣　李亚东　李海燕

第三层次人选：吕文发　杜　锐　刘淑艳　邵喜武　钟双玲

吉林省第四批拔尖创新人才人选（2013 年 12 月）

第一层次人选：李海燕

第二层次人选：马红霞　刘淑艳　吕文发　杜　锐　杨利民

第三层次人选：宋　日　王玉华　李月红　闵伟红　于寒松　王大为
　　　　　　　张志成　臧连生

吉林省第五批拔尖创新人才人选（2015 年 12 月）

第一层次人选：张越杰　杜　锐

第二层次人选：王玉华　臧连生

第三层次人选：闫云仙　李　伟　李　影　杨桂连　郑　鑫　曹建民
　　　　　　　冀瑞卿

吉林省第六批拔尖创新人才人选（2017 年 12 月）

第一层次人选：刘景圣　马红霞

第二层次人选：邵喜武　闵伟红　郑　鑫　张志成

第三层次人选：高　强　胡桂学　朴春红　王桂芹　马　建　李　健
　　　　　　　孙永峰

省级优秀教师

李太浩　王丕武

吉林省高等学校"学科领军教授"

马红霞　王春凤　刘景圣　李海燕　杜　锐　杨利民

吉林省高校新世纪优秀人才

包海鹰　刘淑艳　周建忠　郑　鑫　姜秀云　臧连生　祁　新　邵喜武

徐日福　王玉华　王艳华　闫云仙　闵伟红　杨桂连　张志成

吉林省高校创新团队带头人

刘景圣　王春凤　史树森　杜　锐　李　健　李海燕　高　洁

吉林农业大学博士生导师名单

李向高　郑毅男　何昭阳　王树志　王玉兰　杨信东　吴　伟　李　玉

王丕武　赵兰坡　钱爱东　郭庆海　窦　森　吴景贵　张越杰　图力古尔

秦贵信　王全凯　刘洪章　杨利民　张连学　陈　光　王　琦　刘景圣

杨庆才（校外）　郝庆升　胡耀辉　娄玉杰　夏咸柱（校外）　高　洁

马景勇　王大为　王守臣（校外）　王桂霞　王际辉（校外）

巴根那（校外）包海鹰　任跃英　李亚东　李志洪　杨世海　杨伟光

吴春胜　宋　慧　宋述尧　张东鸣　张伯军（校外）　张美萍　陈桂芬

范　静　郑　鑫　赵　权　胡桂学　姜会明　姚方杰　马红霞　王春凤

文连奎　吕文发　刘淑艳　祁　新　杜　锐　李海燕　闵伟红　张艳荣

邵玺文　赵仁贵　姜怀志　徐日福　栾维民　高　强　逯忠斌　韩星焕

王桂芹　王继红　史树森　刘文丛　刘学军　杨子刚　杨连玉　张治安

姜云垒　姜秀云　曹国军　曹建民　董　然　韩　梅　臧连生　王玉华

陈　萍　韩玉珠　郜玉钢　关淑艳　张晋京　刘淑霞　孙　会　张　浩

李长田　孙泽威　李月红　高云航　闫云仙　邵喜武　王立春（校外）

董英山（校外）　冯献忠（校外）　王柏臣（校外）　张礼生（校外）

周　卫（校外）　张福锁（校外）

吉林农业大学正高级职称人员

姓名	性别	业务职称	任职时间
崔步青	男	教授	1957 年 12 月
周宗璜	男	教授	1979 年 8 月
韩有库	男	教授	1979 年 8 月
蔡启运	男	教授	1979 年 12 月
郑经农	男	教授	1983 年 7 月
袁尔立	男	教授	1983 年 7 月
马　宁	女	教授	1985 年 7 月
王子权	男	教授	1985 年 7 月
白庆余	男	教授	1985 年 7 月

（续）

姓名	性别	业务职称	任职时间
关中湘	男	教授	1985 年 7 月
关日森	男	教授	1985 年 7 月
刘伊玲	女	教授	1985 年 7 月
刘兆荣	男	教授	1985 年 7 月
刘宗昭	男	教授	1985 年 7 月
印永民	男	教授	1985 年 7 月
江乃武	男	研究馆员	1985 年 7 月
汤凤岗	男	教授	1985 年 7 月
许耀奎	男	教授	1985 年 7 月
何立宗	男	教授	1985 年 7 月
吴殿武	男	教授	1985 年 7 月
张宗涛	男	教授	1985 年 7 月
李　超	男	教授	1985 年 7 月
李向高	男	教授	1985 年 7 月
李培元	男	教授	1985 年 7 月
谷培元	男	教授	1985 年 7 月
陈秋元	男	教授	1985 年 7 月
周祖澄	男	教授	1985 年 7 月
林锦鸿	男	教授	1985 年 7 月
罗景桂	男	教授	1985 年 7 月
姜　岩	男	研究员	1985 年 7 月
赵翰文	女	教授	1985 年 7 月
郝　瑞	男	教授	1985 年 7 月
涂世宗	男	教授	1985 年 7 月
郭　午	男	教授	1985 年 7 月
陶尧遵	男	教授	1985 年 7 月
梅泽沛	男	教授	1985 年 7 月
阎壮志	男	教授	1985 年 7 月
隋文彬	男	教授	1985 年 7 月

（续）

姓名	性别	业务职称	任职时间
韩永祥	男	教授	1985 年 7 月
韩维忠	男	教授	1985 年 7 月
王维忠	男	教授	1988 年 12 月
任德华	男	教授	1988 年 12 月
华致甫	男	教授	1988 年 12 月
孙广芝	男	教授	1988 年 12 月
孙立城	男	教授	1988 年 12 月
邬信康	男	教授	1988 年 12 月
何绍桓	男	教授	1988 年 12 月
李尚仁	男	教授	1988 年 12 月
姚唐忠	男	研究员	1988 年 12 月
皇甫淳	男	教授	1988 年 12 月
徐永祥	男	教授	1988 年 12 月
蔡元定	男	教授	1988 年 12 月
戴宝合	男	教授	1988 年 12 月
戴惠敏	男	教授	1988 年 12 月
王树志	男	教授	1992 年 6 月
刘国喜	男	教授	1992 年 6 月
孙西石	男	研究员	1992 年 6 月
安希忠	男	教授	1992 年 6 月
张汉卿	男	教授	1992 年 6 月
李　玉	男	教授	1992 年 6 月
杨继祥	男	教授	1992 年 6 月
肖振铎	男	教授	1992 年 6 月
陈学求	男	研究员	1992 年 6 月
尚庆昌	男	教授	1992 年 6 月
范玉琳	女	教授	1992 年 6 月

（续）

姓名	性别	业务职称	任职时间
胡希荣	男	教授	1992 年 6 月
徐受琛	男	教授	1992 年 6 月
盛江源	男	教授	1992 年 6 月
王玉兰	女	教授	1993 年 6 月
王福荣	男	教授	1993 年 6 月
关天颖	男	教授	1993 年 6 月
刘德惠	男	教授	1993 年 6 月
何昭阳	男	教授	1993 年 6 月
李素华	男	教授	1993 年 6 月
李树殿	男	教授	1993 年 6 月
赵海沄	男	教授	1993 年 6 月
高文仲	男	教授	1993 年 6 月
韩　宇	女	教授	1993 年 6 月
石文茂	男	教授	1994 年 1 月
孙宪如	男	教授	1994 年 1 月
许贵民	男	教授	1994 年 1 月
杨　金	男	教授	1994 年 1 月
杨志超	男	教授	1994 年 1 月
杨信东	男	教授	1994 年 1 月
陈铁如	男	教授	1994 年 1 月
陈德全	男	教授	1994 年 1 月
周学勤	男	研究员	1994 年 1 月
郑毅男	男	教授	1994 年 1 月
赵兰坡	男	教授	1994 年 1 月
徐克章	男	教授	1994 年 1 月
栾玉振	男	教授	1994 年 1 月
窦　森	男	教授	1994 年 1 月

（续）

姓名	性别	业务职称	任职时间
王　恒	男	教授	1995 年 1 月
王兴礼	男	教授	1995 年 1 月
王英文	男	教授	1995 年 1 月
王春荣	女	教授	1995 年 1 月
闫凤洲	男	教授	1995 年 1 月
何春林	男	教授	1995 年 1 月
宋若川	男	教授	1995 年 1 月
陈进国	男	教授	1995 年 1 月
胡本贵	男	研究员	1995 年 1 月
胡全德	男	教授	1995 年 1 月
高中起	男	教授	1995 年 1 月
康学耕	男	教授	1995 年 1 月
雷籽耘	男	教授	1996 年 1 月
王　彤	男	教授	1996 年 1 月
冯秉常	男	教授	1996 年 1 月
史学增	男	教授	1996 年 1 月
白宝璋	男	教授	1996 年 1 月
刘清河	男	教授	1996 年 1 月
朴厚坤	男	教授	1996 年 1 月
许志国	男	教授	1996 年 1 月
吴钟玲	女	教授	1996 年 1 月
宋占诚	男	教授	1996 年 1 月
张　有	男	教授	1996 年 1 月
张盛文	男	教授	1996 年 1 月
李景思	男	研究员	1996 年 1 月
郭庆海	男	教授	1996 年 1 月
顾万钧	男	教授	1996 年 1 月

（续）

姓名	性别	业务职称	任职时间
崔秋华	男	教授	1996 年 1 月
康芝仙	女	教授	1996 年 1 月
王　贵	男	教授	1997 年 1 月
王丕武	男	教授	1997 年 1 月
付星奎	男	研究员	1997 年 1 月
任成礼	男	研究员	1997 年 1 月
伊伯仁	男	教授	1997 年 1 月
刘永学	男	教授	1997 年 1 月
刘洪章	男	教授	1997 年 1 月
宋述尧	男	教授	1997 年 1 月
胡耀辉	男	教授	1997 年 1 月
骆桂芬	女	教授	1997 年 1 月
秦贵信	男	教授	1997 年 1 月
索滨华	女	教授	1997 年 1 月
钱爱东	男	教授	1997 年 1 月
黄桂琴	女	教授	1997 年 1 月
黄耀阁	男	教授	1997 年 1 月
樊金娥	女	教授	1997 年 1 月
薛玉山	男	教授	1997 年 1 月
于　莉	女	教授	1998 年 1 月
于少华	男	教授	1998 年 1 月
王立军	男	教授	1998 年 1 月
王志明	男	教授	1998 年 1 月
王增辉	男	教授	1998 年 1 月
白景煌	男	教授	1998 年 1 月
刘振钦	男	研究员	1998 年 1 月
刘墨祥	男	教授	1998 年 1 月

（续）

姓名	性别	业务职称	任职时间
孙长占	男	教授	1998 年 1 月
孙兆和	男	教授	1998 年 1 月
张 帆	女	研究员	1998 年 1 月
张连学	男	教授	1998 年 1 月
李亚东	男	教授	1998 年 1 月
范志先	男	教授	1998 年 1 月
耿忠贤	女	主任医师	1998 年 1 月
高远志	男	教授	1998 年 1 月
姚秋杰	男	教授	1998 年 4 月
马景勇	男	研究员	1999 年 1 月
王 琦	女	教授	1999 年 1 月
王蕴波	女	教授	1999 年 1 月
刘学敏	女	教授	1999 年 1 月
吴春胜	男	教授	1999 年 1 月
张大克	男	教授	1999 年 1 月
张凤宽	男	教授	1999 年 1 月
卓 越	男	教授	1999 年 1 月
庞玉珍	女	研究员	1999 年 1 月
侯季理	男	教授	1999 年 1 月
姜会明	男	教授	1999 年 1 月
娄玉杰	女	教授	1999 年 1 月
赵明宪	女	教授	1999 年 1 月
赵明辉	女	主任医师	1999 年 1 月
赵淑春	女	教授	1999 年 1 月
栾立明	男	教授	1999 年 1 月
逯忠斌	男	教授	1999 年 1 月
蔡 明	女	教授	1999 年 1 月

（续）

姓名	性别	业务职称	任职时间
薛继升	男	教授	1999 年 1 月
王全凯	男	教授	2000 年 1 月
王和平	男	教授	2000 年 1 月
田文勋	男	教授	2000 年 1 月
刘景华	女	教授	2000 年 1 月
吴　伟	男	教授	2000 年 1 月
吴　明	女	教授	2000 年 1 月
张广臣	男	教授	2000 年 1 月
张树玉	男	教授	2000 年 1 月
李志洪	男	教授	2000 年 1 月
李绪刚	男	教授	2000 年 1 月
周米平	男	教授	2000 年 1 月
图力古尔	男	教授	2000 年 1 月
姜维复	男	研究员	2000 年 1 月
赵晓松	女	教授	2000 年 1 月
栾维民	男	教授	2000 年 1 月
韩星焕	男	教授	2000 年 1 月
任跃英	女	教授	2000 年 1 月
刘雅娟	女	教授	2000 年 1 月
冯　江	男	教授	2001 年 1 月
宋　慧	女	教授	2001 年 1 月
李　楠	女	教授	2001 年 1 月
李太浩	男	教授	2001 年 1 月
李校堃	男	教授	2001 年 1 月
陈文勇	男	研究馆员	2001 年 1 月
周　贵	男	教授	2001 年 1 月
赵景阳	男	教授	2001 年 1 月

（续）

姓名	性别	业务职称	任职时间
夏艳洁	女	教授	2001 年 1 月
耿丽萍	女	主任医师	2001 年 1 月
程培英	女	教授	2001 年 1 月
文连奎	男	教授	2002 年 1 月
王　铭	男	教授	2002 年 1 月
刘忠军	男	教授	2002 年 1 月
孙彦君	女	教授	2002 年 1 月
朴铁夫	男	教授	2002 年 1 月
吴景贵	男	教授	2002 年 1 月
张洪江	男	教授	2002 年 1 月
张越杰	男	教授	2002 年 1 月
李　梦	女	教授	2002 年 1 月
杨利民	男	教授	2002 年 1 月
陈　光	女	教授	2002 年 1 月
陈晓敏	女	教授	2002 年 1 月
陈桂芬	女	教授	2002 年 1 月
赵爱群	女	研究员	2002 年 1 月
陶　红	女	教授	2002 年 1 月
高　洁	女	教授	2002 年 1 月
董良杰	男	教授	2002 年 1 月
王大为	男	教授	2003 年 1 月
包海鹰	女	教授	2003 年 1 月
刘景圣	男	教授	2003 年 1 月
孙庆田	男	教授	2003 年 1 月
曲政文	男	教授	2003 年 1 月
张美萍	女	教授	2003 年 1 月
杨伟光	男	教授	2003 年 1 月

（续）

姓名	性别	业务职称	任职时间
胡桂学	男	教授	2003 年 1 月
袁洪印	男	教授	2003 年 1 月
康立娟	女	教授	2003 年 1 月
董　然	女	教授	2003 年 1 月
王振民	男	教授	2004 年 1 月
张崇禧	男	教授	2004 年 1 月
沈　强	男	教授	2004 年 1 月
姚方杰	女	教授	2004 年 1 月
姚渝丽	女	教授	2004 年 1 月
赵义泉	男	教授	2004 年 1 月
郝庆升	男	教授	2004 年 1 月
袁月明	男	教授	2004 年 1 月
高　光	男	教授	2004 年 1 月
曹国军	男	教授	2004 年 1 月
王　莘	女	教授	2007 年 1 月
王秀全	男	教授	2007 年 1 月
王春凤	女	教授	2007 年 1 月
王桂霞	女	教授	2007 年 1 月
刘学军	男	教授	2007 年 1 月
刘俊渤	女	教授	2007 年 1 月
孙光芝	女	教授	2007 年 1 月
汤永杰	女	教授	2007 年 1 月
佟国光	男	教授	2007 年 1 月
吴　林	男	教授	2007 年 1 月
张　浩	男	教授	2007 年 1 月
张友民	男	教授	2007 年 1 月
张东鸣	男	教授	2007 年 1 月

（续）

姓名	性别	业务职称	任职时间
张志东	男	教授	2007 年 1 月
张治安	男	教授	2007 年 1 月
杨世海	男	教授	2007 年 1 月
沈明浩	男	教授	2007 年 1 月
陈晓平	男	教授	2007 年 1 月
范　静	女	教授	2007 年 1 月
郑　鑫	女	教授	2007 年 1 月
郑友兰	女	教授	2007 年 1 月
姚玉霞	女	教授	2007 年 1 月
姜秀云	女	教授	2007 年 1 月
赵　权	男	教授	2007 年 1 月
郭太君	男	教授	2007 年 1 月
崔永军	男	教授	2007 年 1 月
于　英	女	教授	2008 年 1 月
马贵龙	男	教授	2008 年 1 月
王　琪	女	教授	2008 年 1 月
冯　君	女	教授	2008 年 1 月
田义新	男	教授	2008 年 1 月
孙　会	男	教授	2008 年 1 月
邵玺文	男	教授	2008 年 1 月
陈　萍	女	教授	2008 年 1 月
姜云磊	男	教授	2008 年 1 月
徐日福	男	教授	2008 年 1 月
都凤华	女	教授	2008 年 1 月
曾　宏	男	研究员	2008 年 1 月
戴昀弟	女	教授	2009 年 1 月
韩　梅	女	教授	2009 年 1 月

（续）

姓名	性别	业务职称	任职时间
姜怀志	男	教授	2009 年 1 月
李海燕	女	教授	2009 年 1 月
梁青岭	男	教授	2009 年 1 月
刘淑艳	女	教授	2009 年 1 月
刘文丛	男	教授	2009 年 1 月
刘振春	男	教授	2009 年 1 月
马红霞	女	教授	2009 年 1 月
汪 沅	女	教授	2009 年 1 月
王继红	女	教授	2009 年 1 月
王学臣	男	教授	2009 年 1 月
温成涛	男	教授	2009 年 1 月
徐 涛	男	教授	2009 年 1 月
杨晓光	女	教授	2009 年 1 月
臧连生	男	教授	2009 年 1 月
张晓明	男	教授	2009 年 1 月
张艳荣	女	教授	2009 年 1 月
赵仁贵	男	教授	2009 年 1 月
周建忠	男	教授	2009 年 9 月
王兴业	男	教授	2009 年 9 月
王连君	男	教授	2009 年 9 月
史树森	男	教授	2009 年 9 月
刘淑霞	女	教授	2009 年 9 月
宋银秋	女	教授	2009 年 9 月
杜 锐	男	教授	2009 年 9 月
杨连玉	男	教授	2009 年 9 月
顾德峰	男	教授	2009 年 9 月
吕文发	男	教授	2010 年 9 月

（续）

姓名	性别	业务职称	任职时间
张 晶	女	教授	2010 年 9 月
闵伟红	女	教授	2010 年 9 月
王 义	男	教授	2010 年 9 月
祁 新	女	教授	2010 年 9 月
陈 静	女	教授	2010 年 9 月
高 强	男	教授	2010 年 9 月
赵 伟	男	教授	2010 年 9 月
包和平	男	教授	2010 年 9 月
阮长春	男	研究员	2010 年 9 月
王利民	男	教授	2011 年 9 月
王晓丽	女	教授	2011 年 9 月
王桂芹	女	教授	2011 年 9 月
王艳华	女	教授	2011 年 9 月
张林波	男	教授	2011 年 9 月
李士军	男	教授	2011 年 9 月
李英林	女	教授	2011 年 9 月
侯建伟	男	教授	2011 年 9 月
栾国有	男	教授	2011 年 9 月
杨兴龙	男	教授	2011 年 9 月
尹春梅	女	教授	2012 年 9 月
王玉华	女	教授	2012 年 9 月
任春梅	女	教授	2012 年 9 月
关淑艳	女	教授	2012 年 9 月
吴莉芳	女	教授	2012 年 9 月
张美善	女	教授	2012 年 9 月
张晋京	男	教授	2012 年 9 月
李广艳	女	教授	2012 年 9 月

（续）

姓名	性别	业务职称	任职时间
李月红	女	教授	2012 年 9 月
杨子刚	男	教授	2012 年 9 月
陈丽梅	女	教授	2012 年 9 月
洪　波	女	教授	2012 年 9 月
郜玉刚	男	教授	2012 年 9 月
韩玉珠	女	教授	2012 年 9 月
曹建民	男	教授	2012 年 9 月
蔚荣海	男	教授	2012 年 9 月
王景立	男	教授	2013 年 9 月
兰亚春	女	教授	2013 年 9 月
卢　敏	女	教授	2013 年 9 月
刘晓利	女	教授	2013 年 9 月
刘晓霞（马列）	女	教授	2013 年 9 月
张爱武	女	教授	2013 年 9 月
李泽鸿	女	教授	2013 年 9 月
李淑平	女	教授	2013 年 9 月
李鸿梅	女	教授	2013 年 9 月
赵成爱	女	教授	2013 年 9 月
徐凤宇	女	教授	2013 年 9 月
刘晓霞（工院）	女	教授	2013 年 9 月
邵喜武	男	教授	2013 年 9 月
王春梅	女	研究馆员	2013 年 9 月
李月茹	女	正高级实验师	2013 年 9 月
魏　峰	男	教授	2014 年 9 月
田　耘	男	教授	2014 年 9 月
李　影	女	教授	2014 年 9 月
闫云仙	女	教授	2014 年 9 月

（续）

姓名	性别	业务职称	任职时间
张 君	男	教授	2014 年 9 月
于合龙	男	教授	2014 年 9 月
卫功庆	男	教授	2014 年 9 月
闫洪才	男	教授	2014 年 9 月
王长海	男	教授	2014 年 9 月
肖 强	女	教授	2014 年 9 月
李长田	男	教授	2014 年 9 月
于 雷	男	教授	2014 年 9 月
王玉军	男	教授	2014 年 9 月
杨靖民	男	教授	2014 年 9 月
周井祥	男	教授	2014 年 9 月
宋 日	男	教授	2014 年 9 月
张志成	男	教授	2014 年 9 月
兰孝忠	男	主任医师	2014 年 9 月
王艳梅	女	正高级实验师	2014 年 9 月
王鸿斌	男	教授	2015 年 9 月
白庆荣	女	教授	2015 年 9 月
朴春红	女	教授	2015 年 9 月
朱凤武	男	教授	2015 年 9 月
孙泽威	男	教授	2015 年 9 月
苏凤艳	女	教授	2015 年 9 月
吴 莹	女	教授	2015 年 9 月
张 英	女	教授	2015 年 9 月
胡文河	男	教授	2015 年 9 月
胡 薇	女	教授	2015 年 9 月
聂 英	男	教授	2015 年 9 月
高云航	男	教授	2015 年 9 月

（续）

姓名	性别	业务职称	任职时间
唐雪东	男	教授	2015 年 9 月
黄东岩	男	教授	2015 年 9 月
崔喜艳	女	教授	2015 年 9 月
潘月游	女	教授	2015 年 9 月
于寒松	男	教授	2015 年 9 月
钟双玲	女	教授	2015 年 9 月
孙少平	男	教授	2015 年 9 月
李慧芬	女	教授	2015 年 9 月
刘占柱	男	研究员	2015 年 9 月
蔡建培	男	正高级实验师	2015 年 9 月
成华威	女	教授	2016 年 9 月
孙晓刚	男	教授	2016 年 9 月
李　伟	男	教授	2016 年 9 月
李大军	男	教授	2016 年 9 月
李明堂	男	教授	2016 年 9 月
杨美英	女	教授	2016 年 9 月
张景伟	男	教授	2016 年 9 月
罗云清	男	教授	2016 年 9 月
郄瑞卿	男	教授	2016 年 9 月
赵　昕	男	教授	2016 年 9 月
赵　岩	男	教授	2016 年 9 月
赵云蛟	女	教授	2016 年 9 月
袁海滨	女	教授	2016 年 9 月
徐惠风	女	教授	2016 年 9 月
席岫峰	男	教授	2016 年 9 月
潘　贺	男	教授	2016 年 9 月
潘世强	男	教授	2016 年 9 月

（续）

姓名	性别	业务职称	任职时间
申涤尘	女	研究员	2016 年 9 月
于守平	女	正高级实验师	2016 年 9 月
许允成	男	正高级实验师	2016 年 9 月

学校教师在各级学会（协会）中任理事长（会长）情况

序号	学会（协会）	级别	理事长（会长）
1	国际药用菌学会	国际	李 玉
2	中国菌物学会	国家	李 玉
3	中国园艺学会小浆果分会	国家	李亚东
4	中国医保商会人参质量委员会	国家	张连学
5	东北养猪研究会	国家	秦贵信
6	吉林省高校德育研究会	吉林省	席岫峰
7	吉林省动物学会	吉林省	冯 江
8	吉林省农业经济学会	吉林省	郭庆海
9	吉林省畜牧兽医学会	吉林省	秦贵信
10	吉林省林学会特种经济动物分会	吉林省	任东波
11	吉林省林学会药用植物分会	吉林省	尹春梅
12	吉林省农村专业技术协会药用植物分会	吉林省	尹春梅
13	吉林省土壤学会	吉林省	赵兰坡
14	吉林省食品学会	吉林省	刘景圣
15	吉林省家政学会	吉林省	陈 光
16	吉林省园艺学会	吉林省	张广臣
17	吉林省林学会观赏植物分会	吉林省	董 然
18	吉林省生物质资源利用研究会	吉林省	陈 光
19	吉林省养猪协会	吉林省	秦贵信
20	长春市园艺学会	长春市	刘洪章
21	长春市动物学会	长春市	姜云垒
22	长春市科学技术学会	长春市	秦贵信

附录4　吉林农业大学教学、科研成果奖励

国家级教学成果获奖励

获奖项目	获奖级别	主持人	获奖时间
动物解剖学课程改革与实践	教育部国家级优秀奖	何春林	1989 年
遗传试题库及微机管理系统	教育部国家级二等奖	顾德峰	1993 年
农科类多元化实践教学基地建设及其运行的研究与实践	教育部国家级二等奖	郭庆海	2001 年
高等农业院校产学研合作教育的研究与实践	教育部国家级二等奖	李　玉	2005 年

省级教学成果获奖励

获奖项目	获奖级别	主持人	获奖时间
运用系统观点对高等农业教育改革进行总体设计与实践	省级	李　超	1989 年
适应商品经济发展创建农业化学专业	省级	刘伊玲	1989 年
农业企业管理课程的全面改革	省级	杨犹龙	1989 年
建立高等数学系统化直观教学法	省级	安希忠	1989 年
作物专业实践教学体系的建立与实施	省级一等奖	王福荣	1993 年
植物资源学实验课教学内容与教学方式改革的研究	省级一等奖	富　力	1993 年
农业职业师范系招生分配办法的改革与实践	省级二等奖	黄晓颖	1993 年
农业经济教材体系改革	省级二等奖	郭庆海	1993 年
高等农业院校大学生社会实践活动育人效果研究与实践	省级二等奖	卓　越	2001 年

（续）

获奖项目	获奖级别	主持人	获奖时间
高等农业院校植物学科课程内容改革和配套教材建设的研究与实践	省级二等奖	白宝璋	2001 年
大农学类高等数学教学内容改革与教材建设的研究与实践	省级三等奖	安希忠	2001 年
二级农技师院办学模式与教学评估体系的研究与实践	省级三等奖	栾玉振	2001 年
高等农业院校产学研合作教育的研究与实践	省级一等奖	李　玉	2005 年
农林科教学管理体制与运行机制的研究与实践	省级一等奖	郭庆海	2005 年
独立学院应用型本科人才培养模式研究与实践	省级二等奖	郭庆海	2005 年
高等农业院校本科毕业论文（设计）科学化管理体系的研究与实践	省级二等奖	赵明宪	2005 年
高等农业院校教师队伍建设模式的研究与实践	省级二等奖	李　蕾	2005 年
园艺专业人才培养方案与模式的研究与实践	省级三等奖	刘洪章	2005 年
农业院校高职高专教育专业设置和实践教学体系改革的研究与实践	省级三等奖	程培英	2005 年
新制二级学院办学模式的研究与实践	省级三等奖	汤永杰	2005 年
动物科学类课程体系的改革与人才培养模式的研究与实践	省级三等奖	娄玉杰	2005 年
农业院校基础生物化学课程体系改革建设研究与实践	省级三等奖	宋　慧	2005 年
高等院校教学仪器设备共享管理模式的研究与实践	省级一等奖	秦贵信	2009 年

（续）

获奖项目	获奖级别	主持人	获奖时间
多科性地方农业院校教学管理机制与运行方式的研究与实践	省级一等奖	郭庆海	2009 年
地方农业院校"三段式"大学生创业教育培养的人才培养模式的研究与实践	省级一等奖	陈　光	2009 年
吉林省老工业基地建设中农业院校大学生就业的研究与实践	省级二等奖	温成涛	2009 年
地方高等农业院校基于学生"团队工作"能力培养教学模式研究与实践	省级二等奖	卢　敏	2009 年
植物生理学精品课程建设的研究与实践	省级三等奖	徐克章	2009 年
地方农业院校园艺特色专业建设	省级三等奖	张广臣	2009 年
地方农业院校人才培养模式的探索与实践	省级三等奖	杨利民	2009 年
农业院校生物技术制药工程专业人才培养模式的研究与实践	省级三等奖	刘洪章	2009 年
高等农业院校课程管理系统的研究与实践	省级三等奖	周建忠	2009 年
构建地方高等农业院校"多维立体"协同育人体系的研究与实践	省级一等奖	陈　光	2014 年
用社会主义核心价值体系引领大学生全面发展的研究与实践	省级一等奖	温成涛	2014 年
高等农业院校"三维目标"为导向的课程体系优化研究与实践	省级一等奖	张东鸣	2014 年
高等学校教师教学能力提升的研究与实践	省级二等奖	周建忠	2014 年
用现代生命科学改造传统植物生产类专业的研究与实践	省级二等奖	刘洪章	2014 年
普通高等农业院校大学英语"多维一体"教学模式研究与实践	省级二等奖	宋银秋	2014 年
地方农业高校教育质量标准与监控体系的研究与实践	省级三等奖	刘占柱	2014 年

（续）

获奖项目	获奖级别	主持人	获奖时间
家政学专业"平台＋模块"人才培养模式的改革与实践	省级三等奖	吴 莹	2014 年
基于现代农业发展的成人高等教育办学模式的研究与实践	省级三等奖	姜维复	2014 年
基于提高教学管理质量的高校本科毕业（设计）论文管理平台的建设与应用研究	省级三等奖	孙爱军	2014 年
电子信息科学与技术专业创新能力与实践能力人才培养体系研究与实践	省级三等奖	李士军	2014 年
地方农业院校大实践观下精准化实践教学体系的构建与实践	省级一等奖	陈 光	2018 年
地方农业院校自我导向型教师教学发展模式的研究与实践	省级一等奖	于彦华	2018 年
"高教强省"背景下基于"双创"教育的大学生素质拓展平台的构建与实践	省级二等奖	沈成君	2018 年
基于多元教学目标的大学英语"R＋E＋P＋A"校本课程体系的构建与实践	省级二等奖	宋银秋	2018 年
"以学生为中心 坚持立德树人"地方农业院通识教育改革与实践	省级二等奖	林 琳	2018 年
多科性大学非机械类学生工程素养培育模式研究与实践	省级二等奖	董良杰	2018 年
工商管理专业应用型人才培养模式的研究与实践	省级二等奖	王艳华	2018 年
基于卓越农业人才培养的生命基础骨干课程群建设与示范推广	省级二等奖	宋 慧	2018 年
构建地方高校自我评估机制的研究与实践	省级三等奖	张东鸣	2018 年
地方高等农业院校卓越人才培养模式的研究与实践	省级三等奖	刘占柱	2018 年
高等农业院校基础化学"1234"课程模式的构建与实践	省级三等奖	康立娟	2018 年

国家级、部委级科研奖励

项目名称	获奖种类及级别	负责人	备注	时间
苹果抗寒矮化砧木（63-2-19）的选育	全国科学大会奖	郝　瑞	主持	1978 年
全国山楂资源考察与研究	农牧渔业部科技进步奖二等奖	皇甫淳	协作	1985 年
蔬菜工厂化育苗	农牧渔业部科技进步奖一等奖	苏发先	协作	1985 年
水稻大棚盘苗机插技术推广	农牧渔业部科技进步奖一等奖	何绍桓	协作	1985 年
兽用提纯孕马血清促性腺激素的研制	国家科委科技进步奖二等奖	白景煌	协作	1985 年
水稻工厂化育秧机械插秧技术推广	农牧渔业部科技推广奖一等奖、国家科委科技进步奖三等奖	尚庆昌	协作	1986 年
从葵花盘中提取食用果胶的研究	中国发明协会金牌奖、长春市发明协会发明与革新奖	于少华	协作	1986 年
在高校开设"文献检索与利用"课的组织与推广	国家科委科技情报成果奖三等奖	江乃武	协作	1986 年
化学诱变在作物育种上的应用	中国科学院科技进步奖三等奖	许耀奎	协作	1986 年
奶牛能量代谢的研究	农牧渔业部科技进步奖三等奖	石永春	协作	1986 年
奶牛饲养标准的研究	农牧渔业部科技进步奖三等奖	韩永祥	协作	1986 年
氮肥在储、运、施过程中损失途径及其防止措施的研究	商业部科学技术重大成果奖二等奖	周祖澄	主持	1986 年
东北细毛羊推广及改良技术	国家科技进步奖三等奖	马　宁	协作	1987 年
中国美利奴绵羊品种育成	国家科技进步奖一等奖	马　宁	协作	1987 年

（续）

项目名称	获奖种类及级别	负责人	备注	时间
袖珍式 SCD-2 型兽医用超声多普勒检测仪	解放军医学科学大会科技进步奖二等奖	郑星道	协作	1987 年
非腐解有机物培肥效果及机理研究	国家教委科技进步奖二等奖	姜　岩	主持	1990 年
农药合理使用准则（国家标准）	国家科技进步奖二等奖	刘伊玲	协作	1990 年
猪囊虫病早期诊断与治疗	农业部科技进步奖三等奖	韩　宇	主持	1990 年
黄瓜黑星病发病规律及防治技术研究与应用	农业部科技进步奖三等奖	袁美丽	协作	1991 年
阿苯哒唑治疗囊虫病临床研究	国家教委科技进步奖二等奖	刘德惠	主持	1992 年
阿苯哒唑及其代谢物在人猪体内的药物动力学研究	解放军总后勤部科技进步奖三等奖	关天颖	主持	1992 年
鹿茸有效成分及药理实验研究	农业部科技进步奖三等奖	范玉林	主持	1993 年
大棚规范化栽培及配套设施的研究	农业部科技进步奖二等奖	许贵民	协作	1993 年
苗木营养规律与配方施肥研究	林业部科技进步奖三等奖	曹国军	主持	1994 年
新精制鹿茸片加工技术与设备研究	农业部科技进步奖三等奖	秦荣前	协作	1994 年
松嫩平原低洼易涝盐碱地农业综合发展研究	国家科委、国家计委、国家财政部"八五"科技攻关重大科技成果奖	孙酉石	并列主持	1996 年
烟草野火病发生规律以防治研究	国家烟草科技进步奖三等奖	袁美丽	主持	1998 年

（续）

项目名称	获奖种类及级别	负责人	备注	时间
烟草赤星病发生规律及防治研究	国家烟草科技进步奖三等奖	华志甫	主持	1998 年
日光温室蔬菜高效节能栽培技术开发	全国农业技术推广科技进步奖二等奖	栗长兰	协作	1998 年
吉林省粮食生产发展模式研究	全国统计科学技术进步奖三等奖	郭庆海	主持	1998 年
三元杂交猪配套集约化增产技术	全国农牧渔业丰收二等奖	秦贵信	协作	2000 年
大豆抗营养因子对畜禽的危害机理及有效失活方法的研究	中国高校科技进步奖二等奖	秦贵信	协作	2000 年
十一种人参病害的防治研究	全军总后科技进步奖三等奖	李志洪	协作	2001 年
黏菌代表类群系统研究	国家自然科学奖二等奖	李　玉	主持	2007 年
吉林省白鹅三个品系的选育	中华农业科技奖三等奖	吴　伟	主持	2007 年
一类新药重组成纤维细胞生长因子关键工程技术及应用	国家技术发明奖二等奖	李校堃	主持	2009 年
吉林玉米丰产高效技术体系	国家科技进步奖二等奖	吴春胜	协作	2009 年
协调作物高产和环境保护的养分资源综合管理技术研究与应用	国家科技进步奖二等奖	高　强	协作	2009 年
吉林省中西部特色高效农业集成技术推广	全国农牧渔业收奖农业技术推广成果奖一等奖	吴春胜	主持	2010 年
何梁何利基金科学与技术进步奖	科学与技术进步奖	李　玉		2010 年

（续）

项目名称	获奖种类及级别	负责人	备注	时间
人参新品种选育与规范化栽培及系列产品开发	国家科学技术进步奖二等奖	张连学	主持	2011 年
环境友好型微生态制剂（生态疫苗）的创制与应用	教育部技术发明奖一等奖	王春凤	主持	2013 年
畜禽饲料中大豆蛋白源抗营养因子研究与应用	国家科技进步奖二等奖	秦贵信	协作	2015 年
苏打盐碱地大规模以稻治碱改土增粮关键技术创新及应用	国家科技进步奖二等奖	马景勇	协作	2015 年
玉米精深加工关键技术研究与产业化应用	中华农业科技奖科学研究成果奖一等奖	刘景圣	主持	2015 年
菌物多样性保护创新体系的构建及其在藏区的应用	高等学校科学研究优秀成果奖（科学技术）一等奖	王　琦	主持	2016 年
首届全国创新争先奖		姚方杰		2017 年

附录 5　吉林农业大学历届招生及毕业生人数

学校名称	时间	招生人数（人）					毕业生人数（人）					函授毕业生人数（人）
		研究生	本科生	专科生	专修科	合计	研究生	本科生	专科生	专修科	合计	
黑龙江农业专科学校	1952 年								381		381	
	1954 年			805	150	955						
北安农学院	1956 年		405			405						
	1957 年		129			129		141			141	
长春畜牧兽医大学	1956 年		367	89		456						
	1957 年		149			149						
长春农学院	1958 年		346			346	1	93	93		187	
长春农业机械化专科学校	1958 年			100		100						
吉林特产学院	1958 年		369			369						
	1960 年		88			88						
吉林农业大学	1959 年		602			602	12	173	89		274	
	1960 年		527			527		480			480	
	1961 年		443			443		275			275	
	1962 年		290			290		688			688	
	1963 年	2	357			359		360			360	
	1964 年	1	332			333		437			437	
	1965 年	3	242			245		405			405	

（续）

学校名称	时间	招生人数（人）					毕业生人数（人）					函授毕业生人数（人）
		研究生	本科生	专科生	专修科	合计	研究生	本科生	专科生	专修科	合计	
吉林农业大学	1966年							278			278	1966年以前1 200人
	1967年						1	363			364	
	1968年						2	330			332	
	1969年							284			284	
	1970年							59			59	
	1972年			296		296						
	1973年			350		350						
	1975年				200	200				97	97	
白城农学院	1976年				774	774			197		197	
	1977年		401		450	851			348	673	1 021	
吉林农业大学	1978年	6	445			451				576	576	
	1979年	11	419			430						
	1980年	2	439			441						
	1981年	19	547			556	6				6	
	1982年	6	626			632	11	931			942	
	1983年	9	620		147	776	2	499			501	
	1984年	14	574	164	109	861		435	164		599	
	1985年	30	563	113	163	869	17	542		188	747	326
	1986年	33	512	108	26	679	9	626		103	738	234
	1987年	38	567	161		766	14	619	157	141	931	259
	1988年	40	480	200	30	750	32	569	115	26	742	235
	1989年	26	490	170		686	32	562	121		715	267

（续）

学校名称	时间	招生人数（人）					毕业生人数（人）					函授毕业生人数（人）
		研究生	本科生	专科生	专修科	合计	研究生	本科生	专科生	专修科	合计	
吉林农业大学	1990 年	28	433	162		623	38	507	166		711	327
	1991 年	28	420	180		628	32	557	231		820	182
	1992 年	26	345	331		702	26	483	182		691	189
	1993 年	33	618	251		902	25	500	151		676	178
	1994 年	41	550	277		868	28	436	222		686	154
	1995 年	35	524	348		907	24	418	265		707	104
	1996 年	37	540	365		942	32	350	433		815	108
	1997 年	42	689	272		1 003	40	467	425		932	173
	1998 年	45	840	330		1 215	35	439	349		823	288
	1999 年	60	2 060	130		2 250	41	540	359		940	359
	2000 年	81	2 370	130		2 581	44	534	203		781	480
	2001 年	238	2 655	223		3 116	48	670	303		1 021	415
	2002 年	260	2 726	249		3 235	60	888	64		1 012	519
	2003 年	357	3 200	395		3 952	81	1 926	90		2 097	826
	2004 年	472	3 825	428		4 725	110	2 362	121		2 593	2 975
	2005 年	622	3 892	363		4 877	146	2 636	217		2 999	4 877
	2006 年	657	3 833	233		4 723	246	2 776	218		3 240	无毕业生（学制改变）
	2007 年	682	4 093	173		4 948	333	3 090	564		3 987	5 465
	2008 年	788	4 011	60		4 859	457	3 527	240		4 224	4 574
	2009 年	874	3 965	30		4 869	538	4 205	169		4 912	5 350
	2010 年	893	3 992	35		4 920	577	3 763	62		4 402	3 936

（续）

学校名称	时间	招生人数（人）					毕业生人数（人）					函授毕业生人数（人）
		研究生	本科生	专科生	专修科	合计	研究生	本科生	专科生	专修科	合计	
吉林农业大学	2011 年	919	4 088	30		5 037	630	4 070	25		4 725	2 310
	2012 年	911	4 088	无		4 999	797	4 023	29		4 849	2 374
	2013 年	1 054	3 902	无		4 956	773	3 828	26		4 627	2 729
	2014 年	1 015	3 912	无		4 927	784	3 720	无		4 504	2 512
	2015 年	1 019	3 979	无		4 998	812	3 868	无		4 680	2 882
	2016 年	1 066	3 970	无		5 036	859	3 896	无		4 755	3 342
	2017 年	1 091	4 027	无		5 118	886	3 696	无		4 582	2 426

附录6　大　事　记

[1948 年]

7月，黑龙江省农业干部学校成立，黑龙江省建设厅厅长杜雷兼任校长。校址定在克山县。

9月，嫩江省农业干部学校成立，校长由金树原兼任。校址选在齐齐哈尔市原天主教堂旧址。

10月下旬，中共黑龙江省委派黑龙江省黑河行政公署主任李冷斋任校长，同时兼任克山农业试验场、克山种马场场长。

[1949 年]

3月，黑龙江省与嫩江省合并，原嫩江省农业干部学校全体教职员工、学员并入黑龙江省农业干部学校（后改校名为省立农业专科学校，其干部学校性质未变）。李冷斋任校长，周简任教育长，孙玉恩任教务主任。

3月，黑龙江省立农业专科学校共青团组织成立。

12月，黑龙江省政府将原中共黑龙江省委、省军区等的房舍共3万余平方米，拨给黑龙江省立农业专科学校作校舍。

[1950 年]

1月，学校完成从克山县到北安的搬迁工作。

4月8日，黑龙江省政府决定在原有基础上成立省立农业专科学校。

7月，中国教育工会黑龙江省立农业专科学校委员会成立。

8月22日，东北人民政府同意黑龙江省在省农业干部学校的基础上，成立省立农业专科学校。

[1951 年]

5月15日，中央人民政府教育部批准黑龙江省成立农业专科学校的立案，改校名为黑龙江农业专科学校，列为全国高等学校之一。

10月24日，黑龙江省政府派王秉纶到校任副校长，并撤销教育长建制。

[1953 年]

12月，中共黑龙江农业专科学校总支部委员会成立。李冷斋任书记，王秉纶任副书记。

［1954 年］

10 月 24 日，召开中国共产主义青年团黑龙江农业专科学校首届团员代表大会。

［1955 年］

5 月 19 日，黑龙江农业专科学校校务委员会成立。

12 月 7 日，教育部农林卫生司司长刘阳笙等领导来校视察。

12 月，中共吉林省委决定筹建长春农学院。

［1956 年］

3 月，中共吉林省委调通化专署专员张树仁任筹备处主任，开始长春农学院筹建工作。

3 月，黑龙江省呈报国务院"请求批准将黑龙江农业专科学校改为黑龙江农学院"。

4 月，中共吉林省委组建了"长春农学院筹备委会员"，上报国务院并得到批准。

5 月 11 日，黑龙江农业专科学校更名为北安农学院。原有农学专修科自本年起改招本科四年制学生，并自本年起增设四年制本科土壤农业化学专业。

5 月，长春农业机械化学校创建。

5 月，北安农学院诞生后，国务院任命李冷斋为副院长，中共黑龙江省委任命王秉纶为党委书记，并制订了《北安农学院十二年全面规划纲要》。

6 月，长春农学院筹备委员会召开了第一次会议，讨论了农学院的专业设置、发展规划、校址及组织机构等问题。筹备处的名称也正式定为"长春农学院筹备处"。

7 月 27 日，吉林省人委正式批准长春农学院筹备处的人员编制为 47 人，内部机构暂定为办公室、人事处、总务处，办公地点暂设在省人委三楼。

7 月，国务院、中央军委决定中国人民解放军兽医大学全体教职员工集体转业到地方，改校名为长春畜牧兽医大学，党的关系在中共吉林省委，行政由农垦部领导。

7月，何济林继续担任长春畜牧兽医大学校长兼党委书记，党委副书记曹荫槐、副校长萨音。校址在长春市同光路。

［1957 年］

8月，农垦部将长春畜牧兽医大学移交给吉林省领导。在此期间，黑龙江省和吉林省也欲将北安农学院调整给吉林省。基于这种情况，吉林省人民委员会决定长春农学院筹备处1957年暂不招生，并向中央报告，请求将北安农学院拨给吉林省，与长春畜牧兽医大学合并，成立长春农学院。

9月，经国务院批准，长春畜牧兽医大学的领导关系由农垦部转为农业部和吉林省共管。

10月28日，高教部和农业部联合报请国务院批准，将北安农学院调整给吉林省，与长春畜牧兽医大学合校，成立吉林农学院。

11月11日，国务院批复："北安农学院与长春畜牧兽医大学合并，成立吉林省农学院"。

12月3日，高教部和农业部共同批复："北安农学院与长春畜牧兽医大学合并，成立吉林省农学院"。

［1958 年］

3月10日，经中共吉林省委批准，成立长春畜牧兽医大学、北安农学院、长春农学院筹备处合并工作委员会。委员会由何济林、李冷斋、张树仁、曹荫槐、萨音、王秉纶、刘明7人组成。何济林任工委书记，李冷斋任工委副书记。

4月，在李冷斋、王秉纶主持下，北安农学院顺利完成从北安到长春的迁校任务。

4月，长春畜牧兽医大学、北安农学院、长春农学院筹备处完成合并，建立长春农学院。周恩来总理亲笔为"长春农学院"书写了校名。

4月19日，中共吉林省委决定何济林任长春农学院院长兼党委书记，李冷斋、张树仁、萨音任副院长，曹荫槐、王秉纶任党委副书记。

4月23日，高教部发来长春农学院院印，并同时启用。

4月30日，中共长春市委批准由何济林、李冷斋、张树仁、曹荫槐、萨音、王秉纶、张功甫、王洪松、禹虩9人组成新的中共长春农学院委员会。

5月4日，全院师生代表集会，热烈庆祝长春农学院成立。时任吉林省副省长徐元泉、徐寿轩及省人委有关领导同志出席了庆祝大会。大会确定 5 月 4 日为长春农学院院庆日。

6 月 23 日，吉林省人委批准将国营长春畜牧农场拨给长春农学院作教学实验基地。

7 月，吉林省农业厅派陈松森到长春农业机械化专科学校任校长。

9 月，吉林省农业厅和教育厅决定并报省人委批准，将长春农业机械化学校升格为长春农业机械化专科学校，设农业生产机械化 1 个专业，学制为 3 年。

12 月 4～7 日，召开了中共长春农学院人民公社首届党员代表大会，会议历时 6 天。选举产生了由 13 人组成的党委会。何济林当选为党委书记，曹荫槐、王秉纶当选副书记。

12 月 13 日，召开共青团长春农学院人民公社第一次团员代表大会。选举了新的团委会，由 15 人组成，禹虓当选为团委书记。

[1959 年]

1 月 12 日，长春农学院党委召开第一届第四次全会。会议通过了《关于贯彻首届党员代表大会决议和 1959 年第一季度工作的决议》。

1 月，经吉林省农业厅报请吉林省委批准，将长春农业机械化专科学校并入长春农学院，改为长春农学院农业生产机械化系，并附设农业机械化学校。原吉林省农林水干部学校恢复原有建制，并将大西农场交还长春市。

3～8 月，长春农学院师生继续下放劳动，部分师生下放到德惠县和白城地区。

6 月 15 日，长春农学院正式改名为吉林农业大学。原院长、副院长改任为校长、副校长。设 6 个系，共 8 个专业。

7 月，在吉林农业大学校属实验农牧场场区北侧开始兴建新校舍。开工的有学生宿舍、食堂、农学系、土化系、校部楼及兽医院。

9 月，长春农业机械化专科学校改建为农机系后，招收第一期本科生。

当年，为解决教职工子女入学问题，学校在农场创建了一所小学。

1959 年，姜岩带领 150 余名师生参加了吉林省第一次土壤普查工作，为全省各县绘制了土壤分布图件，并主编了《吉林省土壤志》。土化系被评为全国先进单位。

[1960 年]

2 月 20～23 日，中共吉林农业大学第二次党员代表大会召开。大会选出了 13 名党委委员。何济林当选为第一书记，曹荫槐为第二书记，李冷斋为副书记（兼）。

3 月 11～13 日，共青团吉林农业大学第二次团员代表大会召开。会议选举了新的委员会，禹虓再次当选为团委书记。

3 月，经中共吉林省委批准，又将吉林农业大学农机系分出去，交由吉林省农业机械厅主管，改为长春农业机械学院。党政负责人为陈松森、王化民、戴安。

1960 年，学校外事活动较为频繁，保加利亚驻华大使、匈牙利教育考察团、几内亚农业参观团等先后来校访问和考察。

[1961 年]

3 月，中共吉林省委、省政府对吉林省教育事业进行调整，决定将长春农业机械学院再度并入吉林农业大学，改为吉林农业大学农业机械化学院。王洪松任分党委书记，史秀山任副院长。

4 月，中共吉林省委决定将吉林特产学院并入吉林农业大学，改为吉林农业大学特产学院。王秉纶兼任院长和分党委书记，孙邦达任副院长，梁明福任分党委副书记。

5 月 13～17 日，中共吉林农业大学第三次代表大会召开，大会选出 15 人组成新党委。何济林当选为党委第一书记，曹荫槐当选为党委第二书记，李冷斋和王秉纶当选为党委副书记。

7 月 1 日，共青团吉林农业大学第三次团员代表大会召开。大会选出由 17 人组成的团委会，冯浩然当选为团委副书记。

11 月 26 日，国务院通知吉林省人民委员会和解放军总后勤部："为了适应军队培养训练兽医，国务院同意将原中国人民解放军兽医大学（时吉林农业大学军事兽医系）交还给军队"。

[1962 年]

1 月 8 日，学校党委作出了《关于人员交接问题的决定》。将兽医系全体教师及马列、外文、基础课教师 106 人，校直单位党政干部及职员 84 人交还兽医大学。吉林农业大学校长兼党委第一书记何济林、党委第二书记曹荫槐到兽医大学任职。

3月，任命刘钊为学校党委副书记。

3月16～17日，召开共青团吉林农业大学第四次团员代表大会。大会选出新的团委会，由19名委员组成，贾忠诚当选为团委书记。

4月，学校再次进行专业设置调整，停办了农业气象、农业机械零件修配与制造和果树园林专业，将果树与蔬菜专业合并为园艺专业，将畜牧与兽医专业合并为畜牧兽医专业。调整后保留的专业有农学、园艺、植保、土壤和农业化学、畜牧兽医、经济动物、药用植物、农业生物物理、农业生产机械9个专业。

7月，坐落在长春市东环路南的新校舍（原地名为净月乡何家屯）已有2.3万平方米竣工交付使用，其中包括校部楼、农学楼、土化楼、学生宿舍、食堂及两栋家属楼。

1962年夏，学校在前郭县东三家子乡办起了一个有700公顷草原和200余匹良种马的种畜场。

8月，吉林农业大学特产学院改为吉林农业大学特产系。孙邦达任系主任，吴钟秀、刘继勋任副主任。

［1963 年］

3月11～13日，召开了中国共产党吉林农业大学第四次党员代表大会。大会选出第四届党委会，由15人组成，李冷斋、王秉纶当选为党委副书记（党委书记暂缺）。

3月，经学校党委研究决定，重建校工会组织。

7月3日，隆重召开了全校工会会员代表大会，成立了中国教育工会吉林农业大学委员会。张竹亭当选为校工会主席（兼），郑万军担任副主席。

8月，农学、土化和畜牧兽医3个系的师生全部迁到坐落在长春市东环路南的新校舍。

10月17日，中共吉林省委调派吉林省计划委员会副主任夏伯康到学校任校长，代理党委书记。

1963年，学校共有49项科研课题，其中纳入国家计划的40项，纳入省、市科研计划的9项。

1963年，学校在原设有农学、畜牧兽医专业的基础上，增设了植物保护专业和农业会计、统计专业，学员增至890人。当年学校附属小学正式申报长春市教育局，并被批准列为公立小学。

［1964 年］

5 月，小学增设初中部，发展成为 9 年制的吉林农业大学子弟学校。

［1966 年］

年初，中共吉林省委决定将吉林农业大学特产系从学校分出，恢复吉林特产学院建制，与吉林特产研究所合建党委。

6 月 27 日，中共吉林省委驻学校"文革运动联络组"10 余人来到学校，指导学校全面开展"文化大革命"运动。

6～7 月，在一些人的策划下，以揭批李冷斋副校长的所谓"反革命修正主义罪行"为前奏，拉开了批斗的序幕。

7 月 18 日，反对夏伯康参加领导"文化大革命"运动的学生约 400 人，与省委领导辩论。省委秘书长兰干亭出面，听取了学生的揭发内容和意见，并劝说学生回校"闹革命"。后来，造反派把这次冲击省委叫做"7·18 红色革命风暴"。

8 月 27 日，以尹嘉英为首的造反大军总部，在校部主楼大台阶召开了批斗学校主要领导人大会。被揪上台批斗的有夏伯康、李冷斋、王秉纶、张竹亭等 20 多名校、系、处干部。

8 月下旬，全国的"大串联"开始，大部分学生及教职工纷纷进京或到外省市"串联"。

10 月下旬至 11 月初，"大串联"的师生陆续返校。校内再度掀起批判"资产阶级反动路线"的高潮。学校主要领导人和一些思想政治工作人员，都被打成反革命修正主义分子，受到揪斗和残酷折磨。

［1967 年］

1 月 30 日，校长兼代理党委书记夏伯康被迫害致死。畜牧兽医系主任、二级教授崔步青因运动影响，患病得不到及时治疗而去世。

7 月 18 日，学校成立了"吉林农业大学革命委员会"。

［1968 年］

5 月 29～31 日，"校革命委员会"召开了全体会议，成立"彻底清查领导小组"，负责清理阶级队伍工作。

9 月 3 日，由吉林省柴油机厂职工组成的工人毛泽东思想宣传队和由驻军组成的解放军毛泽东思想宣传队同时进驻学校。

［1969 年］

1969 年冬，学校 70％以上的干部教师，以"四带"（带户口、带粮食关系、带工资、带家属）的方式，以"丢掉坛坛罐罐的革命精神"，顶风冒雪，拖儿带女，扶老携幼，下放到浑江、东丰、镇赉、扶松、前郭等市县的偏远山区和农村。

［1970 年］

2 月 8 日，"吉林省革命委员会"根据"农业大学办在城里不是见鬼吗！要统统搬到农村去"的指示，决定："吉林农业大学搬迁到前郭县，教职工的家属也同时搬迁下去。校址定在七家子，将红旗、双丰农场划归吉林农业大学作为校办农场"。

2 月 23 日，学校搬迁开始。

［1972 年］

4 月 15～17 日，召开中国共产党吉林农业大学第五次党员代表大会，选举出 21 人组成党委会。

9 月，学校在农学、农机、畜牧兽医 3 个专业中共招收了 296 名工农兵学员。

12 月 30～31 日，召开共青团吉林农业大学第五次团员代表大会。王树梅当选为团委书记。

［1973 年］

12 月 29 日，学校 15 名学生联合到省委上访，要求将吉林农业大学迁回长春原校址办学。

［1975 年］

年初，由江青集团直接炮制的"朝农经验"出笼，并将其树为"社会主义新型大学"的典型。学校在省委工作组主持下，组织全校人员学习"朝农经验"。

［1976 年］

6 月初，中共吉林省委召开了"吉林农业大学分散办学，3 个地区建立农学院会议"，决定把吉林农业大学"一分为三"，按 5：3：2 的比例，肢解为白城农学院、哲里木盟农牧学院和通化农学院。

［1977 年］

1977 年冬，全国高等院校恢复统考招生。分校后，白城农学院的农学、农业机械、畜牧、兽医 4 个专业参加招生。

［1978 年］

3 月 18～31 日，中共中央在北京召开了全国科学大会。李冷斋、蔡启运、郝瑞等出席了大会。郝瑞研究的"苹果抗寒矮化砧 63－2－19 的选育"，在科学大会上获得技术改进重大成果奖。

3 月 31 日，"吉林省革命委员会"决定：在长春原校址恢复吉林农业大学。

4 月 11 日，"吉林省革命委员会"向国务院提出恢复吉林农业大学的报告。

5 月 14 日，"吉林省革命委员会"正式通知学校："恢复吉林农业大学，撤销白城、哲里木盟、通化三所农学院；原农大农场、马场以及分散到各地区的原农大的人员、设备、图书资料收归农大"。

6 月 8 日，吉林农业大学在长春市现校址隆重地举行了"庆祝吉林农业大学恢复成立"大会，省市有关部门的领导和兄弟院校的负责同志出席了大会。

6 月 10 日，复校后的吉林农业大学在临时抢修出来的几个大教室里正式开课。

6 月，校筹建领导小组决定，在全校范围内开展揭批江青集团、清查打砸抢分子、落实知识分子政策的工作，并成立了校"揭、批、查"运动办公室。

8 月 16 日，学校召开了第一次落实知识分子政策平反昭雪大会。

8 月 18 日，学校在省政协礼堂为在"文化大革命"中被迫害致死的校长兼代理党委书记夏伯康举行骨灰安放仪式。

10 月，"文化大革命"后第二次全国统一招生开始。学校分别在农学、植物保护、果树栽培、蔬菜栽培、农业生产机械化、畜牧、兽医、土壤农业化学、农业生物物理 9 个专业共招生新生 401 人，于 12 月入学。

10 月，校筹建领导小组决定恢复学校工会组织，并成立了吉林农业大学工会恢复工作筹备小组。

11 月，经吉林省政府批准，学校将吉林特产学院收回并迁到长春，改为吉林农业大学特产系，设有药用植物栽培和经济动物两个专业。

12 月 13 日，学校召开了第二次平反昭雪大会，为李冷斋等 95 名同志平反昭雪，恢复名誉。

1978 年，动物科学系马宁教授培育出新中国第二个细毛羊新品种。

[1979 年]

3 月，中共吉林省委批准吴梅为吉林农业大学党委书记。

3 月，中共吉林省委批准李冷斋为吉林农业大学校长。

3 月，停办多年的学术期刊《吉林农业大学学报》复刊公开发行。

1979 年春，学校正式收回了实验农牧场和前郭县种畜场（马场）。同时撤销了白城、哲里木盟、通化三地的留守处。

4 月 10 日，召开吉林农业大学第三次工会会员代表大会。大会选举产生由 21 人组成的吉林农业大学第三届工会委员会。张竹亭当选为工会主席，邢国军（专职）、刘庆秀、王子权、关衡芳当选为副主席。

4 月 14 日，中共吉林省委批准吉林农业大学恢复党委，设立党委常委，隶属于长春市委。

5 月，学校召开恢复后的第一次（即第 12 届）校田径运动会。

6 月，中共吉林省委批准由吴梅、李冷斋、鲍廷干、张树仁、吴文滔、张竹亭、王殿仕、史秀山、田青组成常委班子。

7 月 1 日，召开共青团吉林农业大学第六次团员代表大会。大会选出由 17 人组成的吉林农业大学第六届团委会。王树梅当选为书记，张福全当选为副书记。

1979 年，姜岩主持了吉林省第二次土壤普查工作，土壤普查成果达到国内先进水平。在此基础上，姜岩主编《吉林土壤》，并被评为全国土壤普查工作先进工作者。

[1980 年]

1 月 25～26 日，召开中共吉林农业大学第六次党员代表大会。大会选举产生了由 21 名委员组成的中共吉林农业大学第六届委员会和纪律检查委员会。吴梅当选为党委书记，李冷斋、鲍廷干当选为副书记；鲍廷干当选为纪检委书记。

2 月，经吉林省教育厅批准，学校正式恢复函授教育。

4 月 19 日，学校召开了"1979 年'双先'表彰大会"。

4 月 30 日，学校隆重举行"教师三十年教龄庆贺会"，对 31 名从事教育工作 30 年以上的老教师进行祝贺和慰问。

9 月 21～27 日，以台曼院长为首的美国明尼苏达大学农学院代表团一行 9 人应邀来学校访问。

9 月，经过统一考试，择优录取了 371 名"文化大革命"后的首批本科函授学生。

9 月，吉林省政府和教育部、外交部批准学校同美国明尼苏达大学农学院建立校际学术交流合作关系。

12 月 23 日，吉林省政府批准："将吉林农业大学的业务和行政工作改由省农委主管，财务工作由省财政厅直接管理，党的工作仍由所在市委领导"。

［1981 年］

11 月，批准学校为首批授予硕士学位的高等学校之一。

11 月 15～25 日，吉林农业大学代表团一行 6 人，对美国明尼苏达大学农学院进行回访和考察。

1981～1982 年，学校获长春市开展群众性体育活动先进单位。

1981 年，农学系教授、长春市政协副主席周宗璜同志逝世。

［1982 年］

1 月 1 日，学校农经系正式成立。

4 月，九三学社吉林农业大学支社成立。

4 月，经教育部批准，撤销吉林农业机械化学院，将该院 184 名学生和 4 名教师转入学校。

6 月 10 日，《吉林农业大学校报》创刊。当时为月刊，吉林省内部报刊准印证第 20 号。

［1983 年］

4 月 14 日，吉林省政府批准学校可以接受有关部门委托，举办各类干部专修科。

5 月，中共吉林省委任命王殿仕为吉林农业大学党委书记。

5 月，中共吉林省委任命王殿仕为吉林农业大学校长。

10 月 27～29 日，学校召开中共吉林农业大学第七次党员代表大会。大会选出由 19 人组成的第七届党委委员会和由 11 人组成的纪律检查委员会。党委常委有王殿仕、齐文焕、吴文滔、李超、谢嵘峥、张福全。王殿仕当选为党委书记，齐文焕当选为党委副书记。校纪检委选举齐文焕为书记。

1983 年，学校代表队参加东北区农口大专院校学生田径运动会，男、女队均获得第一名。参加长春市大学生田径运动会，获得团体第四名。学校获长春市积极推行体育锻炼标准先进单位。

［1984 年］

1984 年，学校获长春市大专院校群体工作成绩显著奖。

6 月 16～17 日，召开共青团吉林农业大学第七次代表大会。大会选出由 19 人组成的校第七届团委会。陆桂云当选为团委书记，刘洪章任团委副书记。

［1985 年］

1 月 12 日，吉林省政府批准以农牧厅名义，以学校为主组成西洋参栽培技术考察小组前往加拿大进行考察，与加方宏健贸易有限公司洽谈合资栽培经营西洋参事宜。

5 月上旬，加方代表诚富参场董事长李成思先生等一行 3 人来长春考察参地，并成立了"中加人参发展企业有限公司"。

1985 年暑期，学校承办了全国高等农业院校大学生田径运动会。学校体育代表团获得男女团体第一名的好成绩。

8 月，吉林省政府任命李超为吉林农业大学校长。

8 月 5～25 日，以王殿仕为团长、李超为副团长的学校赴日农业教育考察团一行 6 人，在日本进行有关高等农业教育管理工作与专业建设、日本北方作物的低温冷害问题、酪农的技术及经营、农作物病害防治、日本农业经济管理等多项内容的考察。

11 月，在国家教委、共青团中央和全国教育工会联合召开的全国高校先进食堂、先进个人表彰大会上，学校受到奖励。

12 月，动物科学系马宁教授培育出的新中国第二个细毛羊新品种被正式命名为中国美利奴羊，在吉林省称为吉林系美利奴羊。新品种育种，为国家创经济效益 3 亿元。

1985 年，学校成立了高教研究室，并出版内部发行的刊物《高教研究》

和《信息资料》，重点进行农业高等教育的改革与发展研究工作。

［1986 年］

1986 年，学校获东北农口高校达标赛总分第一名的好成绩。

1986 年，学校参加长春市大学生田径运动会，男女均获得第三名的好成绩。

12 月 19～20 日，学校召开了中共吉林农业大学第八次党员代表大会。选举产生了由 17 人组成的第八届党委委员会和由 11 人组成的纪律检查委员会。当选的校党委常委有王殿仕、李超、张福全、谢嵘峥、高文仲、马双才、李玉。王殿仕当选为党委书记，张福全当选为党委副书记。马双才当选为纪委书记。

［1987 年］

4 月，王松心代表吉林省出席九三学社中央为办好《红专》召开的研讨会，并经推举在大会上发言。

12 月 23 日，学校召开了共青团吉林农业大学第八次代表大会。大会选出由 21 人组成的校第八届团委会。江冰当选为团委书记，沈强任团委副书记。

［1988 年］

8 月，第三届全国大学生运动会闭幕。学校第一次获得校长杯。

12 月 13 日，为适应吉林省水产事业的发展，学校将淡水渔业专业从动物科学系调出，成立了水产系，归食品科学系领导。

12 月 15 日，学校成立了吉林农业大学农村职业师范系。

1988 年，学校在调整组合全校各学科的基础上，评选出药用植物等 10 个学科为校级重点学科，又从校级重点学科中评选出 5 个学科申报省级重点学科。

［1989 年］

4 月 20 日，学校全面实行系主任负责制。

4 月，《人民日报》社论《必须旗帜鲜明地反对动乱》发表后，学校党委立即组织全校师生员工学习。通过采取一系列有效措施，学校恢复了安定局面。

10 月 26 日，学校召开了第二届教职工代表大会。

1989 年，学校成立了青年科技工作者研究会。

[1990 年]

8 月 3～7 日，由中国遗传学会主持的"全国遗传学教学研讨会暨青年教师遗传学进展报告会"在学校召开。参加这次会议的高等院校共 81 所。

8 月 22 日，学校在第二届全国农业高校田径运动会上，取得了男子团体冠军、女子团体第四名、男女团体总分第三名的好成绩。

9 月 1 日，农业部副部长洪绂曾、农业部科技司副司长朱宝馨同志一行 5 人来学校检查工作。

9 月 7 日，中国共产党党员、学校动物科学系名誉系主任、九三学社吉林农业大学委员会主任委员韩有库教授逝世，终年 72 岁。

9 月 10 日，学校隆重举行庆祝教师节暨表彰"双先"大会。

10 月 27 日，吉林省种子协会农大分会正式成立，农学系陈学求副研究员、特产园艺系张汉卿副教授分别被任命为主任、副主任委员；农学系刘宗昭教授被任命为名誉主任委员。

10 月，学校在省属高校科研评估中荣获第一名。

11 月 24 日，学校召开首次妇女代表大会，并向全校女职工发出倡议书。

1990 年，经国务院学位委员会第四批学位授予权审核批准，学校增加了植物病理学、农业经济及管理两个硕士点。李向高教授被批准为博士生导师，他是学校第一位博士生导师。

1990 年，学校制订了《"八五"科技发展规划和年度计划》。

[1991 年]

1 月，由东北地区科技情报所和长春市科委主持承办的"东北地区农业新成果、新品种、新技术、新产品交流交易会"上，学校动物科学系韩宇副教授主持研究的"猪囊虫病早期诊断与治疗"成果获大会一等奖；由生物防治研究所推广的"赤眼蜂防治玉米螟"成果获大会三等奖。学校还获大会最佳组织奖。

2 月，学校 1990 年科技兴农工作受到省政府表彰。

3 月 22 日，学校举行科教兴农表彰大会。

9 月 1 日，全国政协委员、吉林省政协副主席、吉林农业大学教授蔡启

运同志因病逝世，终年 75 岁。

9 月 3 日，学校引进天然气一期工程竣工。

12 月 6 日，民盟吉林农大委员会成立。

1991 年，王树志教授主持的"鹿结核病综合防治技术"项目获得吉林省当年唯一的科技进步奖一等奖。

[1992 年]

1 月 24 日，省委副书记谷长春、副省长吴亦侠来学校视察工作，慰问教职员工。

7 月，中共吉林省委任命高远志为吉林农业大学党委书记。

7 月，吉林省政府任命李玉为吉林农业大学校长。

7 月 31 日，吉林省高校工委常务副书记张国学同志，宣布了《省委关于学校领导班子进行调整、充实的决定》和《有关同志的职务任免通知》。高远志同志任校党委书记；李玉同志任校长；陆桂云同志任党委副书记；孙立城同志任副校长；梁勤同志任纪检委书记；谢嵘峥同志任副校级调研员，免去其副校长职务；马双才同志任副校级调研员，免去其纪检委书记职务。免去王殿仕同志的党委书记职务和张福全同志的党委副书记职务。副校长高文仲、李向亭担任原职务。

9 月 26 日，学校召开深化改革动员大会，出台了《吉林农业大学综合改革总体方案》，加快了学校内部管理体制的改革步伐。

12 月 11 日，共青团吉林农业大学第九次代表大会召开，选举产生了由 23 人组成的共青团吉林农业大学第九届委员会。武福军当选为团委书记，韩子轩任副书记。

1992 年，学校承担的农安县、临江县 2 个科技示范区受到省、市嘉奖。

[1993 年]

3 月 20 日，省委副书记吴亦侠、副省长王国发等领导来学校视察工作。

4 月 8 日，中共吉林农业大学第九次党员代表大会隆重召开。高远志当选为党委书记，陆桂云任副书记，梁勤当选为纪检委书记。校党委常委由高远志、李玉、陆桂云、孙立城、李向亭、高文仲、梁勤 7 人组成。

5 月 5 日，学校隆重举行首届青年科技奖表彰大会。

6 月 4 日，省委书记何竹康、省委副书记王金山来学校视察。

7 月 16 日，国家教委副主任张孝文、省教委主任陈谟开参观学校与加拿大合作的西洋参场。

8月1日，国务院学位委员会办公室主任委员何东昌来学校，听取学校领导汇报。

8月10～12日，吉林省教育工作会议在长春召开，学校被评为先进院校。

8月26日，农业部副部长洪绂曾来学校视察并为学校题词。

9月16日，为解决学校长期存在的水质水源问题，王国发副省长来学校现场办公。

12月26日，学校在俱乐部隆重举行"纪念毛泽东同志100周年诞辰活动"。

1993年，学校被评为"吉林省先进院校"。

1993年，在国务院学位委员会第五批学位授予权审核工作中，学校被批准为博士学位授予单位，作物栽培与耕作学被批准为博士学位授予权点。学校成为省属高校中最早具有博士授予权的学校。

［1994 年］

4月27日，学校所属的"吉林省分析测试联合中心长春农业分中心"和"吉林省参茸产品质量监测站"正式通过了省质量技术监督局的认证。

8月27日至9月5日，由学校党委书记高远志带队访问日本岩手大学，并签订了新的10年交流协议书。

10月18日，学校良种繁育推广中心正式成立。

12月8日，学校隆重举行引水工程奠基仪式。

1994年，在第三届全国高等农业院校田径运动会上，学校体育代表团获男女团体总分第二名。

［1995 年］

1月，学校首次召开研究生导师遴选会议。

1月16～18日，吉林省首届优质水稻品种（品系）鉴评揭晓，"吉农大3号"荣获第一名。

1月31日，学校有线电视试播成功。

2月24日，"囊虫病防治技术推广中心"被国家科委批准成立。

8月30日，东北特用玉米研究会成立大会在学校召开。

9月7～28日，中央电视台连续播出学校科研成果。

9 月 14 日，水稻新品种"吉农大 3 号"推广工程通过专家验收。

9 月 26 日，马宁教授荣获 1995 年"猛龙威"杯全国"扶贫状元"称号。

11 月 17 日，省委书记张德江等省有关部门的负责同志来学校视察工作。

1995 年，学校被评为"全国科普先进集体"。

［1996 年］

6 月 28 日，学校在俱乐部隆重召开"纪念建党 75 周年暨新党员宣誓大会"，与会人员观看了专题教育片《没有共产党就没有新中国》。

8 月 27～31 日，全国第四届"植物化学保护"教学、科研学术研讨会在学校召开。来自全国的 21 位代表出席了会议。

9 月 5 日，第五届全国大学生运动会胜利闭幕，学校被评为全国"体育优秀学校"，再一次喜获"校长杯"。

9 月 20 日，学校举行首届家政专业学员毕业典礼。

11 月 22 日，学校隆重举行引水工程竣工剪彩仪式。

12 月 19～20 日，共青团吉林农业大学第十次代表大会召开。选举产生了由 21 人组成的第十届委员会，韩子轩当选团委书记，董立峰任团委副书记。

［1997 年］

2 月 1 日，学校服务团赴怀德参加由省政府组织、省科协承办，吉林省 10 余家科研单位参加的科普大集活动。

5 月 30 日，学校召开食品工程学院暨学院董事会成立大会。

6 月 25 日，副省长杨庆才同志为学校 97 届毕业生上最后一课。

6 月 26 日，国务院学位委员会正式批准吉林农业大学有权开展"在职人员以研究生毕业同等学力申请硕士学位"工作。

6 月 27 日，校党委在俱乐部召开庆"七·一""创先争优"总结表彰暨迎香港回归歌咏比赛大会。

9 月 17 日，由孙立城副校长带队的吉林农业大学专家服务团一行 21 人，参加了省科委在公主岭市双榆树镇举行的"吉林省科技金秋送科技下乡"活动。

［1998 年］

1 月 23 日，副省长杨庆才、省政府副秘书长赵振起、农业厅厅长杨绍明等代表省委、省政府来学校慰问专家、教授。

2月6日，吉林农业大学菌物研究所成立。国际菌物学会主席、国际著名真菌学家 John Webster 教授和省农业厅副厅长李学勤同志为菌物研究所揭匾并发表了讲话，多家单位发来贺信、贺电。

2月12日，省委书记张德江、副省长杨庆才、省委秘书长施殿金以及省委、省政府等有关部门的负责同志来学校视察工作。

3月17日，学校土壤培肥研究所姜岩教授主持研究的"玉米连作及农作制度改革的研究"科研成果，通过专家鉴定达到了国际先进水平。

4月，中共吉林省委任命薛玉山为吉林农业大学党委书记。

4月16日，中国共产党吉林农业大学第十次代表大会胜利召开。薛玉山当选为党委书记，卓越当选为副书记，王贺军当选为纪检委书记。校党委常委会由薛玉山、李玉、卓越、王彤、孙立城、郭庆海、王贺军7人组成。

6月26日，校党委作出了关于向优秀毕业生汪世龙学习的决定。

9月12日，学校隆重举行建校50周年庆祝活动。教育部、中共吉林省委书记王云坤、省教委等发来贺信。

12月30日，校党委召开迎新年专家茶话会，学校国家、省、市级有突出贡献的专家、知识分子领导小组成员、正高级职称教师、博士毕业生等50多人济济一堂，共话振兴吉林农业大学和吉林省农业发展大计。

［1999 年］

1月13~15日，学校隆重召开第四次教职工代表大会。

2月12日，学校建立了省属院校首家博士后科研流动站。

3月26日，学校科研处、农学院共同主持召开"水稻品种吉农大3号、吉农大7号"推广会议，省科委、农业厅、省市县种子管理站的负责同志参加了会议。

5月7日，经省教委批准，学校预防兽医学、农业经济管理、动物营养与饲料科学被确定为第二批省属普通学校重点学科。

5月13日，农业部副部长路明在省农业厅副厅长李学勤等人的陪同下来学校调研。

6月2日，教育部副部长张保庆一行5人在副省长全哲洙，省教委副主任徐毅鹏、于志凯等领导的陪同下来学校视察筒子楼的改造工作。

6月11日，学校成功地承办了由美国大豆协会、东北养猪研究所、吉林省牧业管理局、吉林农业大学联合主办的现代化养猪技术培训班，由来自美国的5位专家授课。

9月3日，学校在俱乐部召开了第四届教职工代表大会第二次会议，会议就整治学校周边环境和清理私搭乱建、新建教学楼的选址以及子弟学校是否继续办高中等问题进行审议。

9月28日，由吉林省委宣传部、省新闻出版局、省科委共同组织进行的第四次全国期刊等级评审及全省"双十佳"期刊评选活动中，《吉林农业大学学报》被评为"一级期刊"及吉林省自然科学"十佳期刊"。

9月29日，按照中央和省委的统一部署，学校校院（系）两级领导班子和领导干部"三讲"教育试点工作正式开始。

10月15日，副省长全哲洙视察学校时指出，学校筒子楼改造工作和特困生资助工作做得很好。

10月16日，吉林省家政学学会在学校正式成立。吉林农业大学校长李玉当选为吉林省家政学学会理事长。

11月8日，学校隆重举行教学楼奠基仪式。教学楼占地6 000多平方米，建筑总面积达37 000多平方米，是学校发展史上的一个重要里程碑。

11月12日，吉林省省长洪虎、副省长全哲洙一行来学校调研。

11月30日，学校召开"三讲"教育总结大会。历时63天，学校副处级以上领导干部集中开展"三讲"教育试点工作圆满结束。

［2000 年］

4月初，学校成立了农业生态研究中心。

5月23日，经省教委批准成立了吉林农业大学发展学院，是吉林省首批成立的"新制"二级学院之一。

7月4日，洪虎省长到学校承担的前郭县套浩太乡碱巴拉村示范区视察生态村的建设情况。

7月22～24日，中央"三讲"教育检查组来学校检查"三讲"教育工作。

8月，中国科学院院士匡廷云与中国科学院植物研究所副所长傅德志等来学校，正式签署了院所合作暨匡廷云院士加盟吉林农业大学的协议。

8月15～19日，长春农博会隆重举行，学校是吉林省展区中唯一的参展高校。

9月21日，在吉林省食用菌协会第四届会员代表大会上，学校校长李玉当选为理事长。

9月26～28日，学校在全国大学生数学建模竞赛中取得佳绩。

11月8日，校民盟召开第九次盟员大会，周米平当选为新一届主委。

11月9日，省教育厅副厅长毛健一行6人，视察学校发展学院，对发展学院的工作给予了充分肯定。

12月，《吉林农业大学年鉴》（1999年版）首次印发。

12月，作物学被批准为一级博士学位授权学科。作物遗传育种、预防兽医学、农业经济管理和土壤学被批准为二级博士学位授权学科。

［2001年］

1月8日，副省长全哲洙，省政府副秘书长王富远，率财政厅厅长、教育厅副厅长、计委等部门人员来学校视察。

2月26日，由吉林省科技厅主办的"全省首期食用菌栽培新技术星火培训班"在学校召开。

3月7日，学校隆重举行纪念"三·八"国际劳动妇女节91周年暨"巾帼建功能手"表彰大会。

3月，由学校农学院杨伟光主持的玉米超高产育种课题组选育的中晚熟玉米杂交种"吉玉4号"在2000年吉林省区域试验预试中，名列晚熟23个参试杂交种中第二名，是学校历年参加省玉米区域试验首次进入前三名的唯一的一个玉米杂交种。

4月13日，省长洪虎来学校调研。

7月19日，学校高等职业技术学院的园林、市场营销两个专业被确定为省首批教改试点专业。

7月，学校高职园林专业被确定为申报国家试点专业。

7月，吉林省农村基层干部培训基地在学校揭牌成立。

10月26日，学校后勤社会化改革工作在吉林省高校社会化改革检查评比中，被省教育厅评为一类院校第一名。

11月27日，副省长全哲洙等领导来学校视察后勤社会化改革和随机性教学水平评估工作。

11月，学校的果树学、食品科学和蔬菜学3个学科被批准为省级重点学科和重点建设学科。

12月16日，教育部评估组来学校进行本科教学工作随机性水平评估。

12月，图书馆电子图书建设全面完成并投入使用。

［2002年］

1月9日，教育部专家组考察学校高职园林专业教学改革试点工作。

　　1月9～11日，学校测试中心暨农业部参茸产品质检中心，顺利通过农业部审查认可和国家计量认证复查及增项。

　　3月13日，参加吉林省高校教育工作会议的与会代表140多人，在教育厅副厅长李军的带领下，来学校考察评估工作。

　　3月28日，学校高职园林专业被教育部确定为第三批高职高专教育专业教学改革试点。

　　5月10日，共青团吉林农业大学第十一次代表大会在学校俱乐部召开。任来成当选为团委书记。

　　6月5日，省委副书记林炎志带领省委、省政府有关人员来学校调研。

　　7月10日，学校关工委成立10周年纪念大会在学校教学楼学术报告厅举行，吉林省关工委主任张李明等领导及校领导薛玉山等出席了大会。

　　8月1～5日，东北地区农林研究生教育研究会第二次会议在学校召开。

　　9月13日，教育部公布了2001年普通高等学校本科教学工作评估结论和意见。有35所高校接受了2001年教育部组织的本科教学工作水平评估，学校获得了优秀。

　　10月30日，副省长李锦斌等领导来学校调研。

［2003 年］

　　4月10日，学校校友、省人大常委会副主任汪洋湖来学校视察。

　　5月2日，省委副书记全哲洙等来学校检查"非典"防治工作落实情况并慰问全校师生。

　　8月28～31日，日本富士大学国际交流委员长佐佐木显教授等一行3人来学校进行友好访问。双方就今后深入开展学科间交流及派遣毕业生自费赴富士大学攻读研究生等事宜充分交换了意见，并达成了共识。

　　9月29日，学校在教学楼二楼报告厅召开防控"非典"工作总结表彰大会。

　　10月，中国菌物学会第三次会员代表大会暨第六次学术讨论会在北京举行。学校李玉教授当选为新一届理事长。

　　11月7日，中共吉林省委书记王云坤，省委副书记林炎志、全哲洙等来学校视察。

　　11月9日，学校实验楼工程圆满竣工。实验楼工程由吉林省建筑设计院设计，长春建工集团吉洋建设股份有限公司承建。总建筑面积35 000平方米。

12月，《吉林农业大学学报》被国际六大检索系统中的美国《化学文摘》（CA）和俄罗斯《文摘杂志》（AJ）两个检索系统收录。

［2004 年］

2月3日，学校农学院教授陈学求同志，因病在海南三亚育种科研基地逝世。

2～3月，国务院总理温家宝，全国人大常委会副委员长、中华全国总工会主席王兆国，国务院副总理回良玉分别作出批示，号召全国广大科研工作者学习陈学求同志的先进事迹和崇高精神。

3月，学校开展向心系祖国、献身农业的科技工作者陈学求同志学习活动。

3月，中华全国总工会追授学校陈学求同志"全国五一劳动奖章"，同时号召全国广大职工学习陈学求同志的先进事迹和崇高精神。

3月16日，学校校园"110"报警求助服务中心正式成立。

3月，学校被确定为国家级"蓝莓栽培技术"引进国外智力成果示范基地。

4月5日，学校农学院培育的玉米新品种"吉玉8号"成功实现技术转让。校长李玉代表学校与亨达种业签订了转让协议。

4月27日，省教育厅厅长李军等一行来学校看望陈学求同志家属。在校领导的陪同下对陈学求同志的家属进行亲切慰问。

5月20日，学校举行首届教工环校长跑赛。

6月，学校被批准为具有招收和培养在职攻读工程硕士专业学位的资格，并于当年开始在食品工程和农业工程两个领域进行招生。

8月，吉林省政府任命郭庆海为吉林农业大学校长。

8月17日，学校成立东北亚农业与农村发展中心，首届"东北亚农业与农村发展"国际论坛在学校教学楼召开。

2004年，陈学求同志被中宣部确定为"加强党的执政能力建设"先进典型。

12月，学校关工委副主任王松心同志获"全国教育系统关心下一代工作先进个人奖"。

［2005 年］

2月15日，李玉教授当选为俄罗斯国家农业科学院院士。

2月24～25日，中国共产党吉林农业大学第十一次代表大会隆重召开。选举产生了由19名委员组成的中共吉林农业大学第十一届委员会，党委常委由薛玉山、李玉、郭庆海、胡耀辉、王贺军、栾立明、温成涛7名同志组成。薛玉山同志担任党委书记，王贺军、温成涛任党委副书记。选举产生了由7名委员组成的中共吉林农业大学纪律检查委员会，王贺军任纪委书记。

2月，学校获吉林省2005年"一村一名大学生——农村优秀青年素质提升项目"培养任务。

4月28日，由共青团吉林省委、吉林省教育厅、吉林省学联共同举办的首场吉林省"十佳大学生"事迹报告会，在学校教学楼国际报告厅举行。

5月14日，在吉林省科技活动周开幕式上，学校胡全德、王恒、王玉兰、董然、杨利民5位教师被吉林省科技厅聘为首批星火科技专家特派员，占吉林省首批10名星火科技专家特派员的半数。

6月3日，学校及东北师范大学、长春师范学院与辽源市合作建设健康产业科研基地揭牌仪式在辽源市金昌企业集团举行。

7月7日，副省长陈晓光、省科技厅副厅长张伯军等一行在郭庆海校长及中共松原市委、市政府有关负责人的陪同下，来到学校农学院主持的松原市宁江区大洼镇民乐特用玉米专家大院视察工作。

7月13日，在学校俱乐部隆重召开保持共产党员先进性教育活动动员大会。市委巡回检查组组长杨润民，市委高校工委督导郭丽，学校领导薛玉山、郭庆海等出席了大会。全体教职工党员、学生党员参加了大会。

8月20日，国务院副总理回良玉及财政部、农业部、民政部、水利部等七个部委的领导一行，视察了学校承担建设的松原市宁江区"西部绿色食品系列开发科技示范区"。回良玉高度赞扬了示范区所取得的成果及学校在科技兴农工作中所做出的突出贡献。

9月6日，省委副书记全哲洙来学校作《如何在高校开展好保持共产党员先进性教育活动》专题辅导报告。

9月11日，学校申报的教育部重点实验室（省部共建）"动物生产及产品质量安全"获准立项。

9月19日，中国科协2005年"振兴东北地区老工业基地"专家论坛——农大专题论坛在学校国际报告厅隆重召开。本次论坛由中国科协主办，长春市科协和吉林农业大学承办。

10月21日，全国优秀博士后科研流动站表彰大会在北京人民大会堂隆重举行。学校作物学博士后科研流动站被授予全国优秀博士后流动站。

11 月，张越杰被省委、省政府评为吉林省优秀留学回国人员。王丕武被评为"吉林省优秀专业技术人才"。

[2006 年]

2 月，学校农林经济管理学科获得一级学科博士学位授权点；食品科学学科获得二级学科博士学位授权点；新增加 8 个一级学科硕士点和 8 个二级学科硕士点。

4 月，中共吉林省委任命姚秋杰为吉林农业大学党委书记。

4 月，吉林省政府任命姚秋杰为吉林农业大学校长。

4 月 2 日，学校与中国农业科学院生物技术研究所正式签署捆绑进军国家级生物反应器研究平台的合作协议。会上，有中国农业科学院生物技术研究所博士生导师、国家"973"计划农业项目首席科学家黄大昉研究员，著名工业微生物技术专家、清华大学曹竹安教授，中国农业科学院生物技术研究所所长林敏研究员，中国生物工程学会秘书长、《中国生物工程杂志》主编张树庸研究员，中国医药质量管理协会秘书长、中国生物工程学会常务副秘书长赵贵英研究员 5 位专家，被聘为学校客座教授并颁发了证书。

4 月 13 日，学校与香港乐陶陶国际发展有限公司举行合作共建联合研发中心揭牌仪式。联合研发中心主任胡耀辉教授与陶文平先生代表校企双方签署了共建协议，并为联合研发中心揭牌。

4 月 14 日，吉林省人大常委会副主任刘淑莹率领省科学进步"一法一例"执法检查组来学校，对学校贯彻实施《中华人民共和国科学技术进步法》《吉林省科学技术进步条例》工作情况进行检查，省科技厅厅长卢连大参加了此次检查。

4 月 28 日，学校在教学楼二楼国际报告厅召开会议。吉林省高校工委书记、教育厅厅长李军主持会议。省委组织部副部长金秀兰宣读了《省委、省政府关于吉林农业大学领导班子变动的决定》。任命姚秋杰同志为校党委书记、校长，秦贵信同志为副校长，薛玉山、郭庆海为吉林农业大学正校长级调研员。

4 月，在农业部中华农业生产者基金会组织的高等农业院校优秀教材评选中，由学校蔡明主编的《大学英语新闻记者理解教程》（第一册）、《大学英语新闻记者理解教程》（第三册），田义新主编的《药用植物栽培学》，高洁主编的《有机化学》，胡国宣主编的《植物学》5 部教材，荣获"2005 年度优秀教材奖"。

5月28日，中共党员、九三学社社员、全国政协委员、吉林省政府参事、中国农学会特产分会副理事长、著名中药学专家、中药材学院名誉院长、教授、博士生导师李向高同志因病逝世。

6月9日，吉林农业大学社会捐助接收工作站成立仪式在教学楼国际报告厅举行。

6月17日，吉林省高校重点实验室评估组来学校评估。评估组由冯守华院士任组长，省教育厅副厅长刘勇兵任副组长。学校推荐的"农产品深加工及质量安全实验室"和"生物反应器与开发实验室"全部通过初评。

6月21日，学校召开2007年本科教学工作水平评估动员大会。

6月，《吉林农业大学学报》连续3年入围被引频次最高的中国科技期刊500名排行榜。在2005年卷列出的国内期刊被引频次前500名排行表中（全国共有科技期刊约5 000种），《吉林农业大学学报》位居农业科学综合学科第12名。

7月26日，全国政协副主席、民盟中央常务副主席张梅颖在副省长、民盟省委陈晓光、省政协副秘书长何苑英、民盟省委副主委张釜陪同下来学校进行调研。张梅颖为学校题词"服务三农育人教书，硕果累累人才辈出"。

7月27日，由中国植物学会药用植物及植物药专业委员会主办，学校承办的第六届全国药用植物及植物药学术研讨会在学校举行。

8月10日，"吉林农业大学与中国农业科学院生物技术研究所生物反应器联合实验室"揭牌仪式在学校隆重举行。

8月11～13日，由中国生物工程学会和学校共同举办的"中国生物工程学会2006年学术年会暨全国生物反应器学术研讨会"在学校隆重举行。省委副书记全哲洙出席并致词。来自国内外的200余名专家学者出席了本次研讨会。

8月11日，学校隆重举行了"生物反应器与药物开发教育部工程研究中心"启动揭牌仪式。该中心于2006年6月被批准立项，它是教育部唯一一座生物反应器工程研究中心。

8月29～30日，副省长陈晓光带领省教育厅、省科技厅有关领导到学校技术依托联系点——白山市八道江区七道江村、张家村调研。

8月，在第六届长春农博会上，学校参展工作取得了丰硕成果。分别与吉林奇健生物科技有限公司和长春市迪丽娅食品有限公司现场签订了意向转让和中试生产协议，签约金额250万元人民币，取得了可观的经济效益和社会效益。

9月2日，科技部副部长尚勇等一行5人来学校视察校园示范区、中药材基地。

9月6日，学校与华鼎集团中国深圳国立实业有限公司在华侨饭店二楼国际会议厅签约开发治理校园周边环境。副省长杨庆才、省教育厅厅长李军及学校领导班子全体同志参加了签约仪式。

9月14日，学校召开内部管理体制改革动员大会。

9月19日，学校举行了中国吉林农业大学—俄罗斯农业科学院东北分院菌类资源保育与研究联合实验室揭牌仪式。

9月23日，吉林农业大学新农村建设研究院揭牌暨社会主义新农村建设高层论坛在学校隆重举行。

10月11日，学校举行了中层干部任命大会。对提拔任用的24名正处级、32名副处级干部及全校原级交流的处级干部进行任命。学校党委书记、校长姚秋杰在大会上讲话。

10月14日，吉林省农业经济学会第六次代表大会暨省第四届科学技术年会——农业经济分会在学校召开。学校郭庆海教授当选理事长、韩星焕教授当选副理事长。

11月2日，吉林省教育厅重点学科、重点建设学科终期验收专家组一行6人，对学校重点学科情况进行终期现场考察验收。

11月11日，教育部高教司主办、吉林农业大学和天津师范大学共同承办的全国首届"家政专业学科建设研讨会"在学校隆重召开。

11月15日，顺利完成了新图书馆、体育训练馆和新体育场的建设工作。其中，新图书馆工程被评为哈、沈、长三市优质金牌工程。

11月17日，长春市市长祝业精、市政府副秘书长徐毅夫等带领长春市土地局、规划局等部门来学校就棚户区项目开展调研工作。

11月24日，学校召开了科技大会，出台了10个科研管理办法，表彰奖励了"十五"期间科研工作先进个人和单位，以及2005—2006年度的科研成果和重大项目。

11月24日，由民盟吉林省委、吉林农业大学联合举办的"建设社会主义新农村论坛"在学校举行。副省长、民盟省委主委陈晓光等100余人参加了论坛。

12月7日，由商务部主办、学校承办的非洲畜禽高效生产技术培训圆满结束。这是吉林省省属高校首次承办国家援外培训项目，并向意大利派遣了首批留学生。

12月10日，学校在长春国际会展中心举办了2007届毕业生供需见面专场洽谈会，来自省内外近700家用人单位应邀参加。

[2007 年]

1月12日，学校以校党委扩大会议的形式，对2006年度"感动吉林"十大人物之一姜岩教授进行校内表彰。

3月29日，学校学科建设与研究生教育大会在教学楼国际报告厅隆重举行。

3月30日，学校召开了"师德师风建设月"活动动员大会。

4月4日，新一届校务委员会成立并召开了第一次工作会议。

4月16日，学校隆重召开纪检监察工作暨加强领导干部作风建设年动员大会。

5月17日，召开民进吉林农业大学支部委员会成立大会。

8月16日，由学校与吉林省科学技术学会承办的第八届海峡两岸菌物学学术研讨会在长春开幕。

11月11日，教育部对学校本科教学工作水平开始评估，评估专家陆续抵达学校。

11月12日，学校本科教学工作水平评估欢迎仪式在国际报告厅隆重举行。

11月12日，教育部评估专家组召开学校本科教学工作水平评估汇报会，校党委书记、校长姚秋杰作了汇报。

11月13~14日，评估专家深入教学单位和管理部门进行考察走访，了解各学院、各部门实际工作。

12月7日，学校隆重召开本科教学评建工作总结表彰大会。

[2008 年]

1月8日，学校李玉教授主持完成的"黏菌代表类群系统研究"科技成果获得国家自然科学奖二等奖，开辟了吉林省省属院校有史以来获得国家级奖励的先河。

1月10日，学校党委授予王殿仕、王松心、张宝忠、黄作霖、王家民5人关心下一代奉献奖。

1月17日，学校为获得国家自然科学奖团队举行了庆功大会。

4月22日，在省委召开的关工委工作会上，王松心被评为在关心下一代工作中有突出贡献的"五老"先进个人。

4月25日，学校文理科楼开工典礼在图书馆门前隆重举行。

5月5日，赞比亚驻华特命全权大使鲁潘多·拉瓦培先生和一等秘书班达先生来学校进行友好访问和参观考察。

5月10～29日，以校党委书记、校长姚秋杰为团长，副校长曾宏、吉粮集团副总经理姜建华为副团长的吉林省援助赞比亚农业技术示范中心项目专业规划设计考察团一行7人圆满完成赴外考察任务。

5月16日，学校与长春兆基集团房地产开发有限公司、深圳市国中立实业有限公司成功签署棚户区改造相关合作协议，办学基础设施6个单体工程陆续竣工。

5月20日，吉林省政府任命秦贵信为吉林农业大学校长。

6月13日，由校工会举办的吉林农业大学教职工"迎校庆、促和谐、展风采"文艺汇演在鲲鹏剧场举行。

7月18日，中国联合国协会会长、前联合国副秘书长陈健大使，中实（集团）公司总裁王天怡博士等一行7人来学校参观考察。

7月28日，由中国菌物学会和日本菌物学会联合举办的中日及泛亚太地区菌物学论坛在学校隆重举行。来自中国、日本、韩国、俄罗斯、新西兰、加拿大、美国等15个国家菌物学界的专家、学者参加了论坛。

9月5日，由日本筑波大学生命环境科学研究科科长田濑则雄教授为团长的代表团一行3人，日本岩手大学校长藤井克己教授、副校长大野真男教授、农学部部长高畑义人教授带领的岩手大学代表团一行6人，韩国釜山镇女子商业高中余泰均校长一行2人，韩国木岛创造株式会社代表团，韩国釜山大学生命资源科学院院长权纯洪教授一行4人，访问学校并参加建校60周年庆典。

9月6日，吉林农业大学成功举办了建校60周年庆典，充分展示了60年办学辉煌成就，全面总结了60年办学经验。

9月6日，学校研究生学院成立，并在研究生楼多功能报告厅隆重举行揭牌仪式。

9月6日，以副校长伊波里托·安东尼尼为团长的意大利卡麦利诺大学代表团对学校进行公事访问并参加了学校60周年庆典活动。

10月，经学校组织申报，省教育厅推荐，教育部组织专家评审，学校被批准成为具有开展"推荐应届优秀本科毕业生免试攻读硕士学位研究生"资格的高等学校。

10 月 14 日，"吉林农业大学学科建设研讨活动"动员大会在中心教学楼国际报告厅隆重召开。校党委书记姚秋杰教授主持了会议。

10 月 18 日，中共中央政治局常委李长春就吉林省大学生自主学习政治理论成果作出批示。按照中央领导同志要求，新华社、《人民日报》等 12 家新闻媒体来校，专门采访了大学生"三个代表"重要思想学习践行社理论学习典型经验并做了全面报道。

10 月 21 日，商务部"发展中国家动物疫病防治培训班"结业典礼在国际报告厅隆重举行。

12 月 17 日，学校在中心教学楼国际报告厅隆重召开关心下一代工作"跟进教育"推进暨表彰大会。

2008 年，11 门课程被评为省级精品课程和省级优秀课程，1 个团队被评为省级优秀教学团队，郭庆海教授被评为省级教学名师。5 部教材被中华农业科教基金会评选为"2008 年度全国高等农业院校优秀教材"，2 部教材被中国林业教育学会评为普通高校林（农）类"优秀教材"。

2008 年，承担国家级等各级各类项目共 183 项，获省科技进步奖 18 项，年度科研到位经费达 6 111 万元。《吉林农业大学学报》荣获教育部中国高校优秀科技期刊奖。

2008 年，学校生源数量又创新高，生源质量实现历史性突破。

[2009 年]

2 月 24 日，吉林省赴四川黑水县支教的第二批 30 名教师踏上了奔赴灾区的征程。经过学校党委的推荐选派，学校后勤保障处公寓服务中心副主任李鹏成为这支队伍中的一员。

3 月 18 日，学校深入学习实践科学发展观活动动员大会在鲲鹏剧场召开。

5 月 4 日，学校纪念五四运动 90 周年暨 2008—2009 年度"争先创优"表彰大会在中心教学楼报告厅隆重举行。

8 月 12 日，成功举办了"发展中国家动物疫病防治技术培训"国际性培训班。

9 月 4 日，在第七批博士后科研流动站申报评审工作中，学校植物保护、畜牧学、农业资源利用、兽医学、食品科学与工程 5 个学科增设为国家一级学科博士后科研流动站。这是学校自 1999 年博士后科研流动站建站以来增设数量最多的一次。

9月28日，学校在主楼北四楼会议室召开了2009年度中央与地方共建优势特色学科实验室项目建设工作会议。

10月25日，成功举办了"蒙古国牧业集约化管理及技术培训"国际性培训班。

11月4日，学校代表吉林省政府承担中国援助赞比亚农业技术示范中心开工奠基仪式隆重举行，标志着该项目建设实施进入实质性阶段。

11月11日，副省长陈晓光、省科技厅厅长毛健等领导，视察了学校海南育种基地并召开了座谈会。

11月12日，斯里兰卡总理维克拉马纳亚克、斯里兰卡驻华大使卡鲁纳提拉卡·阿穆努加马等一行10人到学校进行友好访问。

11月23日，吉林省农村党员干部实践培训基地授牌仪式暨2009年"万名村干部培训班"结业式在学校中心教学楼学术报告厅隆重召开。

11月26日，省长韩长赋一行来学校调研，对食药用菌教育部工程研究中心、生物反应器与药物开发教育部工程研究中心和农业生物技术实验室进行考察。

12月2日，中国工程院2009年院士增选工作结束，共产生48名新院士。学校原校长、博士生导师李玉教授当选为农业学部院士，是吉林省省属单位院士第一人。

2009年，8门课程被评为省级精品课程和省级优秀课程，李玉教授被评为省级教学名师，1个团队被评为省级优秀教学团队，2个实验教学示范中心被评为省级实验教学示范中心。

2009年，共争取到科研项目223项，到位科研经费6 133万元；科研奖励30项。《吉林农业大学学报》获全国高校科技期刊优秀编辑质量奖。

2009年，招生就业工作成绩显著。一志愿录取率达到95.55%，一次性就业率达到87.88%，位于省属院校前列。

2009年，获全国第十一届"挑战杯"大学生学术科技作品竞赛二等奖、全国校级优秀组织单位。经济管理学院代表队取得第五届全国大学生创业设计暨沙盘模拟经营大赛全国二等奖。

2009年，学校荣获第七届中国国际农产品交易会、第八届长春农博会筹办工作优秀单位、吉林省农业综合开发先进单位、全国科技特派员先进单位。

2009年，防控甲型H1N1流感工作取得阶段性胜利。

［2010 年］

1 月 6 日，由省教育厅主办、学校承办的吉林省高等教育优质教育教学资源共享服务平台开通仪式在学校综合楼二楼国际报告厅隆重举行。

1 月 11 日，学校吴春胜教授荣获国家科技进步奖二等奖。

3 月 19 日，学校与长春净月经济开发区管理委员会在南湖宾馆举行《国有土地使用权收购补偿合同》签约仪式。校长秦贵信与长春净月经济开发区管理委员会主任管树森共同签订了《国有土地使用权收购补偿合同》。

3 月，学校窦森教授所著的《土壤有机质》一书获华夏英才基金资助，由科学出版社出版发行。

4 月 24 日，第二届东北地区农产品（食品）加工学术研讨会在学校中心教学楼国际报告厅举行。

4 月 28 日，学校在中心教学楼国际报告厅召开教学实验场改革工作阶段性总结大会。

4 月 29 日，吉林省工信厅分别与学校、长春工业大学、东北电力大学、吉林建筑工程学院 4 所省内重点高校签订了全面合作协议。

5 月 28 日，校党委、校纪委邀请省纪委常务副书记高金祥为全校师生员工作《廉政准则》专题辅导报告，报告在中心教学楼学术报告厅举行。

5 月，全国农业推广硕士专业学位教育指导委员会批准学校草业科学、农业信息化获得农业推广硕士专业学位招生新增领域。

6 月 6 日，由商务部主办、吉林省商务厅承办、学校负责实施的"发展中国家动物疫病防治班"在学校举行了隆重的结业仪式。

7 月 1 日，学校在鲲鹏剧场召开纪念建党八十九周年暨"百名党员之星"表彰大会。校院两级党委班子成员、受表彰的"百名党员之星"、全校教工党员、部分离退休党员、学生党员和积极分子代表共 1 000 余人参加了大会。

7 月 27 日，第五届世界鹿业大会在学校召开。来自 12 个国家和地区的200 多名鹿业专家、学者及企业家进行交流与洽谈。

9 月 3 日，塞舌尔前总统詹姆斯·孟肯爵士来学校参观访问。

9 月 7 日，第十届全国高等农林水院校党建与思想政治工作研讨会在学校中心教学楼国际报告厅召开。

10 月 20 日，中国工程院院士李玉教授获得 2010 年度"何梁何利基金科学与技术进步奖"。学校首次获得这一奖项，李玉院士也是吉林省唯一的获奖者。

11月26日，以吉林省高校工委副书记、教育厅副厅长席岫峰为组长的吉林省大学生思想政治教育工作评估专家组莅临学校，对学校大学生思想政治教育工作进行全面评估。

12月8日，在十一号楼国际报告厅内，中国工程院院士李玉教授的报告《教书育人与责任担当》拉开了"农大论坛"的序幕。

12月24日，中共吉林省委副书记巴音朝鲁会见了李玉、郭庆海等全国优秀科技工作者。

2010年，1个团队被评为国家级优秀教学团队、省级优秀教学团队，3门课程被评为省级精品课；学校召开了2010年吉林农业大学教学工作会。

2010年，学校科研项目、科技奖励数量和质量实现新突破，到位科研经费突破8 000万元。获国家自然科学基金项目16项；申报的12项科技部"十二五"农业科技领域备选项目全部入选预备项目库；获省科技进步奖13项，一等奖获奖数量居吉林省高校第二位。

2010年，获全国"挑战杯"大学生创业计划竞赛一银一铜，学校被评为全国高校优秀组织单位；获国际大学生物联网大赛暨第四届美新杯传感器大赛一、二、三等奖各一项；首次参加第九届大学生"海峡两岸"辩论赛。

2010年，我国政府援助、学校承担的赞比亚农业技术示范中心项目土建工程正式开工，并顺利通过中期验收。

2010年，学校在全校基层党组织和党员中深入开展了以"促发展、比贡献、作表率"为主题的"创先争优"活动，进一步推进了学校党建工作。

2010年，《吉林农业大学学报》和《菌物研究》分别荣获"中国高校精品科技期刊"奖和"中国高校特色科技期刊"奖。

[2011年]

1月6日，学校与辽源市政府签署了校地合作战略框架协议。

2月14日，国家科学技术奖励大会在北京隆重召开，学校张连学教授主持的科研成果"人参新品种选育与规范化栽培及系列产品开发"荣获国家科学技术进步奖二等奖。

3月29日，新疆高校毕业生培训开班典礼在学校隆重举行。

4月10日，副省长王守臣及吉林省参加春耕生产现场会和春季农业工作会议的代表考察学校在松原市宁江区大洼镇民乐村的农业综合开发科技示范区。

4月18日，省教育厅组织专家到学校验收"十一五"省高校重点实验室，遴选"十二五"省高校工程研究中心。

4月20日，省重点学科遴选专家组一行对学校"十一五"省级重点学科建设情况、省"十一五"重点学科与"十二五"优势特色重点学科进行验收申报评审。

4月21日，财政部副部长李勇、中国驻赞比亚大使李强民、财政部金融司司长孙晓霞、商务部援外司商务参赞余应福等一行35人到学校承担的中国援助赞比亚农业技术示范中心检查指导工作。

4月26日，秦贵信校长和李玉院士当选为省科协副主席，副校长孙爱军当选为中国科协第八届委员会委员。

4月28日，省教育厅组织专家到学校验收"十一五"省人文社会科学重点研究基地。

5月14日，"携手建设创新型国家"的全国科技活动周暨北京科技周活动在北京奥林匹克森林公园开幕。学校信息技术学院"EPS板材切割机电热钨丝紧张度测控系统"创作团队作为吉林省唯一参展队伍，应邀参加了本次科技活动周活动。

5月15日，民盟中央在北京隆重召开纪念中国民主同盟成立70周年表彰大会，学校民盟委员会被授予"先进集体"荣誉称号，盟员马宁教授、周米平教授被授予"先进个人"荣誉称号。周米平赴京参加了表彰大会，并接受中共中央政治局委员、国务委员刘延东的颁奖。

5月18日，学校马克思主义学院独立建院大会在图书馆一楼报告厅隆重举行。省高校工委副书记、教育厅副厅长席岫峰等领导出席大会。

5月26日，国家发改委批准吉林农业大学、河南工业大学和华南理工大学共同建设"小麦和玉米深加工国家工程实验室"。该工程实验室的建立标志着学校国家级科研平台实现"零"的突破。

6月11日，"用友杯"第七届全国大学生创业设计暨沙盘模拟经营大赛吉林省赛区总决赛开幕式在学校隆重举行。

6月13日，由中共长春市委、市政府主办，市委宣传部、市文化局、团市委以及学校承办的"青年永远跟党走"2011年长春市青年文化广场演出吉林农业大学专场大型红歌会在文化广场隆重举行。

6月16日，教育部专家组对学校全国重点建设职业教育师资培养培训基地进行现场考察评估。

6月17日，吉林农业大学承建的中国援助赞比亚农业技术示范中心项目竣工典礼在赞比亚首都卢萨卡隆重举行，中国驻赞比亚大使周欲晓、吉林省副省长王守臣、赞比亚教育部部长斯丽亚、赞比亚农业与合作部长卡宗加、吉林农业大学校长秦贵信教授共同为项目竣工剪彩。

6月21日，省高校工委召开吉林省高校庆祝中国共产党建党90周年暨"创先争优"表彰大会，吉林农业大学党委被授予"先进基层党组织标兵"称号。

6月23日，吉林农业大学"生命之光"红色教育基地暨中共吉林省委党史研究室大学生党史教育基地揭牌仪式在学校隆重举行。

6月24日，吉林农业大学食品科学与工程学院党委被授予"吉林省先进基层党组织"称号。

7月4日，全国裸菌生物学讲习班在学校举办，来自南京师范大学、塔里木大学、华南农业大学等多所高校的50余名教师、学员参加了培训。

8月18日，首届吉林省兔产业发展论坛在学校隆重召开。

9月5日，塞拉利昂国会议长埃贝尔·纳撒尼尔·斯特朗率团来校访问。

9月9日，东北地区高等农林水校（院）长联席会第十一次会议在学校召开，学校党委书记姚秋杰在会上致欢迎词，校长秦贵信主持会议。

9月21日，"吉林玉米产业研究中心"正式启动。

9月24日，"吉林省食品科技与食品产业发展论坛"在学校举行。

10月13日，全国第五届"母亲河奖"颁奖仪式在北京人民大会堂隆重举行，学校"绿野"青年志愿者协会获此殊荣，全国人大常委会副委员长陈至立为学校"绿野"青年志愿者协会颁奖。

10月24日，首届国际动物记录委员会（ICAR）绒山羊生产研讨会在学校隆重召开。

10月28日，吉林省大学生青春创业论坛在学校隆重召开。

11月5日，"深化合作共谋发展"政企校合作论坛暨吉林农业大学校企签约仪式在学校十一号楼国际报告厅隆重举行。

11月16日，学校召开学习型党组织建设经验交流会。

11月17日，粮食流通与加工领域国家工程实验室工作会议在广东召开，校长秦贵信代表"小麦和玉米深加工国家工程实验室"上台接牌。

11月21日，省政协副主席林炎志，省政协常委、省政协副秘书长肖欣等一行13人来校调研。

12月23日，吉林省科协第八次代表大会在长春顺利召开。校长秦贵信

和李玉院士当选为省科协第八届委员会副主席。

2011 年，李玉教授被评为第六届国家级教学名师，副校长陈光教授被评为第六届省级教学名师。胡耀辉教授主编的《食品生物化学》被评为高等教育精品教材。学校共获得"十二五"省级特色专业 13 个、实验教学示范中心 3 个、优秀教学团队 2 个、精品课程 3 门、优秀课程 6 门、优秀教材 12 部。

2011 年，学校顺利通过国家第三批节水型示范建设院校中期建设评估。学校继续实施"民生工程"，完成了 12 栋学生公寓和 6 栋办公楼的整体改造。学校荣获"全国高校后勤十年社会化改革先进院校"荣誉称号。

2011 年，学校举办了"2012 年吉林省农业类高校毕业生大型公益交流会"，省外招生比例首次突破 50％，2011 届本科毕业生一次性就业率为 91.15％。

［2012 年］

1 月，省政府与农业部正式签订协议，学校正式成为吉林省政府与农业部合作共建大学。

1 月 4 日，吉林农业大学"诚育青年　信立人生"大学生诚信教育活动启动仪式暨 2010—2011 学年第二学期考风考纪建设活动表彰大会在十一号楼国际报告厅举行。

3 月，食品科学与工程、动物医学 2 个专业获批吉林省本科第一批次招生。

3 月 9 日，学校隆重召开吉林农业大学班主任聘任大会暨学生工作"百千万"工程启动仪式。

4 月 21 日，由省教育厅主办、吉林农业大学承办的全国第五届大学生机械创新设计大赛吉林赛区比赛在学校举行。

5 月 14 日，教育部全国高校毕业生就业总结宣传工作评选了年度 50 所全国毕业生就业典型经验高校，学校作为吉林省唯一一所高校获此殊荣，到教育部参加全国毕业生就业典型经验高校经验交流会。

5 月 15 日，由商务部主办、学校承办的非洲法语国家动物疫病防治培训班开班典礼在长春隆重举行。

5 月 31 日，在教育部组织的"地方 211"高校遴选申报工作中，学校成功申报了高校基础能力建设工程项目，进入"211"系列。

6 月 14 日，教育部正式批准学校与意大利卡麦利诺大学合作举办生物技术专业本科教育项目。它标志着学校办学层次、办学领域的丰富和延伸，也标志着学校高等教育国际化水平达到了一个新的历史高度。

7月7日，团中央宣传部副部长陈章乐视察了学校校地对接大学生科技兴农实践基地——九台市雨田生态米业有限公司，并与学校部分农机专业同学亲切座谈。

7月16日，在人民日报社和吉林省人民对外友好协会有关同志陪同下，由12个非洲国家组成的主流媒体考察团一行21人到学校进行友好访问。

8月，中共吉林省委、省政府、长春市委、市政府拨款6 000余万元为长春农博会新建了占地1.5万平方米的菌菜基地。该基地馆依托学校食药用菌教育部工程研究中心，由学校自行设计、布展，是集自然博物、历史传承、科普教育、休闲体验、产业示范于一体的多功能菌菜基地。

8月2日，团中央书记处第一书记陆昊来到学校校地对接科技兴农基地——农安县合隆镇陈家店村众一蔬菜种植专业合作社检查指导工作。

9月4日，莱索托国民议会议长塞菲里·伊诺克·莫塔尼亚内等一行对学校进行友好访问。

9月6日，学校制订完成了《吉林农业大学文化建设规划》。

9月13日，学校在中心教学楼国际报告厅召开了本科专业评估学习报告会。

9月22日，第五次全国高等农林水院校毕业生就业工作协作会暨全国高等农林水院校毕业生就业工作联盟成立大会在学校举行。

9月26日，长春市政协主席张元富、副主席孙丰月等一行来学校进行调研。

10月12日，吉林省2012年高等学校人才培养模式创新实验区评审会在学校召开。

10月23日，吉林省副省长王守臣在图书馆同声传译报告厅作了题为《中国特色和吉林特点现代农业发展之路》的学术报告。

10月24日，学校2011—2012年度毕业生就业工作表彰大会暨2013届毕业生就业工作动员大会在国际报告厅隆重举行。

11月17日，中国大学生体育协会跆拳道分会东北地区培训基地授牌仪式暨2012年中国大学生跆拳道联赛（东北区）在学校举行。

11月20日，以广州中医药大学校长王省良为组长的专家组来校，对学校国家中医药管理局重点学科——"药用植物学科"进行中期建设检查。

11月21日，学校成功获批成为吉林省首批高等教育研究基地。

11月23日，学校在鲲鹏学生文化活动中心举办"神农大讲堂——高端

论坛"首场报告会。校党委书记姚秋杰作了题为《学习贯彻党的十八大精神，推进大学文化建设》的报告。

11月25日，由省教育厅、省大学生就业创业协会、学校联合主办，吉林大学农学部等7所院校协办的"吉林省农业类高校2013届毕业生供需见面洽谈会暨大学生创新创业项目对接会"在学校体育馆举行。

12月5日，学校举行了知识分子联谊会成立大会。

12月11日，中国农学会第十次全国会员代表大会在北京举行。校长秦贵信参加了会议并被推选为第十届理事会理事。

12月19日，学校顺利完成了本科专业评估工作。学校邀请了北京大学、中国农业大学、吉林大学等18所高校的47位省内外专家和校内的22位专家，对学校12个学院的22个本科专业进行评估。

12月27日，学校举办了首届外国专家及来华留学生新年招待会。

12月28日，学校博士研究生刘朴撰写的学位论文荣获2012年全国优秀博士学位论文提名奖。

2012年，学校科研到位经费首次突破亿元。

2012年，学校首次获批国家外国专家局千人计划项目。

2012年，学校牵头申报的"国家商品粮基地可持续发展重大需求协同创新中心"获吉林省教育厅认定。

［2013 年］

1月12日，吉林省人大常委会副主任刘润璞等一行7人到中国援助赞比亚农业技术示范中心检查指导工作。

2月26日，校长秦贵信教授被授予"全国优秀科技工作者"荣誉称号。

3月6日，学校举行了女专家联谊会成立大会。省妇联副主席相瑛出席会议并致贺词。

3月20日，吉林省科协召开2013年吉林省科协学会工作会议，会上表彰了2012年度优秀学会干部。吉林省遗传学会副理事长、学校农学院院长王丕武和吉林省土壤学会副理事长、资源与环境学院院长赵兰坡被评为"2012年度优秀学会干部"。

4月12日，学校召开了"科技创新与社会服务年"活动总结表彰大会。

4月18日，学校支持长春市妇联"引凤还巢"工程服务涉农民营经济发展合作签约仪式在一号楼北四楼会议室举行。

4月19日，学校召开了2013年党风廉政建设暨"勤廉育人"先进个人表彰大会。

4月19日，吉林省高校图书馆"十二五"评估观摩会在学校十六号楼召开。

4月25日，由团中央主办、团省委承办、团市委和学校共同协办的"我的中国梦"青年创业典型报告会吉林省首场报告在学校举行。

4月28日，学校李海燕教授入选2012年科技部创新人才推进计划中青年科技创新领军人才，是省属院校唯一人选。

5月11日，第四届全国药用真菌学术研讨会在学校召开。

5月15日，由共青团吉林省委主办、学校承办的"我的中国梦"主题报告会之"实现中国梦、青春勇担当"中国农村青年致富带头人标兵姜军与吉林农业大学师生面对面主题报告会在学校鲲鹏学生文化活动中心举行。

5月17日，学校辅导员夏跃军获得"首届吉林省高校辅导员职业技能大赛"第四名。

6月15日，省政协副主席、省教育厅厅长张伯军来学校视察2013年上半年全国大学外语四、六级考试组织情况，并看望中国工程院院士李玉教授。

6月19日，世界银行农产品质量安全项目中期调整团一行8人来到学校，就世界银行贷款农产品质量安全项目执行情况进行现场检查。

6月22日，《中国教育报》以《开展校内自我评估　促进学校内涵发展——吉林农业大学全面开展本科专业评估工作纪实》为题全版进行报道。

7月2日，吉林省发改委公布了吉林省2013年重大项目谋划协作单位和咨询专家名单，学校被确定为重大项目谋划协作单位，校长秦贵信、副校长陈光以及王丕武、董良杰、刘景圣、文连奎、李海燕、闵伟红共8位专家被确定为重大项目谋划咨询专家。

8月26日，第七届国际药用菌大会在北京开幕。中国工程院院士、博士生导师李玉教授任大会主席，并主持会议。

9月10日，学校与意大利卡麦利诺大学合作办学项目首届年会暨开学典礼在学校十七号楼学术报告厅举行。

9月18日，省委第一巡视组组长、正厅级巡视专员祝国治，副组长、副厅级巡视专员李万东，副厅级巡视专员胡克，正处级巡视专员陈敏、董诚义、张亚平一行6人莅临学校，在学校一号楼1区第五会议室召开省委第一巡视组巡视吉林农业大学巡视意见反馈会议。吉林农业大学党政领导班子、

全校正处级实职领导干部参加会议。

9月18日，学校与靖宇县东北抗联文化暨杨靖宇精神研究会共同举办的红色教育进校园启动仪式暨东北抗联精神图片展在学校举行。

9月23日，由学校和吉林财经大学联合承办的2013年度吉林省高校科研管理专业委员会年会暨贯彻落实高教强省建设会议在松原市召开。

9月25日，吉林省家政学学会第二届会员代表大会在学校召开。

10月15日，由学校和北华大学联合承办的2013年度吉林省研究生教育与学位管理专业委员会年会在吉林市丰满水电技校召开。

10月17日，学校学生作品在第十三届"挑战杯"全国大学生课外学术科技作品竞赛中获得累进创新金奖。

10月24日，"长白山讲坛·青年讲坛"首场讲座在学校鲲鹏学生文化活动中心举行。吉林大学哲学社会科学资深教授孙正聿作了题为《哲学智慧与精神家园》的讲座。省委常委、宣传部部长庄严出席讲座。

10月31日，学校在鲲鹏学生文化活动中心召开本科专业评估总结大会。

11月14日，中国科协下发通知公布了2013年全国科普日活动工作考核结果。由学校科协、校团委联合举办的吉林农业大学"走进科学美丽生活"科普日系列活动被评为"2013年全国科普日活动优秀特色活动"。

11月19日，吉林省高校工委对全省"优秀大学生党课"评选结果进行表彰。农学院党总支书记韩秋业荣获一等奖；学校组织员办公室主任刘洪君、马克思主义学院教授李英林荣获二等奖。学校党委组织部获得优秀组织奖。

11月21日，教育部专家组一行4人来学校进行2013年《国家学生体质健康标准》测试上报数据抽查复核工作。

11月27日，长春市第十次归侨侨眷代表大会在长春中日友好会馆举行。学校张美萍教授当选为长春市归国华侨联合会（以下简称侨联）第十届委员会常委，庄越华会计师、刘学军教授、张友民教授当选为长春市侨联第十届委员会委员。

12月10日，民盟长春市地方组织成立60周年纪念大会在长春会展中心举行。会上，盟市委对60年来在长春民盟发展中做出突出贡献的150位盟员进行表彰。学校盟员马宁、肖振铎、姜岩、康学耕获得"长春民盟建设贡献奖"；周米平、张友民获得"民盟组织发展推动奖"；洪波获得"宣传工作优秀奖"；卢敏获得"民盟参政议政精英奖"；任东波获得"社会服务奉献奖"。

12月14日，由吉林省伦理学会主办、学校承办的2013年吉林省伦理学会学术年会在学校十七号楼红色教育基地召开。学校党委书记、学会副会长姚秋杰出席会议并致辞。

12月23日，以省政协副主席、省教育厅厅长张伯军为组长，省高校纪工委副书记陈凤君为副组长的2013年吉林省普通高校落实党风廉政建设责任制情况检查考核第一组一行4人，莅临学校检查指导。

2013年，学校被评为"全国农业科技促进年活动先进单位"。

2013年，教育部批准全国地方高校550个专业为本科专业综合改革试点，吉林省地方高校获批本科专业20个，学校动物医学和植物保护2个专业成功获批。

2013年，教育部批准学校承担中国政府奖学金来华留学生培养工作。

2013年，学校全职引进人才2人，柔性引进海外高层次人才2人。在吉林省第四批拔尖创新人才选拔中，学校进入一层次人选1人、二层次人选5人、三层次人选8人。在吉林省开展的高等学校"学科领军教授"遴选中，学校有6名教授被确定为"学科领军教授"。

2013年，学校历时半年圆满完成首次岗位设置与聘用制度改革，实现了由身份管理向岗位管理转变。

2013年，由食品科学与工程学院王大为教授及其团队自主研发的玉米、人参、食用菌等10项农产品加工领域技术成果，一次性转让给吉林省维伊康生物科技有限公司，转让金额110万元。

[2014 年]

2月16日，在2014年"万人计划"评选中，学校李海燕教授成功入选"万人计划"第一批科技创新领军人才。

2月21日，学校召开了党的群众路线教育实践活动动员大会。此次会议标志着学校教育实践活动正式启动。

3月10日，省公务员局局长杨汝涛与校长秦贵信出席了吉林省公务员局与吉林农业大学建立"吉林农业大学基层公务员培训基地"签约仪式，并签署合作协议。

3月10日，吉林省第十七届运动会（高校组）健美操、武术比赛在学校体育馆结束。学校健美操队在乙组健美操比赛中获得了第四名；在乙组武术比赛中学校运动员获得2枚银牌、2枚铜牌。

3月31日，学校荣获吉林省教育厅"全省教育系统'六五'普法中期先进单位"称号，吴树男荣获"全省教育系统'六五'普法中期优秀工作

者"称号。

5月7日，在教育部、农业部、国家林业局共同组织实施的卓越农林人才教育培养计划中，学校植物保护、动物医学、食品科学与工程、动物科学及农业资源与环境、农学、园艺、农林经济管理专业分别联合申报的拔尖创新型、复合应用型两个项目，获批国家第一批卓越农林人才教育培养计划改革试点项目。

5月30日，由团省委、省教育厅、省人社厅、省科协和省学联主办的"创青春"吉林省大学生创业大赛颁奖仪式在长春理工大学隆重举行。学校在大赛中获得总成绩第三，并捧得"优胜杯"。

6月3日，省教育厅公布了"吉林省第七届高等学校本科教学名师"名单，学校刘洪章、王丕武、文连奎3名教授获此殊荣。

6月15日，农工党中央在京举办了"中国梦·农工情"演讲比赛。学校李娇代表吉林省参赛，并获得三等奖。

6月21日，学校李健在省第二届高校青年教师教学竞赛中获自然科学基础学科组一等奖，郭伊楠获人文社会科学组一等奖，武志海获自然科学应用学科组二等奖。

6月23日，民盟长春市委召开2013年度参政议政工作先进个人表彰会。学校副校长陈光、农学院卢敏两名盟员获"参政议政先进个人"荣誉称号。

6月26日，在吉林省第十七届运动会上，学校体育代表队共夺得22枚金牌，列金牌榜首位，实现了连续3次在省运会（高校组乙组）比赛中获金牌总数第一名的佳绩。

7月2日，学校省级实验示范教学中心揭牌仪式在动物科学技术学院临床兽医院举行。

7月5日，由《科学中国人》杂志社主办的"科学中国人（2013）年度人物"揭晓。学校博士生导师、中国工程院院士李玉获此殊荣。

7月22日，校长秦贵信，副校长孙爱军、陈光，校党委副书记徐文生等一行赴吉林市龙潭区缸窑镇康屯村，代表学校向该村捐赠了投影仪、复印机、电视机等价值2万元的办公设备及价值6 000余元的科普书籍。

7月28日，在第六届全国大学生机械创新设计大赛中，学校工程技术学院学生张洪建、张学东、李晶晶设计制作，王和平教授指导的作品《联合收割机拨禾轮运动轨迹形成机理及参数选择教具》获得国家级一等奖。

8月4日，在中国高等农业院校第八届大学生田径运动会上，学校运动员荣获女子5 000米第一名、10 000米第三名，男子800米第二名、1 500米第三名，女子3 000米竞走第二名、5 000米竞走第四名，男子铅球第三名、标枪第八名；任伟荣获优秀教练员称号，代春敏、韩迪荣获优秀裁判员称号。

8月12日，第八届国际黏菌系统学及生态学会议暨中国工程院第186场中国工程科技论坛开幕式在学校召开。

8月17日，吉林省农业经济学会第七次代表大会暨学术报告会在学校十五号楼会议室召开。

8月20日，由共青团中央、中华全国青年联合会、全国学联、中国少年先锋队全国工作委员会举办的第九届青少年科技创新奖颁奖大会在人民大会堂金色大厅举行。学校"农业信息化科技创新团队"荣获大学生"小平科技创新团队"荣誉称号。

8月21日，团中央书记处书记傅振邦到吉林省进行工作调研期间，参观了学校青年学习践行特色理论联合会的相关展示和《奋斗的青春最美丽》社会实践展示，听取了学校《把论文写在吉林大地上》的社会实践汇报。

8月29日，由中国教科文卫体工会与教育部教师工作司联合举办的"全国第二届高校青年教师教学竞赛"在华中农业大学落幕。学校教师李健获得竞赛自然科学基础学科组二等奖。

9月11日，学校举行了中国民主建国会吉林农业大学支部成立大会。

9月11日，中国工程院院士、博士生导师李玉教授当选为吉林省科技社团党建研究会首届理事长；园艺学院党委书记、吉林省园艺学会理事长张广臣当选为常务理事。

9月22日，第五届全国杰出专业技术人才表彰大会在北京举行。学校食药用菌教育部工程研究中心被授予"全国专业技术人才先进集体"荣誉称号，是吉林省唯一获此殊荣的单位。

9月24日，在第八届中国大学生iCAN物联网创新创业大赛中，由胡天立、韩永琦老师指导，学生蒋安、刘斌、张宏建、马超设计的作品《智能电地地热远程控制系统》获得大赛二等奖。

9月28日，中共吉林省委任命席岫峰为吉林农业大学党委书记。

9月28日，在北京召开的国务院第六次全国民族团结进步表彰大会上，学校农学院图力古尔教授被授予"全国民族团结进步模范个人"荣誉称号。

10月17日，学校召开党的群众路线教育实践活动总结大会。省委督导组组长席岫峰代表省委督导组作了讲话。

10月17日，中国民主促进会吉林省委员会表彰了2012—2013年度先进基层组织和优秀会员，学校民进支部荣获先进基层组织称号，经济管理学

院王桂霞教授荣获优秀会员称号。

11月3日，学校获批经济菌物、秸秆综合利用两个首批吉林省高等学校高端科技创新平台。

11月14日，在长春市欧美同学会·长春市留学人员联谊会召开第二届理事会上，中国工程院院士、学校李玉教授当选为会长，校长秦贵信教授当选为副会长。

11月15日，2014年全国大学生网络虚拟运营创业专项赛决赛在江西省九江市举行。学校经济管理学院"吉农生产第二小队""吉农生产第三小队"荣获大赛三等奖。经济管理学院秦小冬荣获优秀指导教师奖。

11月23日，在第五届哈尔滨大学生创业大赛中，侯建伟教授指导的"长春艾夏园艺有限公司"创业团队获得A类项目二等奖第一名；吴林教授、李晨明老师指导的"长春百分树现代农业开发有限公司"创业团队获得A类项目三等奖。学校获得"优秀组织单位奖"，侯建伟、李晨明被评为"优秀指导教师"。

11月28日，在吉林省2013年度"长白山学者"和"长白山技能名师"受聘仪式上，学校刘景圣、王春凤、杜锐3名教授获首批"长白山学者"称号。

12月5日，在吉林省第十届社会科学优秀成果奖颁奖中，张越杰、邵喜武荣获著作类一等奖；郭庆海荣获论文类一等奖，韩星焕、范静、田露荣获二等奖，孙少平、兰亚春、闫云仙、林琳、王伟、杨兴龙荣获三等奖。

12月8日，省政协副主席、教育厅厅长张伯军到学校就学校发展建设情况、未来工作思考以及目前面临的困难和问题进行调研。

12月10日，学校党风廉政建设专项工作会议在一号楼1区第五会议室召开。出席会议的有学校领导班子成员、各基层单位党政负责人。会议由学校党委副书记戴立生主持。

12月15日，学校食品科学与工程学院副院长王大为教授被授予第六届"全国优秀科技工作者"荣誉称号。

［2015年］

1月，学校王春凤教授受聘为"长江学者奖励计划"特聘教授。

1月20日，学校农业资源与环境实验教学中心获批国家级实验教学示范中心。

2月5日，校党委书记席岫峰、校长秦贵信、党委副书记徐文生走访慰问了学校军民共建单位 65301 部队。

4 月 8 日，吉林省高校基层党组织书记示范培训班学员到学校"生命之光"大学生红色教育基地参观考察。

4 月 22 日，长春市委统战部部长刘德生到学校就如何做好新时期统战工作进行调研。

4 月 27 日，学校秦贵信教授、郭庆海教授分别被聘为国务院学位委员会第七届学科评议组畜牧学组、农林经济管理组成员。

4 月 29 日，学校举行"学党章、讲规矩、守纪律"教育活动专题辅导报告会，邀请省教育厅纪检组组长、监察专员、高校纪工委书记邱成作专题辅导报告。

5 月 15 日，在"吉林精科杯"第三届吉林省大学生生物实验技能竞赛中，学校获得一等奖 2 项、二等奖 3 项、三等奖 1 项及优秀组织单位奖；学校生命科学学院董浩、胡薇、张迪分别获得指导教师一、二、三等奖。

5 月 20 日，学校召开"三严三实"专题党课暨专题教育动员部署会议。

5 月 21 日，长春市妇联"大爱无疆幼及天下——纪念长春'代理妈妈'活动 20 周年"晚会在长春电视台完成录制。学校获最美"代理妈妈"集体称号，张林波、郑瑶、张文慧、刘青竹获得最美"代理妈妈"称号。

5 月 22 日，由商务部主办、学校承办的 2015 年发展中国家农牧业发展研修班开班典礼在学校十七号楼报告厅举行。

5 月 22 日，学校举办了神农大讲堂——高端论坛，邀请中国农业科学院植物保护研究所万方浩研究员作了题为《科学家成长之路》的报告。

5 月 23 日，由长春市文化广播电视新闻出版局主办的"戏剧星期六"颁奖典礼在长春人民艺术剧场举行。学校鲲鹏话剧团成员获得了最佳男、女演员及最佳导演奖等 19 个奖项，学校荣获最佳组织奖，鲲鹏话剧团荣获最佳剧社奖。

5 月 26 日，"创行中国"在上海举办 2015 年创行世界杯中国站创新公益大赛。学校大学生创行团队以东北区域赛第二名的身份代表吉林省参加全国赛，并荣获全国赛三等奖的佳绩。

5 月 27 日，由共青团吉林省委主办、吉林省青年就业创业服务中心承办的首届中国青年 APP 大赛吉林赛区决赛在长春职业技术学院落下帷幕。学校信息技术学院的参赛项目《现代农业环境监测系统》《球拜》分别获应用组和创意组二等奖。

5 月 30 日，由共青团吉林省委、省科协、省教育厅和省学联共同举办

的 2015 年"挑战杯"吉林省大学生课外学术科技作品竞赛颁奖典礼在长春大学落下帷幕。学校推荐的作品获得一等奖 3 项、二等奖 5 项、三等奖 4 项；学校获得"优胜杯"和"优秀组织奖"。

6 月 1 日，吉林省政协副主席、教育厅厅长张伯军一行来学校调研，先后来到学校食药用菌教育部工程研究中心和菌菜基地进行调研。

6 月 4 日，按照党风廉政建设制度规定和中层领导干部任职管理程序，校纪委书记李新与学校新提拔的中层领导干部在学校十一号楼会议室进行集体廉政谈话。

7 月 22 日，全校副处级以上干部到吉林省委党校预防职务犯罪警示教育基地参观学习。

7 月 28 日，校长秦贵信、校党委副书记徐文生来到通化市，前往园艺学院社会实践基地禾韵现代农业股份有限公司、农学院社会实践基地乐淘淘菌业有限公司和食品科学与工程学院社会实践基地三生农林开发有限公司进行调研，并看望学校参加暑期社会实践活动的师生。

8 月 1 日，第二届全国大学生物联网设计竞赛（TI 杯）2015 年东北分区赛总决赛在吉林大学举行。学校信息技术学院指导的作品《快乐奔跑》和《家庭防火防盗报警器》均荣获东北分赛区决赛二等奖。

8 月 14 日，第十四届长春农博会在长春农博园开幕，省委书记巴音朝鲁参观农博会学校展区。

8 月 19 日，由农业部农产品质量安全监管局和农业部科技发展中心主办的 2015 年农业部部级质检机构业务办公室人员培训会在学校召开。

8 月 29 日，商务部副部长钱克明、援外司副司长刘俊峰、西亚非洲司副司长曹甲昌、中国驻赞比亚大使馆商务参赞柴之京等一行 15 人到由学校承担建设的中国援助赞比亚农业技术示范中心检查指导工作。

9 月 4 日，以赞比亚农业部部长盖文·鲁宾达为团长的代表团对学校进行友好访问。

9 月 9 日，首届吉林省"互联网＋"大学生创新创业大赛在吉林大学举行。学校共有 9 支团队入围决赛，最终摘得 1 金 3 银 5 铜，学校荣获优秀组织单位奖。

9 月 21 日，在上海举行的中国菌物学会 2015 年学术年会上，中国工程院院士、博士生导师李玉被授予第一届戴芳澜科学技术奖"终身成就奖"。

9 月 27 日，中央电视台新闻频道《新闻直播间》栏目以《中国树立"南南合作"的典范　赞比亚：中国农业技术惠及赞比亚人》为题对赞比亚农业技术示范中心工作进行专题报道。

10月，学校与意大利卡麦利诺大学合作举办生物技术专业本科教育项目顺利通过教育部评估。

10月12日，由科技部主办、学校承办的2015年科技部动物疫病防治技术国际培训班开班典礼在学校报告厅举行。

10月18日，第九届国际大学生iCAN创新创业大赛2015年中国总决赛在北京举行。由学校学生自主研发的4件作品成功进入全国总决赛。学校参赛作品《多功能鼠标笔》荣获大赛一等奖；《I Rememer智能药盒》荣获大赛二等奖；《路视出租车合乘系统》和《点阵屏小医生》荣获大赛三等奖。

10月27日，省人大常委会副主任车秀兰到学校，就学校落实高教强省战略情况进行调研。

10月29日，由科技部主办、学校承办的2015年科技部动物疫病防治技术国际培训班结业典礼在学校举行。

11月，学校博士生导师张连学及其科研团队荣获"感动吉林"2015年度人物称号。

11月22日，第六届哈尔滨大学生创业大赛决赛落幕。由学校园艺学院吴林教授、李晨明老师指导的"吉林采莓园小浆果综合开发项目"创业团队获得A类项目二等奖，校团委王超老师指导的"水果大数据处理供销平台"创业团队获得B类项目三等奖，学校获得优秀组织单位奖。吴林、李晨明、王超被评为优秀指导教师。

11月26日，在学校与日本岩手大学建立友好合作关系30周年、富士大学建校50周年之际，校长秦贵信率代表团对上述两校进行正式友好访问。

11月27日，学校团委被团中央授予2015年全国大中专学生"三下乡"社会实践活动"优秀单位"荣誉称号，生命科学学院"生命之光"党史寻访社会实践团队获"优秀团队"荣誉称号。

11月29日，吉林省2014年度"长白山学者"和"长白山技能名师"受聘仪式在长春职业技术学院举行。学校李玉院士、陈光副校长出席了受聘仪式。"长白山学者"特聘教授高洁、马红霞参加会议并接受聘书。

11月30日，学校在吉林省高等教育学会2015年学术年会上获得"吉林省高等教育学会2014—2015年度先进团体会员"荣誉称号。

12月10日，在中国高校科技期刊研究会年会上，《吉林农业大学学报》编辑部被授予版权与伦理工作规范单位，吉林农业大学学报网站被评为中国高校科技期刊优秀网站；《经济动物学报》《菌物研究》编辑部被授予中国高

校农业期刊先进集体。

12月11日，学校在十八号楼报告厅举办了第五期"我和我的大学共成长"师生见面交流活动——我与秦贵信校长面对面。校长秦贵信、副校长李新出席了活动。

12月12日，由共青团吉林省委、吉林省学联主办，学校承办的"炫彩荧光夜跑，耀动活力青春"吉林省高校荧光夜跑活动在学校举行。来自吉林省11所高校的2 000余名学生代表参与了本次活动。

12月12日，由中国产学研合作促进会与云南省政府联合主办的第九届中国产学研合作创新大会在云南省昆明市举行。会上，表彰了在促进产学研合作创新方面作出贡献的先进单位和个人，学校荣获"中国产学研合作促进奖"。

12月15日，商务部交流中心副主任赵中屹、商务部援外司非洲一处秘书李军、比尔及梅琳达·盖茨基金会总部农业组高级项目管员Enock Chikava等一行7人到学校实地调研考察。

12月19日，省侨联青年委员会第二届委员大会在长春召开。省侨联副主席、学校副校长张越杰出席了会议。会上，学校李健、温长吉当选为第二届省侨联青年委员会常委，同时李健当选为副会长。

12月23日，《吉林日报》以《农科之花绽放铜矿之国——吉林农业大学援助赞比亚农业技术示范中心项目建设纪实》为题，对学校援助赞比亚农业技术示范中心项目建设进行采访报道。

12月29日，由吉林省高教保卫学会主办的第一届吉林省高校学生安全教育教学能力选拔赛在吉林大学举行。学校荣获"最佳组织奖"，学校保卫处高延辉、连文聪分别荣获二等奖和优胜奖。

［2016年］

1月，吉林省教育厅公布2015年度省级人文社科重点研究基地立项建设单位名单，学校人文学院"吉林省家政服务业研究中心"获批2015年度省级人文社科重点研究基地。

1月28日，学校党委书记席岫峰，副校长孙少平、张越杰，党委副书记徐文生，走访慰问学校包保扶贫点部分困难群众。

2月27日，学校博士生导师张连学及其科研团队荣获"感动吉林"2015年度人物称号，校长秦贵信出席颁奖典礼并为张连学颁奖。

3月15日，校长秦贵信一行就学校养殖与农业生态基地建设到前郭县调研。

4月13日，学校召开教育部本科教学工作审核评估动员会。

4月21日，副校长张越杰代表学校赴美国西雅图，参加了由比尔及梅琳达·盖茨基金会组织召开的中国援助非洲农业技术示范中心三方合作项目可持续发展方案研讨会。

4月22日，教育部本科教学工作审核评估专家组反馈会在学校召开。

4月24日，李玉院士团队与神舟太空集团完成"实践十号"卫星搭载食用菌菌种回收交接。

4月26日，学校召开"两学一做"学习教育动员大会暨2016年度党建工作会议。

4月28日，学校首次启动青年拔尖人才支持计划，23名教师入选学校首批青年拔尖人才支持计划。

5月，学校制订并印发了《吉林农业大学"十三五"发展规划》。

5月6日，省委书记巴音朝鲁，省委常委、省委秘书长张安顺，副省长隋忠诚，来到学校就农业现代化建设及农业科研成果转化情况进行调研。

5月12日，学校召开吉林农业大学扶贫包保对接工作动员会。

5月23日，吉林省档案工作专项督查组来学校进行实地专项检查。

5月，学校动物科学技术学院王春凤教授入选中青年科技创新领军人才。

6月3日，吉林省副省长、学校杰出校友李晋修到学校就科研及国家级平台建设情况进行调研。

6月14日，学校成功获得了养殖与农业生态基地（原前郭实验种畜场）"国有土地使用证"。

6月22日，学校召开本科教学审核评估工作总结暨整改大会。

6月28日，在吉林省庆祝中国共产党成立95周年暨第九次"创先争优"表彰大会上，学校党委被授予"吉林省先进基层党组织标兵"荣誉称号。

7月7日，吉林省社会科学院与学校合作协议签约仪式在学校举行。

7月13日，团中央书记处书记傅振邦到学校就大学生"双创"工作和社会实践工作进行调研。

7月31日，农业现代化研究所研究员臧连生入选第二批国家"万人计划"科技创新领军人才。

7月，学校党委书记席岫峰，中国工程院院士、学校学术委员会主任李玉，副校长张越杰，党委副书记毛彦军等来到学校包保扶贫点洮南市那金镇好田村检查指导扶贫工作。

8月，学校获批全国首批"创新创业 50 强高校"，这是吉林省唯一获此殊荣的高校。

8月，学校农学院教授胡文河荣获 2016 年"吉林好人·最美教师"荣誉称号。

9月 29 日，教育部在北京召开了 2016 年度全国创新创业典型经验高校座谈会，学校党委书记席岫峰出席座谈会并接受颁奖。

9月，教育部考试中心副主任杨松到学校进行交流考察。

10 月 13 日，省委常委、统战部部长姜治莹来学校调研。

11 月 12 日，吉林省 2017 年涉农高校毕业生大型公益交流会在学校举行。

12 月 13 日，学校与赞比亚大学共建"现代农业技术国际合作联合实验室"合作协议签字仪式在学校举行。赞比亚大学校长卢克·穆恩巴、学校校长秦贵信出席了会议。

12 月 15 日，中国国际经济技术交流中心副处长张宁、比尔及梅琳达·盖茨基金会农业发展团队高级项目官员劳伦·古德到学校调研。

12 月 29 日，王大为教授、吕文发教授被聘为 2015 年度"长白山学者"特聘教授。

2016 年，由学校农学院牵头申报的"吉林农业大学国家农作物品种审定特性鉴定站"获农业部批准建设，学校农业部北方食用菌资源利用重点实验室在农业部科技教育司评估中取得优异成绩，农业部参茸产品质量监督检验测试中心以优异的成绩顺利地通过了复查评审，动物生产及产品质量安全教育部重点实验室也顺利通过教育部评估。

［2017 年］

1月 11 日，学校召开了与洮南市那金镇好田村 2017 年精准扶贫工作对接会。

1月 18 日，学校荣获"全国首批深化创新创业教育改革示范高校"称号，全国仅有 99 所高校获此殊荣。

2月 17 日，吉林省政府任命冯江为吉林农业大学校长。

2月 25 日，学校胡文河教授荣获"感动吉林"2016 年度人物。

3月 6～7 日，中共吉林农业大学第十二次代表大会在鲲鹏学生文化活动中心胜利召开。席岫峰代表中共吉林农业大学第十一届委员会向大会作了报告。大会选举产生了第十二届委员会委员 27 人、纪律检查委员会委员

9人。

3月23日，学校党委书记席岫峰、校长冯江、副校长佟轶材到植物生产基地考察指导植物生产基地建设工作。

3月29日，省委统战部副部长王挥遒一行来学校就高校统战工作进行调研。

4月9日，省委第一巡视组对吉林农业大学党委巡视"回头看"工作动员会在学校召开。

5月18日，省委第一巡视组对吉林农业大学党委巡视"回头看"情况反馈会在学校召开。

5月24日，教育部深化学校体育美育改革督察组来校检查指导工作。

5月27日，在全国科技工作者日暨"创新争先"奖励大会上，学校园艺学院教授姚方杰荣获首届"全国创新争先奖"。

6月5日，教育部党组书记、部长陈宝生到学校食药用菌教育部工程研究中心视察。副省长李晋修，省政协副主席、教育厅厅长张伯军，学校党委书记席岫峰陪同视察。

6月20日，学校党委召开省委巡视"回头看"整改整治工作落实会。

6月21日，吉林省庆祝中华职业教育社成立100周年纪念大会在长春召开。学校李玉教授被授予吉林省首届黄炎培职业教育奖"杰出贡献奖"。

7月1日，学校召开纪念中国共产党成立96周年暨"创先争优"表彰大会。

7月13日，省委副书记高广滨到学校，就高校思想政治工作进行调研。

7月18日，学校党委班子召开了"中央巡视组巡视'回头看'问题整改落实"专题民主生活会。

8月8日，省委副书记高广滨等一行来到学校菌菜基地检查农博会筹展情况。

8月29日，国家留学基金管理委员会秘书长刘京辉一行5人到学校就留学工作进行调研。

8月30日，校党委书记席岫峰到长春博瑞农牧集团股份有限公司就深入开展校企合作进行调研，副校长张越杰参加调研。

9月16日，"第十届女科学家论坛"在北京召开。吉林省高校唯一获得"首届全国创新争先奖"的姚方杰教授应邀参加了论坛。

9月26日，学校"菌类作物优质高产抗病种质资源的挖掘、创新及应用学科创新引智基地"获批教育部、国家外国专家局"高等学校学科创新引

智计划"。

10月11日，首届吉林省青年科学家年会在学校开幕。

10月25日，省人大常委会副主任李龙熙到学校农业现代化研究所走访慰问博士生导师臧连生研究员。

11月2日，学校"青马工程"指导委员会在鲲鹏学生文化活动中心举办"青马工程"培训班暨中共十九大精神学习报告会第一讲。

11月15日，学校召开吉林农业大学70周年校庆工作启动会。

11月18日，第十五届"挑战杯"中国银行全国大学生课外学术科技作品竞赛总决赛落下帷幕。学校学子共获得一等奖1项、三等奖2项和"累进创新专项奖"铜奖1项，实现学校参与"挑战杯"全国大学生课外学术科技作品竞赛总决赛一等奖"零"的突破。

11月30日，学校荣获2017年"丝路新世界·青春中国梦"全国大学生暑期社会实践专项行动"优秀组织单位"。

12月10日，中国民主同盟第十二次全国代表大会选举产生了民盟第十二届中央常务委员会和新一届中央领导班子。学校副校长陈光当选为中国民主同盟第十二届中央委员。

12月27日，学校举行了吉林省社会科学重点领域"吉林省高校德育研究基地"揭牌仪式。

12月29日，校党委书记席岫峰，党委副书记徐文生、毛彦军，副校长刘景圣一行来到学校包保贫困村洮南市那金镇好田村出席"党员教育培训基地"揭牌仪式暨好田村模范人物表彰大会，并走访慰问了部分贫困户。

2017年，学校深化综合改革，聚焦重点，内涵发展，提升办学治校能力和水平，推进学校事业快速发展。

2017年，成立了吉林省首个"双聘院士"工作室暨朱蓓薇院士吉林农业大学工作室，引进北京市农林科学院赵春江院士为学校特聘教授。引进中国农业科学院特产研究所王英平研究员及其研究团队；学校王春凤教授入选第三批国家"万人计划"领军人才，马红霞教授入选"国家百千万人才"工程，12人入选吉林省第六批拔尖创新人才，完成了学校首批入选23名青年拔尖人才的考核工作。

2017年，学校获批承建国家发改委"人参新品种选育与开发国家地方联合工程研究中心"、承建教育部"现代农业技术国际合作联合实验室"、承建农业部"食用菌加工技术集成科研基地"。

后 记

　　1986 年 10 月，为庆祝吉林农业大学建校 40 周年，学校成立校史编写组。王殿仕任组长，李超、谢嵘峥任副组长，成员有王者宾、王富山、孙守本、刘德祖、江乃武、陆桂云、陈启仁、宋桂荣、周学勤、张洪敞。最后，由主编王殿仕、统稿人刘德祖在讨论修改的基础上统改定稿。根据学校发展的不同历史时期，校史共分为 4 章。

　　1998 年 3 月，为庆祝吉林农业大学建校 50 周年，学校组成以孙爱军为组长的校史编写小组，修订、续写校史。参加编写的人员有王长海、李英杰、黄海、程淑云等，孙爱军进行最后统稿。在编写过程中，王殿仕、周学勤、安希忠 3 位同志进行审稿，并提出了修改意见。

　　2006 年 10 月，为庆祝吉林农业大学建校 60 周年，学校成立了校史办公室，续写《吉林农业大学校史（1998—2008）》部分。组成了以姚秋杰为主任，秦贵信、温成涛、戴立生、孙少平、孙爱军、孙杰光为副主任，相关部门负责人和离退休领导、老同志为委员的编委会。同时组成了编写小组，参加人员有翟俊锋、沈成君、彭雨石、曹宝富、付建波、王敏、杨艳文、李亚非、谭凤霞。全书最后由主编戴立生和副主编韩秋业进行统稿。

　　2018 年，吉林农业大学迎来了建校 70 周年。为了做好校庆的各项工作，学校于 2017 年 6 月成立了校庆工作领导小组，下设校史组，负责《吉林农业大学校史（1948—2018）》和各学院院史的编写工作。校史组的主管领导是陈光副校长，组长由董立峰担任，副组长由宋长占、崔永军、张莉、林琳担任，组员由相关部门的同志担任。在本书编写过程中，本着"尊重历史、实事求是、近详远略、突出重点"的原则，努力把《吉林农业大学校史（1948—2018）》编写成为记载历史、展示成就、彰显特色的重要载体，对师生进行"知校、爱校、兴校、荣校"教育的重要教材，加强对外宣传和交流沟通的文化名片。经过认真研究，本书编写的基本思路是，保持原有校史体例不变，对前 60 年办学历史，除做必要的刊校外，不做大的修改。重点续写 2008—2018 年的校史内容。按照学科建设、人才培养、科技创新、社会服务、队伍建设、办学条件、深化改革、开放办学、文化引领、党建工作10 个部分编写。

　　学校对校史编写工作给予了高度重视。校长办公会对《吉林农业大学校史（1948—2018）》编写提纲进行专题研究。校党委书记席岫峰、校长冯江、副校长陈光等校领导十分关心此项工作，认真审阅校史初稿，对校史撰写工作给予了有力的指导。很多老同志和学校各部门的同志对校史编写提纲和相关内容提出了宝贵的修改意见。党委宣传部、档案馆以及学校各单位为本书的出版提供了珍贵的历史资料和照片。在此，致以衷心的感谢！

　　由于我们水平有限，一定会有遗漏、不当或错误之处，恳请大家批评指正。